情绪流龙头战法

杨楠 著

企业管理出版社
EMPH
ENTERPRISE MANAGEMENT PUBLISHING HOUSE

图书在版编目（CIP）数据

情绪流龙头战法 / 杨楠著 .—北京：企业管理出版社，2020.5（2025.4 重印）
ISBN 978-7-5164-2117-8

Ⅰ. ①情… Ⅱ. ①杨… Ⅲ. ①股票投资—基本知识 Ⅳ. ① F830.91

中国版本图书馆CIP数据核字（2020）第035961号

书　　名：情绪流龙头战法
作　　者：杨　楠
责任编辑：李　坚
书　　号：ISBN 978-7-5164-2117-8
出版发行：企业管理出版社
地　　址：北京市海淀区紫竹院南路17号　　　邮编：100048
网　　址：http：//www.emph.cn
电　　话：编辑部（010）68414643　发行部（010）68701816
电子信箱：qiguan1961@163.com
印　　刷：北京明恒达印务有限公司
经　　销：新华书店
规　　格：170毫米×240毫米　16开本　21.5印张　230千字
版　　次：2020年5月第1版　2025年4月第5次印刷
定　　价：88.00元

谨以此书致敬所有不畏艰难的勇士

序言一

致有缘的读者朋友：本书写作缘起

股市专治各种不服。任何人都不例外！

职业投资者几乎都有一段血泪斑斑的历史。笔者也不例外。本书是笔者多年实战经验的梳理总结，是无数次失败后的深度思考，更是用真金白银换来的深刻感悟。

资本市场龙虎斗，散户未战已先败。散户是一群很苦命的人。证券公司开了户，也不管教，就由自己瞎买卖了。想想看，在群狼环伺的资本市场，一个初学者，能有多大的胜算？所以，失败是必然的。但散户初生牛犊不怕虎，身处险境，自己并不知道，有些初学者甚至认为，股票有什么难的？老股民也不过如此嘛。直到最后被反复打脸，直到心中伤痕累累。

有的散户朋友受了伤，从此告别股市。但有的散户朋友不服气啊，我辈男儿，如果在困难面前知难而退，怎么面对自己呢？年老时回顾往事，怎么好意思在儿孙面前吹牛呢？不服气怎么办呢？只有看书自学！关于股票的书籍，浩如烟海，尤其是技术分析的书占绝大多数，不能说完全没用，但确实又不能解决根本问题。

笔者当初也是一个不轻易服输的人，跟许多散户朋友一样，屡战屡败，被股市反复打脸。多年前的一天深夜，看着电脑里的K线图，笔者百思不得其解，这股票的涨跌到底怎么回事呢？真的恨不得变成一个分子原子钻进电脑里看个究竟，心中的苦痛实难用言语来表达。接下来转念一想，天下散户何其多也！苦痛岂止我一人？同是天涯沦落人，相逢何必曾相识！当时，笔者就郑重发愿，他日如有小成，也要写一本书，用自己的理解写一本对散户朋友真正有帮助的书籍。这是一件真实的事情。

多年以后，笔者多次回想起当初的发愿，又犹豫了。为什么呢？简单容易的事情，能做的人自然就多，所以市面上多数书籍都是技术分析。而龙头战法和技术分析完全不在一个层次，意境深远，曲高和寡，实在是很不好写，既考验技术水平，又考验写作水平。自己知道是一回事，条理清楚地写出来是另一回事。粗制滥造是一回事，对得起自己的良心又是另一回事。还有，如何把握好“分寸”也让人头痛。此外，有些读者朋友有这样一个特点：一本书浅显易懂，好理解，读起来感觉爽，有阅读愉悦感，就愿意看。反之，如果一本书理解起来有些费劲，立马丢到一边。龙头战法既然号称“股市博弈皇冠上的明珠”，那么必然有某些“窍门和玄机”，怎么可能一看就懂？所以，辛辛苦苦写出来完全可能费力不讨好。

让笔者下定决心的是《五轮书》这本书。《五轮书》和《战争论》《孙子兵法》号称“世界三大兵书”，涵盖了人类斗争哲学的精髓，其作者是日本最著名的剑客宫本武藏。宫本武藏（1584 — 1645）创立了日本著名剑派“二刀一流”，一生决斗 60 余次，未尝一败。其晚年隐居于日本九州灵岩洞，将毕生感悟撰成《五轮书》。跟《孙子兵法》一样，书不厚，却浓缩了剑道之精华。《五轮书》封笔时，是 1645 年 5 月 12 日，7 天后，一代剑客宫本武藏离开人世。笔者阅读此书时，是 2019 年 5 月 12 日深夜。可能是由于日子凑巧吧，这天晚上，笔者十分感慨。龙头战法选手，表面上只是动动鼠标，但从精神修为上讲，又何尝不是剑客？修行到一定程度后，剑道和股道，有很大的同一性。甚至立身行事的“道”，都是一样。

宫本武藏在《独行道》中说："不可背离世间之道""勿以个人为中心，需深思世间之事"。这可是一位即将离世的伟大剑客的遗言！笔者抚今思昔，想了很多。这天晚上，笔者决心开始写作，无论如何也要完成。"剑客"都是很讲信义的，虽然当初发愿只有自己知道，但"举头三尺有神明"，言而有信是剑客的基本品质。所以，完成此书算是对"过去的自己"的一个交代。

笔者自认为这是一本良心之作！

不谦虚地说，本书可能是关于龙头战法最为系统的书籍，虽然主要讲述的是龙头战法，但其中阐述的原理、思想以及相关知识，完全适用其他一切盈利模式。毫无疑问，龙头战法是股林最高武学，效率最高，对投资者的各方面要求也高些。但笔者认为，龙头战法的重要意义不仅仅在龙头战法本身，散户朋友通过对龙头战法的研习，可以全面而深刻地理解股市的本质和规律，从而做到"心中有数"。在实际操作中，完全可以用"田忌赛马"的策略，通过研习龙头战法领悟到的原理和思想，用于价值投机等其他盈利模式，某种意义上，就是降维打击了。而且，还不用天天盯盘，反而逃离了多数散户频繁追涨杀跌的短线陷阱。

笔者曾经是一名物理教师。基于人民教师的责任感，笔者从不劝人炒股。股票这一行，知难而退是智者，迎难而上是勇士。人的性格各异，条件也不一样，对于一心求道的股票爱好者，无论您是初学者，还是已经有一定基础的短线选手，笔者希望本书能为您提供助力。笔者认为只要沿着本书的框架来学习思考，一定能大大缩短您"渐学顿悟"的悟道历程。笔者希望本书是您书架上放得时间最久的一本书，有些章节值得您反复阅读体会，衷心希望本书一直伴随到您"一朝悟道"的那一天。

小李飞刀，例无虚发。轻易不发，一发必中。笔者认为，这是剑道的最高境界。要成为一位合格的股市剑客，就必须不断升级思维，重塑自我。这是一件很有意义、很有挑战性的事情！笔者认为，股市是尘世的佛门，是修行的道场，同时也是心灵再造的熔炉。悟道修心只有进行时，没有完成时。笔者愿与有缘诸君一起踏上超越人性、再造自我的伟大征程！

与天斗争，其乐无穷！

杨　楠

2020 年 4 月于北京

序言二

关于本书的说明

本书主要有三大部分，分别是《股市之我见》《情绪流龙头战法》和《股市天经》，涵盖了学习龙头战法绕不过去的“道”和“术”，是一本系统揭示龙头战法交易精髓的教材式书籍。特别是第二部分《情绪流龙头战法》，给龙头战法爱好者搭建了一个极其重要的系统全面的学习框架。

本书第一部分《股市之我见》，主要讲述股市的本质、股市各阶层的分析，以及股市的主要规律，帮助读者从一定的高度、深度和角度来认识股市。很多初学者可能觉得都是大道理，不以为然。须知，世界被几条原理统治着！股票这一行，不同于任何别的行业。它的核心竞争力就是理解力！没有理解力，就没有执行力。比如，笔者认为股市的三大规律奠定了龙头战法的理论基础，但如果对三大规律没有深刻的认知，对龙头战法的理解和执行必然就会大打折扣。

本书第二部分《情绪流龙头战法》，分为《人和篇》《地利篇》《天时篇》《综合篇》，反映的是龙头战法的交易系统。笔者把交易系统分为技术决策系统、情报收集系统、看盘辅助系统、复盘总结系统。其中情报收集、如何看盘复盘反映在《综合篇》里，完全是职业者投资者实战经验的总结。但最关键的还是技术决策系统，主要反映在前三篇，其中《人和篇》《地利篇》讲述的是择股的问题，《天时篇》讲述的是择时的问题。

综合篇以及其他章节所举的实战案例，不少是笔者亲自操作的实战案例。借此说明的是，有些人以为龙头战法就是在龙头地位确立后，再上龙头，虽然不无道理，但这是非常有局限的，绝非龙头战法的最高境界。《龙头战法要诀》本来是《股市天经》中的内容，但确实也是龙头战法原理方法的概括浓缩，有道亦有术。笔者当初为了方便记忆和运用，苦心孤诣编写出来。在定稿时，笔者专门拿出来放在《综合篇》供读者参考。笔者没有一一阐释，如果展开来讲又是啰哩啰嗦好多篇，跟本书部分章节就重复了。建议读者逐步悟道后自己写一篇，对于加深理解很有益处。

笔者重点要谈的是本书第三部分《股市天经》。《股市天经》是笔者的“一大创举”。像小说，但更像一部纪录片，重点记述了主人公王求道幸遇世外高人“云中别燕”，最后终于悟道的历程。从另一个角度讲，是通过对话等形式，讲述作者对龙头战法的“窍门和玄机”、股市“剑法”和“心法”的终极认知，方便读者理解。《股市天经》中阐述的诸多道理，无论是对初学者，还是有一定基础的短线选手，都相当重要。股市之道，赢在理解力！如果没有对股市剑法和心法的深刻领悟，任何人都绝不可能取得持续的成功！

《股市天经》的写作，对一个多年没有写作的理科生来说，实在可以说是呕心沥血。《股市天经》紧扣股道，与股道无关的章节，最后都舍弃了。笔者是过来人，深知散户朋友实在是不容易。所以《股市天经》重在说理，至于故事情节的逻辑性和趣味性，笔者就无暇顾及了。真所谓：满纸荒唐言，一把辛酸泪，都云作者痴，谁解其中味？

综上所述，龙头战法体系大厦的“四梁八柱”尽在其中，笔者自以为本书是一本良心之作。本书阐述的原理和思想，不但适合龙头战法本身，同样适合其他一切盈利模式。笔者衷心希望能帮助有缘的读者朋友缩短悟道修心的历程，欢迎各位读者交流互学。学海无涯，艺无止境，欢迎各位前辈、高人批评指正。

杨　楠

2020年4月于北京

/目录/CONTENTS

第一部分　股市之我见

第二部分　情绪流之龙头战法

第三部分 《股市天经》

第一部分

股市之我见

引　言

股市世界观决定股市方法论

“我是谁？我从哪里来？我要到哪里去？”作为一个哲学命题，最早是由古希腊伟大的思想家、哲学家柏拉图提出的。哲学的任务在于让人看清自己，看清世界，看清自己与世界的关系，这也正是“人生终极三问”的用意所在。几乎每一个人都有这样的经历，二三岁时，就常拉着妈妈的衣角不断地追问“我是怎么来的呀？”妈妈总是敷衍地说“你从石头里生出来的”，或者是“你是捡回来的”诸如此类的说辞。直到中学学习生物课的时候，我们才知道一个生命的诞生是因为精子和卵子的结合，形成受精卵后，在母亲的子宫里经过十个月的孕育，最终分娩出来的。“人是怎么来的，人体的构造”等问题，如果不当医生，似乎不知道也没啥，但如果要当医生，却是非知道不可。

同样的道理，对于股民来说，“股市是怎么来的，股市的本质是什么”等问题，如果不进入股市，似乎也没什么影响。但是如果你要进入股市，那就必须弄明白。事实上，有些人并没有细想过，就进入股市买卖了。不就差不多相当于，一位医生连人体的构造就没弄明白，就给人动手术治病了吗？结果可想而知。所以说，每一个人都在自觉或不自觉地拿自己的账户来回答这个问题。这个问题或许没有终极的正确答案，但是，套用一句哲学上的话，有什么样的股市世界观，就有什么样的股市方法论。要想在股市取得成功，必须对“股市的本质、股市的规律”等问题有深刻的认识和把握。

第一章　股市的起源和本质

第一节　股市的起源

1. 16 世纪，股市作为筹集资金、分散风险的一种手段而进入远航贸易领域

股票是商品经济及生产力发展的产物。数百年前，意大利的航海家哥伦布发现了南美洲新大陆，随后葡萄牙的航海家麦哲伦又完成了第一次环球航行，这些地理上的大发现开通了东西方之间的航线，使海外贸易和殖民地掠夺成为暴富的捷径。组织远航贸易有两大要点：其一，组建船队需要巨额的资金；其二，远航经常会遭到海洋飓风和土著居民的袭击，要冒很大的风险。而在当时，没有一个投资者能拥有如此庞大的资金，且也没有谁甘愿冒这么大的风险。为了筹集远航的资本和分摊经营风险，人类历史上第一个股份公司荷兰东印度公司就这样诞生了。

1602 年，荷兰联合东印度公司成立。为了融资，他们发行股票，但还不是现代意义的股票。人们来到公司的办公室，在本子上记下自己借出的钱，公司承诺对这些股票分红，这就是荷兰东印度公司筹集资金的方法。

通过向全社会融资的方式，东印度公司成功地将“分散的财富集中起来”变成了自己对外扩张的资本。甚至，阿姆斯特丹市市长的女仆也成了东印度公司的股东之一。成千上万的国民愿意把安身立命的积蓄投入到这项利润丰厚，同时也存在着巨大风险的商业活动中，一方面是出

于对财富的渴望，更重要的是，因为荷兰政府也是东印度公司的股东之一，这就大大增加了东印度公司的信誉。

前十年他们（东印度公司）没有付任何的利息。十年后，公司才第一次给股东派发了红利。连续十年不给股东们分红利。这样的经营方式为什么能够得到投资者的认可呢？

这是因为，荷兰人同时还创造了一种新的资本流转体制。1609 年，世界历史上第一个股票交易所诞生在阿姆斯特丹。只要愿意，东印度公司的股东们可以随时通过股票交易所，将自己手中的股票变成现金。很快，在阿姆斯特丹的股票交易所中，就已经活跃着超过 1000 名的股票经纪人。这里成为当时整个欧洲最活跃的资本市场。

据说《来自星星的你》中的都教授正是1609年来到地球的。股票交易市场的出现，是人类经济制度史革命性的创举。他看到资本主义在西方的兴起和生产力的迅速发展，不禁敬佩地点了点头，然后他又到了中国，却深深地发出一声叹息。

1609年的中国，正是明朝第十三位皇帝明神宗朱翊钧（1563年9月4日～1620年8月18日）万历三十七年。朱翊钧是明朝在位最长的皇帝。此公早年尚可，晚年长达二十多年不理朝政，国家运转几乎停摆。党争长期持续，导致朝政日益腐败，社会矛盾积聚，满清在东北崛起。这一年，著名农民起义军领袖李自成才3岁，三年之后，多尔衮出生。35年后的1644年正月，李自成攻克北京，推翻明王朝。四月，多尔衮会战李自成。一番PK后，满清胜出。但是，中华大地上依然还是腐朽的封建统治。

2. 17 世纪后，西方爆发资产阶级革命和工业革命，股票逐渐进入金融和工业领域，并日益完善

从 17 世纪末到 19 世纪中叶，英国、法国先后爆发了资产阶级革命，政治制度的变革极大地推动了经济的进步。股份公司因适应了大工业的要求而迅速发展起来，股票也相应地得到发展。

为了进行远距离运输以扩大市场，为了扩大资金来源，运输业、银行急需大量筹集资金，而通过发行股票来筹集资金、建立股份有限公司就成为当时的一种普遍方式。1694年成立的第一家资本主义国家银行“英格兰银行”，以及美国在1790年成立的第一家“合众美国”银行都是以发行股票为基础成立的股份有限公司。

18世纪，蒸汽机的发明和推广应用导致了工业革命。不但纺织业使用了大机器，且推广到轮船和机车，改变了整个工业的交通状况，大大促进了生产力的发展。这时的生产规模，已经远远不是单个资本家的小规模投资所能适应，它不但需要专业化生产和分工协作，还要求在交通能源、原材料、基础设施等方面进行巨大的投资。而这些投资却不是少数资本家或当时政府的财力所能承担的。而股份有限公司和股票正好提供了一条用资本社会化来集中资金的出路。

18世纪70年代到19世纪中期，英国利用股票集资这种形式共修建了长达2200英里的运河系统和5000英里的铁路。美国在18世纪初的50年里建成了约3000英里的运河及2800英里的铁路。

马克思说：假如必须等待积累去使某个资本增长到能够修建铁路的程度，那么恐怕直到今天世界上还没有铁路，但是，通过股份公司转瞬间就把这件事完成了。有意思的是，马克思自己还炒了一回股，全仓获利70%。但他自制力超强，赚了就跑了，再也不炒了。一般人还真是做不到。

1773年，英国第一家证券交易所（现伦敦证券交易所的前身）在伦敦的一个咖啡馆宣布成立。1790年，美国的第一个证券交易所“费城证券交易所”诞生。1792年，纽约的24名经纪人在华尔街共同组织了“纽约证券交易会”，这就是后来闻名于世的“纽约证券交易所”。随着股票交易的发展，各个西方国家不断通过制定“公司法、证券法、破产法”等法律法规，来维护股市的健康发展。

都教授又该叹息了。公元1790年正好是中国乾隆五十五年，这一年是乾隆的八十岁寿诞，风光无限的乾隆爷，觉得自己的寿诞绝对不能平平常常地过，因此就下令各地要给他进贡各种各样的奇珍异宝，同时他也下了一道圣旨给内务府的造办处，要求他们打造一样非常有意思的东西。结果内务府就为他造了一个非常有意思的小玩意儿，而乾隆恰恰对这个小玩意非常感兴趣，爱不释手。那么这个小玩意它到底是什么东西呢？一个杯子。这个造型别致，耀眼夺目的金杯，就是乾隆皇上格外器重的“金瓯永固”杯。

事实上，清代的乾隆时期正是我国由盛转衰的时期，随着闭关锁国，中国开始与世界脱节，到了乾隆后期，社会矛盾一发不可收拾，土地的高度集中和残酷的封建剥削，将广大农民逼向绝境。与啼饥号寒、无以为生的广大农民形成鲜明对照的是封建统治者的穷奢极欲、醉生梦死的腐朽生活，最终导致了席卷大半个中国的“太平天国”起义。

股票两个字，对当时的中国人来说，完全是天书。直到整整200年后，1990年12月，上海证券交易所、深圳证券交易所相继宣布开业，拉开了中国股票交易的序幕。1992年，中国证券监督管理委员会正式成立，从而使中国的股票交易逐渐走上了正规化和法制化的轨道，作为一个新兴市场，落后西方整整200年。但好在今非昔比，中国的国运自“孙中山推翻帝制，毛主席建立新中国，邓小平改革开放”之后，今天在新一代共产党人的领导下，正迎来史无前例的大发展时期，我们有理由相信，中国股市也必将迎来一个蓬勃发展的时期。

由此可见，A股作为新兴市场和西方成熟的股票市场相比，虽然同样是股票市场，肯定有共性。但由于发展阶段的不同，必然有自己本身的特性。

第二节　股市的本质

“盲人摸象”的故事，大家都听说过。每个盲人摸到了大象一部分，然后就认定整体就是这个样子，这是简单思维和直线思维的表现。认识复杂的事物，必须要有系统思维。一个整体如立方体有六个面，我们就从“一体六面”的角度分别认识然后汇总，尽量对股市尤其是A股有个较为全面的认识。

1. 股市是服务经济建设的融资场所

通过股市的起源简述，我们知道股票市场是上市公司筹集资金的主要途径之一。随着商品经济的发展，公司的规模越来越大，需要大量的长期资本。而如果单靠公司自身的资本积累，是很难满足生产发展的需求的，所以必须从外部筹集资金。公司筹集长期资本一般有三种方式：一是向银行借贷，称为间接融资；二是发行公司债券；三是发行股票，即直接融资。前两种方式的利息较高，增加了公司的经营成本，并且有时间限制，因而有很大的局限性。

在《财经》杂志等主办的第二届“全球财富管理论坛”上，国家金融与发展实验室理事长李扬表示，当下比以往任何时候都强调资本市场，要想GDP增长好，政府就要增加债务，而增加债务就有风险。怎么能够走出这个困境呢？显然是放在资本市场，因为资本市场既提供了资金又降低了杠杆。

由此可见，股票具有不可偿还性。利用发行股票的方式来筹集资金，无须还本付息，只需在利润中划拨一部分出来支付红利即可，甚至红利都不用支付。把前述三种筹资方式综合比较起来，发行股票的方式无疑是最符合经济原则的，对公司来说是最有利的。所以发行股票来筹集资金就成为发展大企业经济的一种重要形式，这也是所有国家设立股市的初衷。股市的出现是“对国家发展有益，对全体人民有益”的创举。

有人曾经问央行前行长周小川，如何降低企业负债率？周行长回答说，提高直接融资比重。周行长的这句话，就很好地诠释了A股的融资功能。我们了解这一点，就会知道，作为管理层，永远是希望股市健康发展。

说直白一点。某公司没钱了，他就随便找来一张白纸，写上100万，然后卖给你（免不了要吹一通说这纸怎么怎么值钱，要不然你也不会去买），这张纸就是股票。他又没有钱用了，再找张纸写上100万，这叫增发新股。你买了后悔了，要求退钱，那不行，但你可以把这纸卖给别人，这叫股票交易。涨了你也不卖，好，你被称为投资者。有利你就卖，OK，你被称为投机者。这段话可能不那么精准，但比较生动形象地说明了股市的融资功能，股市是国家服务经济建设的融资场所。但对散户而言，股票本身没有任何价值，进入股市的目的，只是根据股市的波动赚取差价。

某种意义上讲，股票跟彩票类似，国家发行彩票的目的是筹集社会公众资金，资助福利、体育等社会公众事业发展。彩票本身也没有任何价值。彩票只是代表了一种权利，人们买了彩票就意味着有了中奖的可能。只不过彩票完全是靠极小概率的运气。而股票，运气只能眷顾一时，要长期稳健赚取差价，必须具备多数人不具备的竞争优势。但和彩票不一样的是，彩票花的是不值一提的2元钱，而股票风险大多了。所以，说直白一点，彩票靠的是前世积德，股票必须要靠后天努力。

2. 股市是政策的晴雨表

股市是经济的晴雨表，这是经济学、投资学教科书的话。从宏观上看，从长期来看，股市应该是经济的晴雨表，尤其是成熟健全的欧美股市。我国的股市，从更长期来看，也可以说，经济决定股市的长期走势。总之，股市和经济肯定是相关的，不然全世界怎么会有这么多人研究宏观经济呢?

由于很多特殊原因，A股相较欧美股市，对经济的反映要差一些。因此，价值投资暂时很难盛行。比如，当初很多企业上市纯粹是为了国有企业的脱困，所以这些上市企业从质量上看，很难反映整体的经济发展。此外，我国投资者还不成熟，散户交易量占比超过80%，跟美国相反，故被认为散户市场。为了散户利益，稳定指数往往成为监管层的目标，此外，一些具有中国特色的制度如退市制度，为了保护散户，而不利于解决上市公司的优胜劣汰。等等这些，都不利于股市很好地反映经济的波动。

从 A 股实际表现看，经济的波动往往像乌龟一样缓慢，但股市的变脸经常比兔子还快。可见 A 股的短期波动不反映经济。从另一方面讲，当经济数据不好时，政府往往出台“逆周期调节”政策，如财政、货币、信贷和产业等政策工具的协调运用。而政策的变动，极易引起股市的波动。所以，A 股是政策的晴雨表，更为贴切。

著名经济学家李迅雷先生说：“股市作为经济的晴雨表，股市是政策市、资金市的提法，都有一定道理。都会在某一阶段成为影响股价的主因，但对估值水平的高低和股价的波动因素，千万不要照搬教科书，太认真、太机械地研究了。”李先生是想表达什么意思呢？答：A 股目前就是政策市。李先生德高望重，说得很含蓄，而我们理解就需要直接一些，直达本质。因为“认为决定行为，行为产生作为”，你的认识决定了你在股市的策略和绩效。

3. 股市是零和博弈的战场

什么是博弈？两个人下棋就是博弈，斗地主、打麻将也是博弈。武林风擂台对战也是博弈，古希腊的角斗士 PK 定生死，也是博弈。国家与国家之间对资源的争夺是博弈，人类历史上连绵不断的纷争，都是博弈。股市涉及每个人的经济利益，其重要性不言而喻。股市博弈的惨烈程度，我个人认为仅次于战争，毕竟股市输的只是钱，而战争要的是命。与战争不同的是，战争的对象很明确，俗称：单挑。股市则是各色人等的一场混战，俗称：打群架。

但为什么说是零和博弈呢？做题材投机的股民容易理解。但对于“走长期趋势的价值股”，容易让人糊涂，有些人认为赢者赚的钱是上市公司盈利的一部分。按教科书的说法：股票有两重属性，一方面是筹码，另一方面是股份有限公司在筹集资本时向出资人发行的股份凭证，代表着其持有者对股份公司的所有权。但是，我们要知道，股票虽然是股份凭证，但具有不可偿还性。对于散户来说，跟一张白纸区别很大吗？只是这张白纸能在二级市场参与交易。分红是微不足道的，价值投资者赚到的钱，始终还是对手盘提供的。

撇开上市公司的分红、交易税和佣金不谈，我认为股市总的来说，就是零和博弈。既然是零和博弈，那么一个人的胜利，必然建立在其他人的失败之上。赚钱的一方赚到的钱，必然来自亏钱的一方。由此衍生出其他道理，就值得散户深思了。因为许多人总觉得股市是场混战，不像下棋、打擂那样，对手盘很清楚，因此而放松警惕，丧失了斗争意识。

自己想赚钱就等于想别人输，以自己赚钱为目的学习研究等于让别人亏钱的学习研究。我们不能简单地想怎么赚钱，而是先要想明白，对手盘是谁？为什么他能让我赚钱，我有什么优势从他那里赚钱，他有什么劣势会把钱输给我？总而言之，找到对手盘，想清楚他亏钱的道理，再设计一系列让他中招的操作。这就是所谓的“夫未战而庙算胜者，得算多也；未战而庙算不胜者，得算少也。多算胜，少算不胜，而况于无算乎！吾以此观之，胜负见矣。”

也许有人说，有必要这样复杂吗？那我告诉你，主力资金就是这样想的。

刚才说了，对于对手盘，要有斗争意识。那么反过来，对手盘难道就没有斗争意识吗？对手盘也必然时时刻刻寻找我们的破绽，注意啊，稍有漏洞可能就被有隙可乘。明白了这个道理，我们自然就明白，在资本市场，稳健即是股神。有经验的老股民亏多以后就明白，作为散户，首先想到的不应该是赚钱，而是怎么才不亏钱。首先想到的不应该是赚钱，而是在什么时候出击才相对安全。这就是“先为不可胜，以待敌之可胜”的道理。

巴菲特曾经打过一个比方：“就像打牌，如果你在玩了一阵之后，还看不出牌局里的傻子是谁，那么，这个傻子肯定就是你。”什么意思呢？如果在股市，没有认清股市的本质，不了解对手盘，那么必然成为股市中的失败者。

关于股市，有句戏谈是这样说的，“股市是财富再分配的地方，意思是中产阶级变穷人，变穷人了好安心上班，再为企业创造财富，循环往复。”耐人深思。更有如下的说法，把股市博弈的残酷性揭示得淋漓尽致。

宝马进去，自行车出来；
西服进去，三点式出来；
老板进去，打工仔出来；
博士进去，痴呆傻出来；
姚明进去，潘长江出来；
鳄鱼进去，壁虎出来；
蟒蛇进去，蚯蚓出来；
老虎进去，小猫出来；
站着进去，躺着出来；
男人进去，太监出来；
黄世仁进去，杨白劳出来；
总之，就是地球进去也是乒乓球出来。

确实，股市是财富再分配的地方，弱肉强食，可以把一个人数年数十年的积累一卷而空，而且合法、自愿。论及残酷性，说股市是赌场或者说战场，并不过分。散户朋友往往带着一厢情愿的美好愿景入市，结果多是失意而归。但如果能早点知道“要想赢，必然有人输，而别人也正是这么想的”这样的道理，可能就会拿出参加高考的劲头认真对待了。本节之所以强调股市作为零和博弈的残酷性，一方面是提醒散户朋友要有对手盘意识，你刚入股市啥也不懂，而里面处处是身经百战的机构，经验丰富的职业股民，你的优势在哪？另一方面是想提醒初入股市的朋友，万不可重仓胡来，更不可融资炒股。而对于想辞职炒股的朋友，务请三思。这，也是笔者写作本书的初衷吧。

谈到股市博弈的残酷性，总是让人心生不忍之心。后来想了很久才明白，其实每个国家在创设这个游戏时，初衷都是让有余钱的人来参与的。

输赢不影响生计。就像拿点小钱，打打麻将，不就是娱乐吗？从这个意义上讲，我们不妨把股市看成是“十分有意思、很有挑战性的智力游戏”。智力游戏很多，例如：围棋、国际象棋、中国象棋、桥牌等，而股市则是更高级的“关于概率”的智力游戏，它不仅检验人们的智商，检验人们对“国际关系，国家政策，宏观经济”等诸多方面的认识和学习能力，还检阅人们的情商、逆商、胆商。不但需要向外求知，更需要向内自省。股市作为高级智力游戏的趣味性和挑战性，完全可以用“与天斗争，其乐无穷”来形容。

建议读者朋友把股市看成智力游戏的原因还在于，如果得失心太重，必然严重影响心态，往往很难坚持。象棋的输赢并不涉及财物的得失，如果能跟下象棋那样，抱着“求道”的目的去研究，反而能越挫越勇，对于提高技艺反而有益。这就是所谓的“求道者生，求财者死”的原因。本书第三部分《股市天经》中，王求道最后能悟道，而贾旺财却最后遁入了空门，就是这个道理。

4. 股市是天然具有波动性的大池塘

前面我们说过，股票是股份有限公司在筹集资本时向出资人发行的股份凭证，代表着其持有者对股份公司的所有权。但是它具有不可偿还性。某种意义就像一张白纸。那么问题来了，股民为什么纷纷来买这张白纸呢？当然是奔着股票的价差而来。那么价差怎么来呢？

几乎所有的散户朋友都知道，主力提前潜伏吸筹，经过完整的吸筹洗盘等准备动作后，开始拉升，最后出货。主力为自己的利益制造波动性很好理解。

但有时候，明显看出没有主力建仓痕迹的股票，也是拔地而起，且是以涨停板的形式表现，对短线不了解的散户，总是纳闷，主力在哪儿建的仓呢？其实，突发利好消息，能让人们对股票价格产生良好预期。一部分先行者入场策动，股价异动上涨，不断地吸引各种类型的资金纷纷入场，因为每个资金背后的操作者的技术系统和喜好不同，所以每个操作者下单的位置就不同。有点火的，有半路的，有打板的。各类不同的资金合称为市场合力。这样，股票没有任何资金提前潜伏的情况下，因为突发利好消息或潜在利好消息，在市场合力推动下涨停封板。

以上两种情况，可以归结为“无风不起浪”。这个风，就是信息题材。即便是主力建仓的股票，往往也会等待时机，等到有相关的信息题材后发动，而且往往是军团作战，来势凶猛。可见，股票的波动是资金推动，资金的背后是人的行为，而人的行为受心理影响，心理直接反映了对信息题材的预期。可见，炒股炒的就是预期！资本市场就是一个信息市场，信息题材是股市的第一生产力。

有时候，并没有明显的信息题材，也总有股票上蹿下跳，看得人“心潮澎湃、难以自制”，这就是所谓的“无风三尺浪”。所以说，股市是天然具有波动性的大池塘，又仿佛是一个“群芳斗妍”的温柔富贵之乡，充满了无尽的诱惑，使得无数英雄销魂蚀骨，尽入彀中。

都说英雄难过美人关，其实，过不了美人关那不是真正的英雄。抵制诱惑，不懂不做，是成熟股民极为可贵的品质，某种意义上讲，这也是战胜对手盘赖以凭借的竞争优势之一。

5. 股市是人类固有弱点的孵化器

人类当初发明股市时，恐怕也没想到股市是迄今为止人类发明的最复杂、最神奇、最有挑战性的事物之一。有人说，股市是上帝根据人性的弱点而设计的一个陷阱。无论你是哪个领域的精英，无论你曾经多么优秀，只要一进入股市，莫名其妙地变傻了。我们称之为“股市幻觉”，本质上是人固有的弱点因为股市孵化出来，并放大了。精英们也不例外，只是精英们上了当，不好意思，咬牙不说。关于人性固有的弱点面对股市时的反应，市面上的书籍有很多，比如贪婪、恐惧、犹疑、急躁等，或者如佛家讲的“贪嗔痴慢疑”。这儿我只谈几点一般书上很少提到的看法，一方面是提醒初入股市的读者朋友不要低估股市的难度，另一方面提醒有一定基础的读者朋友理性决策。

（1）趋易避难心理

趋易避难，是动物的本能，人类也不例外。人在四面压力下，本能地会选择一个容易的方向突围，但容易的方向往往其实并不容易。这个道理，说起来简单，似乎不值一提，但身在局中，却屡屡中招。

古代战争中，有一招叫作“围三阙一”或者叫作“围师必阙”，是古代攻城拔寨之时的极为阴毒的一招。攻城的一方在攻击的时候，总要给敌军留一条“生路”，也就是说城墙有四个方向，你围着三个方向打，留下其中一个方向给敌人逃命。当然，留出来的这条路往往适合埋伏，是敌人真正的陷阱。所以这一招最高明的地方就是利用了人性本能的趋易避难心理。人在有希望活下去的情况下会变得盲目，却不知看似容易的路往往是陷阱。难怪孙子兵法说“攻心为上”。

生活中，人们都知道一个常识，天下熙熙，皆为利来。只要跟赚钱有关的事，哪一样是容易的事呢？一切跟赚钱有关的职业都有门槛。因为有门槛，自然而然地让人趋于理性，慎重对待。比如当医生，至少在医学院认认真真学习五年，然后临床实习两三年，才可以给人动手术吧？要是你想创业，门槛就更高了。技术专利、资金实力、行业经验以及整合统筹、营销策划、团队管理等等，哪方面都让人头痛，所以创业成功的总是很少。

而股市呢？不论你的学历，不论你的经历，不论你的能力，也无论你是男女老少，高矮胖瘦，反正啥都不管，只要你有钱，会点鼠标就行了。其实只要理智的想一想，如果这样就能稳定赚钱，赚钱岂不是太简单了？天下有这么容易的事吗？可是事实上，A 股市场有 1 亿这样的散户。这是为什么呢？ 有人说是利令智昏，当然也对。但不足以深刻解释人的普遍心理。我认为这就是人的心灵深处总是“趋易避难”，跟“好逸恶劳”一样，是人类的本能。尤其是压力情况下，总是不由自主地丧失了理性，就跟“水往低处流”一样，人的心理会本能地趋向于容易的方向。传销为什么能吸引无数人上当？其实就是这个道理。

股市也正是如此。假如股市也设立高门槛，世界各国都开设专门的股票大学，要炒股票必须像考大学一样，然后跟医生一样，实习两年，最后再综合考核，拿到合格证，方可入市。试想一下，如此这般，股市一旦有了门槛，结果会怎样？考取股市合格证当然比当医生还难，自然人们又会选择比股市更容易的方向。当然这是不可能的，股市不缺傻瓜是股市第一定律，如果大家都聪明了，股市也就不存在了。

正因为股市完全没有门槛，就让人不由自主地产生了容易的幻觉，就像“围三阙一”典故中给了人逃生的路，于是无数人争先恐后地往里跳，却不知这条看似容易的路，其实是人世间所有赚钱门路中最难最难的一条路。初入股市的初学者，你得想想，为什么股市敞开大门让人进来？甚至有个你听不见的声音在说“欢迎欢迎，热烈欢迎！”为啥？因为你自以为你是来赚钱的，其实你是来送钱的。

综上所述，提醒初学者务必明白：股市看似没门槛，其实门槛很高，只是门槛在门里面，表面看不出来，不像其他行当，门槛在外面一目了然。任何跟赚钱相关的行当，同样需要技能和经验，股市尤其如此。要么不要进入股市，非要进来，就必须认真学习。绝不能因为看似没有门槛就胡乱买卖，前车之覆，当为后车之鉴。可惜的是，后人往往哀之而不鉴之，亦使后人复哀后人也。

（2）人无知时最自信

记得小时候，七八岁吧，一群小伙伴在谈论哪个国家大，一个坚决认为美国大，一个坚决认为中国大，突然另一个冒出来：你们都错了，只有联合国最大。那种无比自信、不容他人置疑的感觉至今想来就觉得惭愧，没错，这个人就是我。人越是无知越自信是人类的弱点之一。初生牛犊为啥不怕虎？不知道老虎的厉害呗。

人类在无知时往往并不知道自己无知，所以才会盲目自信。特别是在那些看起不是那么“一目了然”的事情面前，尤其如此。比如，一个人从来没有学过医，他绝不会说，来来来，让我来给病人动手术。因为这是一目了然的事情。一个人从来没学英文，他绝不会说，来来来，让我来当英文翻译，因为这是一目了然的事情。一个身材瘦弱的人与一个彪形大汉发生冲突，往往是好汉不吃眼前亏，因为 PK 不过是一目了然的事情。

但是，生活中，我们经常遇到这种情况，一个人看了几本政治历史书籍后，就开始指点江山，说话时那种“斩钉截铁、不容置疑”的语气，似乎让他当国家主席都没问题。外人觉得好笑，但对身在局中的人来说，“不能胜任国家主席”看起来不如“不能胜任医生”那么一目了然，从而使得理性缺位，变得盲目而偏执。

股市就是这样，因为股市的难度看起来不像实业那样一目了然。初入股市，因为对股市的无知，很容易让人产生各种执念，直到被反复打脸，最后才变得老老实实。初生牛犊不怕虎，长成犄角反怕狼。这话用在股市比较恰当，经历多了就懂得了敬畏，懂得了世上没有免费的午餐，懂得了谦虚学习，但往往这时候，钱也亏没了。

综上所述，人越是无知时越是盲目偏执，经历得越多才发现懂得越少。提醒初学者及早有个空杯心态，少一些执念，多一些敬畏之心。千万不能钱已亏没了，才懂得这些道理。

（3）赌徒心理

每一个人都是带着与生俱来的弱点和偏见来到世间，然后随着时间流逝才慢慢变得成熟，人一生，对外求知，对内自省，其实就是一个修行的过程。

只是在人类的很多领域，无须自省，只需要不断向外求知，就可以有所成就，从而掩盖了人性的弱点。比如你是一个医生，只要不断地学习医学知识，不断总结经验，早晚就会成为一位名医，如果你是一位棋手，需要的也主要是智力和学习力。

而股市是一个特别的存在。一个人无论你曾经有多么优秀，但只有进了股市，你才会发现自己原来还有这么多的弱点，股市是人类弱点的孵化器和放大器，正因为如此，股市也是人生最好的修行道场。

散户为什么总是亏钱？从某个角度上讲，原因无非三个：①没有交易系统；②交易系统还不完善；③没有正确地执行交易系统。第一条和第二条主要反映的是对外求知的问题，即所谓的“剑法”。没有一剑在手，当然是被动挨打。当然，“剑法”都没有的散户朋友，“心法”就更差。第三条主要反映的是“心法”。股市的难度就在于，即使你有了完善的交易系统，也需要人来执行，就是所谓的知行合一。而干扰人正确执行交易系统的，也正是人自身的弱点，投资最后就是和自己人性弱点的对抗。只有正视这些弱点，并重塑自我，才能在股市上获得成功。

在人固有的弱点中，“赌性”危害极大。面对没有把握的事情，不懂得放弃。脑子里选择性地执着于小概率的成功机会，舍不得放弃后“可能出现的好的结果”。其本质，其实还是一个“贪”字，表现在行动上，就是“赌”。人的赌性与生俱来，遇到赌场自然就发作了。我们也称之为“赌徒心理”或“赌性”。

笔者有一天开车，在调头转弯时，突然想到一个问题：司机在开车调头时，如果没有把握转过去，往往都会先退退，我相信没有哪一位司机会抱着侥幸心理硬要试试，因为本能告诉我们，如果侥幸能转过去，并没有啥奖励，如果过不去呢，就带来了修车的麻烦。选择就变得简单了，趋利避害是人类的本能嘛。但为什么股市里遇到类似这种情况，人就丧失理性了呢？想了很久才明白，原来是人与生俱来的赌性和贪念在作怪。

比如有时候看到一只已经涨停的股票，马上又要涨停了。看上去明后天还要继续涨，但其实也并没有充分的把握。但人们做出的选择往往是买了再说，因为人性的本能让我们总是舍不得、放不下，而轻视了决策错误后产生的风险，这就是人性！

特别是有时候，自己也知道，一只票错过了最好的买入时机，第二天再买把握就不大了，理性的做法要么放弃，要么控制仓位，道理自己也清楚。但这时候心魔又出来捣乱了，一个声音总是在喊：“万一连续再涨几天呢”？于是乎，总是一次一次地把命运拱手交给了不可言说的运气。

关于人性的弱点，不经过一番修行，很难根除。我们讲一个小故事。

一只蝎子想过河，可是它不会游泳。一会来了一只青蛙，蝎子就问青蛙：“你可以背我过河吗？”

青蛙说：“当然不行了！如果我背你，你就会在我背上攻击我。”

蝎子说:“怎么会呢?我一定不会那样做。如果我那样做,我们两个都会死的。因为我不会游泳!”

青蛙认为蝎子说得很对,于是答应了蝎子背它过河了,可是在过河途中,蝎子就袭击了青蛙,于是青蛙和蝎子一同沉入水中。

临死之前,青蛙含恨问道:“为什么那样做?!”

蝎子悲怆回答:“我也知道不能那样做。可蝎子蜇人的本性,与生俱来,很难控制啊。”

其实人也是这样,有些错误明知故犯,屡教不改,究其原因是本性难移。就像四川人打麻将,输了几回,赌咒发誓再不打了。但只要有人一喊,“来哦,三缺一”,立马跑得比谁都快。而股市呢,某种意义上讲,也是一个赌场。人类的“赌性”与生俱来,一碰上股市这个天然的“赌场”,迅速地孵化放大。所以,聪明的人在向外求知的同时,也要向内反躬自查,向上自我修行,实现从凡人向超人的蜕变,升级为少数的智者和觉者。

综上所述,笔者以为,关于人的赌性在股市上的表现,分两种情况,一种是“糊里糊涂”的赌,初学者就是这种情况,这时候,重在加强剑法(交易系统)的学习和完善,另一种是“知其不可而为之”的赌,即有了交易系统,但不能正确的执行,重在加强心法的修行。笔者认为,只有修行到中长线“稳忍等”或短线“稳准狠”心理态势的人方能纵横股市。任何成功的股林铁血战士,都是有了一定的心法修为的结果。成功的盈利模式都有一个共性,交易的次数越少,资金增长反而越快。所谓的“less is more”就是这个道理:少就是多,越不繁,越不凡。

6. 股市是复杂、随机、混沌的世界

人类描述未知事物,通常是用打比喻的方式来帮助理解。股市作为一个独特的存在,却很难找到一个恰当的比喻,因为股市实在是太复杂了。股市是成千上万人共同作用的结果,平均每只股票有数万人在交易,请问谁能准确预知下一秒会发生什么?除了上帝。因此,股市是一个复

杂、随机的世界，呈现出混沌的状态，最大的特点是不确定性。

那是不是股市就没办法认识，没有办法应对呢？也不是。再复杂的事物也有呈现出相对规律性的时候。如何认识、提炼并运用这些规律，就需要哲学思维。所以有人说，股市是哲学思维的殿堂。下一节，我们专门针对股市的复杂性、随机性，提出应对股市的重要思维。

第三节　股市生存的重要思维

复杂、随机、混沌性是股市的本质特点之一，这也是做股票不容易的根本原因。本节单独针对股市的这个本质特点进行讲解，并提出应对股市的重要哲学思维。

爱因斯坦这样谈论哲学：如果把哲学理解为在“最普遍和最广泛的形式”中对知识的追求，那么，哲学显然就可以被认为是全部科学之母。随着自然科学、社会科学和意识科学的独立和迅速发展，哲学不再研究世界某一范围、领域的问题了，而是研究整个世界一切事物、现象的共同本质和普遍的规律，如世界的本源，物质和意识的关系，万事万物演化的总规律等，从而为人们认识和改造世界提供方法论的指导。看到此处的你，是不是觉得有点头大、心累、厌烦？确实，听上去，哲学似乎很高大上，但实际上，又没啥具体用处。所以在许多人看来，哲学总有故弄玄虚的嫌疑。尤其是股票初学者，一会儿佛学，一会哲学，听上去就头痛。事实上，股票技术的学习，需要向内求知修心，自然就跟佛学扯上了关系；而向外求知，就不得不借助哲学的力量。

关于哲学，笔者有个小体会：哲学哲学，似乎啥也没学，因为不涉及具体学科，显得有些空，但是，恰恰正是因为空，所以承载一切，涵盖一切。唯有哲学思维能帮助我们认识和理解眼睛看不见的地方，尤其是像股市这样复杂、随机、混沌的事物。

股市博弈的复杂性，可以说超过其他任何形式的博弈。如果说“象棋”这类性质的博弈，用“百步穿杨”来比喻（什么意思呢？目标是静止的，虽然难，但只要持之以恒地勤奋学习，早晚就会接近成功这个目标），而股市的博弈难度，则类似于“枪打飞鸟”。鸟儿本身在飞，且天气变化莫测，时不时又风狂雨急。这个比喻近似地勾画出股市因为“复杂性、随机性”，而呈现出“混沌”的状态。那就意味着，人们只能在股市呈现出相对“规律性”的时候，才有较高的胜算。而要帮助人们发现和运用这些规律，就需要哲学思维，比如概率思维、系统思维、极简思维。

1. 概率思维

人类描述未知事物，通常是用打比喻的方式来帮助理解。股市作为一个独特的存在，却很难找到一个恰当的比喻。大致来说，与天气变化近似，与人类社会发展阶段的某些进程相似。读者看到此处，不妨闭上眼睛想象一下，我们可以想象自己变成了一个分子原子，钻进离地10000米的高空，那是不是一个混沌的世界？影响天气变化的各方面因子实在太多且变幻莫测。至今，人类都还不能科学而权威地解释天气的成因。但是，这并不妨碍人们对未来天气进行预测和分析，尽管不能百分之百的准确。这，就是天气预报。而天气预报就是概率思维的应用。

关于概率思维，我们再打个比方，生病了去看医生，医生开给你的药，说明书往往写有“有效率98%或者90%”的字样，有的还有备注“孕妇慎用”等等。这就说明在临床实践中证明了的，有相当的依据。但散户在股市里的一招一式有依据吗？有临敌实战的功效吗？散户亏了钱，从来不是吃“医生开的，实践中证明疗效的药”，而是胡乱吃些自己给自己开的想当然的“可能有效，也可能没效”的药，如果是轻仓试试也还好，但往往总是重仓在赌，想想看，这亏钱的病痛能治好吗？这似乎是一个常识，但是不是有些哲学意味？

当年毛主席指挥红军，为什么总是能以弱克强？其实毛主席也是运用概率思维的典范。大家都知道，以多胜少是大概率，而以少胜多，是小概率。毛主席早年指挥红军作战，虽然总的来说是以少胜多，但在具体的每一次战斗中，几乎都是在运动中寻找战机，什么战机呢？局部来看，以多胜少的时候！1930 年 12 月 25 日，红一方面军总前委在江西宁都召开苏区军民歼敌誓师大会上，毛主席做了一副对联：“敌进我退，敌驻我扰，敌疲我打，敌退我追，游击战里操胜算；大步进退，诱敌深入，集中兵力，各个击破，运动战中歼敌人。”后来这两句话每句的前十六个字分别成为共产党武装开展游击战和运动战的指导方针。纵观毛主席一生，处处闪耀着哲学思维的光辉。

股市正是一门关于概率的学问。提醒我们要在胜算大的时机选择胜算大的个股，这也正是股市获利的诀窍所在。但许多初学者忽视了这个问题，胡子眉毛一把抓，如果股票交易这么容易的话，谁还上班呢？所以智者一般只做“大概率的定数”，放弃“小概率的变数”。让“大概率的定数”变成自己的财富，而把“小概率的变数”留给对手盘去赌，这就是股市的博弈之道。某种意义上讲，冲动随意、毫无章法的交易叫赌博，有概率胜算、仓位管控的交易叫投资。有人甚至以结果论英雄，老是亏钱的叫赌，老是赢钱的叫投资。能老是赢钱，一定是概率思维的结果。从线性思维走向概率思维，是散户成熟的开始。

2. 系统思维

所谓系统，就是多方面相互联系、发展变化的有机整体。宇宙万物，无论是大到一个星系还是小至一个原子，其本质都是一个个的系统。系统思维就是人们运用系统观点，把研究对象的互相联系的各个方面进行系统认识的一种思维方法。整体性原则是系统思维方式的核心。这一原则要求人们无论干什么事都要立足整体。而“框架”就是对整体构成元素以及元素间有机联系的简化体现。换言之，系统思维是用框架来思考与表达的思维方式。

框架有什么好处呢？举个例子，出门去一个从来没去过的地方，办法有两个：一是，一路走一路问，摸索着过去；二是，出门前就通过电子地图查好路，然后按照导航过去。哪个办法更方便更先进呢？答案不言自明。所以，理解一个事物的整体，无疑，框架就起到了按图索骥的重要作用。

问题是，框架从何而来呢？办法有三。一是利用已有的框架；二是完善已有的框架；三是创造新的框架。任何一本书都有框架，方便读者阅读。比如本书分成“前言，股市之我见，龙头战法，股市天经，后记”。而“龙头战法”又分“人和篇、地利篇、天时篇、综合篇”，就是作者自己创造的框架。

言归正传，回到股市上来。框架既然如此重要，但龙头战法的学习往往靠自学，根本没有现存的框架可言，如果一个人没有哲学思维，怎么会想到去创造“框架”呢？市面上有些龙头战法，往往也是跟本书第三部分《股市天经》里的黎天行一样，以偏概全，实在是害人不浅。说实话，作者当年也是深受其害，深感散户学艺之艰难。这也是笔者能坚持写完本书的重要原因。

本门情绪流龙头战法，大的框架就是“剑法”与“心法”，而“剑法”的框架就是《人和篇》《地利篇》《天时篇》，前面两章谈择股，后面一章谈择时。而“心法”主要反映在《股市天经》里。读者朋友可以在此基础上，在不同的市场环境里，反复观察、思考、总结、实践，从而建立自己的交易系统。附带说一句，建议初入股市的散户朋友，所有的学习，只能有一个目的，那就是建立自己的交易系统，而绝不是刚开始学就直奔赚钱。否则，适得其反。

3. 极简思维

极简思维是跟“方法论”相关的思维方式，极简思维也可称之为归纳和演绎，是从实践中总结、提炼出来，反过来指导实践的重要思维。比如农民看天气，“有雨天边亮，无雨顶光光”“天上钩钩云，地上雨淋淋”就是一种总结和提炼。象棋中的杀招如“舍马十三招”“双鬼拍门”“双马饮泉”“海底捞月”也是一种总结和提炼。但无论是天气还是象棋，都是前人帮我们提炼出来的，我们直接就可以运用，而龙头战法，就只有靠我们自己在跟市场学习的过程中总结和提炼了。

说到总结，我们又不得不提毛主席了。毛主席早年指挥战争，总是想方设法调动敌人，等待局部出现“我方兵力强大于对方兵力”的战机，集中兵力，各个击破。每次都是如此，积小胜为大胜。前面说过这是概率思维，这又何尝不是极简思维呢？就是这一招，确保了一个又一个的胜利！

毛主席做任何决策，事先都要进行调查研究，而不是临时拍脑袋，“没有调查就没有发言权”是他的名言，但是事后呢，往往还要总结。毛主席有一句话：我就是靠“总结”两字吃饭的。“事前调查，事后总结”，学习股票不正是这样吗？

大家都看过《天龙八部》吧，慕容复凭斗转星移，擅长天下各派武功，差不多就是武林百晓生了。遇到低手还好，但奇怪的是一碰到高手，总是被吊打得像个傻子。我们反过来看看高手是怎样做的呢？《射雕英雄传》里的一代大侠郭靖，资质平平，就凭一套降龙十八掌独步武林。《神雕侠侣》里，杨过原来所学之博杂，可说是武林莫出其右，但是，如果他止步于此，那就是第二个慕容复了。真正让他成为一代武学大师，是他闭关之后，融汇各派所学，创出了属于他自己的黯然销魂掌。《笑傲江湖》里的风清杨，亦是如此。凭独孤九剑，堪称武林第一。

回到股票上来。我们同样也需要总结、提炼。

（1）股价总是沿着对主力有利的方向运行

股价运行的动力来自主力，股价永远沿着对主力有利的方向运行，主力操作总会存在“某些相对固定”的模式，表现出某些技术图形或K线组合。宏观上便表现为不同形式的N字结构（波浪），不管主力如何折腾，最后拉升总会突破前高。主力捕猎的对象是股市中的大多数群体，当你与大多数群体保持一致时，便自然成为主力的猎物。

（2）主力操盘也需顺应市场变化，但拉升总要借力题材

跟天气的成因一样，股价走势是很多变量交互影响的结果，外盘、国家政策、突发事件、个股信息等均可能影响股价，主力操盘只能主导而不能决定股价，因此，任何可能性都存在。但借力题材拉升出货是不

变的原则。

我们还由此可以得出推论。比如：

推论 1：散户要赚钱，就要跟随主力。俗称“跟庄”。

推论 2：个股的题材预期是反推主力存在与否的依据之一。

（3）除了主力吸筹后借力题材为自己拉升，股价上涨的另一个驱动力是，在利好题材下的市场合力

市场合力，顾名思义，就是市场合起来的力。那么在一个板块中，哪个股票最容易得到全市场的关注呢？显然是鹤立鸡群的龙头股。

我们同样还由此得出推论。比如：

推论 1：市场合力中，总有一个主要的力，我们也把这个主要的力简称为主力。所以做短线还是要跟随主力。

推论 2：只有称为“龙头股”的个股，才有更多的机会吸引全市场的目光。

像这样的总结、提炼，还可以有很多很多。总之，有句话这样说，“主力不怕你有一万种方法，就怕你一种方法用一万遍”。指的就是克敌制胜的战略战术的总结、提炼。特别是对于龙头战法的交易模型，无论是“一招制敌”“三板斧”还是“独孤九剑”，更需要在实践中总结和提炼，这也是本节隆重强调极简思维的意义所在。

综上所述，概率思维、系统思维、极简思维是应对股市的重要哲学思维。有个观点说，一切具有哲学特征的思维，都可以叫哲学思维。甚至有的说，只要是思考，就是哲学的。可见，哲学思维和深度思考对于股票学习的重要意义。初学者或许不好理解，当你“百战归来再读书”时，应该就有同感了。

第二章　股市各阶层分析

第一节 《中国社会各阶级的分析》的启示

《毛泽东选集》第一卷第一篇文章就是《中国社会各阶级的分析》。毛主席当时写这篇文章，是为反对当时党内存在着的两种错误倾向。第一种倾向，以陈独秀为代表，只注意同国民党合作，忘记了农民。第二种倾向，以张国焘为代表，只注意工人运动，同样忘记了农民。这两种机会主义都感觉自己力量不足，而不知道到何处去寻找力量，到何处去取得广大的同盟军。毛泽东指出中国无产阶级的最广大和最忠实的同盟军是农民，这样就解决了中国革命中的最主要的同盟军问题。

毛主席是历史上极少数能称得上“人民领袖”的伟人。他的一生心系人民大众，他的初衷始终从最广大人民的利益出发，自始至终坚持为人民服务。时代潮流滚滚向前，直到今天，《中国社会各阶级的分析》依然还有很深的现实意义，比如：我们要正确认识我国社会阶层结构的新变化，处理好社会主义现代化建设过程中各阶层间的关系，努力逐步实现全体人民共同富裕。同时正确处理国际关系，广泛团结一切可以团结的力量，战胜遏制我国科技发展，阻挠中华民族复兴的反动势力。从而建设一个人类历史上史无前例的高度发达、高度和谐、环境优美、人民幸福的社会主义新中国。

毛主席这篇文章发表于1925年12月1日，当时，他还不到32岁。毛主席之所以伟大，就在于他对中国社会做了深入的调查研究，解决了

“依靠谁，团结谁，打击谁”这一革命的首要问题，全方面论述了中国革命的对象、动力、性质和前途等一系列问题。

股市其实也是人类社会的缩影，股市跟人类社会演进的某些进程类似，都呈现出“复杂性、随机性，混沌性”的特点。《中国社会各阶级的分析》对我们初入股市的朋友有什么启示呢？

股市的本质是什么？股市有什么规律？谁是我们的朋友？谁是我们的对手？这些问题是初入股市就必须认识清楚的重大问题。散户朋友之所以总是亏钱，其根本原因就在于对股市本质和规律缺乏深刻的认知，也在于不了解谁是自己真正的朋友，谁是自己真正的对手，因而也没有完备的交易系统。散户朋友如果希望在股票交易中有一定成功的把握，就不可不注意了解谁是我们真正的朋友，谁是我们的对手。所以，股市各阶层分析是散户入门的向导。散户要想分辨真正的敌友，就不能不将中国股市中各参与方的经济地位，以及他们在股票市场的策略，做一个大概的分析。

第二节　中国股市各阶层分析

股票市场投资，就如同战场打仗一样。我之所以拿股票投资跟打仗进行类比，实在是因为他们太像了，战场上的先锋部队就如同板块运动里面的领涨先锋，战场的中军就如同板块运动中的大盘股坐镇，战场上的围魏救赵战术就如同股市上的拉龙头股解套跟风股，战争中声东击西，就像股市中欲上先下。战争讲究敌情侦察，股票更是强调信息收集。战争讲究“其势险，其节短”，股票短线也是讲求“节奏短促，速战速决”。战争特别讲究战机，股票短线更是如此。战场上所有的谋略与战术，都可以在股票市场上见到其踪迹。不同的是，战争强调勇气，股票更重智慧。论惨烈，股票远不如战争，股票输的只是钱，而战争要的是命。论复杂，战争远不如股票，战争是两方对擂，实力定胜负；股票是一场混战，胜败有概率。战争最大的敌人就是对手，股票最大的敌人居然是自己。

《孙子兵法》号称天下第一兵书，其中最著名的一句话就是“知彼知己，胜乃不殆，知天知地，胜乃不穷”。这句话，放之四海而皆准，对于人类所有的“博弈”来说，都是最高的指导原则。对于股票来说，所谓的“知己知彼”，就是要了解包括自己在内的市场各个参与方的具体情况。谁是我们依靠的朋友？谁是我们的对手？各自是什么策略？什么是知天知地呢？对股市本质和规律的深刻认识以及不同市场环境下相关的战略战术。

本节主要是针对股市各个参与方做个大概的分析。对于短线选手来说，游资和私募是学习了解的重点，因为游资和私募是短线趋势的发动者和维护者。

1. 政府（监管层）

股市是国家设立的，其目的是服务于国民经济建设。由于股票具有天然的波动性，从而刺激人们购买股票的欲望，为一级股票市场的发行提供保证，从而实现“广泛地动员、积聚社会的闲散资金，扩大生产建设规模，推动经济的发展”，并收到“利用内资不借内债”“利用外资不借外债”的效果。股市对于政府的作用是极其重要的。不但可以解决融资、资源配置等问题，还可以促进税收和解决就业问题。股市还可以为政府起到调节资金流向的作用。如果没有股市，对政府来说是不能想象的。所以，政府对维持股市的正常运转是不遗余力的，这一点，股民是不用怀疑的。

因此，股民应该把政府看作是好领导和好朋友，“炒股要听党的话”，在过去、现在和可以预见的将来，这句话在中国股市都会是真理。

特别是政策方面，那些手握重金、能够发动趋势的大机构对党的政策从来认真听取。作为跟随者的短线选手，当然更要听，在A股，只要听党的话，结果就是很有钱。尤其是国家级别的大政策，比如雄安新区的设立、科创板的设立等，比如写入政府工作报告的人工智能、氢能源政策等。每一次国家级别政策的发布，都会在资本市场引发波澜壮阔的题材炒作和财富再分配。另外，对于监管政策，更要不折不扣地听取执行。在监管强周期，短线炒作往往受到压制，这时候，“三十六计，走为上计”，回避一下方是上策。

另外，对政府（监管层）的话也要会听善听，比如股市大跌到一定时候，政府肯定不希望再跌了，各种媒体都是积极信息，相关领导也出来讲话稳定军心。比如2018年10月19日，刘鹤副总理接受记者采访。当天，沪深股市放量长阳。但真正止跌，还是2019年1月4日。尤其有意思的是上证50，跌破箱体下沿，然后才反身向上。说明什么问题？政府虽然是股市的创建者、引领者和裁判者，但政府并不能控制股市的运行，股市运行有它自身规律。不过有前瞻眼光的大机构早在刘鹤副总理讲话的前后开始播种耕耘了。

又比如，2019年从2月11开始，到4月8日，39个交易日，上证指数上涨25%。4月22日，财联社发布早间新闻，其中有一条：股指期货迎来第四次松绑。

什么意思呢？监管层总不能直接说：同志们，照这个速度，要不了几个月指数就上5000啦，经济还没跟上来呢。主力资金当然懂，于是乎，当天，三大指数应声而跌。有心的读者可以看看上证指数，4月22日那一天，在事后来看，是不是很关键？假如你能听懂政府（监管层）的话，及时收手，是不是就可以躲过后面一波大跌呢？

所以，总的来说，政府（监管层）是股民的好领导和好朋友，按党的政策指导我们的交易，正确解读政府的监管政策，会给我们带来收益，并回避掉风险。

2. 中央汇金公司、全国社保基金及保险基金

所谓的国家队，就是指的中央汇金公司、社保基金及保险基金。其中，中央汇金公司是国家队的主要成员，社保基金次之，保险基金是准国家队成员。下面分别介绍一下。

中央汇金投资有限责任公司（以下简称“中央汇金公司”）是依据

《中华人民共和国公司法》由国家出资设立的国有独资公司。

2003 年 12 月，中央汇金公司成立，总部设在北京，代表国家依法行使对国有商业银行等重点金融企业出资人的权利和义务。2007 年 9 月，财政部发行特别国债，从中国人民银行购买中央汇金公司的全部股权，并将上述股权作为对中国投资有限责任公司（以下简称“中投公司”）出资的一部分，注入中投公司。也就是说，中央汇金成为中国投资有限责任公司的全资子公司，代表国家行使股东职能。与中投公司开展投资业务有严格的隔离。

中央汇金公司董事会、监事会成员由国务院任命，对国务院负责。中央汇金公司根据国务院授权，对国有重点金融企业进行股权投资，以出资额为限代表国家依法对国有重点金融企业行使出资人权利和履行出资人义务，实现国有金融资产保值增值。中央汇金公司不开展其他任何商业性经营活动，不干预其控股的国有重点金融企业的日常经营活动。

综上所述，汇金公司是国务院维护金融稳定、防范和化解金融风险的一个“工具性”公司。虽然名义上称为公司，但由于国资委不负责管理金融类国有资产，所以有一种观点认为它仍是政府机构，号称金融国资委。汇金公司的出手，是市场稳定的重要条件，市场底部的可能性大大增加，是两市无可争议的市场风向标。

全国社保基金全称是全国社会保障基金。2000 年 8 月，党中央、国务院决定建立“全国社会保障基金”，同时设立“全国社会保障基金理事会”，负责管理运营全国社会保障基金。理事长、副理事长由国务院任命。

2018 年 3 月，根据第十三届全国人民代表大会第一次会议批准的国务院机构改革方案，将全国社会保障基金理事会由国务院管理调整为由财政部管理，承担基金安全和保值增值的主体责任。

全国社保基金不对个人投资者开放。全国社会保障基金理事会直接运作社保基金的投资范围仅限于银行存款、在一级市场购买国债。其他投资都委托专业机构。总的原则是：在保证基金资产安全的前提下，实现基金的增值。

社保基金对于政策的把握能力特别强，是股市的“超级风向标”，通常社保基金入市的区域是一个低位区域，历史证明，社保基金几无失手，逃顶抄底能力特别强。因此，在某种时刻，对市场信心的恢复有很大的正面作用。

保险资金和社保基金类似，规模较大，偏向中长期，总是能够把握股市大势。既然号称保险资金，顾名思义，自然是比较保险的。和社保基金一样，可以说是算无遗策，几乎不可能成为在高位接最后一棒的人。我们从东方财富网的“主力”栏目（其中有两个子栏目）可以较为方便地查询其动态。

3. 产业资本

这里的产业资本主要是指上市公司。上市公司作为股市的主要参与者，他们是一群令股民又爱又恨的角色。没有上市公司，股市是开不下去的，但他们如果“过分热情”，又总会将股市弄得“让人不爽”。对于上市公司来讲，本身就有筹码，不需要建仓吸筹。在高位配股或增发、高位减持对于上市公司股东有着天然的吸引力，上市公司对自身情况了如指掌。其他二级市场主力在运作股票时缺的就是上市公司相关信息的配合。于是乎，某些二级市场其他主力和某些上市公司，总有说不尽道不明的暧昧。

2001年1月，著名经济学家吴敬琏先生在接受中央电视台采访时这样说：“中国的股市很像一个赌场，而且很不规范。赌场里面也有规矩，比如你不能看别人的牌。而我们的股市里，有些人可以看别人的牌，可以作弊，可以搞诈骗。坐庄、炒作、操纵股价可说是登峰造极。”

吴老先生这话是对充斥在股市里的做庄、操纵股价很严肃的批评。他认为，中国股市要健康发展，关键在于完善相关制度。尤其建立完善“提高违法成本”的惩戒制度。二十年过去了，A股的制度建设虽然有了很大的进步，但仍需继续努力，吴敬琏先生的这番话仍然引人深思。在现实生活中玩“斗地主”，有人说过一句名言“打牌不在好，只要你会瞟”。某些上市公司和某些主力机构能不能规规矩矩地玩牌，就说不清楚了。只要没查出来，只能是疑罪从无了。

4. 公募基金、券商集合理财等专业机构

机构席位往往与公募基金有关。公募基金（这儿主要指股票基金），是受政府主管部门监管，以公开方式向不特定的社会公众投资者募集资金并以证券为投资对象的证券投资基金。这些基金在法律的严格监管下，有着信息披露、利润分配、运行限制等行业规范。

公募基金的投资主题多种多样，市场上有医药、消费、一带一路、价值蓝筹等各种主题的基金供投资者选择。单只公募基金资产规模通常有几亿至几百亿元，很容易形成投资的规模效应，公募基金都是由基金经理操盘，盈亏也基本上由基金经理的水平所决定。

公募基金的主流选股思路，往往是行业龙头股和低价蓝筹股。行业龙头股持续性强，往往行稳致远，比如贵州茅台、海康威视、中兴通讯等。总的来说，公募基金是以“价值投资”为主线。但这不是绝对的。公募基金是二级市场当之无愧的主力军团。

券商集合理财是另一类主力。券商集合理财指的是证券公司针对高端客户开发的理财服务产品。和公募基金一样，都是集中投资者的资金进行专家理财，由专业的资产管理人管理，由独立的托管银行进行托管。但与公募不同的是，券商集合理财不能公开宣传。但封闭期较长，从而避免了非理性赎回所引起的非理性操作。此外，券商集合理财产品的发起人和管理人是证券公司，其收益除了来自管理费用，还有业绩分成。而公募基金管理人的收益来源只是管理费用。

除了公募基金，券商集合理财，其他投资股票的专业机构还有券商自营盘，财务公司等。此外，银行理财子公司问世不久，但随着投研能力的加强，极有可能成为与公募、私募并驾齐驱的主力军团。

5. 私募及游资

我们说的私募基金，主要是指以非公开方式募集资金设立的证券投资基金，包括资产由基金管理人或者普通合伙人管理的以投资活动为目的设立的公司或者有限合伙企业。

相较公募基金，除了募集方式不同外，资金规模、投资限制、信息披露要求都有很大不同。私募基金的规模远不如公募基金，一般不到10亿。公募基金在投资时，因为牵涉到广大投资者的利益，操作受到了严格的监管。公募基金在投资上有严格的流程和严格的政策上的限制措施，包括持股比例、投资比例的限制等。私募基金的投资限制完全由协议约定，对信息披露的要求很低，只要不违反《证券法》等法律法规，不涉嫌操纵市场，在投资方式、持股比例、仓位等方面都比较灵活。

最重要的是激励机制不同。公募基金公司的收益就是基金管理费，与基金的盈利亏损无关。自然在投资目标上，也有明显区别，公募基金投资目标是超越“业绩比较基准”（业绩比较基准是预先设定的投资目标，比如95%的沪深300指数增长率＋5%的银行同业存款收益率），以及追求同行业的排名。而私募基金只有在业绩为正时才有收益，一般按业绩利润20%分配。私募基金的目标自然是追求超额收益。通俗点讲，公募基金类似大国企，私募基金类似小民企。民企的工作效率肯定高一些，工作方式也灵活得多。

所谓游资，就是“打一枪换个地方”的游击资金。游资和有些私募基金都喜欢搞“闪电战”。二级市场每天那些激动人心的涨停板，活跃着他们矫健的身影。由于绝大多数私募基金在投资风格、投资目标与游资高度近似，即都是从事“题材投机”，是短线选手学习研究的重点对象。所以我们把私募基金和游资放在一起。相较中小散户而言，他们很像中国古代北方的游牧民族，身形彪悍，行动敏捷，骁勇善战。

他们有哪些共同特点呢?

① 私募及游资一般选择的股票都是盘子小、价格低、股性活跃的个股，便于拉升。机构持有大量筹码的个股，私募及游资往往避而远之。

② 私募及游资是“实战”专家和“心理”专家，私募及游资的操盘手大多是从散户中脱颖而出、百战余生的勇士。他们谙熟多空博弈和散户心理，擅长逆向思维，善于多角度考虑问题。他们对题材的嗅觉特别灵敏。懂得只有借力新、大题材的想象力，才能吸引悍不畏死的资金层层接力。

③ 私募及游资一般不碰其他主力控盘的个股。但值得注意的是，配合默契的“庄游混合”，往往相得益彰，收到奇效。

④ 私募及游资都是团队作战。私募基金就不用说了，游资虽然不一定会成立公司，但往往也是组建团队，分工合作。

⑤ 私募及游资是一群聪明勤奋、百折不挠的人。可以说他们之中的任何一个人，在成功之前，都有一段痛不欲生、泪血斑斑的股林征战史。有人说，能做好股票的人，可以从事地球上任何一份职业。个人以为如果从精神意志的角度来说，是不无道理的。

说起游资，一些名震江湖的大佬你不得不知。涨停板总舵主徐翔的威名无人不知无人不晓，虽然其违法行为受到了处罚，但不可否认的是其高超的操盘水平。

1978年，徐翔出生在一个普通家庭，1993年带着家里给的几万元入市。18岁放弃高考，专心投资股市。20世纪90年代后期，徐翔和几个以短线擅长的朋友被市场冠名“宁波涨停板敢死队”，其投资风格彪悍，被“敢死队”选中的股票，大进大出，大起大落。这批人以银河证券宁波解放南路营业部为核心，成员20人左右。此后的20余年，徐翔通过优异的业绩，逐步征服浙江、上海，乃至全国的投资者。徐翔16年股票投资经历，在证券市场多轮的牛熊市考验中稳定获利，实现个人资产数万倍增长，同时在成长中不断转变和完善自我投资策略，以其“凶悍的业绩，难以超越”被认为是股市神一样的存在。2005年，徐翔从宁波迁到上海，经历了2007～2008年A股的一波大牛市。2009年12月7日，徐翔在上海成立了泽熙投资管理有限公司，注册资本3000万元人民币。在中国历史人物中，徐翔最崇拜创立新中国的毛泽东和统领清朝盛世的康熙大帝，故将公司取名“泽熙”。泽熙投资的产品以股票型信托为主，尤以擅长“抄底”、投资风格“快狠准”闻名。作为中国最大的私募基金之一，泽熙私募以高收益率和对市场精准的把控能力闻名于私募界。根据泽熙投资官网，该公司成立于2009年12月，其管理的六只产品，其中五只产品于2010年3月至7月之间成立，截至2014年5月9日，收益率在138.5%～298.8%。其间，沪深300指数下跌34%。

新生代游资赵老哥，八年一万倍，不可一世，在中国中车上实现了上亿资金的突破，在其他很多短线牛股上都可以见到其身影。其主要席位：银河证券绍兴营业部、华泰证券浙江分公司、中国银河北京阜成路等。其主要操作风格为：

①以短线点火打板为主，擅长主线题材炒作，主抓龙头股。

②主要参与市场风口的龙头股接力板，激发市场资金持续接力。

③盘中操作手法主要以急速暴量扫货封板为主，利用资金优势万手大单排板。买入金额较大，通常在5000万以上。

④赵老哥擅长盘中参与风口板块，助推个股，激发市场情绪，引导资金关注打造主线机会。

其他著名游资还有：

瑞鹤仙，据说在自己操作失败亏损将尽时，不得不花了几百块租了一个单间，开始了自己孤独奋斗的岁月，后来经过向赵老哥等人学习，以26万的资金在短短三年时间内赚到了超过1亿的财富。

雪球上乔帮主，通过向独孤一箭学习后，从70万做到2亿只花了三年。

著名的炒股养家，同样有泪血斑斑的股林征战史，后来也是重点学习了邱宝裕和王涛等前辈游资的方法和思路后，放弃了近10年的价值投资，资产迅速从20万做到了500万，又从500万做大到10亿。

以上列举的是市场上名气比较大的游资，可以说，游资队伍在这个市场上是非常活跃的。很多题材股的行情都是游资炒出来的，尤其是连板股几乎都是游资缔造。要做好短线题材龙头股，必须要好好研究这个团体，研究的内容包括他们的炒作风格、炒作喜好、进出场时间、仓位管理、纪律管理等方面。研究几个厉害的席位，再研究数十只短线爆发的牛股，能让我们的水平取得飞速的突破。

6. 一切无组织、无纪律、无战斗力的资金

我们把一切无组织、无纪律、无战斗力的资金，无论来源，无论大小，统称为弱势资金，其中绝大部分是单打独斗的中小散户，也包括小部分傻乎乎的大散户和主力。弱势资金之所以弱，并非是因为资金体量小，相反，就整体来说，弱势资金体量极大，但因为没有组织纪律，缺乏战略战术，股票交易冲动随意，毫无章法，因此在博弈中处于弱势地位，总是被各个击破，摆脱不了被猎杀的命运。

人们熟知的是身边几万、数十万的小散户总是不断亏钱，事实上，有许多数百万、上千万，甚至上亿规模的大散户以及部分主力一样逃不脱亏钱的命运。即便是遇上一轮牛市，哪怕是在牛市的上升阶段赚了“纸上富贵”，但总是在一轮牛市之后的下跌中损失惨重。

少数聪明人（强势资金）赚多数糊涂人（弱势资金）的钱，是资本市场永恒不变的铁律。

7. 精明的散户

绝大部分中小散户都是上述主力机构的对手盘。对手盘这个词，比较含蓄委婉。说直白一点，绝大部分主力机构就是猎人，绝大部分中小散户就是猎物。虽然这很残酷，但却是客观事实。但并非所有的散户都是猎物，终始有这么一小部分人，他们勤奋学习，善于总结，百折不回，永不言弃，最终从广大中小散户中脱颖而出，跻身于更高的阶层。我们称之为精明的散户。其中的佼佼者最后又晋级成了私募和游资。

小部分精明的散户和大部分主力构成了资本市场的强势资金，而多数糊涂人就成了他们的对手盘。

第三节 散户为什么总是亏钱

1. 关于散户炒股的观点

上一节对中国股市各阶层做了一个简要的分析。很显然，主力机构处于股市生态链的前端，中小散户处于生态链的末端。 某种意义上讲，中小散户就是主力机构的狩猎对象。关于股市有个著名的说法：7 亏 2 平 1 赚，说明至少 70% 的散户是亏损的。我们虽然不知道这个统计数据从何而来，有多精确，但无疑大体是正确的，特别是从我们身边散户的感悟来看，尤其如此。曾经有一位散户朋友真诚地跟我说：“我这些年总是亏钱，但又舍不得离开股市，如果谁能告诉我亏钱的原因，并说服我离开股市，我愿意给他付费！”这也是笔者为什么要写这一节的原因。记得当时一连几天，心中很是感慨。为此我专门上网了解散户的心声，关于散户炒股，网上有以下观点。

观点一：咱们身边所有和理财有关的，在我看来都是富人对穷人的二次掠夺。包括各个银行，打着保险、化装成理财产品以及信托，这个那个，我这年化利率是多少，你等着上当去吧。你看我到银行，“你好梁先生，您是我们的VIP客户”，我说对不起，我不是VIP，我就是个P，你把我放了得了，我可不上你的当。社会就是如此，那穷老百姓想挣钱太难，说收藏是老百姓发财门道，那水多深呢，你懂啥呀，你就去收藏去。很多人天天坐那做发财美梦，一个穷老百姓轮不到你发财。那是不可能的事，所以，咱们真有点钱哪，往银行里一存，别看只有3.25%的利率，总比亏本了强。在这个时代，你要记住保本，穷人发不了财。

观点二：普通人请千万远离股市，因为你不可能赚到钱，股市是一个零和游戏，总收益+总损失=0，必然是少数人赚多数人的钱。所谓七亏二平一赚，你凭什么认为你是10%呢？你是资金比别人多，还是消息比机构早，还是知识比金融专业毕业的基金经理强呢？十万元先亏80%，再赚80%，实际只有3.6万。总共需要涨400%才回本。可见赚钱之难，损失了金钱，还损失了宝贵的时间。

观点三：世界上大部分事情，都是头部的参与者才能赚大钱，城市里赚钱的小店，要么有领先众人的独门手艺，要么异常的勤奋、热情。出色的运动员，要么有顽强的天赋，要么有绝对的纪律。投资也是一样，对于普通散户，是投资奇才的可能性不大，就算是，人家送你的“独孤九剑”你得耐心读完，你就算是舒马赫，也得先考个驾照才是，车都不会开，你再有开车的天赋有啥用？所以如果你不打算花费时间去研究自己，不打算下大量的功夫来钻研，建议不要入市。

观点四：有的散户亏钱，是因为频繁交易，其实是给券商支付大量佣金，给政府交税而已。太多的人期望高回报。这本是一个正常的道理：我们不会因为自己平时打球就觉得自己可以成为林丹，不会因为热爱足球就认为自己可以成为罗纳尔多，但奇怪的是，因为我是股民，书都不看一本，就觉得自己可以成为巴菲特，甚至觉得巴菲特年化20%多点的收益太低了！我本金少，20%收益，我得啥时候才能财富自由，我得抓涨停，不断地抓啊，然后……没过多久，本金亏差不多了。

以上观点都值得读者细细思量。值得一提的是第一个观点中的“梁先生”，虽然他没提股票，实际上呢他的意思也包括股票。虽然态度有一点点愤激，但其“悲天悯人”之心跃然纸上。公募一哥王亚伟就曾公开说：散户就不应该炒股。确实，多数散户投资者长期下来就是亏损的，但要是看投资者在社区、朋友圈的发言，又发现每个人都那么自信，似乎每个人都是大神，自我感觉和残酷的现实，就像买家秀和卖家秀那样天差地别。像梁先生这样悲天悯人的观点还有，不过，或许更圆融，更通达。本书第三部分《股市天经》里的王求道，就类似下面这个观点。

观点五：粗略地讲，股市里，就是主力机构和中小散户的博弈，很显然，中小散户是处于弱势的一方。为什么老天要制造这样一个格局：强的更强，弱的更弱？所谓：天之道，损有余而补不足，体现在哪里呢？郁闷之余，不由联想起历史上一次一次的农民起义。可是仔细想想，那些喊着“吾疾贫富不均，今为汝均之”，揭竿而起的英雄们虽然令人肃然起敬，但就算是实现了“损有余以奉不足”的平均社会，社会进步了吗？答案不言自明。事实证明，今天再差的人的生活水平，也比从前的地主好。可见，良性竞争是人类社会前进的动力，带来社会的整体进步。

股市服务于国家经济建设，最终惠及全体国民，重要性不言而喻。但二级市场确实又是群体博弈，遵从自然界的总法则“物竞天择，适者生存”，其结果当然是“强者恒强，优胜劣汰”。如果说“强者恒强，优胜劣汰”不合理，那么请问如果反过来“弱者恒强，劣胜优汰”就合理吗？恐怕更不合理。哪个更符合天理人情呢？恐怕还是前者。事实上，所有的强者，都曾经是弱者，主力机构的操盘团队是天生的强者吗？游资和私募都是天生的强者吗？股市里的每一个强者，都有“过雪山、草地”的历史。其实，不管哪个行业，成功永远属于那些主动的、勇敢的、不畏艰难的勇士。

股市虽然是零和博弈，但换个角度想，难道不是极富挑战性、极有意思的智力游戏吗？如果大家拿点不影响家庭生计的资金玩一玩，股市融资的功能有了，赢的自得其乐，输的不伤大雅，岂不美哉？国家设立股市的初衷也在于此。但是有些散户拿着影响家庭生计的全部资金甚至是借钱，来玩自己并不擅长的游戏，那就很不应该了。至于少数有上进心且爱好股票的散户，经过自己的不懈努力，晋级为强者。努力然后有所回报，也是自然之理。

天地万物，各有其道。知难而退是智者，迎难而上是勇士。条条大路通罗马，中小散户不一定非要炒股。就算炒股也不一定非自己炒，借力专业机构不比自己做强吗？如果自己来炒股，完全可以用田忌赛马的策略，选择适合自己的方法。但不管是哪种方法，先要用少量的资金来要研究学习，直到建立大概率盈利的交易系统。

至于有些散户朋友，初入股市，啥也不懂就投入重金瞎搞，既不学习，又不听劝，固执己见，一意孤行。那就应了一句古话：“良言难劝该死鬼，慈航不渡自绝人”。不过，财富并没有消失，国家感谢你交税，证券公司感谢你交佣金，那些曾经是弱者的强者也会感谢你。

2. 散户亏钱原因分析及出路

有则笑话是这样讲的：大家炒股的时候千万不要慌，我刚开始炒股的时候也是，亏了3000块钱心里急得不得了，后来我认真观察大盘走势，平稳心态，仔细斟酌行情变化，暗中揣摩主力动向，细心抓住每一次抄底的机会，结果经过一年多的犀利操作，终于把本金亏光了！

从这个笑话可以看出，散户总是操着大盘的心，费尽心思研究主力，但结果做的是赔钱的买卖。天天辛辛苦苦地忙，忙什么呢？辛辛苦苦地忙着给股市送钱，送给谁也不知道，连一个谢字也没有。

起初，人们参与证券市场，开始的短暂时间其实还可能会谨慎参与，兢兢业业，稍微时间长点，心里面就会悄悄想，不过就那么回事嘛，老股民咋地？哼，还不如我呢。另外，股友们在一起，七嘴八舌，吵吵嚷嚷，人的心理波动必然加剧。看着周围人的股票不断上窜，而自己的股票躺起半天不动，心里像猫抓一样，忍呀忍呀，最后实在忍不住了，一咬牙，一跺脚，“什么破股票，再也不要你了！”就这样卖出了，追进使自己眼红耳热的股票。不两天，追进的股票吃套，卖掉的狂涨。左脸一个耳光，右脸一个耳光，简直有点发蒙。这段描述，不是杜撰吧！大多数投资者都有这么一段类似的经历。网上曾有一个名为“近期炒股经历的帖子”，大致也是这样：

看好的不买一直涨。追涨买后，又不涨了。气愤不过干脆卖了，卖了以后立即又大涨。再买，两个股中买一个，往往选错，买的下跌，没买的大涨。下决心，不搞短线了。可搞长线吧，买了长期不涨。实在是熬不过了，卖了长线还是搞短线，又立即被套。那就等等吧，我的天！一直跌，一直跌，跌得实在受不了了，只好割肉。

这个帖子有点自嘲，似乎老天跟他有仇，从来买不到一只上涨的票，当然有点极端，主要还是有寓教于乐的意思。实际上，散户买票肯定也会有涨的，这也是股市迷惑人的地方，但最终总是亏损。综合起来，散户操作股票有以下行为特点。

①涨了高兴，但只要一回调，立即卖出，赚取蝇头小利。

②被套以后，一直跌，受不了割肉。有拿得住的，一旦快解套立马就跑。

③天天看消息、选股、交易，不放过任何机会。

④患得患失。总是担心，不买就涨，不卖会跌。

⑤急躁，天天盯着一只不涨的票，心理极限一般不超过2周。

⑥资金量不大，买的股票不少。账户里多数是绿油油的套牢盘。

我们再看一下，主力机构（包括游资和私募）有什么样的行为特点。

①主力操作某只股票，必须分析有没有大家认可的主题或题材。

②主力资金一般分为建仓资金、拉升资金、预备资金，跟打仗似的有备而来。

③主力懂得借势而为。通常表现为：逆势建仓，借势洗盘，顺势拉升。

④主力拉升方式各有不同，但针对散户心理，一般拉到20%左右，就会洗盘。

⑤主力耐心超级好。为了等待时机或洗盘需要，可以“装死”数月之久。

⑥优秀的游资私募类短线主力更是谙熟“群体心理”，擅长“闪电战”。

我们从散户和主力行为特点的比较中看出什么问题呢？主力机构有备而来，步步为营。散户冲动随意，毫无章法。一言以蔽之，一个内行，一个外行。主力机构是内行，三思而后行。散户是外行，凭感觉买卖。

“盲人骑瞎马，夜半临深池”。就像科幻小说《三体》里谈到的，高级文明对弱小文明的降维攻击，不亏才怪！

综上所述，散户的操盘技术或者说操盘谋略，明显弱势。另外在股市各阶层里，从“信息优势，团队力量，资金体量，操盘技术”四个方面来看，哪一样散户有优势呢？一样都没有啊。就跟下象棋、打擂台一样，强弱分明，高下立判。根本不用打，结果就不言自明。只是由于股市是群体博弈，对手盘不像“下棋，打擂”那样清清楚楚。加上偶尔又能赚点蝇头小利，于是总给人以幻想。殊不知，散户在“群狼环伺”的股市里，早已是“未战先败”。

但是，我们再仔细推敲下，主力机构是有信息优势，也不是每个主力都有快人一步的信息优势，相较绝大多数人，其实信息是基本同步的。在今天这个信息爆炸的互联网时代，获取信息的速度和方式越来越相似，尤其是做短线的，私募游资和一般散户基本上是同步获得大量信息，真正拉开差距的其实是解读信息的能力。团队分工合作当然确实是优势，但散户也可以组队学习交流，有条件的还可以一起工作。主力资金体量大当然也是优势，但主力建仓资金太大，也会露出踪迹，从而为精明散户打工，所以说，主力主力，其实就是苦力。散户资金量小，但船小好调头啊。总之，这些不是散户亏钱的根本原因。

古人云：“兵在精而不在多”，却容易忽略它的前一句：“将在谋而不在勇”，这句话才是克敌制胜的关键所在。将与兵的关系正如棋手和棋子的关系，古人云：“强将手下无弱兵”；古人又云：“一将无能，累死三军”。可见，输赢的关键在棋士如何运筹帷幄。同样的，这也正是股民和其资金的关系，成败就看股民如何运作，资金只是“听命行事”。此时，股民就成了指挥者，所以股民操作股票同样是在谋而不在勇。由是观之，操盘谋略或者说操盘技术的巨大差异，这是散户亏钱最根本的原因。

事实上，多数散户要么不懂或者零散地知道一些多数派的技术分析知识，主力机构呢？散户懂的他懂，散户不懂的他也懂。尤其是主力机构的基金经理，对散户行为特点和心理了如指掌，而散户呢，了解主力机构操盘手吗？从上一节散户和主力行为特色的比较，也完全可以看出，主力经验丰富，步步为营。散户呢，基本是想当然的盲动，毫无章法。

可能有人说，没有操盘技术可以学习啊。问题来了，中小散户中除了一部分不愿学习、不爱学习、天性好赌的之外，其余一部分想学而求学无门，难以掌握克敌制胜的少数派知识，并在实战中不断优化，建立完备的交易系统。这是散户总是亏钱的直接原因。

那么，散户的出路在哪呢？上一节我们把精明的散户作为一个阶层独立罗列出来，就是是想说明一点，作为广大中小散户，出路只有以下四条：

A. 成为被猎杀的对象。

B. 放弃炒股。

C. 晋级成为精明散户。

D. 借力专业机构。

初入股市的读者朋友，您选择哪一条呢？

我认为，散户朋友如果希望自己做股票，就必须要加强学习，晋级为精明散户。对于股市，盈利的模式主要有三种：一是价值投资，二是价值投机，三是超短中的龙头战法。无疑，龙头战法效率最高，而难度也最大。而价值投机效率低些，但兼顾了安全，风险较小。本书主要讲述龙头战法，但相关原理和思想，完全可以用于价值投机及其他盈利模式。

第三章　股市的主要规律

世界由少数几条原理统治着，股市也不例外。长年在股市征战，如果对于股市的原理规律没有深度的思考和认识，我认为是不可想象的。尤其是对于中小散户，没有资金优势，没有信息优势，没有团队优势，如果再不建立技术优势，钱途在哪里呢?

个人认为，股市的规律有很多，比如“股市永远不缺傻瓜”“绝大多数个股跟大盘正相关”“股市的羊群效应”“股市的比价效应”“股市朝阻力最小的方向运行”“龙头股倒下后大概率变盘”“股市一定是少数人赢多数人”“散户制胜之道就是跟随主力”等。每一条展开来讲，都耐人寻味。这些规律在本书其他章节，皆有涉及。但最根本、最主要的只有三条：情绪传递、强者恒强、物极必反。而正是这三条主要规律，构成了情绪流龙头战法的理论基础，对情绪流龙头战法意义极其重大。

第一节　情绪传递

情绪传递也叫情绪感染。是指一方的情绪状态被另一方感知并产生类似情绪的现象。

这是人类的原始本能。比如，一个三岁小孩，如果你做出快乐的表情，你会发现他（她）也浮现出快乐的面容，如果你做出悲伤的表情，你会发现他（她）的脸上也呈现悲伤的样子。成年人的世界也是一样，当你周围的人快乐的时候，你是否也觉得自己很快乐？而当你周围的人伤心的时候，你是否也感到伤心呢？这就是所谓的“悦可悦人，哀可哀人”。此外，很多人都有这个经验，有时候出电梯时，总是莫名其妙地跟着先下的人出电梯，尤其是对方是位秀发如云的美女的时候。这种现象说明，一方的情绪、行为可以传递给另一方，并有可能影响对方趋同的反应。

情绪传递和从众心理紧密相关。比如人们在街上就餐时，总是不由自主地选择人多的餐馆。当年“非典”肆虐时，社会上盛传板蓝根、醋可以预防和治疗“非典”，人们便疯狂抢购，由此导致这两种商品的脱销及价格的狂涨。而实际上，它们对于治疗“非典”并没有什么特殊的功效。人们的盲目跟风不仅没有达到治疗非典的目的，反而延误了疾病的治疗，产生了严重的后果。日本核泄漏事件发生后，据说碘盐可防核辐射，一时间人们疯狂抢购，又引发了可笑的“盐荒”。其实早在公元前400年的古希腊希波克拉底时期，人们就发现一个妇女的癔症症状居然可以很快地传递给周围所有的妇女。可见，情绪传递和从众心理作为人类的本能早已有之。

在超大群体中，情绪很容易被传播放大，从而产生预想不到的结果。比如军队，善于治军的将帅对于乱军心者，从来都是杀无赦。曹操斩杨修就是如此。

股市更是一个超大群体。在股市中，贪婪和恐惧是引起心理反应的两种基本情绪。10 万市值的股票，一个涨停板就进账 1 万，似乎不用付出太多劳动就能够赚大把钞票，这是股市极富诱惑力的地方。反之，当我们不多的本金被股市吞噬，恐惧便随之而来。有时，一根长阳，普天同庆，踏空者按捺不住纷纷入场，助推大盘昂首向上。有时候，一个阴线下来，人们第一意识就是恐惧，害怕到手的利润又会消失。

总之，人一旦步入股市，就被套上了精神枷锁，自觉不自觉地彼此影响，并在某一时刻，形成群体性的亢奋追涨和恐惧杀跌。让短线情绪总是在“冰点”和“高潮”之间摆动（关于短线情绪，详见第六章天时篇）。

10:36	贝肯能源	加速下跌	-2.09%
10:36	新宁物流	加速下跌	-1.67%
10:36	北京君正	加速下跌	-1.65%
10:36	金诚信	平台跳水	-2.16%
10:36	西部资源	平台跳水	-2.36%
10:36	金健米业	平台跳水	-2.16%
10:36	润邦股份	平台跳水	-2.37%
10:36	红相股份	平台跳水	-2.12%
10:36	三六五网	加速下跌	-2.04%
10:36	种业	加速下跌	-0.67%
10:36	金陵体育	平台跳水	-2.03%
10:36	亚星客车	加速下跌	-1.63%
10:36	三美股份	加速下跌	-1.56%
10:36	星徽精密	加速下跌	-1.85%
10:36	瑞特股份	平台跳水	-2.26%
10:36	皮阿诺	加速下跌	-2.27%
10:37	雷科防务	平台跳水	-2.04%
10:37	正海磁材	平台跳水	-2.10%
10:37	白银有色	平台跳水	-2.12%
10:37	长城军工	平台跳水	-2.03%

图3.1　群体性的恐慌杀跌

情绪传递和从众心理在股市中的反映，一方面体现为整个市场相互之间的联动影响，比如高位人气股对全市场的影响、题材板块之间的影响。另一方面，还体现在同一板块中，高位板和低位板之间的相互影响，以及同一属性板块中的相同身位个股之间的相互联动。

综合排名 - 上证A股

2分钟跌速排名				2分钟涨速排名			
*ST瑞德[2]		1.44	-0.69%	老白干酒	R	13.56	1.50%
包钢股份	R	1.61	-0.62%	金种子酒[3]	R	7.62	1.33%
云天化	R	6.70	-0.45%	今世缘	R	28.34	1.14%
*ST中葡		2.25	-0.44%	舍得酒业	R	29.18	1.04%
美都能源[4]	R	2.35	-0.42%	金徽酒		15.92	1.02%
汇顶科技		150.09	-0.42%	迎驾贡酒		18.85	0.96%
深圳新星		29.60	-0.37%	ST锐电		1.25	0.81%
松发股份		16.32	-0.37%	旗滨集团	R	3.85	0.79%
阳泉煤业	R	5.57	-0.36%	多伦科技[2]		7.82	0.77%
宁波高发		14.08	-0.35%	华新水泥	R	20.81	0.73%
超讯通信		19.96	-0.35%	*ST中孚		1.40	0.72%
先达股份		25.76	-0.35%	伊力特	R	18.51	0.65%
吉林高速		2.88	-0.35%	ST厦华		3.29	0.61%
精工钢构		2.89	-0.34%	山西汾酒	R	69.31	0.61%
三美股份	N	43.46	-0.34%	新智认知		12.34	0.57%
康惠制药		17.42	-0.34%	正川股份		15.95	0.57%
福日电子[2]		5.86	-0.34%	梦舟股份		1.81	0.56%
ST云维		2.96	-0.34%	XD振华重	认购	3.77	0.53%
瀚叶股份		2.99	-0.33%	华正新材		32.17	0.53%
吉鑫科技	R	3.00	-0.33%	口子窖	R	62.59	0.53%

图3.2　白酒板块之间的联动

比如，2019 年 7 月 18 日，长春市天然气价格调整，立即引起相关个股异动，龙头长春燃气上涨，其他个股如贵州燃气、东方环宇等纷纷拉升。

▼	代码	名称	•	涨幅%	开盘%	涨速%
1	600333	长春燃气	R	6.88	0.00	3.60
2	600903	贵州燃气		3.10	0.40	2.37
3	002700	新疆浩源		1.08	0.14	2.05
4	002911	佛燃股份		1.28	-0.94	1.96
5	600917	重庆燃气		1.30	-1.16	1.75
6	603706	东方环宇		1.70	-0.35	1.60
7	603393	新天然气		0.40	-0.40	1.48
8	000669	金鸿控股		-1.39	-0.69	1.43
9	300053	欧比特	R	1.13	-1.22	1.41
10	002267	陕天然气	R	1.91	-0.38	1.40
11	603689	皖天然气		0.09	-0.63	1.37
12	600719	大连热电		-2.26	-0.38	1.37
13	000407	胜利股份T		-1.05	-0.26	1.34
14	603080	新疆火炬T		0.28	0.06	1.34
15	002893	华通热力		-2.36	-1.05	1.29
16	000593	大通燃气		0.76	0.00	1.07
17	600150	中国船舶4		-1.55	-1.91	1.02
18	600856	中天能源		0.32	0.63	0.96

图3.3　天然气板块的联动

第二节　强者恒强

强者恒强是自然界的普遍规律。本节先介绍一下强者恒强在自然界的现象和成因，最后剖析一下强者恒强规律对于股市操作的重要意义。

在茂盛的丛林里，一颗繁茂的大树可以接收到更多的阳光和养分，所以它越长越繁茂，而在阴暗角落里的众多小树苗因为吸收不到足够的阳光和营养，只能成为弱者而被淘汰。

动物界也是。人们观察到一个现象：水箱里放几只小乌龟和一点有限的食物，总有一只小乌龟能抢到更多的食物，于是身体比别的小乌龟更强健，捕获食物的能力也因此进一步增强，从而又变得更强大。

人类社会也是如此。人多的餐厅总是能吸引更多的人去消费，那么就更有条件来自我完善产品、环境和服务，从而吸引更多的人。优秀的企业总是能占领更大的市场，赚取更多的利润，从而更有条件完善自己的产品和服务，从而占领更大的市场。高中一个班上的同学，成绩极好的考上北大清华，大部分成绩差的往往考不上大学。考上北大清华的自然视野更宽，人脉资源更广，工作能力更强，无论是找工作还是找对象，都具有得天独厚的优势。而大部分成绩差的呢，逆袭的有，极少。这也是典型的强者恒强。

1968 年，美国科学史研究者罗伯特·莫顿（Robert K. Merton）提出这个术语用以概括一种社会心理现象："相对于那些不知名的研究者，声名显赫的科学家通常得到更多的声望，即使他们的成就是相似的。"此术语后为经济学界所借用，反映贫者愈贫、富者愈富、赢家通吃的经济学现象。

纵观人类社会的历史，是一部不忍卒读的苦难史。其原因，正是"强者恒强、弱者恒弱"这一规律，在生产力并不发达的封建社会，天然导致了两极分化，导致了极少数人"锦衣玉食、声色犬马"，而广大贫民"贫病交加、哀告无门"，导致了"朱门酒肉臭，路有冻死骨"这一极不平等的社会现象，最终引发了一次又一次可歌可泣的农民起义。

言归正传，股票作为人类社会的缩影，自然也受到强者恒强规律的影响。这一规律给我们什么启示呢？只做强势股！就像我们前面的例子，去餐厅吃饭，我们为什么总是选择人多的餐厅？人多往往说明菜品好、服务好呗。那种空空荡荡的餐厅，你敢进去吗？餐厅人少，往往说明菜品不行，服务不行，老板水平不行，利润更不行。利润不行，往往导致厨师、服务员工资低，菜品及服务更差劲。有心的读者可以观察比较，海底捞以及开在海底捞旁边的火锅店，那是典型的强者恒强，有些顾客宁愿排队等上两三小时，非得要吃海底捞。而旁边的火锅店，硬是门可罗雀，无人问津。

股票会不会也存在这样的道理呢？不错，正是如此！那种每天涨停的股票，我们越是不敢介入，可它就是涨得越高。涨得越好的股票，人气基础就越好，关注度就越高，有了关注度，就有了参与度，买入的人就越多，如此反复，股票就更容易上涨。相反，那种不上涨的股票，就跟没人关照的餐厅一样，没有资金关照，自然就无人问津，怎么也涨不上去。总之，强有强的道理，弱有弱的原因。

我们做龙头股的人，一定要充分利用强者恒强的逻辑原理，在人气股上做文章，敢于在强势股上出击。而龙头股，就是强势股中的最强者。利弗莫尔说过一句名言：如果我们不能在龙头股上赚到钱，那么也很难在市场上其他股票上赚到钱。

个人认为，“强者恒强”“情绪传递”这两大规律构成了龙头战法如何择股的理论基础。关于强者恒强和情绪传递，在第二部分《龙头战法》之《人和篇》还有较为详细的阐述。

第三节　物极必反

物极必反是自然界的普遍规律，作为一种哲学思想，最早起源于《道德经》。老子在《道德经》里说，“反也者，道之动也”“物壮则老”等。《易经》里的“否卦”“泰卦”，也是“物极必反规律”的典型写照。宋朝教育家程颐在《河南程氏遗书》中说，“生生之理，自然不息……，物极必反，其理如此。有生便有死，有始便有终”。这是物极必反这个词的由来，指的是事物发展到一定程度，就会向相反的方向转化。

以自然界的气候变化为例，一年的气候过了夏至最热点之后，就会向凉和冷的方向逐步转化；同样道理，过了冬至最冷点之后，就会逐步向温和热的方向转化。又比如十五的月亮，很完满，但很快就要走向反面，这就是“月满则亏”。人类社会的发展也是遵循这样的规律，大汉朝在汉武帝时代达到了鼎盛，但经过昭帝、宣帝之后却逐步走向了没落；唐朝在唐玄宗的开元盛世时达到了强盛的极致，但经唐玄宗天宝年间的骄奢淫逸后却迅速走向了衰落；清代在乾隆早期进入到了鼎盛时期，但到了乾隆晚期却步入了衰退期。

生活中，我们给一个杯子倒水，渐渐杯子里装不下，自然就会溢出来，这就是“水满则溢”。生活中我们还发现，有些人一旦得意忘形，往往倒霉的事就来了，这就是所谓的“乐极生悲”。中国儒家和道家，都提醒人们做人做事，要遵循普遍的道理，既不要不及，也不要太过。凡事都要适可而止，防止走极端，避免“物极必反”规律的反噬作用。

物极必反包含两层意思，盛极而衰和否极泰来，是自然界和人类社会的一个普遍规律。意思是说，好的事情到了极致就会向坏的方向转化，反之，坏的事情到了极致也会向好的方向转化。

物极必反，在股市中表现特别明显，尤其是投机盛行的新兴市场。个人理解，认识“物极必反”在股市中的意义，也有两层意思。一是股市有涨就有跌，十分正常。没有只涨不跌的股市，也没有只跌不涨的股市。但涨过头了，必然会跌；跌过头了，必然要涨。这就是我们常说的“机会是跌出来的”“危险是涨出来的”。第二层意思呢，就是指股市喜欢走极端。往往是涨就涨个够，跌也跌个透。涨，你觉得涨高了吧，不，非要涨到你“头晕目眩、蠢蠢欲动”去高位接盘。你觉得跌多了吧，不，非要跌到你“痛不欲生、麻木绝望”不可。所以，很多人以为跌多了抄底，总是抄在半山腰。

个人以为，做长线的想判断大盘的底，相对不容易，即使你拜巴菲特为师，可巴菲特本人都难判定大盘的底。所有的底，都是事后方知，任何人都难以预知。但相对来说，短线的底，就好判断得多。首先说明的是，短线和长线是完全不同的交易系统。短线情绪的底，以“涨停家数、跌停家数、连板数量、封板率，高位板”等短线指标前后比照。更加上出手时，始终以题材为依归，有经验的选手可以根据题材的级别来判定市场情绪的走向。2018 年的情形，大盘一路下跌，刘鹤副总理不讲话，你敢贸然抄底？所以 2018 年做长线大概率是输多胜少，但并不妨碍短线高手一路劈波斩浪。

物极必反这条规律，对于短线选手尤其是龙头战法的选手，意义极其重大。其中物极必反中的盛极而衰，提示我们注意风险。那么什么是盛极呢？大盘一路上行，总是涨的家数多，跌的家数少，就要提防大盘早晚要回落，从而引起短线情绪崩溃；龙头股涨到前期龙头身位附近，极有可能是盛极而衰的时刻；当龙头股所有的属性被发掘殆尽，也极有可能是盛极而衰的时刻；有时候，一条信息引起板块内多数个股涨停，往往也是盛极而衰的时刻，所谓的“高潮之后不接力”就是指第二天要小心谨慎。

至于物极必反中的否极泰来，《易经》这样说：“易穷则变，变则通，通则久。”所谓“天地之大德曰生”，易经作为中华文化之底、大道之源、群经之首，十分看重生机洋溢、赓续不绝的生命气象。《易经》强调宇宙事物在动态的发展与变化中，虽有处境艰危之时，然而并无久困之理，不仅揭示了万事万物之通畅与闭塞，系属往来不穷的变化历程，更是鼓舞身处困境者，能明察时势，把握机宜，乐观奋发，以扭转乾坤。

物极必反中的否极泰来，对于短线选手的意义在哪呢？其重要意义在于提示我们，“否极泰来”的时候是情绪流短线选手最主要的出击时机！关于情绪流龙头战法的主要战机，在第二部分《龙头战法》之《天时篇》有较为详细的阐述。

综上所述，物极必反规律是龙头战法体系如何择时的理论基础。

第二部分

情绪流之龙头战法

引　言

龙头战法是股市博弈皇冠上的明珠

股市就是一个江湖。有道是：一入股市深似海，股林江湖门派多。关于股市各门各派的特点，我们在第三部分《股市天经》第四回“股林大会”有较为详细的介绍，这里做个简要说明。股市中的派别，主要分为技术派、基本派、题材派等。

技术分析，广为人知的是三大原理“价格吸收一切信息、价格以趋势方式波动、历史会重演”，显得很是高大上，无懈可击。但奇怪的是，无论市场怎么众说纷纭，从来也没有可信赖的“官方”对此发表言论。多数股民初入市场，接受的就是技术分析的洗礼，市场上关于股票的著作浩如烟海，而技术分析占据绝大部分。有些人还根据某些“必涨形态和神奇指标”，创造了无数战法，而且名字往往还取得杀气腾腾。

本门情绪流认为：技术分析不能说没用，但其所谓的“必涨形态和神奇指标”完全是事后诸葛亮式的解释，沉迷于“必涨形态和神奇指标”必定走入迷途，但是任何派别都有“真理的颗粒”，适合我们采用拿来主义，构建情绪流的交易系统。

价值投资，是官方肯定的投资方式。但是，诸位可以想一想，如果让巴菲特来A股做价值投资，结果会怎么样？有一点可以肯定，绝不可能取得像美股那样骄人的战绩。由此可见，新兴市场和成熟市场是不一样的。由于种种原因，A股有自己的特色。此外，价值投资涉及的金融财务知识让一般人望而却步。总之，散户作为集分析、调研、操作、资金管理、风控一把抓的独立决策人，没有职业经理的专业素养，更没有专业机构的团队分工，更不可能上门调研。如何做价值投资？

本门情绪流认为：虽然从理论上讲，价值投资提供了一种更稳固和确定的格局。但对于一般追求效率的散户来说，并不适合。但是，精明散户可以通过“发现和追踪”主力机构的方式来做价值投资，那么从这个意义上讲，价值投资就变成了价值投机，倒也不失为一种可行的投资方式。

题材派强调题材是股价上涨的牵引力，利好的题材让人产生股价上涨的预期。题材派中，最著名的就是龙头战法。之所以在龙头战法前面冠上“情绪流”，其主要目的是提醒读者朋友必须注意情绪周期。如果说题材派相当于《笑傲江湖》里面的华山派，情绪流龙头战法就相当于华山派里的剑宗，虽然隐于江湖，鲜为人知，但江湖中却到处是他们的传说。可以这么说，龙头战法是股市博弈皇冠上的明珠，堪称股林最高武学。龙头战法选手则堪称股市中的特种兵。

情绪流龙头战法与价值流派、技术流派是完全不一样的交易系统。本书关于龙头战法共分四章，尽可能系统地讲述龙头战法的学习框架：《人和篇》和《地利篇》谈的是择股问题，《天时篇》谈的择时问题，《综合篇》主要讲的是职业投资者如何收集信息情报，如何看盘复盘，以及龙头战法的原理和实战操作。

第四章　人和篇

第一节　股价上涨的直接推动力

股票市场上，几乎天天都有涨停的股票，你方唱罢我登场，十分热闹，看得人眼花缭乱，兴奋不已。有的涨一两天就结束了，有的连涨七八天，好不诱人。或许正是因为这样谜一样的起起落落，吸引了无数人一头扎进股市里，探求其中的奥秘。一般来说，短线选手关注的都是已经涨停的股票，股票涨停的直接原因是什么呢？对于短线选手来说，笔者以为这是入门的第一课。

在一次聚会上，我遇到一位多年不见的同学。这位老同学股龄快十年了，闲谈中听说笔者也做股票，他用手机打开一幅 K 线图对我说，老同学，我有个问题，百思不得其解，智慧农业这个股票从底部一涨六个板，而左侧，明明 K 线一路下跌，主力资金是在哪儿吸筹的呢？老实说，我开始十分震惊，怎么也想不到一个股龄近十年的股民，能问出这样一个问题来。

奇怪的是当时在场的好几位朋友，大家都回答不上来。后来我仔细一想，也不奇怪，闻道有先后，术业有专攻，不是每个人都喜欢琢磨股票交易，有些人确实是志不在此，玩股票只是个娱乐。另一方面，散户朋友初入股市，往往接触的都是技术分析，庄家思维根深蒂固，似乎所有的股价上涨，都是所谓的庄家兴风作浪的结果。所以，像智慧农业这样，一旦看不出庄家吸筹的痕迹，而股票却能不断连板涨停，就超出了理解范围。其实这很正常，几乎每位短线选手，都是从价值派和技术派转变过来的，都经历过这样一个过程。像智慧农业这样，没有主力吸筹却不断连板的股票有很多很多。

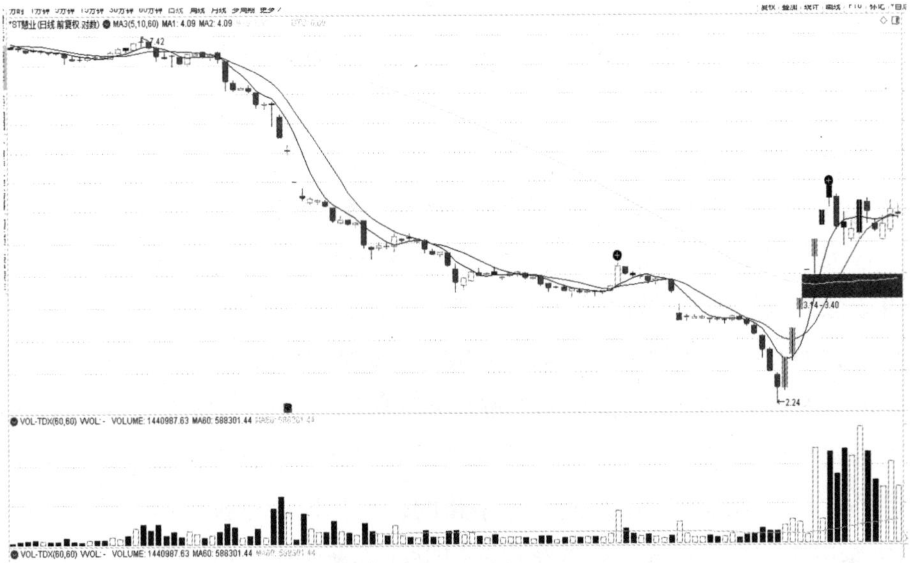

图4.1　智慧农业日K线图

我想了想，先问了一个小问题：股价上涨的直接原因是什么？大家七嘴八舌，汇总起来大概有以下几个观点：

① 市盈率低，利润增长率高，净资产收益率高等。

② 股票有利好消息，所以买进，买的人多了，股票就涨了。

③ 股民总是在股票上涨的时候买入，因为感觉上涨的股票会继续上涨，追涨的人多了，股价就涨了。这就是所谓的追涨杀跌。

这些观点对不对呢？也对。但仔细想想，这些观点只是在回答“为什么买入股票”，或者说是股价上涨的相关因素，都不是直接原因。“市盈率低，利润增长率高”的股票很多，就一定涨吗？有利好消息的股票也多，有时候不但不涨，反而还跌。至于追涨杀跌，追的时候股票在上涨，但往往没多久就跌回来了。所以这些都不是股价上涨的直接原因。

标准答案是什么呢？答：资金推动是股价上涨的直接原因！或者说，

资金是股价上涨的直接推动力。也就是说，没有资金的推动，无论多好的理由都没用，无论多牛的利好都是白搭。对于短线选手而言，这是入门的第一课，如果不明白这个道理，从战略上就已经输了。

资金是股价上涨的直接原因，但像智慧农业这样看不出主力底部吸筹的痕迹，怎么会涨停呢？技术派都知道，股价上涨，是主力吸筹后拉升的结果。难道所有的涨停都是如此吗？答：不是的，简要地说，推动股票涨停的力量一共有以下两种。

（1）利好消息刺激，市场合力拉升股价至涨停

突发利好消息或潜在利好，人们对价格有良好预期。道理很简单，股价上涨，直接因素是资金的推动，资金的背后是人，而人必然受“心理”影响。而利好的政策和消息给人想象，让人产生股价上涨的预期，于是一部分先行者入场，股价异动上涨，不断吸引各种类型的资金纷纷入场，因为每个资金背后的操作者的技术系统和喜好不同，所以每个操作者下单的位置就不同。有点火的，有半路的，有打板的，各类不同的资金合称为市场合力。这样，股票没有任何提前资金潜伏的情况下，因为突发利好消息或潜在利好消息，在市场合力推动下涨停封板。第二天在市场合力的作用下继续拉板，吸引了市场上的一些游资、机构、散户等纷纷做点火、半路、封板等动作，继续拉连板。

（2）主力资金提前潜伏吸筹，然后拉升股价至涨停

这种情况就是技术派众所周知的情况，主力提前潜伏吸筹，经过完整的吸筹洗盘准备动作后，拉升股价涨停封板，拉升后就面临出货。但中间过程同样有各类资金的参与。

前一类实际上就是市场合力为主的涨停，第二类是主力资金操控为主、市场资金配合为辅的涨停。可以这样说，没有无缘无故的涨停。以上两类涨停，都需要借助利好消息或者说题材。题材就是风口，题材就是第一生产力！古今中外，概莫能外。

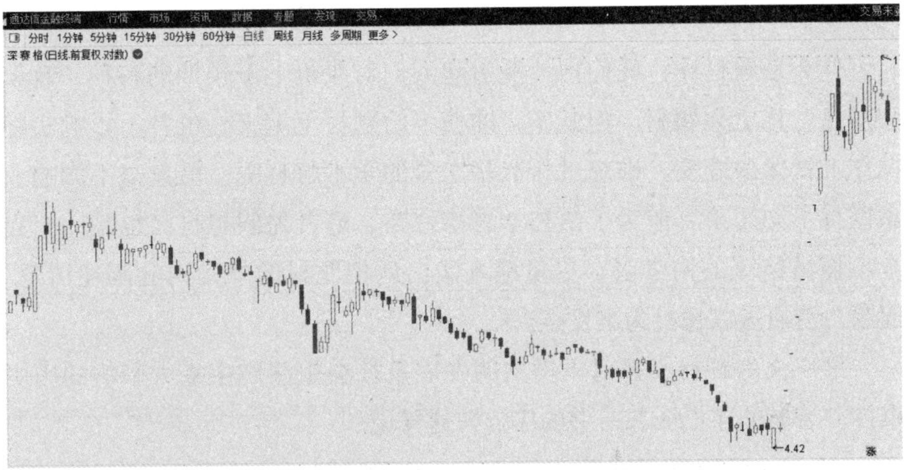

图4.2 深赛格因为突发利好一路上涨

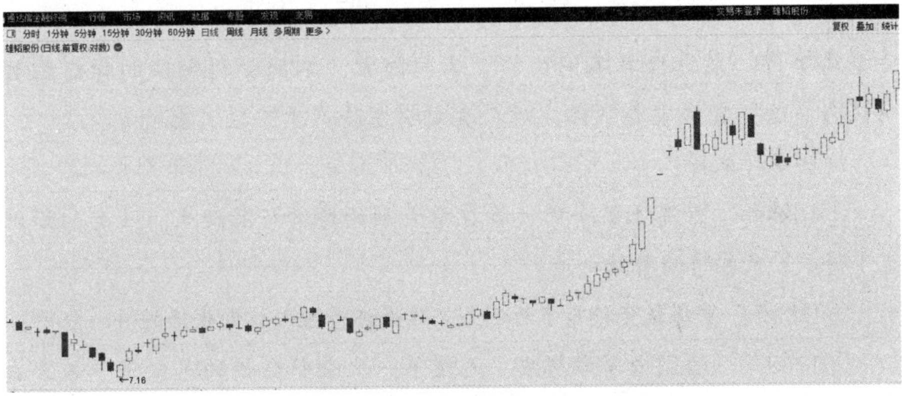

图4.3 雄韬股份主力吸筹后，结合题材拉升涨停

第二节 题材是股市的第一生产力

上一节，我们讲了股票上涨的两种推动力：一是市场合力；二是主力资金操控为主、市场合力为辅。但是，无论哪种类型，都需要利好消息或者说题材。题材就是风口，是股价上涨的驱动因素，题材就是股市

的第一生产力。

什么是题材呢？我们把可能引起人们对股价上涨预期的各种“政策和信息”称之为题材。但其实，即使不给题材下定义，也并不影响实际操作。就像谈恋爱，谁想过什么是恋爱的学术解释呢？但丝毫不影响大家谈得不亦乐乎。但为了给初学者指好路，笔者先假想自己也是一个完全不懂情绪流的初学者，尽量深入浅出地把题材的外延内涵阐述清楚。因为，情绪流以题材为出发点。

最广义的题材，是对人类文明发展及社会生活产生重大影响的历史事件。著名的《长征》一书的序言曾这样说：

美国时代生活出版公司曾出版了一本书《人类1000年》，书中记录了从公元1000年至公元2000年的千年间，人类历史进程中发生的一百件重要事件。来自世界不同民族，不同国家，不同学科领域的学者们共同认为，这一百件重要事件，对人类文明发展产生了巨大影响。

这些事件包括：

①1088年。世界上第一所大学在意大利的博洛尼亚诞生。人类的知识有了得以世代相传的智慧之地。

②1582年。罗马教会颁布了历法。从此见证着组成我们生活的每一分钟。

③1789年。法国大革命爆发。人类第一次全社会性的革命将平等的法律制度传向全世界。

④1830年。第一列火车从英国的利物浦开出。从此结束了人类只能用脚力推进陆地运输的历史。

⑤1905年，爱因斯坦发表关于能量守恒定律的论文。人类的思维第一次进入宇宙的两个基本构成：物质与能量的内在联系。

⑥1953年。DNA链的奥秘被解开。人类第一次得以弄清我们是怎么样成为我们自己。

⑦1969年。阿波罗十一号宇宙飞船登上月球。全世界开始探索星球之谜中一个重要问题：我们是唯一的人类吗？

这些最具影响力的事件可以告诉今天的人类，世界是如何变当时的沧海为今天的桑田。历史都是那些能够书写并见证人类已往生存面貌的人与事，而这些事无不使人类生活发生了根本性改变。

跟中国有关的是三件事。

①1100年。火药武器的发明。人类从此进入热兵器时代。

②1211年。成吉思汗建立帝国。客观上打通了东西方文明的隔膜，造成了东西方的交流。

③1934年。长征。人类历史上罕见的不畏艰难、不畏牺牲、传播理想的远程。

或许从人类文明的角度看，以上题材太大。那我们再往近了说，往小了说。

①1949 年新中国成立。中国人民站起来了。

②1978 年改革开放。中国人民富起来了。

③ 中共十八大。中国人民强起来了。

当年孙中山在《兴中会宣言》中，这样描述当时的中国："堂堂华夏，不齿于列邦；济济衣冠，被轻于异族"。那么回顾历史，这建国、富国、强国三部曲，是不是极大地改变了中国的国运？尤其是改革开放以来，一穷二白的历史一去不返，中国发生了翻天覆地的巨大变化，中华民族从未如此接近民族复兴的伟大目标，相关的人和事注定会名垂青史。

再进一步具体来说，沿海开放、西部开发、中部崛起、东北振兴、一带一路、雄安新区、自贸区、科创板、深圳先行示范区等，这些改革开放的重大举措，是不是深刻影响中国相关地区、相关领域、相关上市公司的未来和每一位二级市场投资者的"钱途"？这些举措的出现，极大地引起了人们对于二级市场股价上涨的预期。我们就把这些可能引起人们对股价上涨预期的政策和信息，统称为股市的题材。

股市的题材除了上述这些大题材外，常见的题材还有：两会题材，人民币升值，工业互联网，人工智能，无人驾驶，5G，环保，国防军工，上海自贸，新能源车，生物医药，物联网，业绩增长，高送转，等等。我们生活在一个前所未有的新时代，新时代就会有新题材。2019 年以来，产生了柔性屏、大金融、超高清视频、泛在电力物联网、数字孪生、一带一路、氢能源、工业大麻、业绩预增、集成电路、自主可控、稀土反制、垃圾分类、深圳先行示范区、数字货币、区块链等众多题材，每一次题材炒作都会诞生许多牛股。股市几乎每天都会有这样那样的题材。

第三节　题材的分类

1. 国家政策类

股市是经济市，更是政策市。国家政策是最直接、最强大的题材。在我国，政策一直是影响行业、公司甚至整个股市发展的重要力量。A 股的诞生就是政策的直接结果，当初是为国企脱困，现在为经济转型助力。所以，我们必须要重视国家政策方面的变化及调整。

政策包含的方面非常丰富，如综合性国策：西部大开发战略、京津冀协同发展战略、上海自贸区、一带一路、雄安新区、深圳先行示范区等；行业性政策：氢燃料电池、人工智能、工业 4.0、环保、数字乡村政策等；货币政策：降息、降准等；制度性改变：沪港通、IPO 新政、国企改革、科创板等。

中国历史上诞生的大牛市，全部都与国家大的政策有关，而诞生的个股大行情，也大多涉及个股相关的行业政策。所以政策性题材是大机会，是值得我们每个投资者高度重视的。跟着国家的政策走，才有可能在市场中获大利。

我们应该怎么样挖掘政策方面的题材呢？首先从政策级别方面着手，比如五年规划、每年的两会、中央经济工作会议等。由国家最高领导人推动的政策自然级别高，其次是国务院，再次是各部委。正所谓大级别题材产生大级别牛股。响应大政策、关注最高层是我们做政策性题材的最重要的方法。

例 1：设立雄安新区

2017 年 4 月 1 日，国家宣布设立河北雄安新区，并宣布这是党中央所做出的一项历史重大抉择，是继深圳经济特区以及上海浦东新区之后又一具有全国重要意义的新区，是千年大计、国家大事。这个级别够大了吧？千年大计的词语可不是随便乱用的。看看上海浦东新区、深圳经济特区如今繁荣发展的面貌，雄安新区未来的繁盛面貌是不是已经浮现在我们的脑海里面？

于是乎，从2017年清明节后开始，市场开始了一波轰轰烈烈的雄安新区概念股炒作。从逻辑上来说，要建设一个新的国家级发展新区，首先受益的应该是房产、基建、港口、钢铁、环保股，所以我们可以看到，这一次走出了冀东装备、创业环保、唐山港、金隅集团、先河环保、华夏幸福、银龙股份、中化岩土、渤海股份、京汉股份等一大批短线暴涨牛股，这些股票所有的短期暴涨，都受益于建设雄安新区这一重大消息的公布。

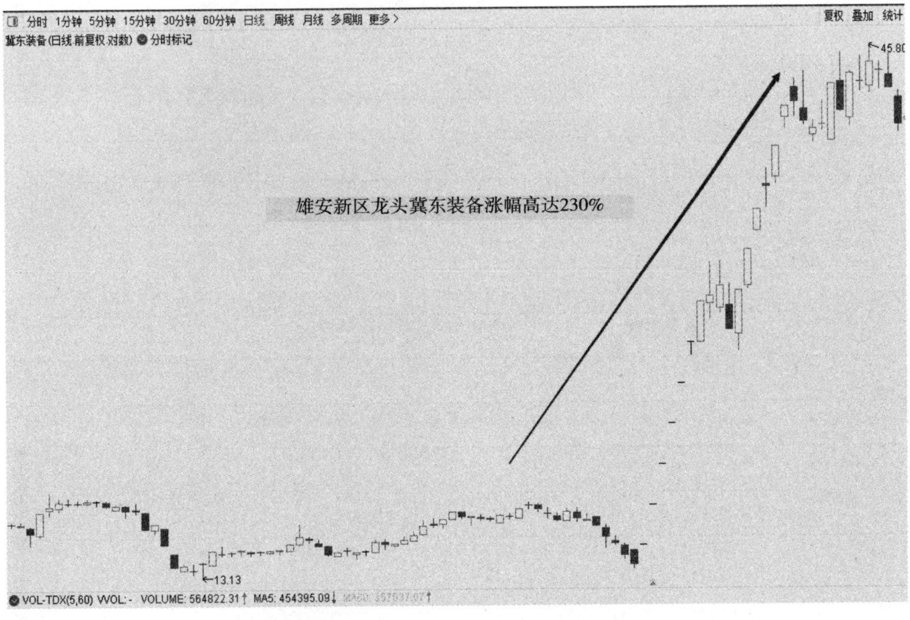

图4.4　冀东装备一波涨幅达230%

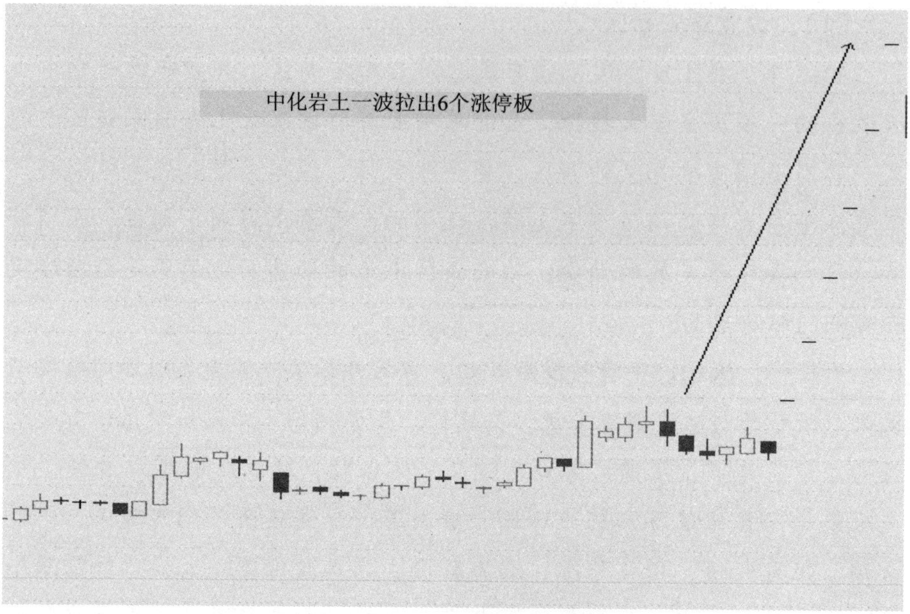

图4.5　中化岩土一波6个涨停板

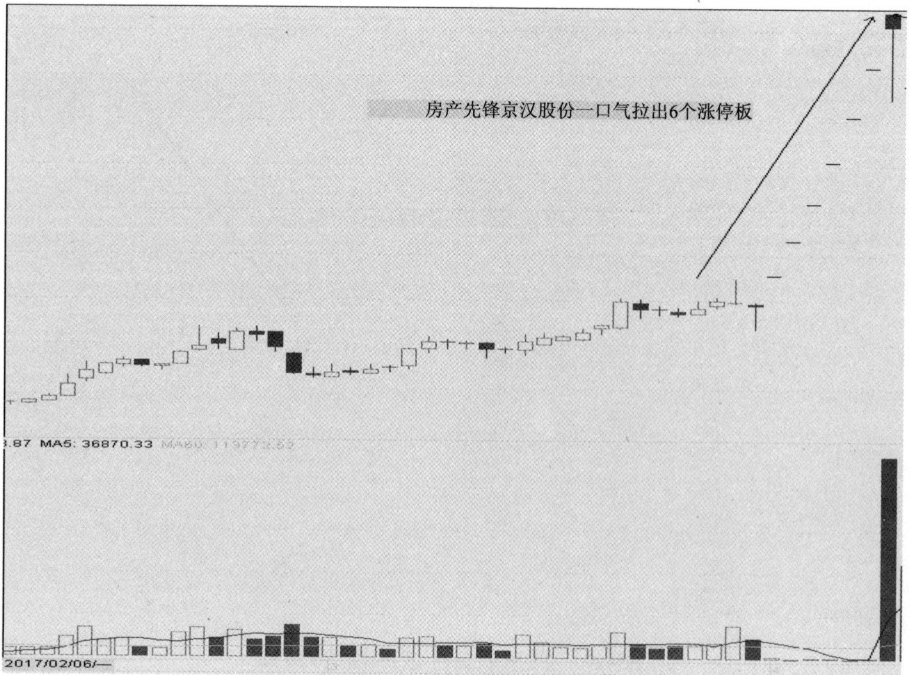

图4.6　京汉股份一波6个涨停板

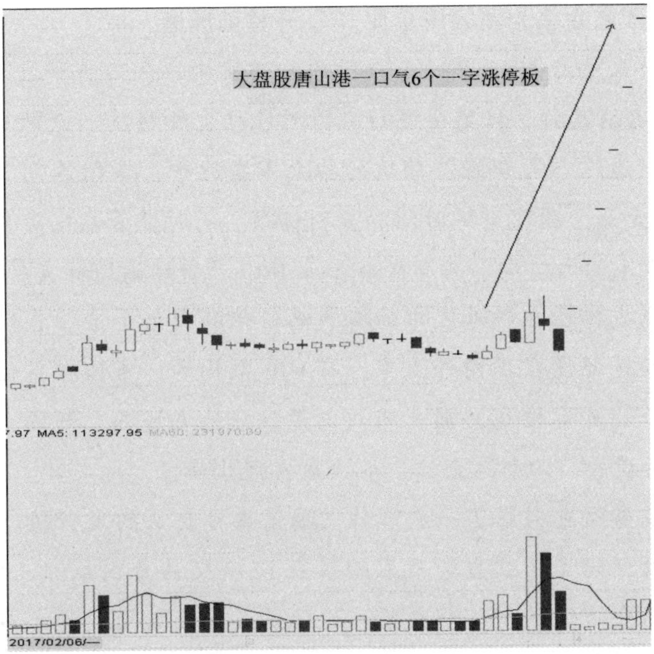

图4.7　唐山港一波6个涨停板

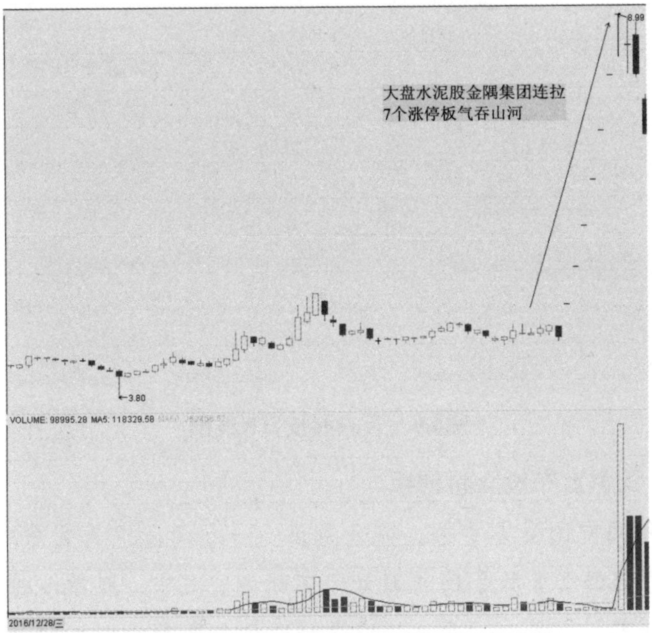

图4.8　金隅集团一波7个涨停板

例 2：证监会将为新经济企业 IPO 开特殊通道

我们再来看看 2018 年一个众所周知的案例——万兴科技。2018 年 2 月 28 日，有消息称，证监会发行部将对包括生物科技、云计算、人工智能、高端制造这四大新经济领域的拟上市企业中，市值达到一定规模的“独角兽”企业，放宽审批时间和盈利标准。同时监管层向券商传达了助力新经济政策的大方向，为新经济企业 IPO 开特殊通道并支持“独角兽”上市。一是支持已在境外上市的有战略价值的大型企业，在境内市场发行证券。二是还没在境内外上市，有 VIE 架构的，市值在百亿美元以上的独角兽企业可直接在 A 股上市。三是注册地在境内，还没上市，具备行业发展价值的“四新”企业，尽快在 A 股上市。

这一重磅消息引爆了一波炒作“独角兽”企业的大行情。3 月 1 日，万兴科技便开始了一波轰轰烈烈的短短 17 个交易日内暴涨 368% 的传奇行情，成为全市场的超级明星股。这就是政策的魅力，资本市场不会放过这样的大好机会。

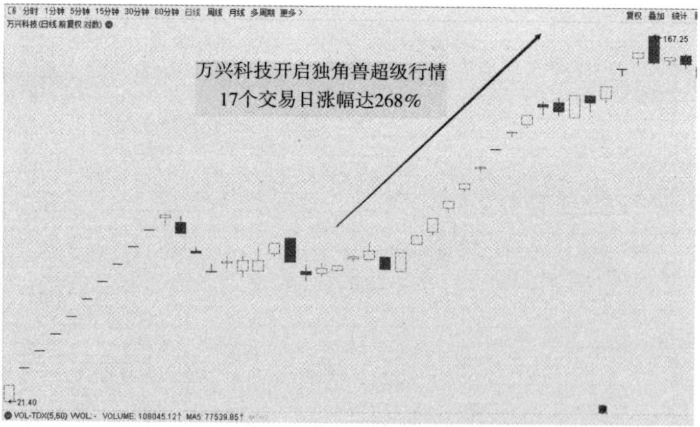

图4.9　万兴科技日K线图

例 3：国家宣布设立科创板

2018 年的中国资本市场，风云激荡。一方面，中美贸易战、国内去杠杆等内外部因素叠加导致 A 股处于不断调整之中，股票质押风险频发，民企违约潮不断。另一方面，从中央到地方各层面的纾困行动接连展开，政策组合拳频出，风险缓解；科创板、注册制横空出世，增量改革令人期盼；A 股入摩入富、沪伦通取得实质性进展。2018 年是动荡不安的一年，但无疑也是资本市场史上浓墨重彩的一年。其中的高光时刻，就是 11 月 5 日，习近平在首届中国国际进口博览会上宣布，将在上交所设立科创板并试点注册制。

A 股市场已经有了主板、中小板、创业板、新三板，为什么还要单独设立科创板呢，在创业板内添加不就可以了吗？国家独立开科创板，说明对科技创新的重视程度，突出国家要扶持高科技产业发展的决心。落后就要挨打，这是真理，中国迫切需要科技创新、科技兴国。为了不受人遏制，中国有必要扶植起自己的科技创新型企业。而中国的科技创新型企业，不是规模较小，就是轻资产运行，或者是刚成立不久，很难从国内金融机构那边融到所需资金。在这种情况下，设立科创板就是要解决科技创新企业融资难、融资贵问题，给他们创造良好的发展环境。让这些科技创新企业为发展中国的核心科技做出应有的贡献。

总之，设立科创板是国家级别的超大题材，对国家战略新兴产业的发展具有极其深远的影响。反映在二级市场，也掀起了一场史诗级的题材大炒作，产生了市北高新、民丰特纸等众多牛股。

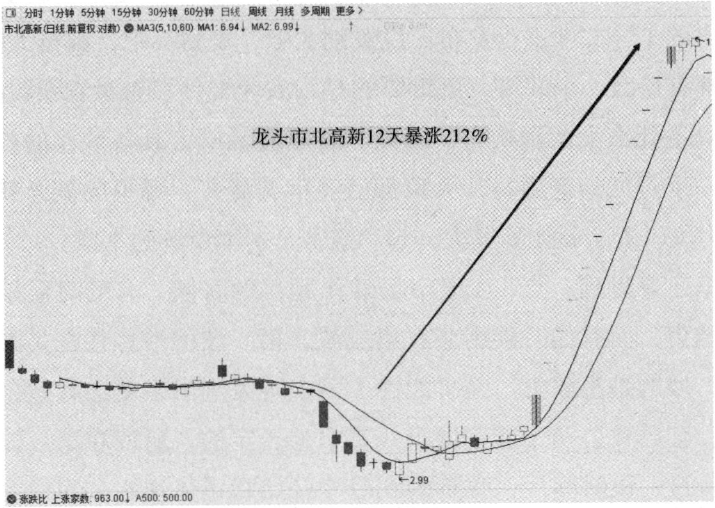

图4.10 市北高新日K线图

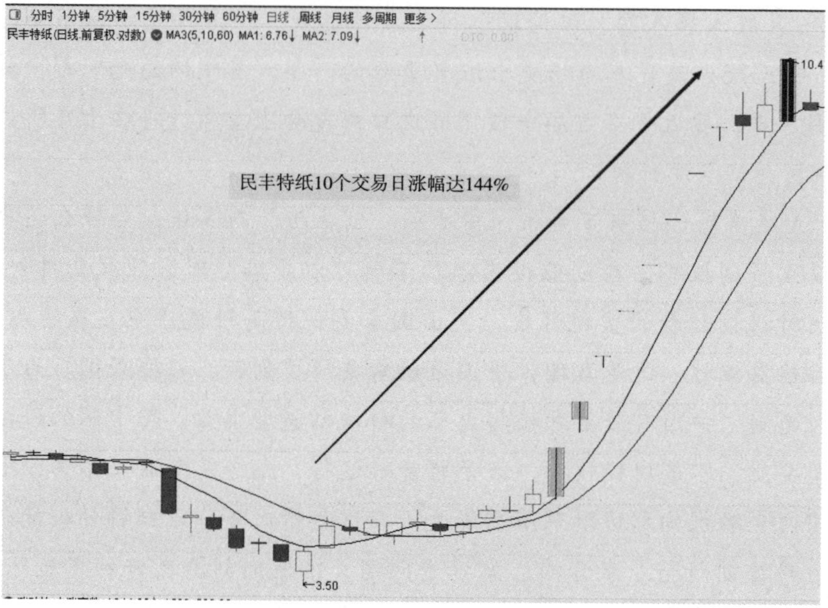

图4.11　民丰特纸日K线图

值得注意的是，一个大题材第一次出现，大家参与的热情度会很高，但如果同样的题材总是反复出现，那么参与的价值就大大降低。这就是资本市场的“喜新厌旧”。其实这跟人的心理是一样的。一些朋友可能熟悉，我们国家归根结底还是一个农业大国，所以国家始终将农业政策作为每年的1号文件进行发布。说级别大吧，规格高吧，都挺大挺高的，但每年都有这么一个政策，更重要的是，农业文件发布对农业股的影响，真的不具备什么大的影响力，所以，农业股就不太具备炒作的价值。况且这是一个过气的老题材，大家都已经审美疲劳。哪里的概念新，哪里的影响力大，资金就往哪里去，趋利避害是资本市场的本质。

这里还要提到一点，A股市场炒作题材的时候，有的时候是一波炒作过后结束，而有的时候则会有第二波，第一波的炒作往往是游资发动的行情，炒的是想象力、是可能性，一个政策刚出来就会导致公司大幅盈利吗，会导致公司飞速发展吗？答案是否定的。所以在第一波炒作结束，沉寂过一段时间后，政策的利好才开始真正体现在公司盈利的增长上，这才有可能会开始第二波的炒作行情。第一波炒作刚公布消息，大家都站在同一个起跑线，谁都没有优势，主力资金也拿不到足够便宜的筹码，所以大多是游资借助利好而展开的一波纯题材炒作，后面的二波行情才有可能是资金在悄无声息中吃到足够筹码后开始的上涨行情。对于题材爆发后的行情，我们应该结合个股的K线、板块走势变化、政策层面消息等，对相关个股持续关注。

2. 技术革新、创新类

技术革新、创新类题材也是一个大题材，这个方面的题材往往能造就大行情。回顾人类历史的发展进程，我们可以发现，每一次人类文明的进步都伴随着技术的革新与创新。技术革新是推动社会发展的重要内在动力。蒸汽机的出现将人类带入到了工业革命时代，推动了人类社会的快速发展。越是革命性的有巨大影响力的技术变革，越是能够造就有影响力的题材。互联网的出现以及普及，极大地改变了世界，这一次的互联网革命造就了美国的大牛市。

美国的纳斯达克指数暴涨，就缘于这一次的互联网革命。但凡跟互联网相关的个股，都轰轰烈烈地走出了一波大行情，成为美股历史上的一道靓丽风景线，比如雅虎、思科、美国在线等在这波互联网浪潮中都涨幅巨大。受益于大洋彼岸美国股市互联网题材的暴涨，传导到我们A股的时候，与互联网沾边的海虹控股一口气涨幅高达500%，这种疯狂上涨的势头令人咋舌，也不得不惊叹互联网这个超级大题材的影响力。

其实回过头来想想，为什么互联网革命能够造就这么大的牛股，除了资金的炒作以外，最深层次的原因还是在于互联网革命带来的巨大影响力。它极大地推动了人类社会的发展，无论怎么来形容他的影响力都不为过。在今天这个社会，互联网早已经融入社会发展的每个角落里面，无处不在。他对生活的重要性不言而喻，已经成为人类不可或缺的一部分。新技术的出现，会带来无数的机会和可能性，也正是因为这种无穷无尽的可能性，才给了人们极大的想象空间。雾中看花花更美，想象力有巨大的驱动力。

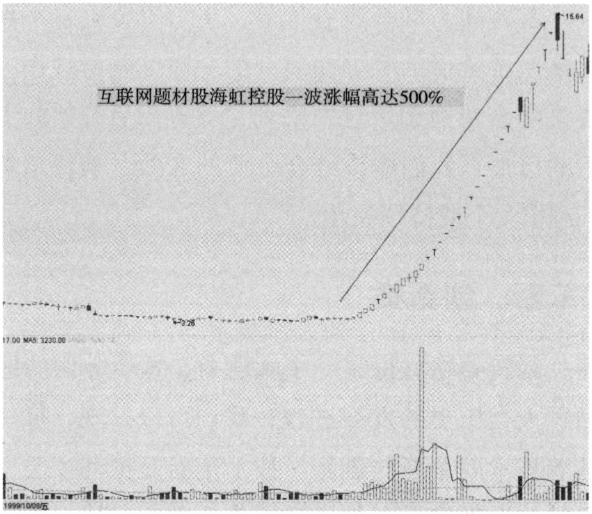

图4.12　海虹控股日K线图

另外一个具有重大技术的领域是医药行业，恒瑞医药因为发布了抗肿瘤新药，成为大牛股。癌症目前来说是一个绝症，治愈率很低，而出现了这种新的抗肿瘤的药品，对于公司来说当然是巨大的实际利好，这也是公司的技术革新带来的新产品，对于公司的股价当然具有重要的支撑作用。

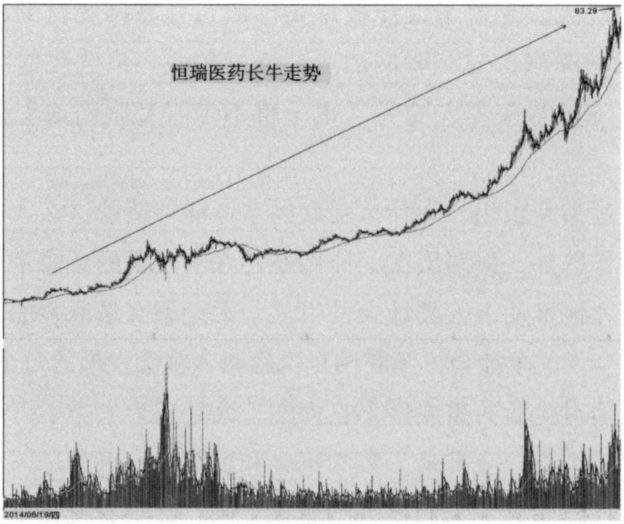

图4.13　恒瑞医药长牛走势

关于技术革新方面的题材，我们再举两个例子。

一个是 2019 年 2 月初的柔性屏题材。所谓柔性屏，顾名思义是指可弯曲、柔韧性佳的显示屏幕。因其低功耗、可弯曲的特性，柔性屏幕的成功问世，无疑对新一代高端智能手机、笔记本、电视，甚至智能穿戴、车载等各领域的终端应用而言，都带来了新的市场增长空间。据估算，随着柔性屏市场规模的不断增长，70.6% 的柔性屏产能应用于智能手机。显然，智能手机屏幕升级一大方向就是柔性屏的应用。随着柔性屏日渐普及，市场需求将进一步释放。对于专注柔性屏研发生产的企业，有着潜在的庞大市场，迎来了难得的历史发展机遇。

此外，近年国家也在积极推动柔显行业的发展，《中国制造 2025》里明确提出，柔显技术已经上升为国家电子信息崛起战略的一部分，这也是推动我国显示产业向价值链中高端跃升的重要举措。

2019 年 2 月 4 日，农历大年三十，一年一度的重头戏“央视春节联欢晚会”如期上演。在零点钟声敲响前几分钟，央视春晚深圳分会场，韩雪、关晓彤等亮相的歌舞节目《青春畅想》中，30 位舞蹈演员身穿深圳柔宇科技量产的全柔性屏特制的“柔衣”闪耀登场，充满科技元素和艺术感，瞬间成为人们关注的焦点。这是央视春晚 37 年以来首次采用全柔性显示屏参与节目演出，也是全球首款大面积使用柔性屏的舞蹈服装首次公开亮相。

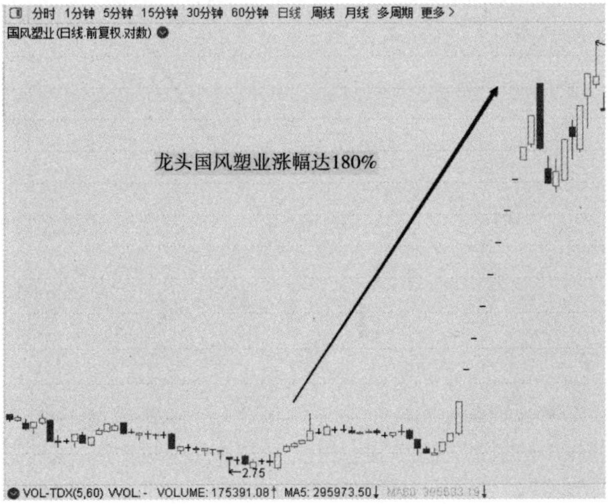

图4.14　国风塑业涨幅达180%

2019年2月11日，春节后第一天，柔性屏生产企业京东方当天就上涨，第二天涨停，开始了一波波澜壮阔的柔性屏题材大炒作，产生了国风塑业、领益制造、联得装备、凯盛科技等一批大牛股。

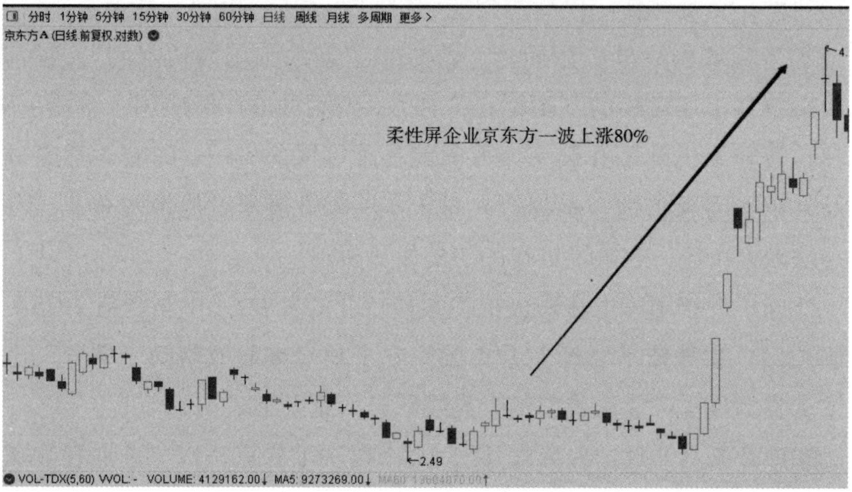

图4.15 京东方一波上涨80%

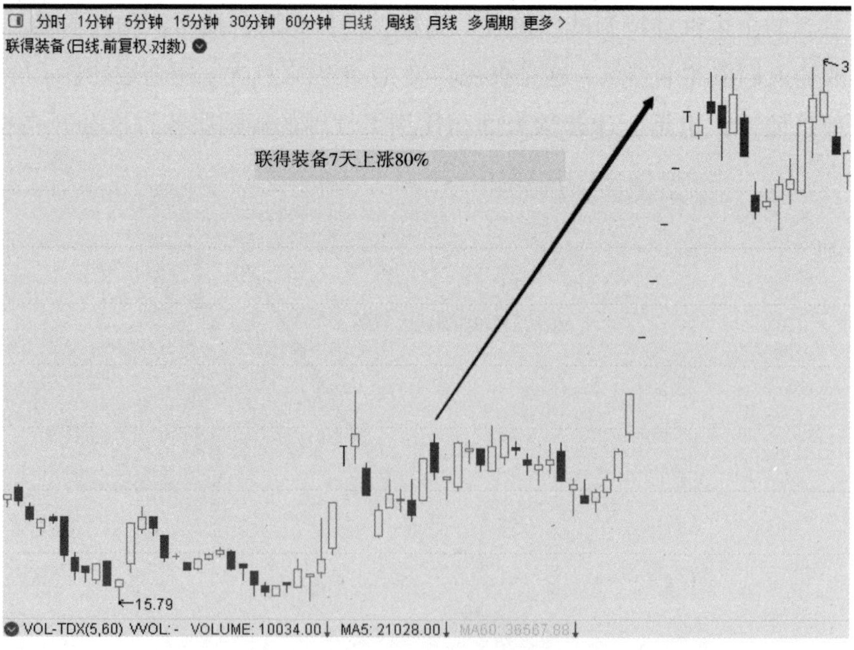

图4.16 联得装备一波上涨80%

关于技术创新的重大题材，还有一个值得一说的就是区块链。提到区块链，很多人首先想到近年来被热炒的比特币，甚至把二者混为一谈。其实，比特币只是区块链技术最为人熟知的应用，该系统不依靠中心机构能运行多年，很大程度上证实了作为其基础的区块链技术的可靠性。

2019 年 6 月，美国脸书公司宣布将发行基于区块链的加密数字货币 Libra，引发关于其波动风险以及对现有货币体系影响等方面的热议。除了虚拟货币，区块链在金融业还有许多应用模式。例如，其安全、信任度高等特点可以帮助金融机构防范风险、降低成本、提高效率等。国际数据公司 2019 年 8 月发布一份报告显示，2018 年到 2023 年，银行业将领衔全球区块链支出，占全球用于区块链技术总体支出的约 30%。

在贸易、消费等领域，区块链实现了高度可溯源性，可帮助监管机构、交易方或消费者核查某种产品的真实来源。在全球化供应链中，该技术有助于提高交易的可靠性并提升监管效率。

在制造业领域，区块链有助于复杂供应链的协作和流水线化。比如，制造一架飞机可能需要来自全球的数万个零部件，区块链技术可以帮助制造商了解多级供应商及原材料的信息，在提高效率的同时降低成本。

美国国际战略研究中心 2018 年年底发布一份报告，详细介绍了区块链在医疗、制造业、运输业和农业等领域的成功应用案例。其中一个案例就是欧洲飞机制造商空中客车公司已开始利用区块链技术分析供应商以及组件源头，帮助公司减少了飞机零部件修复时间和费用。

在中国，区块链技术的许多应用场景已经落地，腾讯、蚂蚁金服、华为等企业在电子票据、版权保护、商品溯源等领域展开相关实践。

目前，区块链已成为全球技术发展的一个前沿阵地，全球科技大国正加紧在该领域布局。美国不断完善与区块链技术相关的公共政策。2019 年 7 月，美国参议院商业、科学和交通委员会通过了《区块链促进法案》，指出区块链可能的应用领域包括防止税务欺诈、医疗保险跟踪、社会保障福利体系、政府档案管理等。欧盟致力于把欧洲打造成全球发展和投资区块链技术的领先地区，加快研究国际级“区块链标准”。欧洲各国政府也已行动起来。德国政府 2019 年 9 月发布区块链战略，希望挖掘区块链技术促进经济社会数字化转型的潜力。这一战略明确了五大领域的行动措施，包括在金融领域确保稳定并刺激创新、支持技术创新项目与应用实验、制定清晰可靠的投资框架、加强数字行政服务领域的技术应用、传播普及区块链相关知识并加强有关教育培训及合作等。在英国，区块链被视为金融科技的一部分而受到高度重视。为了给金融科技提供更好的创新环境，英国监管部门推出“沙盒机制”，利用区块链创造一个安全空间，在这个特定范围内对一些创新型产品、服务和商业模式的合规要求会有所放宽，以降低企业成果转化的时间和成本。

中国国务院2016年印发的《“十三五”国家信息化规划》，将区块链技术列为战略性前沿技术。2018年6月，工信部印发《工业互联网发展行动计划（2018～2020年）》，鼓励区块链等新兴前沿技术在工业互联网中的应用研究与探索。2019年10月24日下午，中共中央政治局就区块链技术发展现状和趋势进行第十八次集体学习，邀请浙江大学教授、中国工程院院士陈纯就这个问题作了讲解，并谈了意见和建议。习近平在主持学习时强调，区块链技术的集成应用在新的技术革新和产业变革中起着重要作用。我们要把区块链作为核心技术自主创新的重要突破口，明确主攻方向，加大投入力度，着力攻克一批关键核心技术，加快推动区块链技术和产业创新发展。

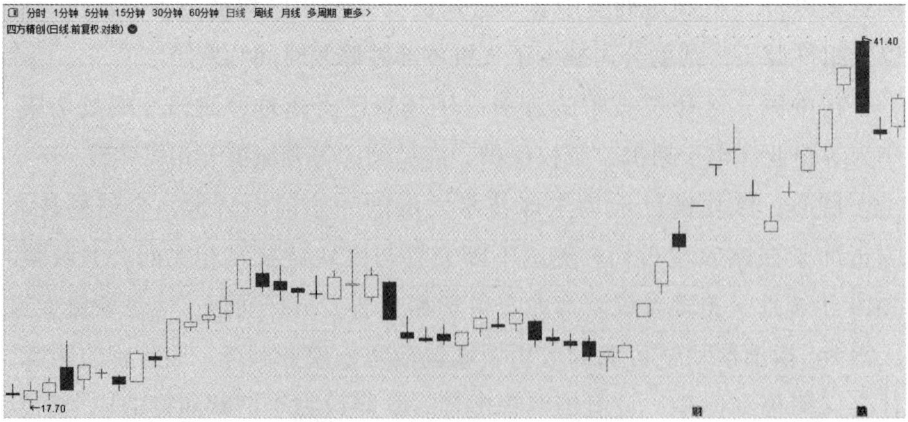

图4.17　四方精创股价短期暴涨

消息见诸媒体是10月25日周五盘后，10月28日一开盘，区块链板块当天涨停 132 只，一字板 56 只！可见这种技术创新型题材的巨大威力。此一役，由于预期太过一致等原因，没达到预期的效果，但即便如此，还是产生了四方精创、当代东方等牛股。

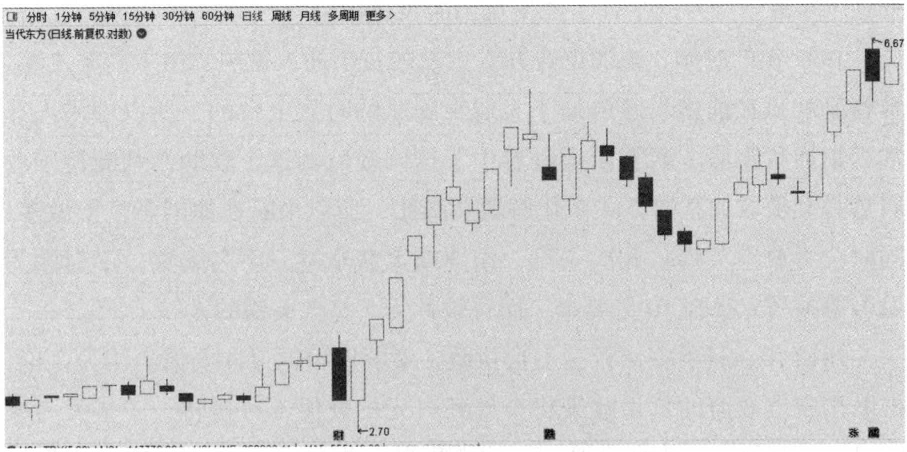

图4.18　当代东方股价短期暴涨

3. 重大公共事件类

重大公共类事件涉及范围非常广泛，每时每刻世界上都有各种事情发生，但是能够对人类生活、生产、对社会、自然等产生较大影响的事件并不是时时刻刻都在发生，这具有一定的偶然性。比如各种自然灾害事件（地震、海啸、洪水、瘟疫等）、安全事故事件（飞机失事、食品安全、疫苗安全、地铁事故等）、地区政治动荡、战争等。

为什么重大公共类事件会对股市产生影响呢？从心理层面来说，还是要回归到前面提到的题材预期问题。

我们先来讲国外的例子。大名鼎鼎的投资天才索罗斯无人不知无人不晓，他就是挖掘重大事件题材的绝顶高手。索罗斯具有极强的嗅觉，他总能牢牢抓住关乎一个国家命运的事件这些投机机会。

1973 爆发了第四次中东战争，以色列对阵埃及、叙利亚，由于以色列武器的落后导致了这一次战争的惨败。由于美国和以色列具有极其亲密的联盟关系，于是，索罗斯联想到美国可能会从以色列的惨败中吸取教训而更新自己的武器库，所以索罗斯大量买入那些掌握国防部订货合同的公司股票，果然，美国国防部不久开始花费巨资更新自己的武器库，相关供货国防部的军工股大涨，索罗斯暴赚一笔。这就是索罗斯从以色列在中东战争失败的事件中所挖掘出的投机机会。

1992 年的时候，东西德合并，大量的货币涌入德国。由于前车之鉴，希特勒就是在前魏玛政府处于大通货膨胀的时候上台的，所以德国人非常害怕通货膨胀。索罗斯正是看中了德国政府的这个软肋，判断德国政府势必会采取加息的方式来化解通货膨胀，所以果断在德国马克上做多，同时全力放空英镑。此次一役，索罗斯大获全胜，声名大噪，不但因为做多德国马克暴赚 10 亿美金，而且被称为“打败英镑的人”。

2012 年，日本安倍晋三上台执政，索罗斯根据过往安倍的相关言论，推断出安倍政府的货币政策将会导致日元的贬值不可扭转，于是大力放空日元，结果也是大获全胜，在这笔投资中获利超过 10 亿美金。索罗斯是当今世界当之无愧的题材投机绝顶高手。

我们接下来讲国内的例子。2009 年中国爆发了大面积的禽流感，当时的情况非常严重，而能够生产出对抗禽流感药品的莱茵生物出现了一波暴涨行情。大家心里预期这类药品的出现能够使得公司的盈利大幅增长，对公司高度看好，因此才出现了一波大涨的行情。

2003 年中国爆发了“非典”疫情，对人们的生活、工作造成了巨大的影响，人们都不敢出门了，这么大的灾难，死亡了这么多无辜的生命，我们感到非常的痛心。从道义来讲，我们似乎不应该去投机炒作此类股票，但从本身的逻辑上分析，那些研制药品对抗“非典”疫情的上市公司，他们的产品可能会挽救无数的生命。能够在危难关头挽救生命的公司，资本市场当然不会错过它。2003 年“非典”疫情暴发的时候，海王生物、天坛生物、白云山等股票都短期内出现暴涨。

2018 年 5 月 8 日，美国总统特朗普宣布退出伊核协议，并宣布将会对伊朗实施最高级别的经济制裁。国际局势一下子就变得紧张起来。众所周知的是，伊朗是世界上最大的产油国之一，我们国家的石油进口很多也是来源于伊朗，局势的紧张必然会导致油价的上涨，而与之相关的石油储存、运输、勘探等概念股都会出现机会。于是，以宏川智慧为带头大哥，相关油气概念股短期内出现暴涨。

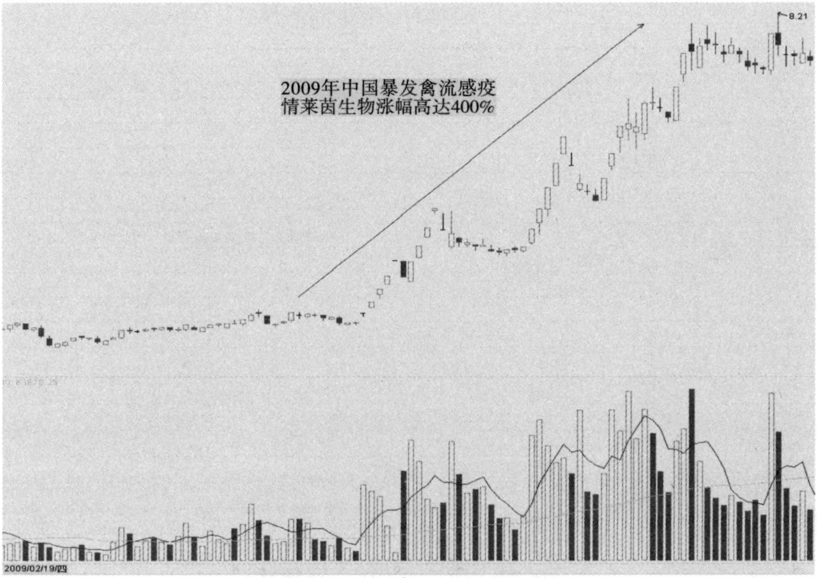

图4.19　莱茵生物上涨400%

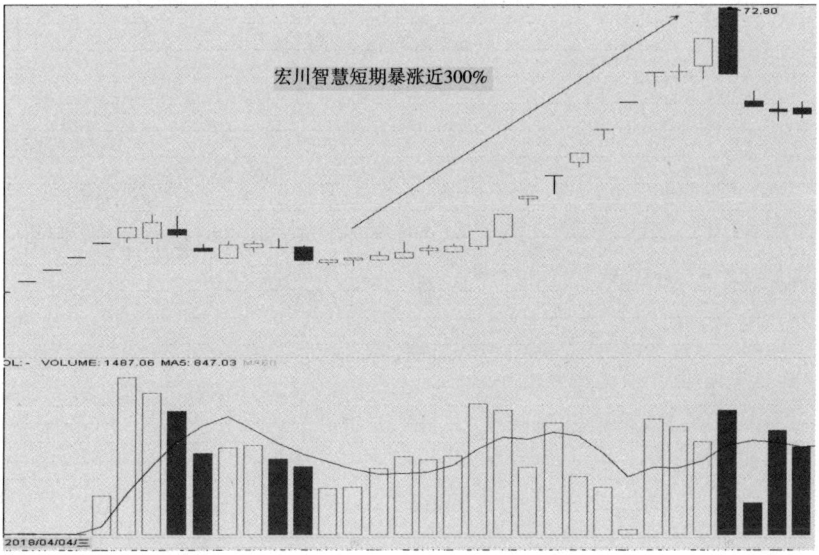

图4.20　宏川智慧上涨300%

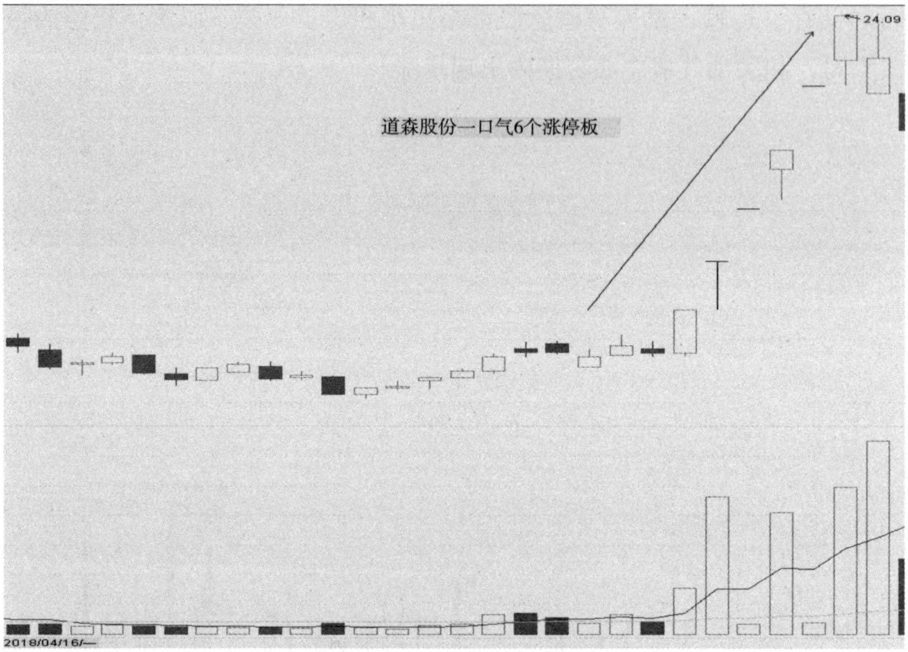

图4.21　道森股份6个涨停板

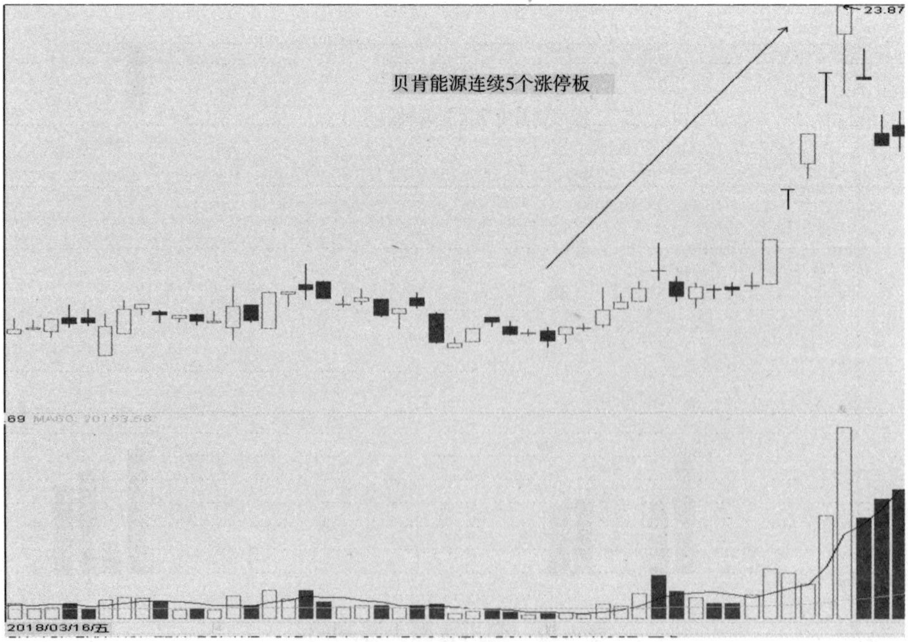

图4.22　贝肯能源5个涨停板

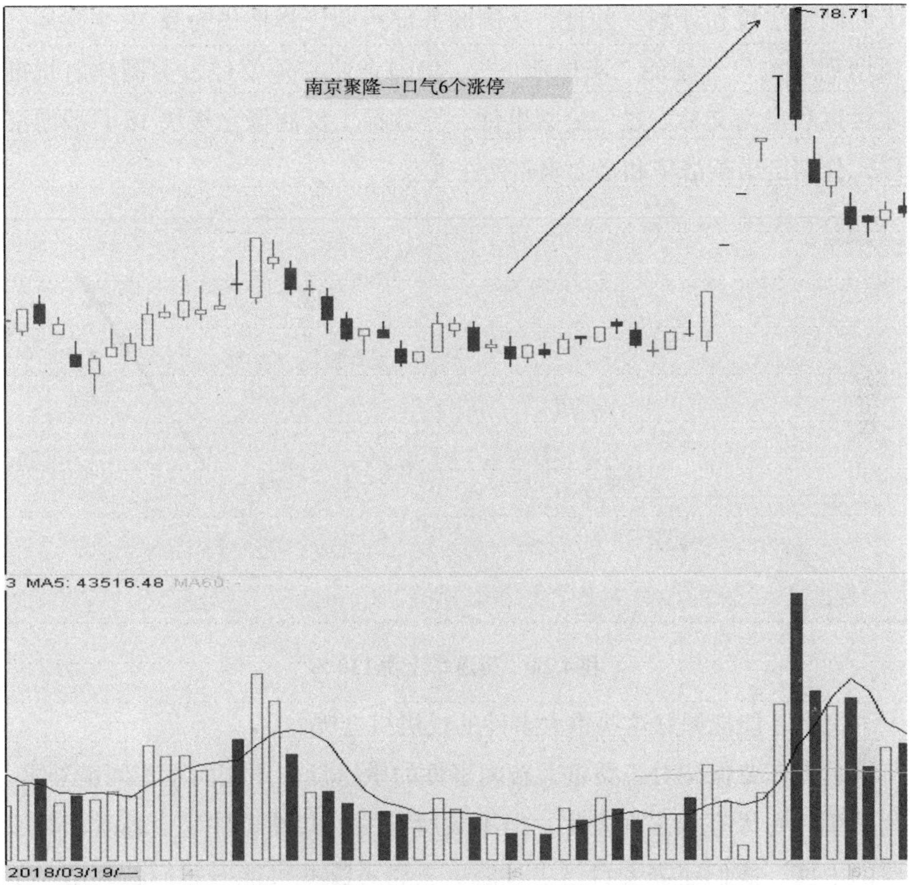

图4.23　南京聚隆6个涨停板

从以上宏川智慧、贝肯能源、道森股份、南京聚隆的短期暴涨走势来看，如果我们能够敏锐地意识到重大事件的发生可能孕育的机会，并时刻准备好，那么你会发现其实股市里面的财富与我们如此之近。

上面的例子似乎都有些遥远，再举一个例子。2019 年以来，中美之间的贸易摩擦、科技博弈一直在持续。在“中兴事件”之后，双方又在高精尖技术领域对抗。2019 年 5 月 16 日早间，美国总统特朗普签署了一项行政命令，宣布因为国家经济紧急状态，禁止企业使用被视为对国家安全造成风险的外国电信设备。同时，该命令指示美国商务部在未来 150

天内制定法规和计划。并且，美国商务部声明，将把华为及70个附属公司增列入出口管制的“实体清单”，美国企业必须要经过美国政府批准才可以和华为交易。这一公共事件，导致稀土反制概念板块18只股票涨停，分别走出英洛华和金力永磁两个龙头。

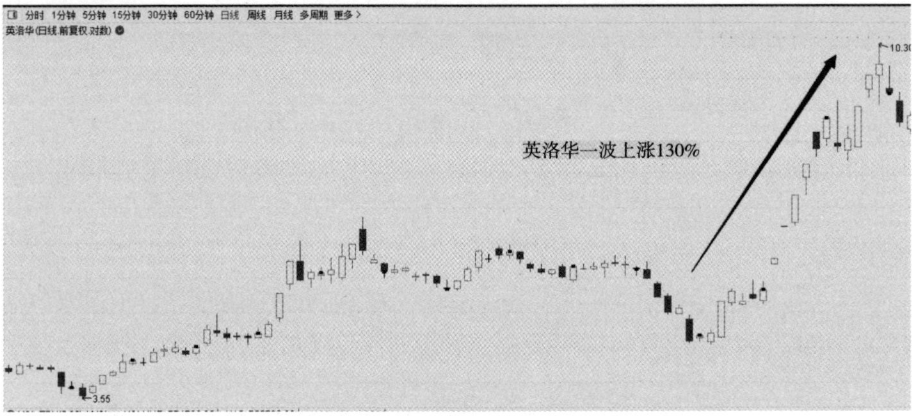

图4.24　英洛华上涨130%

怎样才能把握好这些重大事件的投机机会呢？

首先，要保持对各类重大新闻事件的敏感性，不能两耳不闻窗外事。公共事件每天有很多在发生，但不是所有的公共性事件都会刺激相关股票的上涨，我们还需要自己去过滤，去思考哪些可能对我们的生活、工作产生较大影响。当然，更加重要的是市场的大资金对于这些事件的态度，我们跟随主力的脚步走，能省去很多力气。

其次，要自己多总结，多记录，比如这一次的某个重大事件造就了某次行情，那一次的重大事件造就了某次行情，那么类似的情形经历多了，自然也会更加敏感。比如洪灾可能造成粮食减产，地震可能造成基础设施重建，网络安全事件可能会给相关安全软件企业带来机会，流行性疾病可能会给相关医药公司带来机会，等等。只要多总结，多关注，多学习，相信在以后的投资生涯里面，一定还会出现这样的大机会。从今天开始，我们就要保持对各类重大新闻事件的敏感性，养成关注重大新闻事件的习惯。

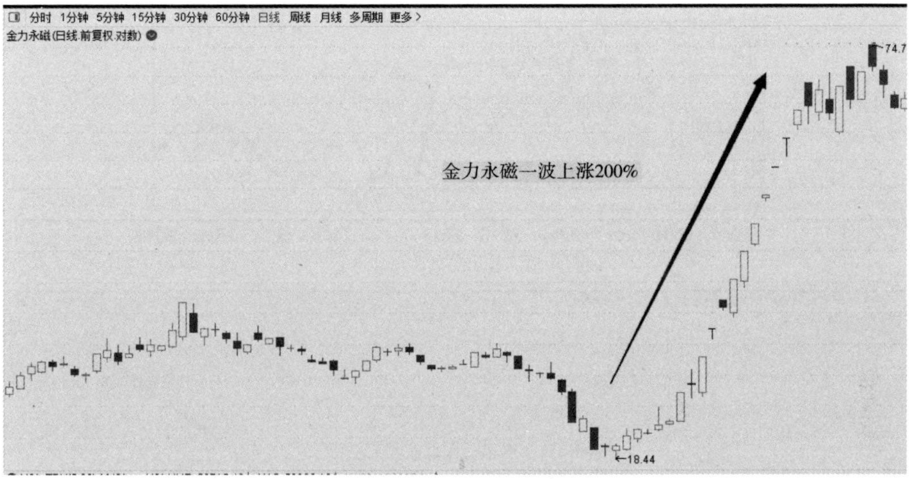

图4.25 金力永磁上涨200%

4. 资源价格类题材

这种题材传导性极强。某种产品的原材料价格暴涨，相对应的产品也可能出现大幅涨价情况，那么股价可能也会随之波动。这种价格变化类的题材比较直接，传导速度也会很快。比如原油价格的变化会影响到很多下游产业产品的价格变化，比如化纤行业，同时原油价格的飙升也会利好原油的开采商，上文提到的宏川智慧的暴涨其实就是源自于国际油价的大涨；棉花价格的变化会影响到纺织行业的利润问题；钢铁跟水泥价格的变化会影响到房地产类公司的利润。国际金价的变化对国内黄金矿业相关上市公司的股价会产生影响；国际铜价的变化，也会对国内铜矿上市公司的股价产生影响，国际国内资源价格类的产品都是联动的。

这里我举一个东方航空公司的例子，大家可以看看资源价格的变化对航空公司的影响是怎么样的，下一次遇到这样的情况，说不定大家可以抓住这样的投资机会。航空公司的盈利主要受到油价、汇率以及公众安全事件三大因素的影响。最近这 10 多年来航空公司的大行情都离不开国际油价的影响。比如，在 2014 年下半年到 2015 年第一季度，国际油价大跌，东方航空暴涨一波，航空概念的相关股票整体涨幅都超过上证综指。

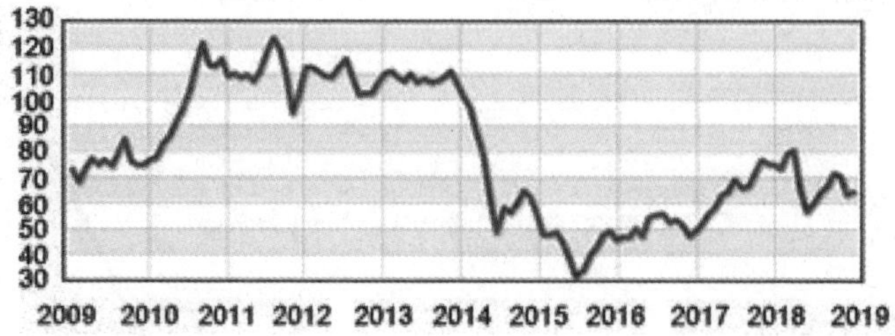

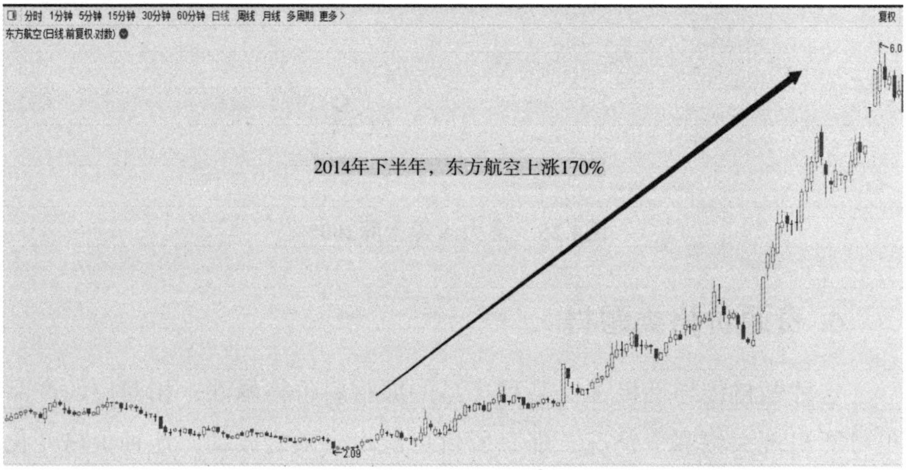

图4.26　2014年下半年东方航空公司股价大涨

相信很多投资者对2017年6～8月份的一个超级大牛股还记忆犹新吧，如果你曾经买到过这个股票并在这个股票上赚到了钱，那么你一定会记忆深刻，对，他就是方大炭素。这个大牛股的诞生，就是因为资源价格涨价。针状焦价格持续上涨，从2017年初的3500元/吨左右暴涨至高峰时期的4万元/吨左右，涨幅高达11倍。方大炭素拥有以石灰石为原料制备石墨烯的发明专利，受到各路资金的强烈追捧，当时市场受到监管层连板模式特停的打压之下，改变了炒作模式，回归了涨价模式的价值投资模式，所以出现了方大炭素气吞山河的一波上涨，买入者无不获利丰厚。

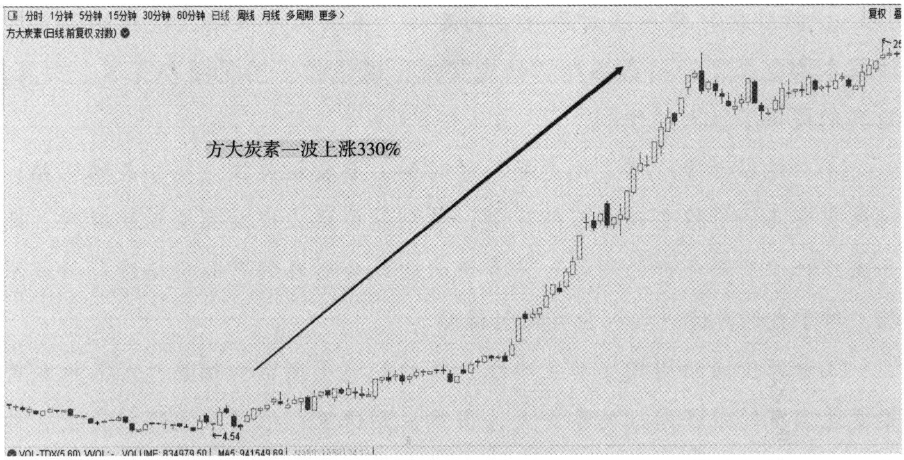

图4.27　方大炭素日K线图

我们再举近一点的例子。2019年7月初，黄磷短期内大幅涨价，澄星股份表现出色。从7月9日收盘价算起，短短五六天，涨幅达80%。

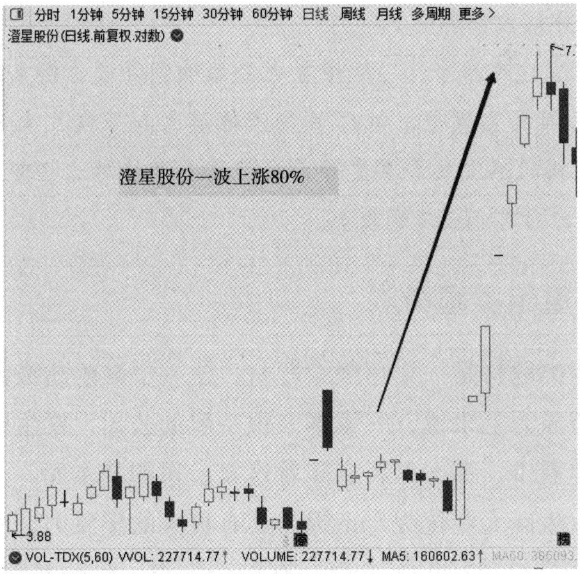

图4.28　澄星股份日K线图

既然资源涨价类题材可能在不经意间就能给我们带来非常好的投资机会，那么我们应该怎么样才能抓住这些机会呢？我总结了几点，供大家参考。

①做股票时要关注商品期货的走势，不要只看股票，现在的股票软件基本都包含了一些商品期货的走势图，通达信、同花顺都有这个功能，为我们提供了很大的便利。

②在挖掘资源价格变化类题材的时候，要密切关注一些相关的网站，对大宗商品的价格变动要有所了解，特别是价格出现大幅波动的时候。比如生意社以及商务部的网站，商务部的网站会对各种产品价格进行持续跟踪，对于我们发现一些机会有较大帮助。

③资源价格的周期变动主要跟世界的经济周期密切相关，尤其跟欧美等发达国家的经济周期关系更大，当然说到这里，很多人觉得很复杂，你需要有这个概念就可以。

④当然，资源价格类题材跟世界上最大的经济体——美国和中国的需求关系最为紧密，所以对于美联储以及美国经济的动向要特别留意，很多概念，都流行从美国传导到中国进行炒作，资源价格类题材也受到这两个世界最大经济体的大幅影响。

⑤自然灾害、政治事件、战争等也会影响到资源价格类题材的炒作。比如中东产油国发生战争，铁矿石主产地澳大利亚发生大罢工，粮食主产国发生大规模的洪灾或者旱灾等，我们需要保持对这些突发事件的敏感性，才能从容应对可能出现的机会。

5. 资产重组类题材

资产重组类题材是一个超级大题材，是一个诞生超级大牛股的集中营。首先从想象力上来说，一家本来很一般的公司，发生股权变更，被某家行业大佬看中，那么是否意味着这家公司的基本面、盈利水平、行业地位都会发生巨大变化呢？正因为具有极大的想象力，所以才会产生大牛股。资产重组包括很多方面，有借壳上市、收购并购、股权置换、资产注入、整体上市等，但凡涉及重大股权变更的都属于资产重组类。资产重组题材是我们大A股最喜欢的题材，也是最能讲故事的题材，想象空间很大，很多历史大牛股都来自资产重组题材。所以，想要在A股市场赚大钱，务必要重视这个题材。我们举几个例子。

（1）四川双马

大家还记得2016年的超级大妖股是谁吗？如果第一波的一字板你没有参与，没有关系，后面的涨幅远远高于前面第一波的涨幅。对，我说的就是四川双马。2016年8月22日，四川双马发布公告，控股股东LCOHC（拉法基中国海外控股公司）拟通过一系列股权转让，完成控制权的让渡。交易完成后，公司控股股东将变更为和谐恒源及天津赛克环（二者互为一致行动人），实际控制人将变更为林栋梁。这又是一次重组题材概念的炒作，第一波的5个一字板我们是参与不到的，但是随后的几波行情，我们是不是依然有很多机会呢？

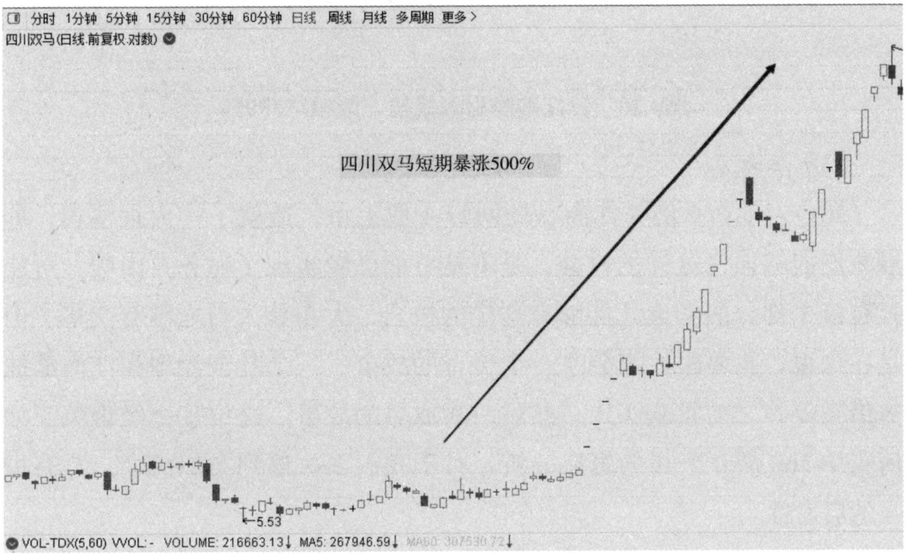

图4.29　四川双马短期暴涨500%

（2）三江购物

2016年11月，三江购物引入战略投资者杭州阿里巴巴泽泰。11月21日在《关于宁波证监局上市公司询问函回复的公告》中有这样的表述："杭州阿里巴巴泽泰本次入股公司，系在落实国务院相关文件精神、顺应实体零售转型升级趋势的当前时代背景下作出的、有利于实现合作双方利益共赢的举措，同时亦是寻求双方战略合作、实现业务协同的需要"。

资产重组就像男女双方恋爱结婚一样，未来充满了无尽的想象空间，对于资产重组类题材，资本市场从来都是用“高涨幅”来回应。三江购物于 2016 年 11 月 21 日复牌后，16 个交易日涨幅达 330%。

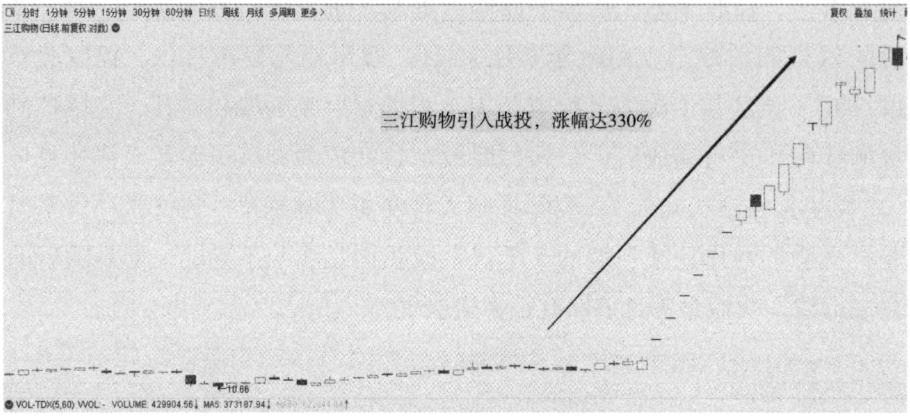

图4.30　三江购物引入战投，涨幅达330%

（3）三六零

2017 年，360 借壳江南嘉捷回归 A 股上市，造就了一大批富翁，如果我们能够抓住这样的机会，是不是可能已经实现了财务自由呢？可能只有极少部分的幸运儿能够有这样的机会，大多数人与之没有交集。但是在这里，我要跟大家分享一个传奇的故事，一个基金经理在江南嘉捷被借壳停牌之前重仓买入，然后一战成名的故事。这位基金经理关于如何买中 360 借壳公司的思路分析，对于我们下次遇到类似机会，具有极强的启发性。

第一个动作非常关键，那就是券商。360自私有化开始，该基金经理就密切关注是哪家投行，很早的时候网上就流传出是华泰联合证券来做360项目。到了2017年3月份的时候，天津市证监局还挂出了一个辅导公告，指出华泰联合证券是360项目IPO的辅导券商。

当然这个华泰证券辅导360 IPO的消息肯定是虚晃一枪，最终还是要借壳，这样会更快。毕竟目前国内企业IPO排队时间太长了，几年可能都下不来，360不可能会等待这么久时间。所以借壳的思路基本上已经明确，但

360无论是IPO还是借壳重组，财务顾问都是华泰联合证券，所以必须要重点关注这家券商。于是该基金经理想到：如果360要借壳的话，肯定会向投行咨询一家该投行最熟悉的上市公司。那么，什么是华泰联合证券最熟悉的上市公司呢？那么一定是华泰联合保荐过IPO的企业。因为只有华泰证券保荐过的IPO企业，才会对保荐过的这家企业知根知底，也和上市公司老板的关系最好，对老板最了解。所以该基金经理就把所有华泰联合保荐IPO的上市公司拉了一个清单，扣除联合保荐的，共计88家。这一思路推断，将3000多家企业的范围缩小到了88家，是一个很大的成果。

对于借壳这一上市方式，对壳公司有诸多要求，寻找合适的壳公司是借壳上市中最关键的步骤之一，最终将关系着借壳上市的目标能否实现。因此，这些要求成为了该基金经理进一步缩小选择范围的工具。创业板公司不能借壳，于是他删除了创业板的所有公司；壳公司的市值不能太大，因为壳公司市值太大的话，将大大摊薄被借壳公司股东的权益。也就是说，找个小市值的能使得360股东的利益最大化。于是，该基金经理又删除了市值超过50亿的那些公司；借壳国有企业是不太可能实现的事情，过程非常复杂，又牵涉到各种审批程序，360公司本身又要追求快速，所以不可能去借壳国有企业，所以又删除了国有企业；然后该基金经理又删除了过去到处卖壳、各种重组、历史沿革复杂的股票；最后又删除了刚上市的新股和刚做过再融资、增发以及以前重组成功和近期重组失败的个股。在经过该基金经理一系列专业的筛选之后，最终选定了4家公司，这4家公司分别是乔治白（002687）、双象股份（002395）、江南嘉捷、奥特迅（002227）。

该基金经理继续运用他的超级大脑进行分析，凡以前被处罚过的企业，也会降低借壳的可能性，这四家公司里面的双象股份曾经因为将工业废渣交给他人处理，被处罚过。奥特迅的董事在2015年被采取过司法强制措施，被证监会立案调查，按照重组新规定，这种公司也不适合借壳。那么最终只剩下两颗金蛋，一个就是乔治白，一个就是江南嘉捷。乔治白位于温州，而江南嘉捷则位于苏州，这两家公司都存在卖壳的可能性。书面分析到这个地步，这位基金经理已经是超级厉害了，能够从市场上的3000多公司筛选到剩余最后2家可能性最高的公司，非常的圆满，是了不起的成就。而最具有传奇性的事情发生了，网上传言，该基金经理不能确定最终周鸿祎会选择乔治白还是江南嘉捷，于是便雇用了私家侦探来了解周鸿祎的行程状况，该私家侦探发现周鸿祎去苏州的频率极高，于是判定借壳江南嘉捷的概率最大，最终重仓押注江南嘉捷，一战成名。

这位基金经理押宝江南嘉捷的传奇故事是否属实不得而知，但网上有此传言。这位基金经理的专业能力、分析思维以及勤奋，是值得我们学习，至少他给我们提供了一种思路。

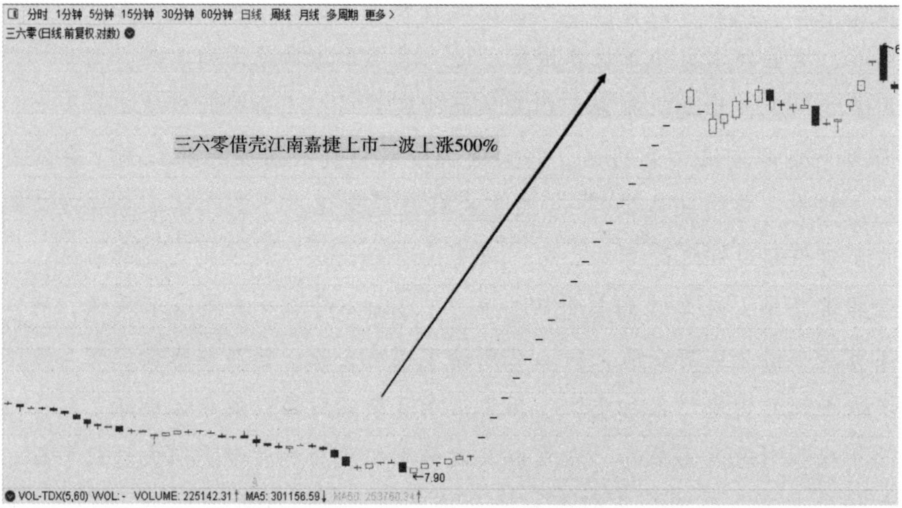

图4.31　三六零借壳上市一波上涨500%

（4）中公教育

国内知名非学历职业培训机构中公教育借壳亚夏汽车上市也是一个资产重组的典型案例。亚夏汽车股份有限公司因筹划资产收购重大事项，于2018年1月4日开始停牌，同年5月23日复牌。短短16个交易日，亚夏汽车暴涨300%。

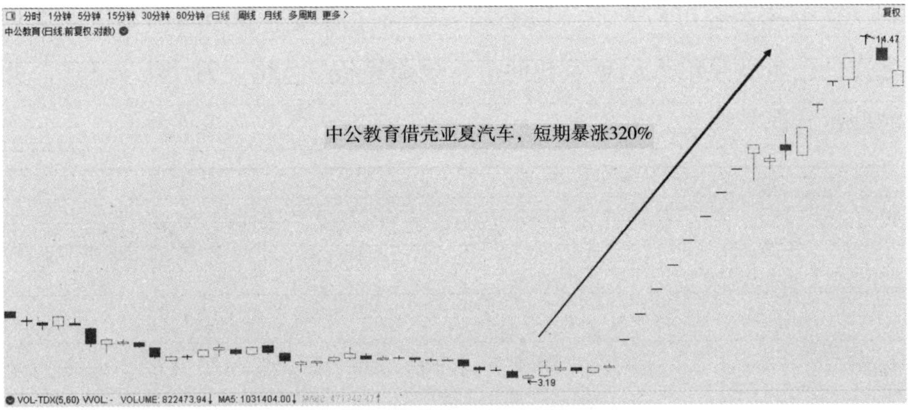

图4.32　中公教育短期上涨320%

（5）九鼎新材

2019 年 7 月 17 日，九鼎新材发布了一则公告，内容如下：

江苏九鼎新材料股份有限公司

关于实际控制人、控股股东筹划股权转让提示性公告

本公司及董事会全体成员保证信息披露内容的真实、准确、完整，没有虚假记载、误导性陈述或重大遗漏。江苏九鼎新材料股份有限公司（以下简称“公司”）于 2019 年7月17日收到公司实际控制人、控股股东顾清波先生的通知，顾清波先生正在筹划将其部分股份转让给深圳正威（集团）有限公司或其指定第三方（以下简称“交易对方”），可能涉及公司控制权变更，交易对方所属行业是金属和非金属新材料领域，本次交易完成后，交易对方和其一致行动人将持有公司 20%以上但不超过 30%的股份。本次交易不涉及有权部门的事前审批。

目前该交易安排尚在洽谈过程中，存在不确定性，公司将根据相关事项进展情况，严格按照有关法律法规的规定和要求履行信息披露义务。待上述事项确定后，公司将及时发布相关公告，敬请广大投资者关注公司后续公告并注意投资风险。本公司指定的信息披露媒体为巨潮资讯网（http://www.cninfo.com.cn）和《证券时报》，公司所有信息均以在上述指定媒体披露的信息为准。

从上述内容可以看出，该交易安排尚在洽谈过程中，但实控人变更之类的公告就是给人以想象和期待，只要具备“天时、地利、人和”，就能迎来一波炒作。

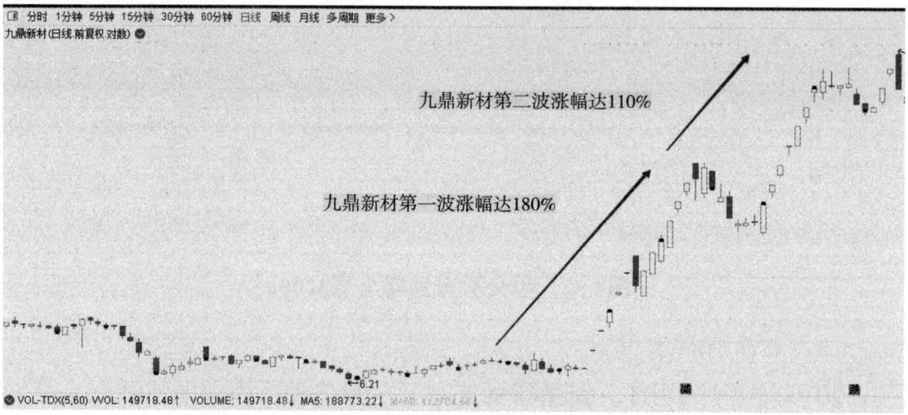

图4.33　九鼎新材实控人变更，股价暴涨

（6）宝鼎科技

宝鼎科技筹划股权转让，涉及控制权变更，在2019年9月11日的停牌公告中是这样表述的：

宝鼎科技股份有限公司（以下简称“公司”或“本公司”）收到控股股东通知，朱宝松先生、朱丽霞女士、钱玉英女士、宝鼎万企集团有限公司及杭州圆鼎投资管理有限公司等公司控股股东正在筹划股权转让事项，可能涉及公司控制权变更。本次交易对手方为山东招金集团有限公司（以下简称“山东招金”），山东招金实控人为招远市人民政府，主营黄金开采、加工及销售。2019年9月10日，公司控股股东与山东招金签订《股份转让框架协议》，根据框架协议，转让完成后对方将持有公司37.9%以上（含37.9%）的股份（其中山东招金受让宝鼎科技29.9%的股份，并通过部分要约方式收购宝鼎科技不低于8%的股份）。交易对方为国有控股企业，相关协议正式签署后，该事项尚需取得国有资产管理部门的事前审批。

宝鼎科技 2019 年 9 月 19 日复牌，在复牌公告中，是这样表述的：

本次股份转让事项交易各方已签署协议，尚需公司董事会、股东大会批准豁免控股股东、实际控制人朱宝松先生、朱丽霞女士、钱玉英女士于公司首次公开发行股票并上市时做出的股份转让限制的承诺，并通过有权国有资产监督管理机构（以下简称“国资机构”）审批，在取得上述批准后，还需提交深圳证券交易所进行合规性审核，并在中国证券登记结算有限责任公司深圳分公司办理股份过户登记手续。该事项能否最终实施完成及实施结果尚存在不确定性，敬请投资者注意投资风险。

本次股份转让及部分要约收购事项完成后，山东招金集团有限公司（以下简称“招金集团”）将直接持有公司不少于116,062,056股股份，占公司总股本的37.9%，招金集团将成为公司控股股东，山东省招远市人民政府将成为公司的实际控制人，公司的控股股东、实际控制人将发生变更。

由上述内容可以看出，宝鼎科技和九鼎新材不一样的是，一个是“交易各方已签署协议”，另一个是“正在筹划”，但一样的是迎来资本市场的热烈欢迎。

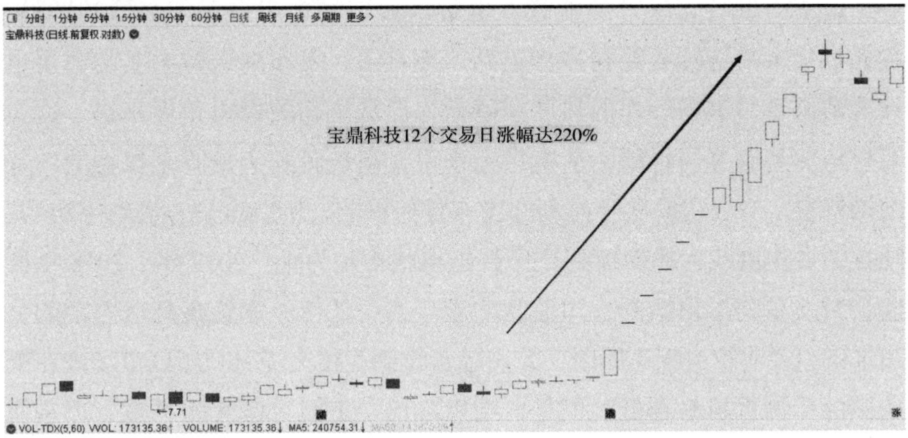

图4.34　宝鼎科技实控人变更，股价暴涨

综上所述，资产重组是最受资本市场欢迎的题材之一。可能有的人会说，要参与资产重组类型的题材需要内幕消息，这样的想法是不对的。诚然，目前的A股市场还不成熟，尤其是相关重组题材股里面，还存在着大量的老鼠仓、利益仓问题，但这是违法的，一旦被抓，悔之晚矣。当然一般人也没有这个便利条件。但是，这也并不代表我们完全没有机会去参与。首先我们可以根据量价关系等技术形态去分析相关个股，如果你是一个经常对市场保持关注度的投资者，那么那些即将会重组的股票，你应该有所耳闻才对。如果你能够像挖掘到360公司借壳江南嘉捷那位基金经理一样的专业、勤奋，说不定也能挖掘出其他更多的重组大黑马。当然这个要求有点高，但是很多重组类的股票，在第一波涨完之后，并不会马上结束，如果因缘俱足的话，很有可能会进行第二波的炒作。上文中我举例的中公教育借壳亚夏汽车，在第一波连续多个一字板之后，第二波又有5个涨停板，九鼎新材、宝鼎科技都是如此。如果你的分析能力、实战水平够高的话，也会获得不菲的收益，所以不要说重组题材股没有参与的价值，相反，这类股票参与的价值特别大。

6. 高送转类题材

这一类题材大家耳熟能详，也是A股市场多年来每年必炒的题材。虽然近年来高送转类题材炒作遭到严重打击，发布高送转方案的公司也被严格监管，市场炒作的热度在降低，但从短期的投机角度来讲，这类题材依然具有参与价值。从本质上来说，高送转其实是股东权益的内部结构调整，对公司的实际盈利并没有任何影响，所以这是一场数字游戏，纯粹的炒作游戏，故而遭到严厉打击也就不足为奇。2017年、2018年证监会对发布高送预案的公司监管非常严格，任何一家发布高送方案的公司都必须说明相关配送原因、公司经营收益等相关情况。所以市场现在配送股的比例也越来越低。但是，物极必反，正因为监管的严格，那些胡乱配送，想在市场随便糊弄的公司也不敢随意乱来，那些真正优秀的公司才具备了投资的价值。

高送转类题材炒作一般分为3个时间段。第一个时间段就是潜伏期。潜伏那些可能会发布高送预案的公司，而市场在这时间段也可能炒作预期，将相关公司炒作一遍，这一次炒的是预期，谁真正成为第一家发布高送方案的公司并不重要。朦胧才是美好的，想象力才更大。第二个时间段则是高送方案的公布期，这个时间段比较尴尬，如果有市场大资金提前获知内幕消息进入潜伏的话，很可能在消息公布的时候借助利好砸盘出货，我们须谨慎小心，千万别做了接盘侠。第三个时间段则是除权期，市场有可能会开始一波填权的炒作行情。炒作高送转题材，最好结合板块效应进行，单独的个股要走远比较难，而且还要结合当时市场整体环境，外围市场的安全与否，否则，则比较难参与。

高送转类题材，最好的方式是潜伏，但什么样的公司具备较大可能性的高送方案呢？给大家提供几条思路来挖掘可能出现高送的机会。

①每股资本公积金较高。这意味着每股未分配的利润高，每股的净资产也越高，这样高送的概率才比较大。一般来说，科技类股票的每股公积金较高，发布高送时候的送股比例也较大。

②上市公司的股价目前比较高。大家都知道A股市场目前的散户投资者占据了大半，散户对价格一般都非常的敏感，很少有人去参与高价股的炒作。而股价太高，对于上市公司来说，股票的流通性就大为降低，这对上市公司来说是不利的，为了市值管理的需要或者提高流通性，上市公司还是很希望通过高送转的方法来降低股价的。

③这类公司属于高科技行业或者高成长性行业，公司确实非常优秀，有很强的盈利能力，在行业内的竞争性也非常强。

7. 业绩增长

业绩增长是资本市场永恒的题材。价值投资就是围绕着业绩的增长来做文章。只是价值股往往盘子大，很少通过连续涨停的方式来表现。

对于游资和私募来说，几乎不碰盘子太大的个股，此外业绩增长和其他题材一样，只是发动个股趋势的由头，短期炒作而已。有时候，业绩增长是炒作其他题材的一个加分项。但有时候，也作为一个正式的题材来炒作，特别是在市场环境不好的时候或监管严周期，业绩增长往往能走出让人刮目相看的行情来。比如2019年4月25日走出第一板的科隆股份，2019年10月8日走出第一板的天顺股份。

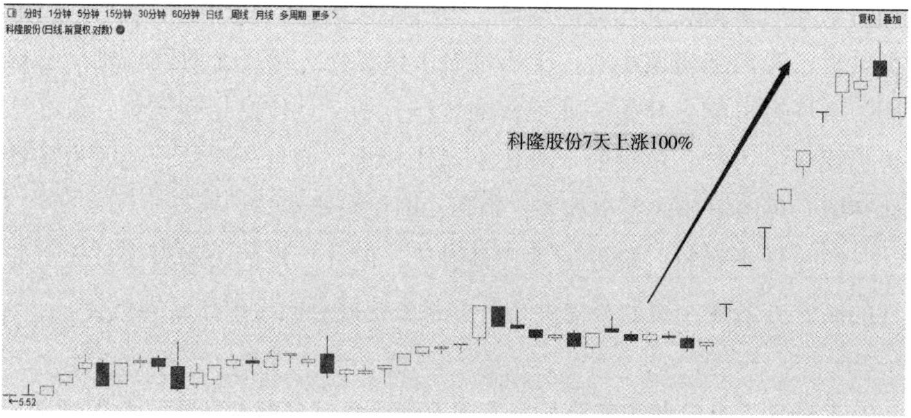

图4.35　科隆股份7天上涨100%

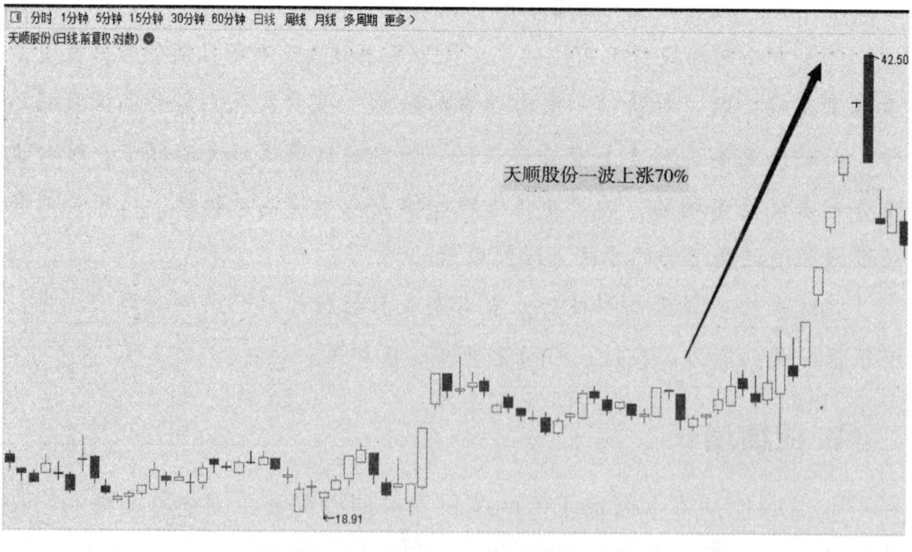

图4.36　天顺股份一波上涨70%

第四节　题材与热点

题材不等同于热点。热点指的是当下市场正在炒作的主流题材，是聚光灯下万众瞩目的焦点，具有较强时效性。题材具有生命周期，总有过气的时候。但在生命力最旺盛的那段时间里面，一定是市场的热点。过气之后，回过头看，当时的题材在现在看来依然是题材，但已经不再是热点，已经成为过气的题材。题材投机，一定要活在当下，这非常重要。我们很多初学者，似乎总是没有意识到这一点，处处比聪明的投资者要慢一步，就是没有活在当下的原因。

身边有一位朋友，科创板过去好久了，他还在主观臆想鲁信创投能不能买？脑海里面还留存着科创板那段时间市北高新、弘业股份、民生特纸、鲁信创投暴涨的情景，拜托，那都是过去的热点了，当下他们还是热点吗，如果不是，你又为什么还想参与呢？

股票为什么能够涨，最直接的原因就是大量资金的不断买入而推高股价，而谁有能力持续不断地大量买入呢，一般的散户做得到吗？所以，我们一定要研究市场主流资金，尤其对于我们做短线的来说，更要研究市场上活跃游资的思路，他们在想什么、在做什么非常重要。而游资的主要思路就是炒作当下的热点，有大资金的地方才是安全的，跟随主流资金而动，才给我们提供了最佳的安全保障，这一观念，我们务必要根植到自己的脑海里面。

题材投机，就是一阵风。风来了，猪都飞上天。风走了，一地鸡毛。所以，具备这样的认知非常的重要，很多初学者之所以做不好股票，最重要的一个原因就是对于题材投机的认知不够。只要没有正确的认知，那就必然在错误的认知里重复，失败就不可避免。

人生短暂，我们每个人都应该活在当下。题材投机就是参与当下的热点题材，而不是看到某一个热点题材后，觉得涨得位置高了，不敢介入，然后再等待下一个热点机会。可事实上，股市的好机会还是很稀缺的，不会每天都给你来一个热点，热点的诞生具有偶然性和稀缺性，与其总是在等待下一个机会，不如好好研究，做好当下的热点。

2018 年上半年，可以说是各种大妖股出没的最佳炒作期，从年初的贵州燃气、华森制药，到房地产的泰和集团、荣安地产，再到区块链的易见股份、新晨科技，再到独角兽的万兴科技、芯片的华锋股份、填权的永和智控，随后到油气的宏川智慧、道森股份、贝肯能源、南京聚隆，等等，牛股一个接着一个，是不是很多机会？当你上半年没看懂这些机会，准备在下半年大干一场，结果由于 2018 年中美贸易战的大环境影响，市场一下子差了很多，机会少了很多，而且指数还跌跌不休，在下半年无比煎熬的日子里面，是不是特别怀念上半年的大好行情？

简单地说，题材与热点的关系，大致相当于“女友与正在热恋的女友”。前前后后的女友可能很多，但正在热恋的女友只有一个。有道是：有花堪折直须折，莫等无花空折枝。有缘时要好好珍惜，别等机会过了空自怀念。

第五节　题材的价值衡量

大级别的题材孕育着大机会，超级大题材则可能孕育着一波牛市，当然小级别的题材可能就是小级别炒作，甚至一日游。所以判断题材的级别大小还是很重要的。要具备这个功力，不仅要了解题材本身，还需要进行经验总结，需要对过去题材的炒作进行梳理归纳，对国外市场曾经出现的题材也要研究。关于题材的价值衡量，主要有以下几点思路。

1. 题材新颖度高

喜新厌旧是人的本性。一个题材老是炒，没有想象空间，就没有新鲜感了，人就麻木了，厌倦了。所以，对于题材，自然是选择新题材，放弃旧题材。一般来说，当一个题材衰落时出现新的题材一定要切换。资本市场素来喜欢炒新不炒旧。同样的题材，第一次出现，大家参与的热情度会很高，越是到后面，就越是失去了炒作的价值。就如同每年的一号农业文件一样，题材倒是很大，前面几次大家还喜欢参与，但是每年都一样的时候，就没想象力了，产生了审美疲劳。

所以新颖度高的题材，以前完全没听说过的题材，炒作起来就很猛。比如，柔性屏以前听说过吗？所以龙头国风塑业一鼓作气十连板。工业大麻以前谁听说过？够新颖吧，所以炒作起来，一浪接一浪。

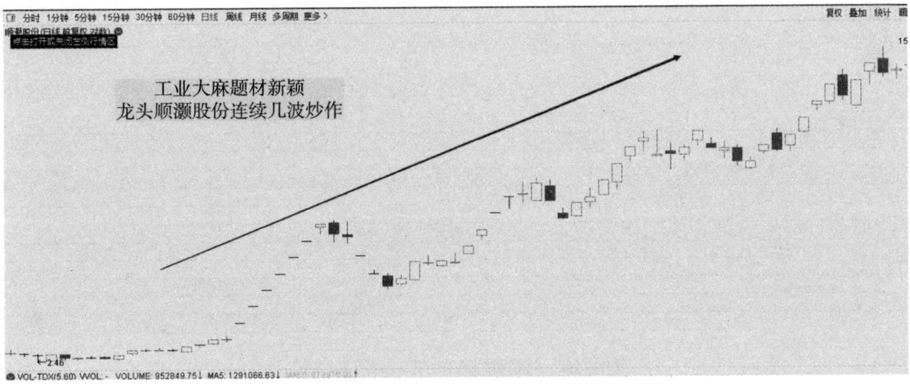

图4.37　顺灏股份因为“工业大麻”题材新颖连续几波炒作

2. 题材级别大

国家综合性政策就是如此。这是能够影响国家命运的，众多行业受益、影响深远的题材。题材级别大，自然就孕育着大机会，资本市场就会产生大牛股。比如创业板设立、股权分置改革、四万亿计划、设立上海自贸区、设立雄安新区、一带一路、设立科创板。国家级别的产业政策，比如先后写入政府工作报告的人工智能、氢能源。相比之下，像共享单车、新零售、环保、产品涨价等，一个行业或少数公司受益，题材级别就小一些。

一般来说，国家的综合性大政策都是国家主席或总理出面发声，或者是以中共中央、国务院的名义印发文件。所以对短线选手来说，关注国家高层的动向和讲话是必要的，尤其是养成看新闻联播的习惯。

比如“深圳先行示范区”的题材是以中共中央、国务院的名义发文件的形式出现的，涌现出深赛格、深大通、兆新股份等众多牛股。

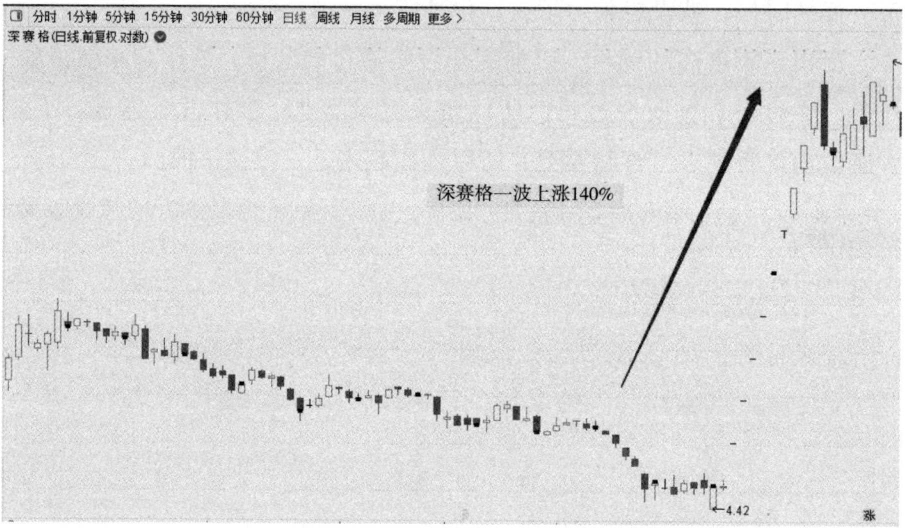

图4.38　深赛格一波上涨140%

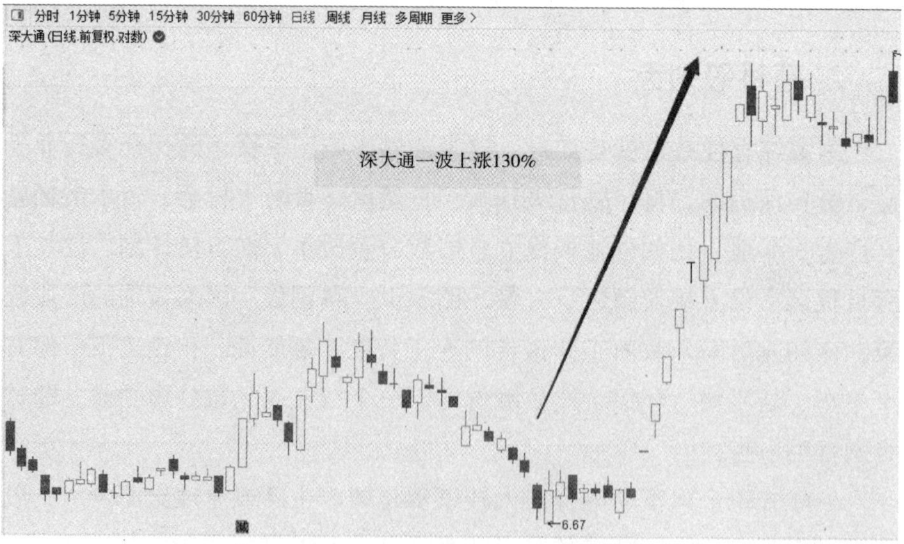

图4.39　深大通一波上涨130%

综上所述，国家综合性政策是大级别的题材，但大级别的题材并不只是国家综合政策，比如重大事件、重大技术创新等都是大级别的题材。总之，题材给人的感觉越是影响力大，影响面广，越是震撼人心，题材的级别就越大，就越有价值，炒作就越有强度，炒作的时间就越长。

3. 题材有朦胧美，富有想象空间

题材投机，无论哪一种题材，实际就是炒的一种预期。预期就是想象，有朦胧美。有人给你介绍一个女朋友，名字叫上官婉儿，你会不会自然联想到是位超凡脱俗的美女，马上产生了见面的愿望呢？这就是想象的魔力。男女恋爱总是让人沉醉，一方面是人的天性，另一方面也是因为“表面现象”产生的朦胧美，给人无尽的想象。试想一下，林黛玉和贾宝玉如果结了婚，故事还写得下去吗？大家都知根知底了，每天柴米油盐，带娃吵架。还怎么写？难怪关于爱情的美好传说总会在快结婚就停笔不写了。

想象力是一件了不起的事情，正如同我们常说的人因为有梦想而伟大一样，题材也因为想象力而被插上了梦想的翅膀。

资产重组的题材就跟男女恋爱结婚一样，总是让人对未来充满期待和想象。2016 年，三江购物作为浙江本地的一家商超连锁经营店，在全国范围内来看的话，已经普通得不能再普通了，可正因为搭上了阿里巴巴这艘巨无霸战舰，所以三江购物的股价短期内暴涨。按照阿里集团在全球的影响力以及资金实力，想要把三江购物发展成一个什么规模的商超，是不是具备极大的想象空间？所以三江购物在短短 18 个交易日上涨 350%。

除了资产重组的题材富有想象力，科技创新的题材更是让人的想象无边无际。比如 5G，正在不经意间改变我们的生活方式，“万物互联”的高速信息时代不再是电影里的“黑科技”，它正在因 5G 的到来变成可能，给我们带来对于人类未来生活的无限遐想。所以东方通信涨得人头晕目眩。

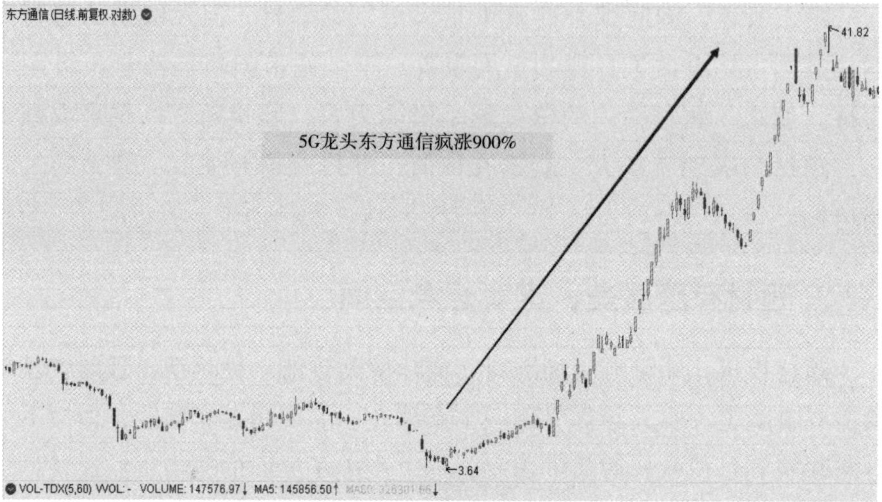

图4.40　东方通信疯涨900%

4. 盘面表现强

题材新颖、题材级别大、富有想象空间这三个方面，只能说是题材解读时的一个预判，一个题材到底怎么样？最终还是要市场反应说了算。临盘时，我们可以用“涨停家数、板块指数涨幅、板块成交量、题材持续性”等几个纬度来判定。一般说来，盘面表现为：涨停家数 3 只以上，三人成众，所以起码 3 只才算勉强合格。5 只以上，就算比较强了。如图 4.41 所示，区块链涨停 9 家，就算盘面表现强了。

K线回测　分时回测

近1年，指数涨幅到相同程度共发生了57次，次日大盘上涨概率为63.16%，平均收益为0.31%；持有5天平均收益最高，达到0.69%。

相关策略

昨日涨停个股　今日涨停个股　连续两天涨停

名称	涨幅	现价	最终涨停时间	涨停分析	封成比	封流比	打开次数
丰华股份	+9.96%	8.50	13:03:00	ST板块	20.90	0.89	0
ST安通	+5.05%	4.58	14:11:00	ST板块	3.74	0.07	5
ST正源	+5.05%	2.29	09:30:00	ST板块	434.95	0.39	0
*ST华源	+4.94%	1.70	11:16:30	ST板块	2.94	0.03	5
ST中新	+4.92%	6.18	14:55:30	ST板块	6.85	0.08	0
*ST 中绒	+5.30%	1.59	09:46:15	ST板块	15.88	0.07	1
西部牧业	+10.00%	7.92	14:47:45	二胎概念	4.61	0.74	3
荣丰控股	+10.01%	15.60	10:31:15	房地产	22.17	0.85	0
康芝药业	+10.04%	5.70	13:04:45	获得专利	31.89	2.12	0
圣邦股份	+10.00%	214.51	10:29:00	集成电路	10.02	0.26	0
新通联	+9.97%	13.35	09:40:15	拟收购	38.08	1.56	3
易见股份	+10.01%	17.03	14:11:00	区块链	1.14	0.17	23
新湖中宝	+10.00%	3.85	09:30:00	区块链	565.80	2.47	0
浙大网新	+9.96%	11.92	09:35:00	区块链	14.76	2.46	1
海联金汇	+10.04%	10.74	14:09:00	区块链	0.85	0.13	11
爱迪尔	+9.99%	8.15	14:37:15	区块链	9.04	2.79	5
文化长城	+9.96%	5.41	13:04:30	区块链	4.36	2.12	4
飞天诚信	+10.00%	16.94	15:00:00	区块链	1.20	0.31	1
乐心医疗	+10.03%	17.45	09:33:00	区块链	39.55	6.26	0
数字认证	+10.00%	43.78	13:08:45	区块链	11.20	3.74	0

图4.41　区块链板块9只股票涨停

综上所述，概括起来说就是一句话：新颖朦胧的大题材，有想象空间，往往可能成为主流热点，反映在盘面上就会比较强。也就是说，会形成比较强的板块效应。其中题材新颖是重点，也好分辨。所以，对于情绪流的初学者，值得注意的是，即便题材的级别和朦胧性开始不好分辨，但题材是新题材还是老题材，操作前一定要心中有数。总之，我们要尽量选择新颖的题材。

另外要说明的是，题材一旦得到市场的认可，就会在盘面上形成板块效应，但我们具体操作时，不可能选择整个板块，而是选择其中一只个股，选择什么样的个股呢？因素很多，但其中一个因素就是题材和个股的关联程度。我们把题材和个股的关联程度称之为“题材的硬度”。因此，题材的硬度是我们选择个股的一个重要考量因素。

第六节 板块及板块内个股联动性

我们随便打开一个股票软件，可以看到里面所有的股票都有自己的属性。属性的划分有多种类型，比如按照所属地域属性划分，可以是上海板块、浙江板块、江苏板块、海南板块等，这个很好理解；按照其行业属性划分，又可以是房地产板块、芯片板块、环保板块、通信设备板块等；按照概念划分，又可以是央企改革、区块链、量子通信、信息安全等。这些都是板块。

前面讲了题材，某种意义上讲，题材就是激发人们的心理预期，继而引起股票上涨的原因或理由。圈内把这种“原因或理由”称之为逻辑。那么，有了上涨的理由，是不是一定就会上涨呢，不一定。一切以盘面表现为准。说直白一些，再好的题材，市场资金不认可，也是三加二减五，等于零。但是，资金一旦认可，往往是以“成群结队”的方式上涨，这就是板块。 比如一家饭店做的菜特好吃，那么通常认为好吃的往往是一群人。一个女生要是长得好看，追求她的往往都是一个加强连。所以，板块是人类集体心理在股市里的自然反映。

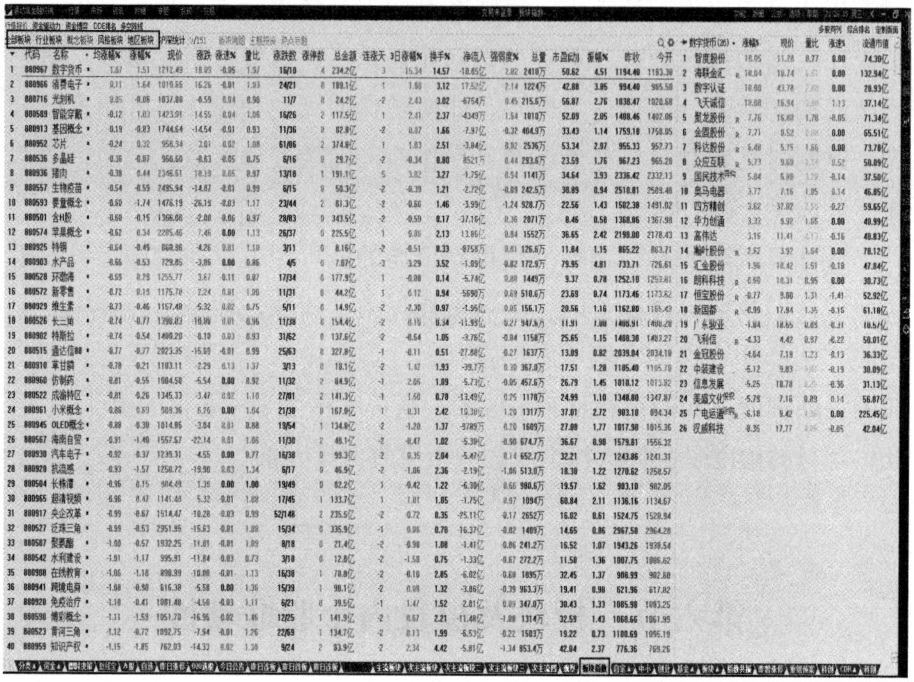

图4.42　通达信软件里的板块

总之，A股市场上所有股票的划分是多种多样的，按照具有某一个共同属性的一种划分，就是板块。

如果我们用心观察市场的变化，就会发现这个有趣的现象，A股市场的股票涨跌，绝大多数时候表现为板块的整体涨跌，这是股票市场的一个根本规律，对于投资具有极其重要的意义。板块运动是我们防范风险、把握机会的重要基础，它的重要性无论怎么强调都不为过。

如图4.43，2019年5月22日大盘指数下跌–0.49%，涨跌比为：1004:2497，所有个股平均涨幅为–0.51%。但是国产操作系统这个板块，平均涨幅6.17%，看上去红彤彤一大片，涨停达15只。可见，只要抓住结构性上涨机会，就有可能获得超越市场的平均收益率。

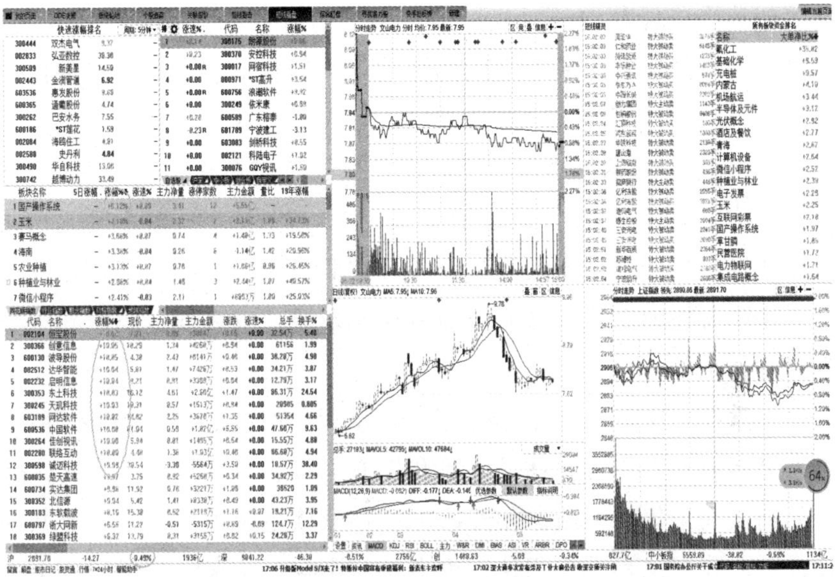

图4.43　2019年5月22日，国产操作系统板块15只涨停

相信很多人听过“羊群效应”这个理论。羊群是一种很散乱的组织，平时在一起也是盲目地左冲右撞，但一旦有一只头羊动起来，其他的羊也会不假思索地一哄而上，全然不顾前面可能有狼或者不远处有更好的草。领头羊，就相当于板块中的龙头股；其他的羊，就相当于板块中的跟风股。在股票市场，这种“羊群效应”反映出来的从众心理非常明显，当一个股票出现连续上涨的时候，越来越多的人开始加入到追涨的行列，于是股票继续上涨，而追的人更多。由于这只领头羊股票已经上涨太多，由于人“趋利避害”的本性，于是跟这只股票类似属性概念的股票都会被追捧，便出现了板块性的联动上涨效应。

图4.44　领头羊与羊群

同理，当出现利空的时候，某一类型的股票也会被资金大量卖出，因为具有同样的属性，所以受到的影响也大概差不多，于是出现板块的集体下跌。

还记得我们在第一部分《股市之我见》第三章里讲过“情绪传递”吗？情绪传递是股市主要三大规律之一，“羊群效应”实际上就是情绪传递规律在发生作用，也是人类从众心理在股市里的反映。情绪传递在股市中，往往表现为高位板和低位板的相互影响，也表现板块内同一身位个股间的相互影响。

说到这里，我们就发现了板块运动的深层次原因。人是群体性动物，人与人之间有相互影响。在公司，我们有老板、有领导、有下属，因为共同的利益而聚集在一起，相互影响；在家族生活里面，我们有共同的血脉关系，我们也是一个团体，也会相互影响。从来没有任何一个人在真正意义上是独立的个体，你总会找到自己属于的那一个团体，不论这个团体是根据什么属性划分。

股票板块涨跌的本质是资金推动，资金的背后是人为的买入与卖出。既然有了人的影响因素，那么关于人的心理自然都会在股市中反映出来。人与人的相互影响、人的从众心理以及不同人的性格特点都会反映出来。比如有的风险偏好高、激进、喜欢当头；有的风险偏好低、安全为上、习惯跟随。就像现实生活中，有的人喜欢风风火火创业，敢冒风险，就要当老大；有的人情愿老老实实上班，平安是福。股市里，做龙头股的人，往往是风险偏好高的一群人，做事喜欢挑头，敢为天下先，而做跟风股的呢，做事安全第一，大致就相当于追随创业者的团队成员。反映在股市上，就有了股票的联动，有了龙头股，自然就有追随龙头股的跟风股。做龙头股的少，做跟风股的多，为啥呢？这是动物的本性使然，99% 的动物总是习惯性地跟随表现最强跑得最快的领头者。

弄清楚板块联动背后的原因，一旦我们对某个问题的认知达到一定的深度，并且发现这样的认知能够很好地指导我们，给我们的生活、工作带来很大便利的时候，那么这样的认知观念会慢慢地上升到更加重要的程度，也会慢慢地成为我们投资生活中的一种信仰。比如，对龙头股领涨的信仰，正是源自我们在市场上无数次的经历，以及对龙头股领涨、板块运动的深刻认知以及总结。

需要说明的是，我们提到的龙头股，跟很多人所理解的行业龙头是两回事。比如，地产的行业龙头是万科，安防的行业龙头是海康威视，通信设备的行业龙头是中兴通讯，油气的行业龙头是中石油，酒类的行业龙头是贵州茅台，这些都是行业龙头的概念。而我们刚说的领涨龙头，指的是在某一个阶段涨幅最高的个股，他能带动板块的整体走强。在我们的情绪流交易系统里面，指的都是领涨龙头，非行业龙头。但他们也有可能会重叠，比如在未来的某一个时间段，价值投资在A股市场大行其道，恰好通信行业来了一大波行情，而这段时间涨幅最高的是中兴通讯，那么刚好领涨龙头跟行业龙头是同一个股票，但这种概率很低，在绝大多数时候，行业龙头跟领涨龙头是不一样的。

第七节 板块运动的规律

板块运动规律这一部分内容极其重要，是本篇的核心内容之一。因为板块涉及的概念以及背后的盈利模式还是比较机密的，这是目前市场上主流资金炒作的主要表现方式，也是很多高手秘而不宣的赚钱秘诀，所以不会轻易告诉别人。我想通过几个方面的阐述，让大家对板块及其运动的规律有所认知，并通过板块运动来找到盈利机会。

股票价格运动，绝大多数都是按照板块集体联动的方式在运行，只有极少部分个股会走独立行情。对于初学者来说，往往显得莫名其妙，所以初学者要尽可能地去把握“自己能够看懂的”大部分的机会，一些看不懂的机会放过即可，不必纠结。只做自己能够看得懂的机会才是一个真正成熟的投资者。显然，板块运动中的盈利机会要更明显，这就是所谓的龙头战法，而龙头产生于板块，所以，我们要充分了解板块运动的规律。大量的实践表明，板块运动主要有三种模式。

1. 板块运动的正三角模式

正三角形模式的特征就是，当受到消息刺激的时候，某个概念板块的股票一起上涨，第一天爆发多家涨停潮。如果题材有一定影响力，持续性较好，那么第二天该板块将会继续上涨，但第二天往往会出现分化状态，有的股票一定是要掉队而停止上涨的，有的股票则继续涨停，我们称之为晋级淘汰赛。如果还能持续炒作的话，第三天、第四天同样如此，最终只有一只股票的涨幅最大。而我们要做的就是尽量挑中涨幅可能最大的那只股票及时上车，以获得最大的收益率。至于怎么样才能买中这个可能涨幅最大的票，这是由多方面的因素决定的，牵涉的因素非常多，不能一概而论。

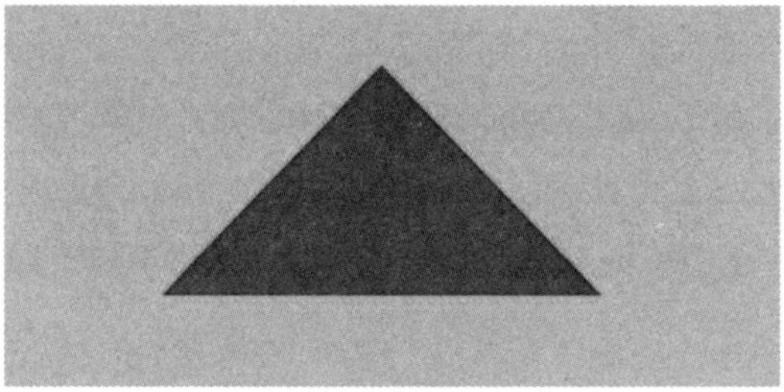

图4.45　板块运动的正三角模式

但是，在所有的可能因素里面，涨停时间的早晚，是很重要的影响因素。涨停的时间不一样，每个票后面的走势差异也会很大。上午涨停的股跟下午涨停的股，大多数时间先涨停的股票往往出现继续上涨的概率就更高。为什么呢？这又涉及人性心理层面的问题了，往往敢于第一时间涨停的股票，背后是资金实力和格局的体现，领先一切才有溢价，它敢于冒着诸多不确定性而领涨，本身就具有了龙的气质。当然，我这里分析的是一种逻辑，一种可能性，并非肯定说先涨停的股票就一定比后涨停的股票牛，市场上很多时候也会出现同一个概念的股票，前一天很弱的涨停板第二天反倒更强的，这个就是短线中著名的“超预期”，这儿就不展开细说了。

除了我刚提到的时间因素以外，还涉及其他方方面面的原因，比如当前市场的主流是炒作次新股，那么第二天板块里面能够走出来的票往往具有次新属性的可能性更大；如果市场当下炒作的是超跌形态，那么第二天板块里面能够走出来的可能是超跌票的可能性又更大。这个问题比较复杂，没有统一答案，唯有通过盘面的观察才能知道。

2. 板块运动的倒三角模式

顾名思义，板块运动的倒三角模式与正三角模式是相反的。正三角模式是板块集体爆发，而后走出一只涨幅最高的股票；而倒三角模式则是先出现一只领涨股，最终带领整个板块爆发。倒三角模式，是操作龙头战法的最主要的模式。板块运动倒三角模式大致有三个阶段。

第一阶段，就是某只股票大幅上涨，往往是以独立个股的形式出现。大家都搞不清楚这个票为什么涨，也没有跟风小弟。

第二阶段，这只股票的涨幅已经比较大了，开始吸引市场的目光，一部分聪明的短线资金经过深入思考，发现了题材逻辑，开始追逐。

第三阶段，跟这只领涨股相关的概念股大爆发，鸡犬升天，板块整体进入高潮阶段。

倒三角模式，是情绪流操作龙头战法的最主要模式。一旦某只领涨股带动盘面出现较好的赚钱效应，那么机会就来临了，这是我们操作龙头股最好的时机之一。

图4.46　板块运动的倒三角模式

龙头股首先打开高度，说明这批市场上最聪明最活跃的主流资金，他们的风险偏好在提高，而这批聪明资金是市场的风向标，他们的一举一动都会成为很多追随者的楷模。这些聪明的资金对于大盘环境安全与否、当下题材概念，以及风险因素等综合能力的把握都是普通投资者很难比拟的。如果市场上这些聪明的资金都进场干活了，我们哪还有躺着不动的道理？我们需要做的就是跟随上去，拥抱热点，拥抱主流题材。

板块运动的倒三角模式是板块运动的主要模式，我们也主要围绕倒三角模型来讲述情绪流的龙头战法。这种板块运动规律如果我们能把握好，通过龙头个股打造出强烈的赚钱效应后参与，获利将会非常丰厚。历史上，这样的板块走势案例非常多，如果你们仔细去复盘历史上板块运动的走势，就会发现出现这样的情况很多。一旦我们明白了其中的规律，并结合自己的投资模式，作出相应的买卖动作，盈利是大概率的。

3. 存量博弈模式（随机博弈模式）

关于板块运动的规律，几乎很少见诸文字，更不要说是第三种模式了。但是对于短线选手来说，必须高度注意第三种情况，因为这种情况很容易吃亏。我们在本书第一部分曾反复强调，要有概率思维，也就是在股市规律性比较明显的时候，指的就是第一种正三角模式和第二种倒三角模式，原因就是新、大题材有想象空间，板块运动有延续性。而第三种情况，往往是老、小题材。逻辑往往是前面老题材的补涨，或者是级别很小的题材。这种时候，机械性地做龙头，很容易吃亏。

本质上，这种博弈是一种存量博弈。笔者把这种板块运动又命名为“随机博弈模式”，就是要提醒读者注意股市的复杂性、随机性，不要机械地做龙头。龙头这个词有时候只是一个泛指，绝非市场的高度板就是龙头，真正意义上的龙头，往往是有新题材、大题材的时候，板块的联动才更紧密，操作龙头才有更大的胜率。此外，也要注意龙头股出击的时机。

第八节 龙头、板块、资金、题材的关系

根据前几节的讲述，我们知道了，个股的上涨本质是资金推动的，基本上可以这样说，个股长期由基本面决定，短期的波动受题材的影响。有题材不一定资金认可，尤其是反复炒作的老题材、小题材。相反，新颖度高的题材，大级别题材，富有想象空间，资金认可，往往就在盘面形成极强的板块效应。以图 4.47 为例，为什么在大盘低迷的情况下，国产操作系统涨停 15 只呢？

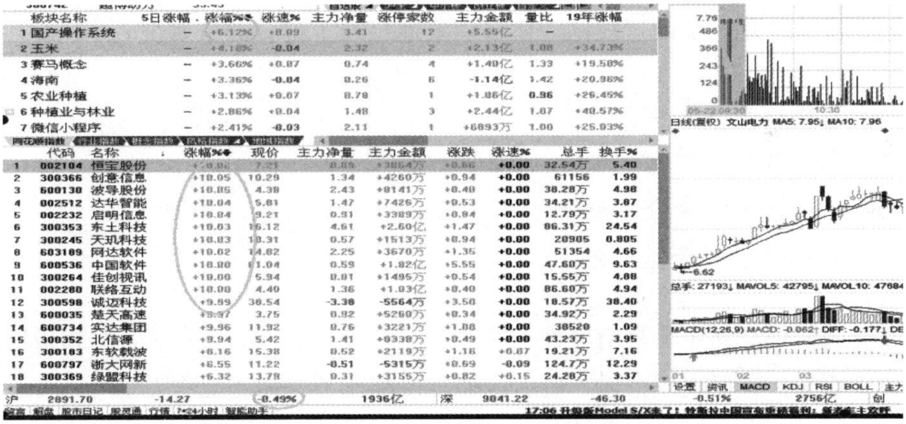

图4.47 国产操作系统板块涨停15只

2019 年 5 月以来，因为美国决定加征关税，贸易战升级，5 月 20 日，在美国政府计划将华为公司加入所谓的“实体清单”后，谷歌宣布暂停与华为的部分业务往来，其官方安卓操作系统不再支持新发售的华为手机。《人民日报》发表文章：科技自立，时不我待。5 月 22 日，华为余承东宣布，华为 OS 系统将于 9 月推出。二级市场上，资金闻风而动，形成强烈的板块效应。由此可见，题材就是第一生产力。

首页 新闻 军事 汽车 游戏 科技 旅游 经济 娱乐 投资 文化 守艺中华 佛教 红木 韩流 文史 军事APP 头条APP 注册

china.com 中华网新闻　国内 国际 社会 专题 经济 滚动 政务 冬奥 公益　设为书签

当前位置：新闻 > 中国新闻 >

人民日报：科技自立 时不我待(2)

2019-05-22 06:33:00 人民日报　军事APP 头条APP 参与评论

科技自立之路，往往伴随着常人难以忍受的孤独与艰辛。回望那些照亮中国自主创新的光荣与梦想，无一不是耐住寂寞、百炼成钢：计算机汉字激光照排技术，引领中国出版印刷业告别铅与火，让汉字敲开了互联网世界的大门，从研发到中试历时10年；北斗系统可提供测速精度高达每秒0.2米的全球服务，从一纸规划到提供全球服务耗费25年；抗疟药品——青蒿素和双氢青蒿素，被誉为是"拯救2亿人"的发现，屠呦呦从研究到摘得诺奖已近半个世纪……一代代科技人、产业人在科技自立的大路上迎难而上、勇毅前行，才有了今天民族产业应对贸易霸凌的豪气与底气！

图4.48　2019年5月22日，《人民日报》刊文"科技自立，时不我待"

总结起来就是：有题材 + 有资金 = 板块效应。所以，短线操作要以盘面为准。在后面的《龙头战法要诀》中，有一句话："用头脑思考，用眼睛决策"，说的就是这个意思，一切要以盘面为准。变化修正计划，计划要服从变化。下面这段话，比较形象地反映了资金的重要性。

大题材 + 大资金 = 大牛

大题材 + 小资金 = 小牛

小题材 + 小资金 = 蜗牛

无题材 + 无资金 = 死牛

我们做题材主要是前三种，尤其是第一种，所谓的大资金，是指板块效应明显，盘面表现很强。最后这种，牛都死了，你还玩啥呢？可见资金的重要性。不管什么题材，自己认可不算，市场认可才算。如果我们要有一句话来形容龙头、板块、资金、题材的相互关系，那就是：龙头的背后是板块，板块的背后是资金，资金的背后是人心，人心的背后是题材。

关于板块运动，我们再打个比方来帮助理解。

改革开放，最先开始的是沿海开放，主要就是广东省。这像不像一场轰轰烈烈的板块运动呢？在这个过程中，出现了各种机会，但凡有能力、有魄力的人，在这次的历史机遇里面，也谱写了自己人生的新篇章。试想，如果那时候，一个人去广东寻找发展机会，和去西部内陆的甘肃省寻找机会，会不会结果就完全不一样呢？

沿海开放之后，后来的“西部大开发，中部崛起，东北振兴”也是一样，这些地方都是国家版图上相应的板块，因为有国家的政策，自然就会吸引大量的资源投入，对企业和个人来说，就有了发展的机会。因此，上述地区在改天换地的同时，也同时改变了很多人的命运。

这个比喻也正是笔者要表明的核心观点，参与到资金大量关注的上涨板块里面，远比去参与那些没有资金关注的板块要强得多，板块能够上涨，那一定是有大量资金的不断买入所形成的，跟随市场的主流资金，才是安全和聪明的行为。况且，我们的A股市场是熊长牛短，真正的牛市机会还是稀少的，大多数时候都是阴跌或振荡的猴市，在这样操作难度较大的市场里面，我们唯有找到一些结构性的机会，才有可能实现盈利。一句话，资金在哪，机会就在哪，我们就去哪。

第九节　强者恒强龙头股

无论是哪个门派，无论是哪个国家，只要是二级市场的股民，说起利弗莫尔和他的《股票作手回忆录》，几乎无人不知。这位20世纪最伟大的投机天王，以其四起四落的传奇人生激励和警醒着世界各国的投资人。

让我们击节称叹的是，利弗莫尔从500股的信用额度到1个亿美金仅用14年的时间，这样的战绩前无古人。而他主要使用的就是他最擅长的龙头股战法。在没有计算机的年代里，利弗莫尔能发现并运用龙头战法投机，取得彪炳史册的战绩，确实是天赋奇高的投机大师，因为他的著作，让龙头战法风传世界各国。

那么，能不能说龙头战法就是利弗莫尔发明的呢？显然不能，股市里的一切原理和方法，就跟自然规律一样，本来自然存在，需要的不是发明，是发现和恰当地运用。

龙头战法，意思就是主要操作龙头股，就像利弗莫尔的名言：如果在一波行情里面，你不能在龙头股里面赚到钱，那你也就错过了一波行情。这句话真是股票大师思想的精华，直到今天依然被很多股民奉为经典。 它提醒我们，做投资就一定要建立龙头信仰，提醒自己：以做龙头股为荣，以做跟风为耻（注：本门情绪流，绝不主张因为所谓的龙头信仰胡乱追高）。

什么是龙头股呢？前面我们讲了羊群效应，动物总是习惯性地跟随跑得最快表现最强的领头羊。人类也是如此！股市里的每一只股票，背后都是人在操作，在股市里，龙头股就是领头羊，其他都统称为跟风股。跟风股自然也是习惯性追随龙头，跟涨跟跌。在信息题材的统一感召下，龙头领涨号召板块，板块为龙头提供强大的人气和助力，为龙头提供支撑，龙头又进一步反过来带动板块。二者相互强化，火借风威，风助火势，从而形成燎原之势。表现结果就是：强者恒强龙头股。

关于强者恒强，圣经《新约•马太福音》有一则故事：

从前，一个国王要出门远行，临行前，交给3个仆人每人一锭银子，吩咐道："你们去做生意，等我回来时，再来见我。"国王回来时，第一个仆人说："主人，你交给我的一锭银子，我已赚了10锭。"于是，国王奖励他10座城邑。第二个仆人报告："主人，你给我的一锭银子，我已赚了5锭。"于是，国王奖励他5座城邑。第三个仆人报告说："主人，你给我的1锭银子，我一直包在手帕里，怕丢失，一直没有拿出来。"

于是，国王命令将第三个仆人的1锭银子赏给第一个仆人，说："凡是少的，就连他所有的，也要夺过来。凡是多的，还要给他，叫他多多益善。"这就是"马太效应" 。

这个故事揭示了一个经济学的规律：强者恒强，也该强。同样的资源在强者那儿发挥了更大的价值，创造了更多的就业和税收，满足了社会需求，自然就应该得到回报。

生活中，我们经常看到这样的现象，一个行业第一的公司，一般占据着 50% 的市场，甚至 80%。尤其是互联网行业，基本是赢家通吃。使用百度时，大部分人只会点击前几个搜索结果。你的搜索结果排行在第一页之外，基本没人看，别说肉，连汤都很难喝上了。再比如一个组织里的老大、老二，关注度大不一样。比如美国总统和副总统，美国总统是陆海空三军总司令、行政首脑，而副总统差不多就是一个陪衬。全世界都知道美国总统是谁，副总统是谁呢？恐怕很多人都叫不出名字。世界最高峰大家都知道是珠穆朗玛峰，看到此处的读者朋友，有谁知道世界第二高峰？

在体育运动中冠军和亚军差别也非常大，那个高低错落的领奖台，冠军高高在上，烘托出冠军的强大气场。还好，亚军、季军还算混个脸熟，但第四名、第五名……就几乎没人关注了。这也算是一个自然规律，人只会关注 number one。

图4.49　“龙头股”的强大气场

强者恒强这种现象在股市上就更加明显了。我们经常看到涨停的股票可以反复涨停。而弱的股票，长期无人问津，股价几乎没什么波动，交易量也极小。

在一轮行情中，经常是龙头股上涨 50%，龙二上涨 30%，龙三上涨 15% 等。在 2014 年 11 月 4 日启动的券商股板块行情中，券商板块整体涨幅为 20%，龙头西部证券涨 90%，龙二东兴证券涨 40% 多，而中信证券只涨了 30%。在雄安板块行情中，龙头冀东装备涨幅超过 230%，创业环保也涨了接近 200%，而非龙头股唐山港、华夏幸福涨幅 100% 都不到。在新疆板块第一波行情中，龙头天山股份涨幅超过 100%，而龙二只有 40% 都不到。

强者恒强，是股市三大主要规律之一。对股票来说，强者恒强的本质原因具体是什么呢？许多文章长篇大论，引经据典，但都是止步于打比方、扯闲篇。关于强者恒强，本书在第一部分有过相关论述，在本书第二部分《综合篇》之《龙头战法原理》一节还有相关论述，只有理解了强者恒强，才会从心灵深处认可龙头股的竞争优势，从而建立对龙头战法的信仰。本门情绪流认为：强者恒强是大自然“物竞天择，适者生存”的必然结果。植物界如此，动物界如此，人类社会如此。股市是人类社会的缩影，当然也是如此。

从另一个方面讲，龙头股强者恒强也是人类集体心理在股市的自然反映。涨停的股票，持筹的本来就有锁仓的惯性，持币的天然就有买入的冲动。当龙头股鹤立鸡群，从而有了更多的关注度！关键是这种关注度是跟风股望尘莫及的。有了关注度就有了人气，有人气就能带来资金，有了资金自然就有涨幅，从而进一步改变多方和空方的预期。即执币的想买的多，执筹的想卖的少，股价就涨，股价一涨，进一步强化上涨预期。如此往复，一直到“盛极而衰”为止。

龙头股与跟风股的差距，在股市中是一定的，是绝对的。当然，跟风股与跟风股也是有区别的，这儿就不一一辨析了。

第十节　龙头股的六大特征

龙头股的领袖气质和强大气场，只有在实盘操作中才能切身体会，尤其在封板的那一瞬间，那种气吞山河、雷霆万钧的市场合力直叫人豪气勃发。给人的感觉是，只要是龙头股，相当于就是贴了一个标签：只涨不跌，无视一切利空。从效率上讲，龙头战法无疑是股林最高武学，没有之一。实践出真知，初学龙头战法，还得一步步来。首先就是要清楚地了解龙头股的特点。根据数年实践，笔者总结了龙头股的九大特征。其中主要是以下六点，最主要的是领涨、板块、高度。

1. 逻辑

前面说了，逻辑就是题材，或者说是股票上涨的理由。古时候军队出征总是讲求师出有名，于是总要发个檄文，我为什么要打你？并借此号召三军将士。比如《出师表》，诸葛亮说：“与其坐而待亡，不如起而图之”。骆宾王《为徐敬业讨武曌檄》，则是说武则天太坏。

没有无缘无故的涨停，何况是龙头股呢？龙头股在其成为龙头股之前，一定有他的逻辑。有时候，这个逻辑我们知道，有时候我们不知道。龙头股前期总是以独立个股或跟风股的形式潜隐于草野，等待我们去发现。总之，龙头股一定要有逻辑，我们可以据此结合消息面去分析预判可能的龙头。

2. 逆势

逆势也可称之抗跌。 顾名思义，逆势是指与大盘大势相反，其他股票下跌，他上涨。逆势的特征表现有分时逆势、日线逆势。尤其是在大盘至暗时刻，风云变幻，万马齐喑。但是，突然一只个股，狂飙突进。那我们就要好好关注一下了。逆势是强势股的重要特征，龙头股尤其如此。这样的例子很多很多。 略举三例，科隆股份与大盘明显逆势，电魂网络与大盘逆势，新疆交建与大盘逆势，如图 4.50 所示。

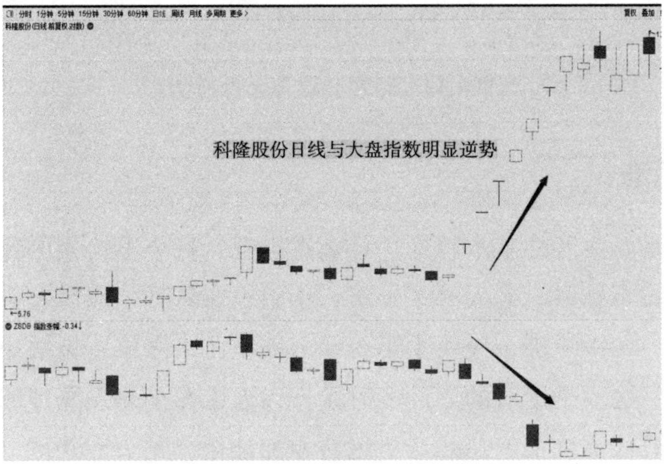

图4.50　科隆股份与大盘逆势

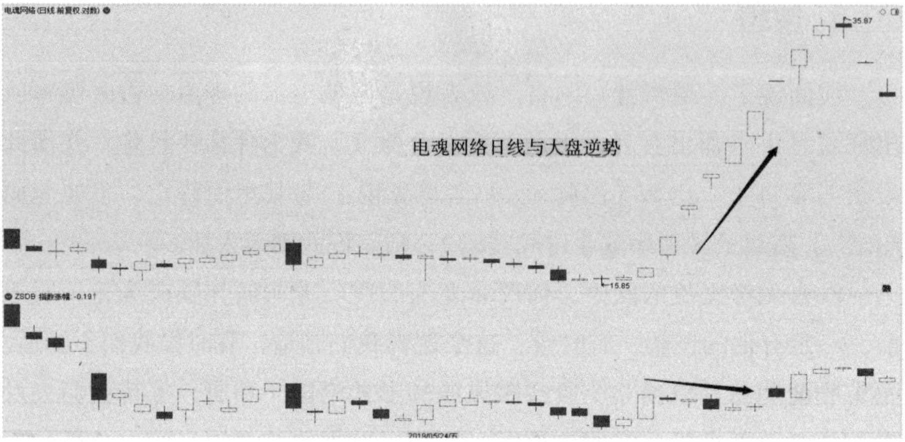

图4.51　电魂网络与大盘逆势

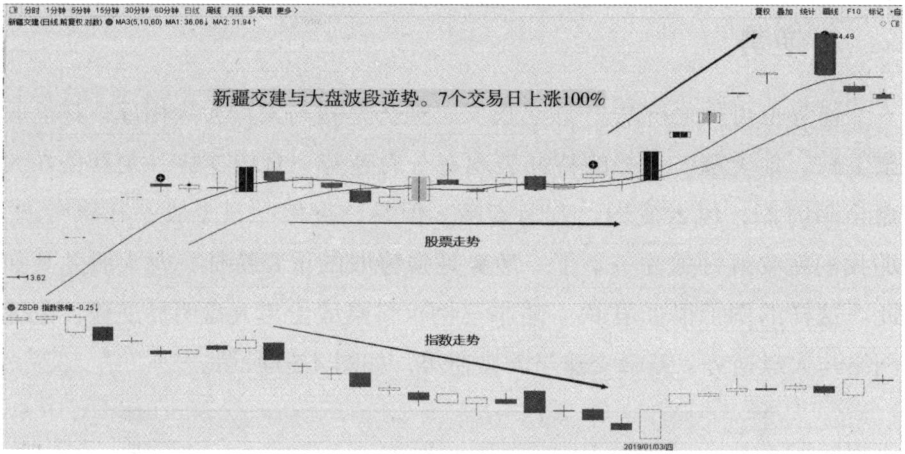

图4.52　新疆交建与大盘逆势

3. 领涨

领涨是龙头股的基本特性。什么意思呢？打个不恰当的比方，旧军队里喜欢拉帮结派，老大升了一级，小弟也跟着升一级。龙头股的领涨也是这样，龙头上涨，板块小弟纷纷上涨；龙头涨停，板块小弟才敢涨停。注意，这不是绝对的。许多时候，当天也有小弟先涨停的情况。但龙头股从日线高度上，总是居于绝对领涨地位。龙头能领涨，自然就领跌，领跌的特性往往比领涨更灵验，龙头一倒，树倒猢狲散。但总的来说，几乎在每一次板块运动中，龙头股总是最后倒下的。

需要说明的是，读者不能片面地把高度板等同于龙头。龙头往往是高度板，但高度板却不一定就是龙头。

关于龙头的领涨属性，我们举一个例子。2019 年 5 月 23 日，金力永磁逆势涨停后，对板块小弟的带动性，如图 4.53 ~ 图 4.57 所示。

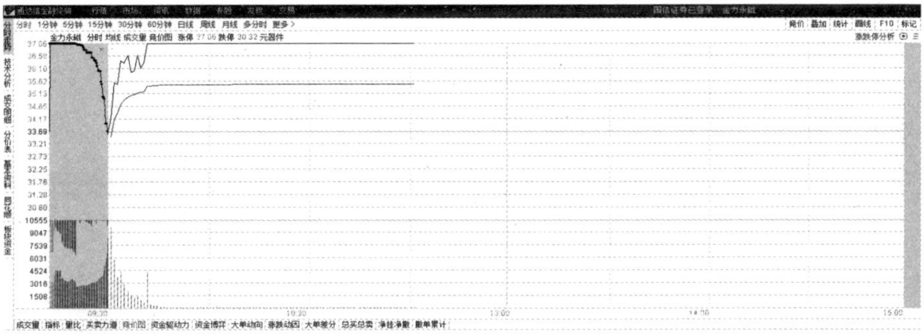

图4.53　2019年5月24日 金力永磁早盘涨停

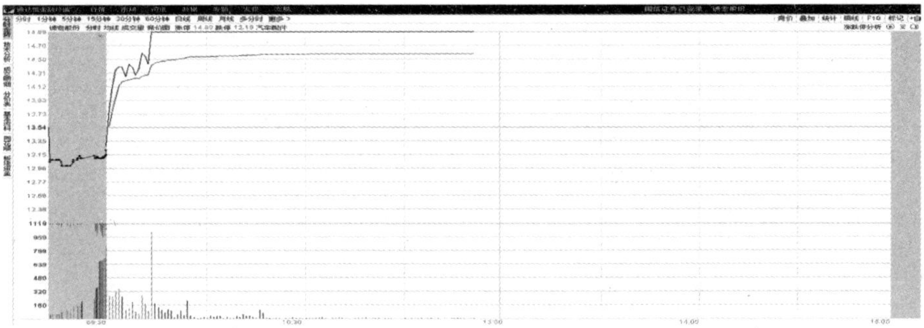

图4.54　2019年5月24日 金力永磁带动德宏股份涨停

图4.55　2019年5月24日 金力永磁带动焦作万方涨停

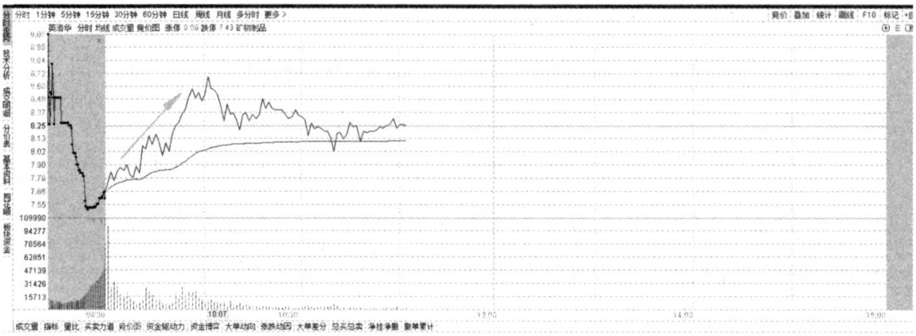

图4.56　2019年5月24日 金力永磁带动英洛华上涨

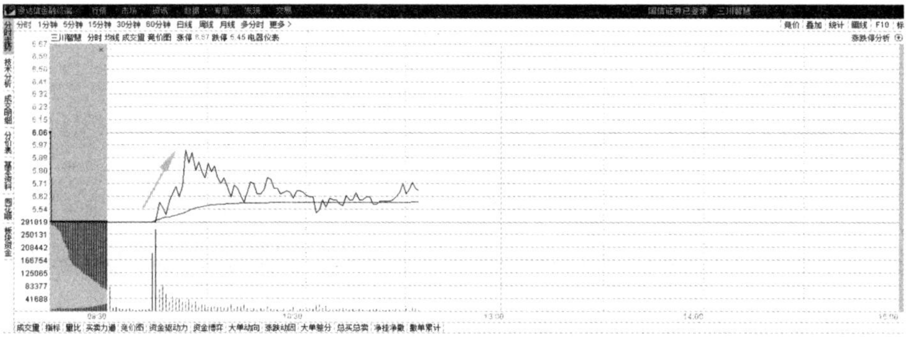

图4.57　2019年5月24日 金力永磁带动三川智慧上涨

4. 高度

自不待言，高度是龙头股不言而喻的特性。没有高度怎么能叫龙头呢？但是仅有高度，如果没有板块，没有领涨的号召力，是不能说是龙头的。有部电影《长城》，剧情不怎么样，倒是把龙头那种一呼百应的气质拍出来了。其实，领涨和高度的特性，在我脑海里，更像许多战争片的一个场景：战斗打得激烈处，连长首先跃出战壕，吼一声，同志们，跟我冲啊。不就是一个龙头号召在前、板块联动前进的生动写照吗？

5. 板块

既然有了高度，自然下面就有成梯队排列的板块阵列。板块是龙头股的重要支撑。没有板块不成龙头。就像一个组织，老大说话做事，没人信没人跟，那这个老大也当不了多久。这就是所谓的：众星捧月金字塔，孤龙难立金字塔。2019 年 10 月 10 日“业绩预增”题材的板块阵列如下：

天顺股份3板	创维数字2板	星徽精密1板，友好集团1板，云南能投1板 汉缆股份1板，康泰生物1板，兴齐眼药1板 光正集团1板，皖维高新1板，信维通信1板 佳发教育1板，泰格医药1板

6. 人气

人气这个特性，是一个补充说明。当龙头股有逻辑、有高度、有板块跟随，自然就有人气。所以说，人气出于逻辑，但高于逻辑。有了人气，就能带来源源不断的关注和资金。这就是龙头股有别于跟风股的根本原因。虽然眼睛看不见，但大脑里必须能想见，相较于龙头能吸引的潜在资金，跟风股是望尘莫及。

关于人气，通达信软件专门有一栏，在“功能”一栏，点击“在线人气”，其中都是人气个股，可供参考。

在线人气

当前关注 | 持续关注 | 当前冷门 | 持续冷门 | 功能解释

名次	品种代码	品种名称	持续关注度	占比%
1	600397	安源煤业	3150677	3.69
2	300341	麦克奥迪	3119201	3.65
3	300221	银禧科技	2750022	3.22
4	002967	广电计量	2746254	3.22
5	000835	长城动漫	2637886	3.09
6	603555	贵人鸟	2540711	2.98
7	000609	中迪投资	2435896	2.85
8	002721	金一文化	2164411	2.54
9	300109	新开源	1925707	2.26
10	600105	永鼎股份	1862319	2.18
11	002703	浙江世宝	1834703	2.15
12	603123	翠微股份	1809459	2.12
13	300796	贝斯美	1741216	2.04
14	000717	韶钢松山	1672467	1.96
15	601865	福莱特	1592890	1.87

分析 | 存为板块 | 关闭

图4.58　通达信软件里的“在线人气”标签

综上所述，龙头股主要有逻辑、逆势、领涨、板块、高度、人气六大特性。我们之所以解剖分析龙头股的特性，其目的是根据龙头股的特性来发掘龙头。但是，再牛的龙头，也会“物极必反，盛极而衰”。当龙头寿终正寝时，龙头的价值就消失了。这时候，就要毅然跟龙头挥手作别，不要留恋。

但初学者受题材逻辑的影响，很容易犯“入戏太深”的毛病。需要提醒初学者的是，无论是多么强大的逻辑，无论是多大级别的题材，一旦板块运动结束后，就不要再留恋了，应该恢复清醒头脑了。就像一个演员演戏，导演都喊“咔”了，如果还沉浸其中，入戏太深出不来，那是不是就显得有点傻了？所以有句话建议读者记住，虽然有点糙，但话糙理不糙。将来犯迷糊时，可以用以提醒自己。那就是：“过气龙头不如狗”。什么叫入戏太深呢？讲个笑话，娱乐之余，进一步加深印象。

从前有个秀才，每每看书时，就容易入戏。特别是当他在看历史书时，读到气愤不平的地方，一定会拍桌子咬牙痛恨。

一天，他看到这样一个情节，秦桧想杀岳飞，在东窗下同妻子王氏商量。王氏说：“抓住老虎容易，要想放走后再把它抓住就很难了。”看到此处，秀才大怒，十分生气，猛拍桌子，大骂不止。

他的妻子走过来劝他说：“夫君，家里本来有十张桌子，夫君已经拍坏了九张，你能否留下这张桌子来吃饭用呢？”秀才正在气头上，抓住妻子就是一顿暴打：“你居然帮秦桧说话，你是不是跟秦桧一伙的？”

第十一节　龙头战法基础知识

1. 操作手法篇

（1）排板

在涨停板上出现封单后按涨停价挂单买入，在涨停板上排队成交。优点是一旦发现情况不对可以及时撤单，缺点是排单的位置不好把握，很容易成交不到。排板的话，可以用level2看到涨停板上的排单，找到自己单子的位置，估计有没有希望成交。

（2）扫板

个股将要打到涨停价时，就挂涨停价格买入。优点是几乎都能买得到，缺点是即时成交无法撤单。一旦封板后板上出现抛单或撤单的情况，无法做出补救动作，而排板手法是可以撤单应对的。

（3）翘板

翘板，主动买入封住跌停的股票。翘这个词，往上翘，比较形象。

（4）半路

大资金在关键价位用大买单主动扫掉压单，可能会一次性扫掉好几个档位，引导市场合力买入一只股票的行为，这种手法称为点火。一个好的点火单通常是吃掉关键价位后，在买一位置还能留下一部分单子，显得盘口很有气势。聪明的跟随者，看到点火单后，结合量价等综合研判后，跟随买进，称为半路买入。

在实践中，点火、翘板往往是大资金所为，游资或超短选手往往是半路、扫板或排板买入。对于初习龙头战法的情绪流爱好者，基本上没有扫板或排板的买入习惯，但这是龙头战法买入手法的基础。单从这一点就可以看出，情绪流和其他流派的不同之处。

2. 龙头K线形态篇

（1）一字板

开盘价、收盘价、日内最低价都为涨停，分为能买得到的和买不到的两种，这个要结合盘口具体看。平时说的隔夜排板就是排有一字板预期的，希望借助挂单时间更早比其他人提前买到。

（2）T字板

开盘价、收盘价为涨停价，最低价不是涨停价。也就是盘中曾打开过的一字板，但尾盘仍然封涨停。

（3）实体板

收盘价大于开盘价，在K线图上显示有红色的柱子，区别于一字板和T板。如贵州燃气主升中每一个涨停都是实体阳线板。实体板中，集合竞价很高，开盘就快速涨停的，称为秒板。

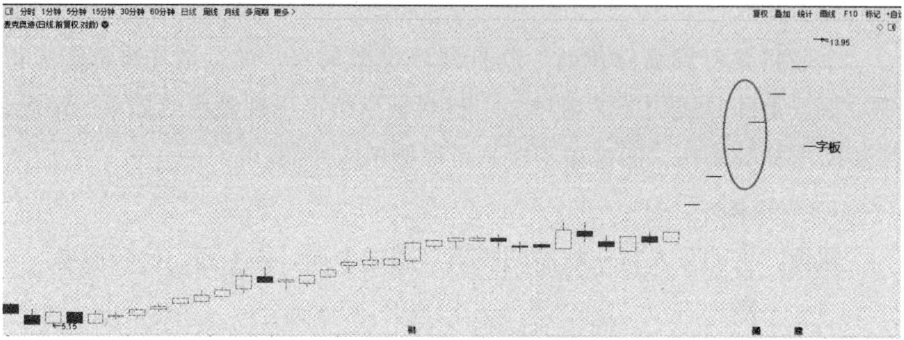

图4.59　麦克奥迪一字板上涨

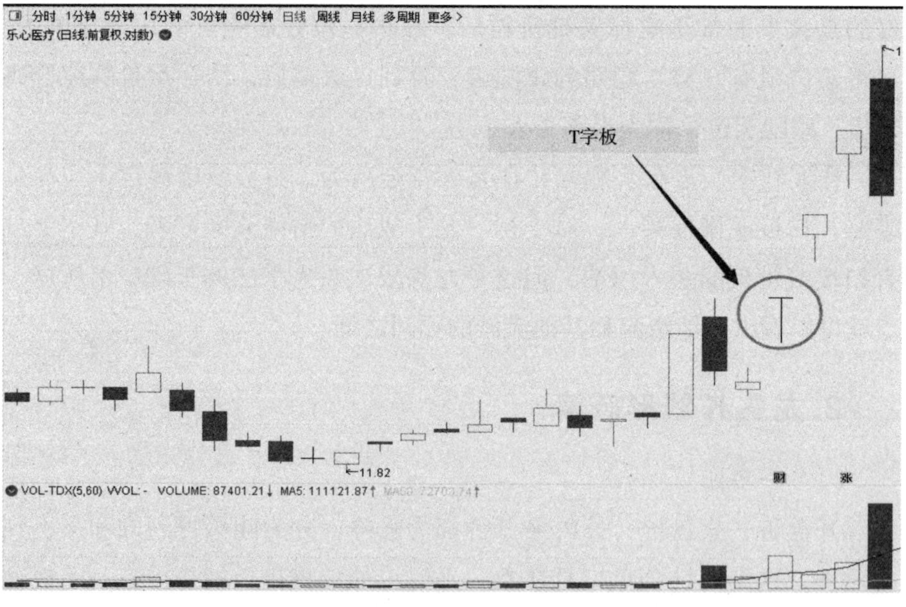

图4.60　乐心医疗T字板过前高

（4）换手板

这是从成交量的角度来谈涨停板的形态，通常指实体涨停板，也包括T板和一部分一字板。共同特点是散户有可能买到，而且成交量并非极度缩量，显示存在筹码交换。而那种极度缩量的一字板或秒板，就是非换手板。一般说来，换手板的龙头走得更长远。

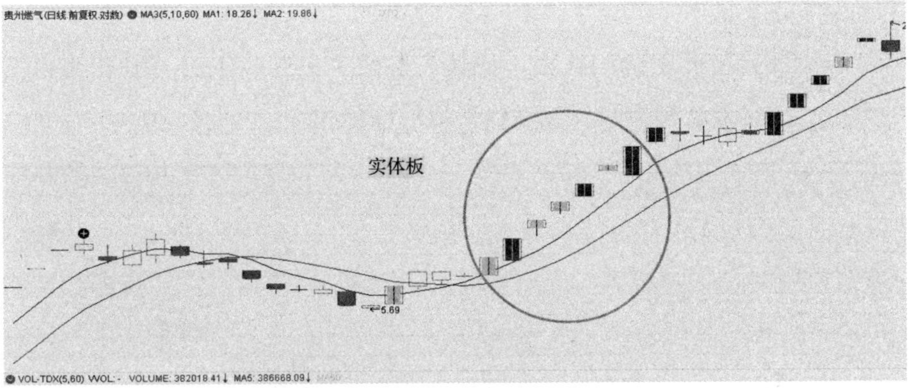

图4.61 贵州燃气上涨过程中的实体板

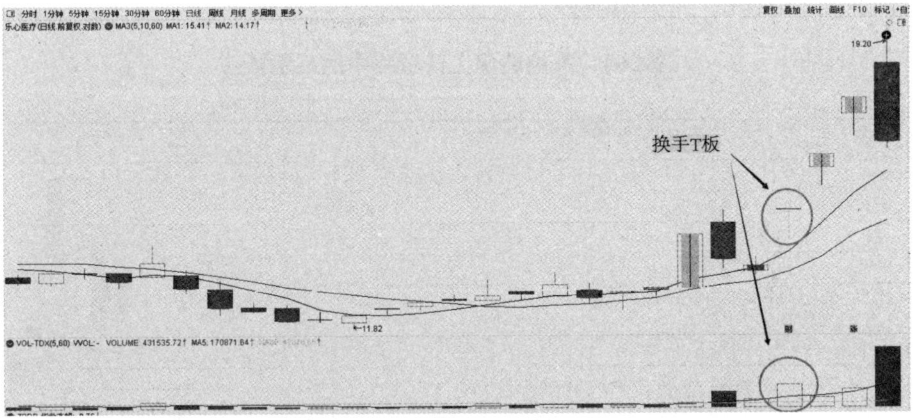

图4.62 乐心医疗换手T板

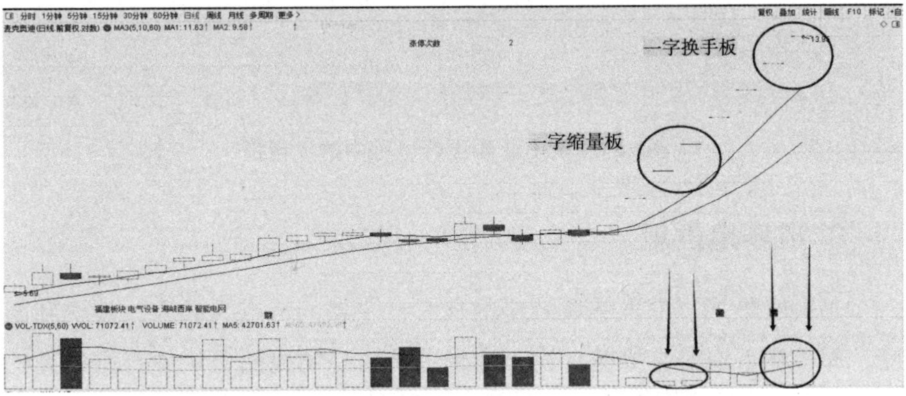

图4.63 麦克奥迪一字缩量板和一字换手板

（5）反包板

大阳线吞没昨天的阴线或上影线，好像“包裹”住那一根 K 线一样的形态。反包板就是个股反包动作形成的涨停板。

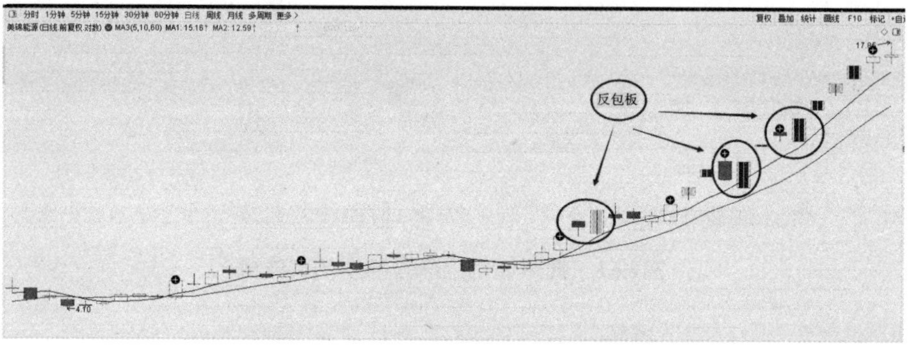

图4.64　美锦能源上行过程中的反包板

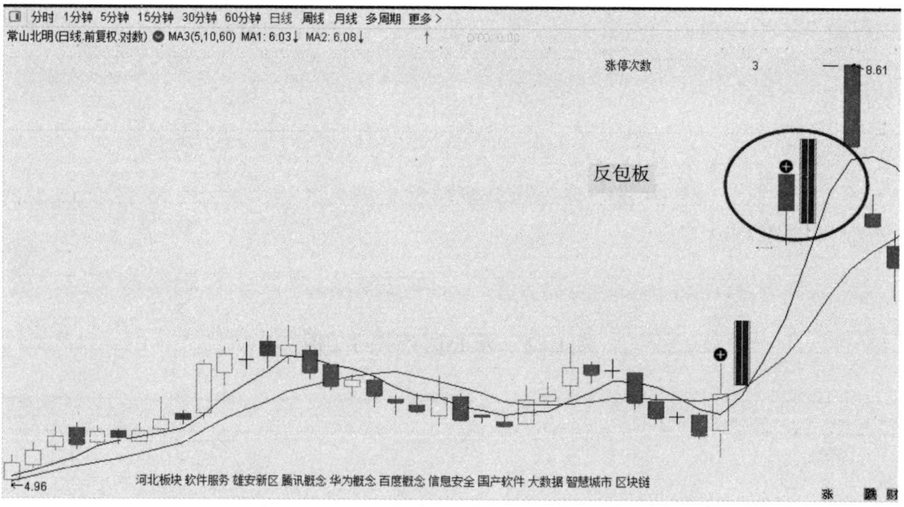

图4.65　常山北明上行过程中的反包板

3. 市场地位篇

龙头股是某一逻辑赚钱效应的核心，主要的特点为领涨、板块和高度，即市场下跌时它抗跌，先于市场上涨，是同属性板块中身位最高的个股。但龙头的级别不同，最终的涨幅也不同。

（1）主线题材龙头

炒作逻辑的源头，是市场赚钱效应的核心，由这只股票开始，市场选择它的各个分支属性进行炒作，包括价格、形态、题材等，是龙头梯队中级别最高的。例如东方通信，无论市场炒作超跌低价、5G还是新基建，乃至模仿它的趋势、反包等形态，它都能称为一段行情的总龙头。比如科创板那一波行情中，市北高新是主线题材龙头。

（2）支线龙头

一个大级别的题材中，一条主线可以分出多条支线。某一个分支逻辑的龙头就叫支线龙头。比如科创板那一波行情中，市北高新是主线题材龙头，西安旅游就是支线龙头。

（3）次主线题材龙头

一般说来，只要市场环境不太差，同一天，可以有两个题材以上的板块。主线题材往往被称为热点，非主线题材我们称之为次主线题材，其龙头市场地位当然不如主线题材龙头。但有时候，实际收益并不弱于主线题材龙头。更重要的是，由于主线题材关注度太高，往往买不到。次主线题材龙头就变成了最实际的选择。

（4）市场总龙头

顾名思义，市场总龙头是当前市场身位最高的。但市场总龙头未必就是主线题材龙头。比如年初柔性屏那一波行情中，银星能源就是市场总龙头，但它本身跟柔性屏毫无关联。

大致说来，龙头的市场地位排序为：主线题材龙头、市场总龙头、次主线龙头、支线龙头。短短一句话，却是身经百战后的经验总结，供初学者参考。对于初学者来说，只有长期临盘实际感受后，才会有深刻的体悟理解。所谓：观千剑而后识器，操千曲而后晓声，就是这个道理。

以上，是从题材角度和市场影响力的角度来区分的，从其他角度来分的还有以下几种类型的龙头。

（1）换手龙头

换手龙头是从另一个维度来谈市场地位，在一波大级别行情中，如果有很多个股都顶一字板的形式走强，特别是主线题材龙头，市场地位高则高矣，有啥用呢？让市场上的资金都买不到，但每每此时，就大概率会出现换手的、大家能买到的龙头，这才是能让大家都赚钱的个股。

（2）卡位龙头

这个相对比较难理解。可以把龙头想象成一个位置，个股坐在这上面。有若干个竞争龙头位置的种子选手，按照强度依次排名。正常来说，越强的个股越有可能走成龙头。但是某一只个股在一个关键时点的走势强于原先顺位比它靠前的个股，然后晋升为某个级别的龙头，就形成了卡位。

或者由于某只票的质地很好，但之前市场没有发现，走着走着市场发现了隐藏逻辑，因此给予它更高的强度或溢价，超越了曾经比它顺位靠前的股票。卡位的核心是分流、抢夺资金，由于标的之间的竞争和可替代性，原本要去标的A的资金由于B的卡位而去了B，这样A就被淘汰，B获得溢价。自然市场地位就比其他个股高。

（3）补涨龙头

龙头的特点是领涨，那么相对领涨就有补涨。同一逻辑下，龙头的高度会刺激还未启动的个股走强。补涨股的高度一般不及龙头，是因为情绪递减，以及人们心中有了对标，形成一致性情绪不利于个股走高。比如科创板那轮行情中，后来补涨的赛象科技、超华科技，他们的高度就远不及第一波的龙头市北高新。

补涨股里面也会诞生当下的市场环境下的龙头，例如超华科技是当时市场的龙头，但它同时是科创板那波行情的补涨股。补涨可以在总龙头结束之后启动，也可以在总龙头还未结束时启动，分辨补涨主要是看它的逻辑是否独立，以及它上方是否有高度压制。

此外，从龙头最后的涨幅来说，还分为大龙头、小龙头。只有新颖、大级别的主流题材，才能诞生大龙头。所以，一般性的题材，我们就要降低期望值。

第十二节 龙头战法的重要思维

股民平时聚在一起聊天，聊基本面、技术面、消息面，滔滔不绝，口若悬河，谁都可聊聊。但如果中间有位情绪流选手，他多半是缄口不言。为什么呢？情绪流龙头战法与任何门派都不一样，情绪流龙头战法的修行者，是分段位的。修行程度不同，段别也不同。低段位的，看不懂高段位的深浅，而高段位看低段位则是一目了然。

打个比方，修行学习就像登山，越向上走，视野就越宽，登上500米山峰的人，和登上1000米山峰的人，看到的风景是不一样的。所以没有一定程度的修行，根本聊不到一起去。越往深了走，投资思想越是与众人相反，曲高和寡，知音难觅，往往隐于草野不为人知。

说直白一些，市面上的书籍，绝大多数是技术派这些知识，多数人知道的知识，怎么能建立竞争优势呢？而情绪流选手，他的思维一定是少数人思维。本书第一部分专门讲过了概率思维、系统思维和极简思维。这些都是情绪流选手在学习过程中非常重要的少数派思维。本节再从另外的角度谈一谈龙头战法选手另外两个重要的思维：定位思维和买点思维。

1. 龙头战法的“定位思维”

本书第一部分曾对中国股市各阶层进行了简要的分析，目的是让读者朋友各自明白自己所在的位置，从而知耻而后勇，奋发图强。如果你选择了情绪流，首先也必须知道在情绪流选手中各个层级的地位，必须明白在哪个层级里生存才是安全又高效的。

（1）前瞻思维的策动者

潜在的龙头股在真正成为龙头股之前，不管是自然形成还是有人故意为之，总之是有资金在里面折腾，这些人就是具有前瞻思维的策动者。虽然说情绪流喜欢讲市场合力，但所谓主力，就是主要的力。他们是市场合力中主要的力，是连板股票趋势的创造者和维护者。尤其是龙头股还未成为龙头股之前，一板、二板是龙头的必由之路。他们有意无意地发动股票，从一板到二板、三板……推动到我们面前。

（2）聪明的跟随者

跟随者，是什么意思呢？就是当我们分析断定它有可能或者已经是下一阶段的龙头，就要及时跟随买入。市面上有些人主张不要预判，禁止判断，一味强调跟随，本门情绪流认为：这是走极端，没有预判的跟随是瞎跟随。聪明的选手就要懂得预判，然后以盘面为准，及时跟进。

（3）接棒的博傻者

博傻这个词，言简意赅，生动形象。顾名思义，就是赌后面有比自己更傻的人。没有经过学习修炼的人，乱买似乎也对，尤其在市场环境好、容错率高的时候。但是需要初学者引起注意的是，对于股市来讲，一两次成功没有任何意义，只有长期、稳定取得胜利才有价值。长期不思考 、不进步，早晚失败，家里有矿也抵不住。经过学习修行之后，总结经验，做一个聪明的跟随者。经验多了以后，有些时候，也完全可以博傻，做一个清醒的博傻者。

（4）接盘的无脑者

无脑者就不用多说了。他们就是前三者的对手盘。没有他们，股市就不存在了。我个人以为，“股市不缺傻瓜”应该列为股市第一规律。任何一个人都曾经是无脑接盘侠，辛苦辛苦地忙，忙着给股市送钱，送给谁也不知道，还没有一个“谢”字。

综上所述，龙头股的演进过程，有不同的资金参与，用一句话概括就是：

前瞻者策动，聪明者跟随，博傻者接棒，无脑者接盘。

本门情绪流认为：学习龙头战法，一定要有前瞻思维，做一个聪明的跟随者；市场环境好时，当一个清醒的博傻者；坚决不当无脑接盘侠。所以，当你买入龙头时，你要清醒地知道你的位置。他们的分水岭是什么呢？大致说来，当潜在的龙头股真正成为龙头股的第二天算起，就是博傻的阶段了。前面说过，龙头股的重要特性是要有板块跟随，龙头能否带起板块效应，是鉴别潜在龙头和事实龙头的关键。

2. 龙头战法的“买点思维”

股市有很多事情，没有经历过的人，没有到一定阶段是很不好理解的。特别是有些初学者看龙虎榜，看到金田路、欢乐海岸这些席位打板，总是三板起步，三连板才能纳入他们的法眼，百思不得其解，心想你是不是傻，为什么你不在底下买，非要跑到高位去买，赚个毛线的钱啊。

刚刚入市的初学者，看着一只只龙头股腾空而起，一周就翻倍，开始都有一个完美情节，心想，我满仓低位买一只股票，然后幻想连续涨停，认为这样才是高手。我想现在看本书的很多朋友也是这样想的，我自己当初也一样，然后去买低位没怎么涨的，感觉便宜，幻想连续拉板，可是到最后发现，仍然在原地踏步，甚至亏损累累，但追涨龙头反而越来越富，为什么？一个股票没有涨，没有资金关注，你提前预判他会涨，实际上就有主观判断的成分，你经验丰富还好，如果是什么都没有经历的新手，总是事与愿违。说起来道理很简单：一辆汽车再豪华，性能再好，如果他停着不动，永远也不可能带你到达目的地。

不断碰壁后，你发现潜伏买没怎么涨的，效果不太好，随之你开始走上追涨之路，看到分时急速拉升你就心动，之后你发现，你会遇到无数次的冲高回落，反复打脸。那个难受啊，憋屈啊，你都恨不得钻进电脑，一下拉起来！很多散户朋友都有这个感受，我初学时也是一样，有时望着电脑沉思，百思不得其解，这也是我写作本书的原因，当时我就发愿，将来如有小成，希望写一本书，希望对股票爱好者有些帮助，少些痛苦折磨。

发现中途追涨突然回落后，然后直接改为打板。打板，又分为打首板、打连板，刚开始一般人都是打首板，想打板之后就买到连续拉板的龙头多好啊，可是最后发现，一旦错了就是亏五六七八个点，而正确的时候平均盈利三五个点，痛苦的是，胜率还不高，当天遇到炸板的情形很多，即便在胜率相等的时候，还是亏钱啊。

其实呢，初学者一般都是自学、瞎搞、没人教。这是很耗费生命的。

我初中时有个同学，成绩永远是第一。他最大的爱好就是读书，夏天，不是烈日炎炎正好眠吗，他不，中午别人都睡了，他一个人读书学习，乐在其中还摇头晃脑。有一天，他突然很兴奋地说，啊，我经过好长时间的演算，发现：直角三角形两直边的平方和等于第三边的平方。太神奇了！还准备去发表论文，没过多久，翻书到后面一看，这不就是勾股定理吗？古人早就发现了的一个公理啊。象棋也是一样，要是完全靠自学的话，恐怕到死也未必能发明“舍马十三招”这样的布局陷阱。读书呢，国家编教科书，把前人的知识经验全记录下来了，还专门设立了学校，有老师教。象棋呢，虽然没有老师，但《橘中秘》《渊深海阔》《自出洞来无敌手》等众多的书籍记录了前辈高人的技巧总结。股票呢？一师难求，书籍倒是浩如烟海，但多数记载的都是人人皆知的技术分析，谁能通过技术分析就成了高手？或许有，极少极少。

言归正传。统计规律表明：随机打板的结果一定是输多胜少。一般说来：

① 首板晋级为二板的胜率 18% 左右。

② 三连板之后继续连板的概率高达 45% 左右。

③ 龙头股连板的概率最高，往往是 90%，甚至是 100%。

值得说明的是，以上数字是某一段市场环境下的统计，不同阶段肯定不同，但大致如此。重点是说明龙头股连板的概率大。这是为什么呢？其实道理很简单，也是符合客观规律的，越往上，目标更少，市场关注度就越高，带来的增量资金就越多。你会发现经验越来越丰富之后，你的买点会不断地上移。这就是龙头战法的魅力所在。这也是基本派、技术派的盲区，也是很多情绪流初学者的盲区。

但是，并非是说买点越高越好，买得越高，往往说明买点的精度还不够。此外，如果在情绪的退潮期，逆势做高位龙头是非常危险的。所以，当你发现你的经验进一步丰富之后，渐渐地买点又往下移。总之，低位买入好股票，这是放之四海而皆准的基本法则。这段话，看似和“买点上移”相矛盾，其实是辩证的统一，希望读者能正确理解。

第十三节　龙头股的演进过程

龙头股的演进过程，总的来说，分为七个阶段：启动，确认，发酵，加速，分歧，反包，龙回头。龙头股的演进过程，其实也是事件逻辑逐步大白于天下的过程。龙头股的演进过程，其实就是龙头所属的题材板块产生、发展、繁荣、消亡的过程。龙头股的演进过程，同时也是场外各路资金逐步入场和离场的过程。

值得注意的是，并非所有的过程都十分完整。市场环境不好或者是小级别题材，题材延续性就差。最极端的情况，今天刚启动就达到高潮，明天就结束了。本节就以“倒三角模式”的板块运动为例，简要剖析一下龙头股的演进过程。

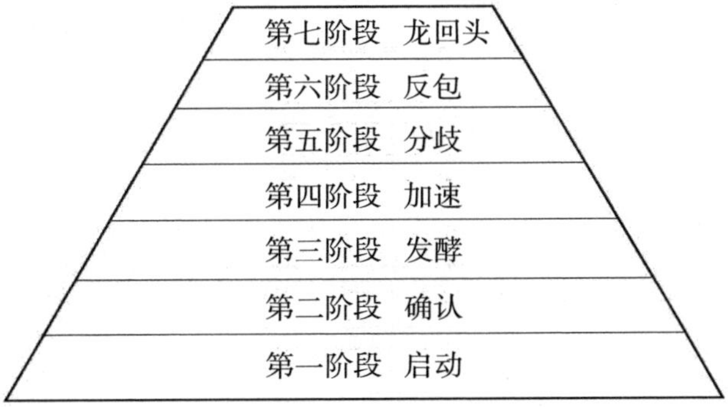

我们以大港股份为例说明龙头股的演进过程。

1. 启动阶段

就像初春时节，春寒料峭，一棵树苗奋力长出，混杂在杂草间，在寒风中摇曳。但识者寥寥，很少人知道它行将长成一棵参天巨树。正所谓：世人不识凌云木，直到凌云始道高。

2019 年 5 月 7 日。芯片（集成电路）板块只有大港股份一只股票涨停。

【其他板】

000673	当代东方	9:33	1	超跌反弹
600599	熊猫金控	9:57	1	光伏概念
002077	大港股份	10:39	1	科创板
600719	大连热电	13:25	1	供暖
002528	英飞拓	14:06	1	超跌反弹
600094	大名城	14:12	1	房地产
002708	光洋股份	14:21	1	创投
002547	春兴精工	14:25	1	5G
002197	证通电子	14:25	1	金融科技
002862	实丰文化	14:26	1	前期庄股
002600	领益智造	14:31	1	柔性屏+前期强势股
300758	七彩化学	14:41	1	次新股+染料
002248	华东数控	14:42	1	智能制造
600359	新农开发	14:45	1	农业种植
002295	精艺股份	14:46	1	其它
600354	敦煌种业	14:49	1	农业种植
603101	汇嘉时代	14:49	1	新零售
002601	龙蟒佰利	14:50	1	钛白粉
002865	钧达股份	14:51	1	汽车零部件
603158	腾龙股份	14:56	1	汽车零部件

2. 确认阶段

小树苗继续生长，这时候，有少数人慧眼识英雄了，开始思考大港股份涨停的逻辑了。跟风小弟出现了，有了板块效应。

2019 年 5 月 8 日。大港股份 2 板，带起跟风，江化微、康强电子、兆日科技涨停。

【芯片】

002077	大港股份	10:19	2	芯片+科创板
603078	江化微	10:20	1	芯片+高送转
002119	康强电子	10:30	1	芯片
300333	兆日科技	11:21	1	芯片

3. 发酵阶段

板块效应一旦形成，进一步吸引更多人关注。这时候，跟风越来越多，板块阵列扩大，有的跟风股也开始连板。以下分别是 5 月 9 日和 10 日的板块阵列。

【半导体】

002077	大港股份	一字板	3	半导体
002119	康强电子	9:30	2	半导体
603929	亚翔集成	一字板	1	半导体
300480	光力科技	9:32	1	半导体
300576	容大感光	10:43	1	PCB板

【半导体】14

代码	名称	末次时间	连板数	原因
002077	大港股份	9:30	4	半导体
002119	康强电子	13:17	3	半导体
300480	光力科技	13:09	2	半导体
603929	亚翔集成	14:12	2	半导体
300576	容大感光	14:21	2	PCB板
300260	新莱应材	10:14	1	半导体
600520	文一科技	13:13	1	半导体
600460	士兰微	13:16	1	半导体
300139	晓程科技	13:16	1	半导体
300333	兆日科技	13:17	1	半导体
002079	苏州固锝	13:20	1	半导体
300667	必创科技	13:21	1	半导体
300353	东土科技	14:46	1	半导体+5G
600171	上海贝岭	15:00	1	半导体

4. 加速阶段

这时候，板块已成为全市场的主流板块。毫无疑问，由于大港股份“鹤立鸡群”的高度，自然成为万众瞩目的焦点。龙头股自然往往是一字板，或集合竞价开得很高。

2019 年 5 月 13 日。龙头大港股份缩量上板，部分跟风股也缩量上板。

【自主可控】12

002077	大港股份	一字板	5	芯片+长三角
300123	亚光科技	一字板	3	芯片+军工+高送转
300480	光力科技	9:36	3	芯片
300576	容大感光	13:21	3	PCB板
002211	宏达新材	9:30	2	网络安全
300768	迪普科技	9:41	2	网络安全+长三角
002052	同洲电子	9:54	2	5G
600410	华胜天成	10:21	2	网络安全
300292	吴通控股	14:24	2	5G+长三角
000586	汇源通信	14:49	2	5G
300302	同有科技	10:19	1	网络安全
300656	民德电子	14:54	1	芯片+贬值受益

5. 分歧阶段

题材发酵以后，引起资金疯狂追捧，导致场外资金入场抢筹，而场内资金惜售，就会导致龙头或部分跟风缩量加速上板。这样，底部大量获利的资金，一遇风吹草动，如指数情绪的助推，就容易引起砸盘的冲动。场内的资金想卖，场外的资金想买，这样就容易造成分歧。龙头分歧的结果，有的日内分歧转一致，有的成为一个阴线或上影线。而跟风股纷纷掉队。

2019 年 5 月 14 日，大港股份日内分歧转一致。

【半导体】3

002404	嘉欣丝绸	13:43	2	长三角+半导体
300576	容大感光	14:49	4	集成电路
002077	大港股份	14:51	6	半导体

6. 其他阶段

反包和龙回头，通常只针对龙头才有。即便是龙头股，也不一定非得有反包和龙回头的阶段。反包的形成，既因为龙头股有强大的人气支撑产生的上涨惯性，也可能因为正常的进程为外力（往往因为较坏的指数情绪）打断而被动断板，市场合力在分歧的第二天或第三天继续反攻，从日 K 线达成分歧转一致。关于反包和龙回头，如下图几案例，请读者自行体会。

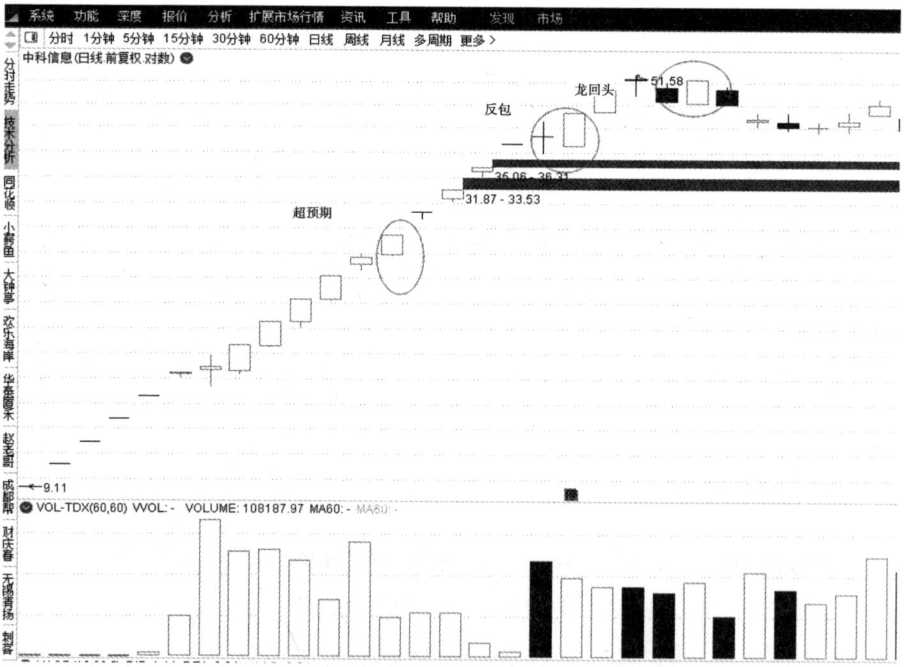

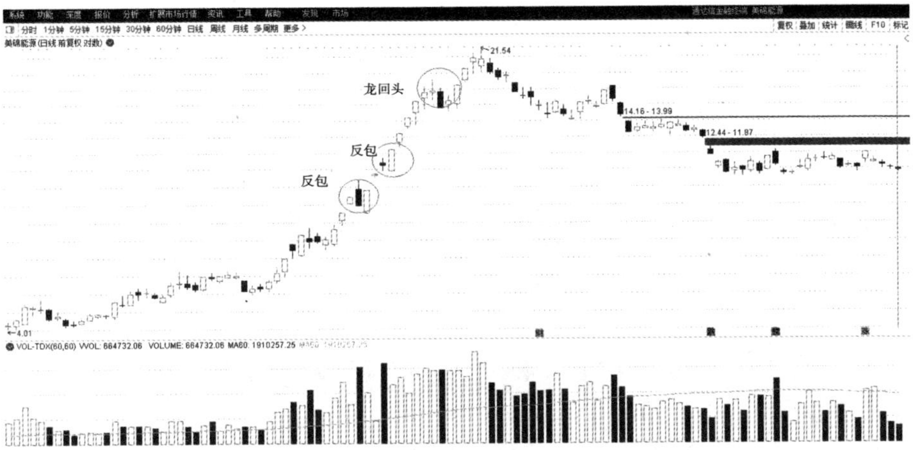
美锦能源(日线,前复权,对数)
21.54
龙回头
反包
反包
14.16 - 13.99
12.44 - 11.87
4.01

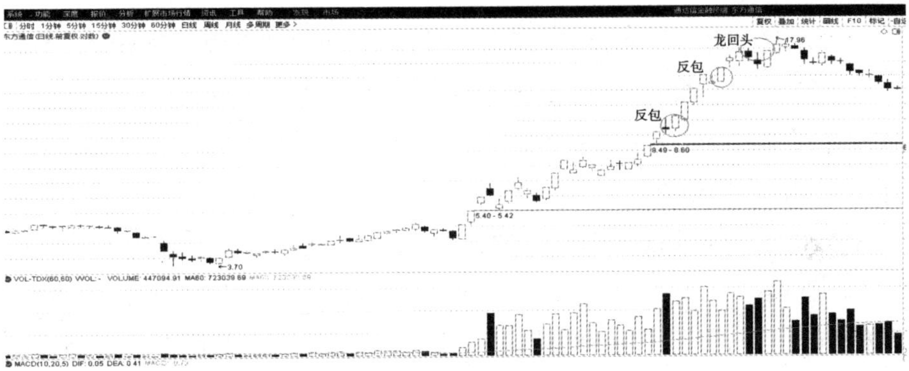
东方通信(日线,前复权,对数)
龙回头
17.96
反包
反包
8.49 - 8.60
5.40 - 5.42
3.70

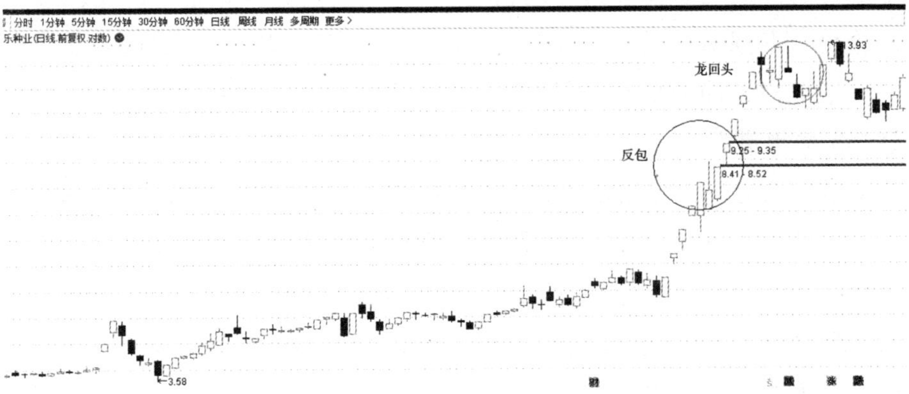
分时 1分钟 5分钟 15分钟 30分钟 60分钟 日线 周线 月线 多周期 更多 >
乐种业(日线,前复权,对数)
3.93
龙回头
反包
9.25 - 9.35
8.41 - 8.52
3.58

第五章　地利篇

第一节　情绪流的技术分析

古人云："君子性非异也，善假于物也。"意思就是说，聪明的人不是生来就有什么特殊的本领，不过是善于借助外物的力量罢了。这里面寓意深远，古今中外，一切有为之士，之所以能在短暂的一生中建功立业，都是善于借力的结果。

古时打仗很重视地形，以便进行兵力部署，其根本思想就是"借力"。所谓"一夫当关，万夫莫开"，意思就是当一方拥有"1 关"，就相当于至少借了"10000 精兵"。这个不是太恰当的比方，大略说明了借力的好处。本篇称为"地利篇"，指的是通过"地形（K 线形态）"的分析，发掘出对我们"有利"的因素，从而"借力"。试想一下，作为一般散户，即便你全仓投入，能让股价上涨一分钱吗？既然不能，那就必须懂得借力。

借什么力呢？当然是主力资金。前面《人和篇》我们讲过，股票上涨，除了突发利好，市场合力推动，那就是主力资金在底部吸筹，经过洗盘后再拉升。股民要做好股票，就必须懂得借助主力，俗称"跟庄"。虽然随着时间的演变、监管制度的完善，主力的运作不像过去那样一家通吃，无所忌惮，但道高一尺，魔高一丈，资本的逐利基因与生俱来，永难改变。我们不用也没有必要深究主力建仓是一家还是几家，我们只需知道，主力建仓后拉升的模式始终存在；我们只需知道一只股票要持续上涨，一定要有"主要的力"引导和维护。一旦缺失，必然就是趋势的改变。

主力建仓后拉升，往往有两种大概模式。一是成为大牛股，二是成为黑马股。牛的特征是：行稳致远，坚毅忍耐。也就是说，拉升时，主要是大阳线而不是涨停的形式来表现。涨速不如后者，但能持久。马的特征是：迅猛快速，一骑绝尘。拉升时，主要是涨停的形式。这就是所谓的庄游混合模式。庄游混合模式在短线中十分普遍，是“情绪流龙头战法”研究的重要对象之一。

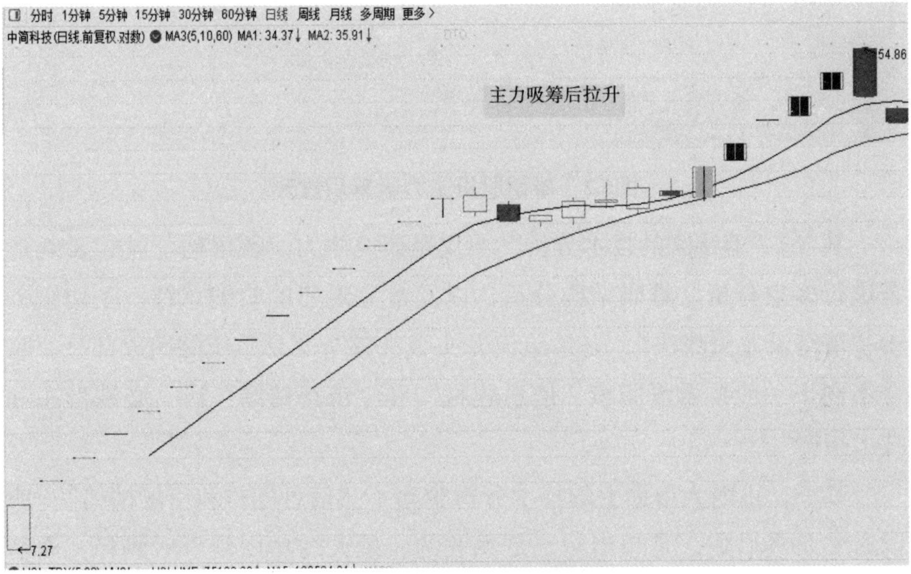

图5.1　中简科技主力吸筹后拉升

大家都知道，市面关于技术分析的书籍浩如烟海，都是研究主力动向的。本篇不妨也可以称之为技术分析，但值得说明的是，它是“情绪流的技术分析”，与市面上的技术分析有相当程度的不同。

其一，“情绪流的技术分析”也会根据个股的K线形态分析主力建仓特征，发现主力踪迹，某些知识点来自长期的总结提炼，鲜少见诸市面，属于少数派，有效性大得多。但即便如此，也并不迷信，最后需要涨停来验证。

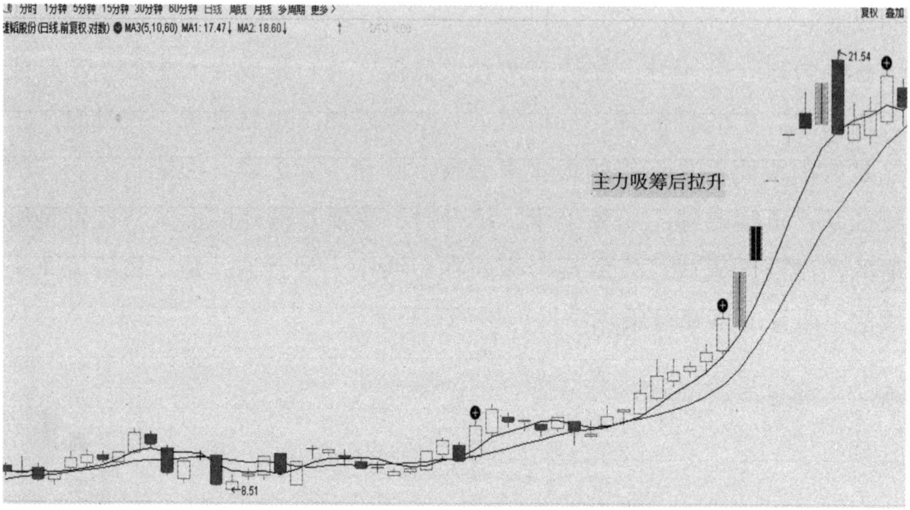

图5.2　雄韬股份主力吸筹后拉升

其二，“情绪流的技术分析”不仅是研究主力，还根据个股的K线形态进行多空分析、筹码结构分析，以及常见走势的归纳总结，一切服务于“情绪流龙头战法”，是情绪流龙头战法整个交易系统的组成部分。完全不同于一般技术派脱离“信息题材”和“市场情绪”讲“必涨形态和技术指标”。

其三，正因为市面上的技术分析脱离了“信息题材和市场情绪”，所以必然是马后炮，是想当然，是无效的。最大的功用是事后解释。而情绪流的技术分析是有效的，是尊重和顺应自然规律的结果。

总之，情绪流是以题材信息为出发点，并根据“市场环境及情绪周期”改变交易策略，以“做龙头为主”的股林一派。但是，情绪流从不拒绝各门各派“真理的颗粒”。它是开放的，不断自我优化的股市博弈方法论。值得一说的是，投机像山岳一样古老，太阳底下没有新鲜事物，股市里没有任何人可以号称股神，任何人都不可能有什么独创。情绪流的技术分析也一样，没有一样技术完全是自己的独创，只有不断发现、借鉴和总结。一切成功人士都是“以市场为师，不断借鉴、思考和融合，从而形成自己独立的交易系统”的结果。

第二节　散户交易心理分析

散户为什么总是亏钱？我们在本书第一部分讨论过这个问题。这个问题很宽泛，从不同的维度来说，有不同的原因，展开来说会是一篇长长的文章。本节拟从“人们为什么买卖股票”这个角度来做个简要剖析，从而为下一节“筹码结构分析”奠定基础。

说到买卖股票的心理原因，也许有人说，这还不简单吗？人们之所以买股票，当然是因为想赚钱嘛。至于卖股票，就更简单了，赚钱了自然就卖了。这个说法，当然正确，但不全面，也不深刻。苹果园里的一个苹果落地，这是一件再平常不过的小事，大多数人都忽略了，但却引起了牛顿的思考，从而寻根问底，最终发现了万有引力定律。人们为什么买卖股票，看似寻常，但我相信有心的读者能从这样寻常的小问题，坚持不懈地追根溯源，积思顿释，假以时日，即使不能成为股林牛顿，至少能在股市劈波斩浪。

价格运动的形态千变万化，但总的来说，是人参与的结果。人，尤其是群体的共性永难改变。看到此处的读者，我们试想一下，假如一只股票就只有你和另一个人，一共两个人参与。如果另一个人持筹，你持币，你会买吗？犹豫了吧。因为你不傻，买了又卖给谁呢？假如这只股票一共有三个人参与，你会买吗？如果你知道，你买后，能以更高价卖给另一个人，你肯定会买，是不是？但如果你不确定，你肯定也不会买。可是事实上，我们的 A 股，差不多有几万人围着一只股票在做“进出加减”，这就给人幻想了！尤其当一只股票呈现出涨的状态时，你总是“本能的”“想当然的”以为，你买进后，还会有更多的人来买，从而推升股价，于是你就买进了。

同样的道理，当一只股票在下跌时，无论是出于“止损”还是“止盈”，你总是“本能的”“想当然的”以为股票还会继续跌，于是你就卖出了。

心理学研究表明：人们买股票，主要因为股票在涨、在涨、在涨。人们卖股票，主要因为股票在跌、在跌、在跌。重要的事说三遍。这就是所谓的“追涨杀跌”。初入门的散户，想当然地“追涨杀跌”而频繁“高买低卖”，就是散户亏钱的直接原因。

任何一位主力资金的操盘手，在得道之前都是散户，所以对散户的心理最是清楚。下杀时，散户四散逃跑，拉升时，散户追得不亦乐乎。所以，主力资金洗盘时总是下杀，而出货前总是拉升。

当然反过来说，追涨杀跌对不对呢？存在必然有合理的成分。从宏观的角度出发，为什么价值投资相对来说是近乎稳赚不赔的格局，就因为价值投资是少数派思维，宏观上是“追跌杀涨”，而不在意中间的细节。对于情绪流选手，日常的操作中正是“追涨杀跌”，但同样也是少数派思维。可见对与不对，不在表面形式，而在于理性与非理性。

人们买卖股票一共有哪些原因呢？

买股票的原因：

①K线形态不错，技术指标也看涨。均线归位，MACD金叉，看上去要涨。

②从F10里看，利润增长率还不错，市盈率不高，总之感觉公司基本面还可以。

③这只股票在涨，而且老是涨，那么我买进，明天大概也是涨，这样就赚钱了。

④这只股票跌得差不多了，价格也便宜，感觉已到支撑位，马上就止跌了，接下来就该上涨了。它从那么高的地方跌下来，应该也可以涨回去。

⑤电视上这位大师都说这只股票不错，朋友也说还可以，那赶紧买，不然就迟了。

⑥哇，这么多股在涨，不买就错过了，先挑一只涨得不多的赶紧买，收盘就赚啦。

……

卖股票的原因：

①K线破位了，MACD死叉了，看上去要跌，卖了算啦。

②已经赚了钱了，要是再跌，就白干，干脆卖了再说。

③本来赚了钱的，结果反而跌到成本以下，哎，气人，卖了先，下次设个止损位。

④完了，一买就套住了，跌到5%我就止损，啊，跌到7%了啊。再等下，跌到9%了啊，快跌停了，心跳加速，我去，卖了算了。

⑤已经套住15%了，我看你能跌哪儿去？我就不卖，看你拿我怎么办。没过多久，啊，跌到25%了。哎，卖还是不卖呢。啊，还在跌！妈呀，算了卖了。

⑥反正都套这么久，我就不信你涨不上去。结果始终还是不涨，看到别的股票噌噌地涨，终于按捺不住，卖了跌的去买涨的。

⑦哎，套了这么久，好不容易快回到成本位置，就差一点了，等等。啊，又跌下去了？我去。不等了不等了，卖！

……

以上是从不同维度分析散户买卖原因及心理，读者还可以自行补充，这些原因和心理部分反映了未曾修行的散户的六大非理性特征“贪婪，恐惧，犹疑，急躁，幻想，偏执”。总之，没有经过学习修行的“想当然”的非理性买卖是取败之源。

言归正传，综上所述。我们总结一下，散户主要的交易心理是：

① 小富即安。赚了就跑，落袋为安。

② 吃不得亏。不赚不出，任由亏损放大，继而割肉或者死拿。

③ 解套就跑。

相对来说，散户“吃不得亏，厌恶损失”的心理，要强于落袋为安的心理。所以大部分人有了损失后，不是立即止损，而是客观上放任亏损的扩大，但最后总是割肉。一次次割肉后，并不是停止交易，反省总结，而是继续盲动，继续止损。

正确的交易应该是怎么样的呢？买入时多数时候应该是上涨的，而卖出时，要么是获利，要么是少数时候买点错误而止损。本门情绪流认为：频繁止损，说明没有交易系统或者交易系统存在严重问题，应该停止交易。否则，就是在错误的道路上不断地重复。

第三节　个股筹码结构

上一节谈到，买卖股票时一定要理性。我们先理性地分析一下，一只股票之所以上涨，最直接的原因是什么？股票上涨的最直接的原因是资金。买的资金强过卖的资金，就涨。反过来，股票之所以跌，就是因为卖的资金力量大过买的资金力量。只有“多空资金博弈”这种“因果关系”，而不是“市盈率，资产收益率，每股收益等这些相关性关系”，才是股价涨跌的最直接原因。

那么我们在买卖股票之前，是不是需要对“多空力量”分析一下呢？就像一位将军打仗之前，如果敌方有多少兵力都不知道，这样的将军能打胜仗吗？

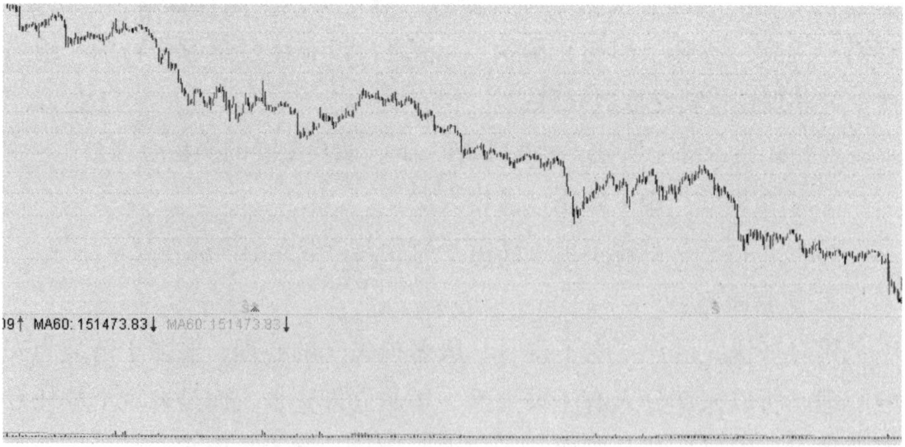

图5.3

个股每天不断地进行交易，场外资金和场内资金不断换手，拉长来看，形成一条长长的K线。如图5.3，图5.4，我们随便截取两只个股其中的一段K线，如果在其他条件完全相同的情况下，请问，我们应该买入哪只股票呢？

图5.4

有点基础的股民朋友都知道，股价前进的方向是阻力最小的方向，那么股票的阻力即空方来自何处？

一是获利盘。股民在获利后，出于“得到后怕失去”的心理，一部分人往往急于抛出。就是上一节我们讲的散户心理“落袋为安，赚了就跑”。

二是套牢盘。被套牢的感觉度日如年，终于某天股价涨至成本价附近，出于“厌恶损失”的心理，迫不及待地抛出。有意思的是，坐牢的牢与套牢的牢完全一样，请读者揣摩一下被套牢的人一朝“刑满出狱”，那种“如释重负、离牢似箭”的心理，由于人的本能，套牢盘的抛压往往会不约而同的一致。这就是上一节我们讲过的散户心理“解套就跑”。

所以笔者认为，股民厌恶损失的心理，强于获利了结的心理。或者说，相对来说，多数人倾向厌恶损失，少数人急于获利了结，因为总有一部分人获利后，出于侥幸心理，在股价下跌时往往希望涨回来，并不急于抛出。

综上所述，对于多方来说，最大的空方就是套牢盘（还有一个空头是恐慌盘。这是从另一个维度来讲的，是指在受到利空情绪影响下，原来不是那么坚定卖出而变得坚决卖出的一部分筹码。因此，恐慌盘其实也是套牢盘和获利盘的一部分)。

那么显然，上面问题的答案就不言自明了。同等条件下，我们选择图 5.3 中的个股，而不是图 5.4 中的个股。因为图 5.4 中的个股，密集成交带就近在眼前。如同敌人的碉堡，居高临下。数十排重机枪阴森森的枪口等着呢，非要逆势仰攻，结果必然是失败。

在 K 线形态上，套牢盘主要体现在三个地方：

① 密集成交带，如图 5.5。

② 放量大阴柱，如图 5.6。

③ 跳空缺口，如图 5.7。

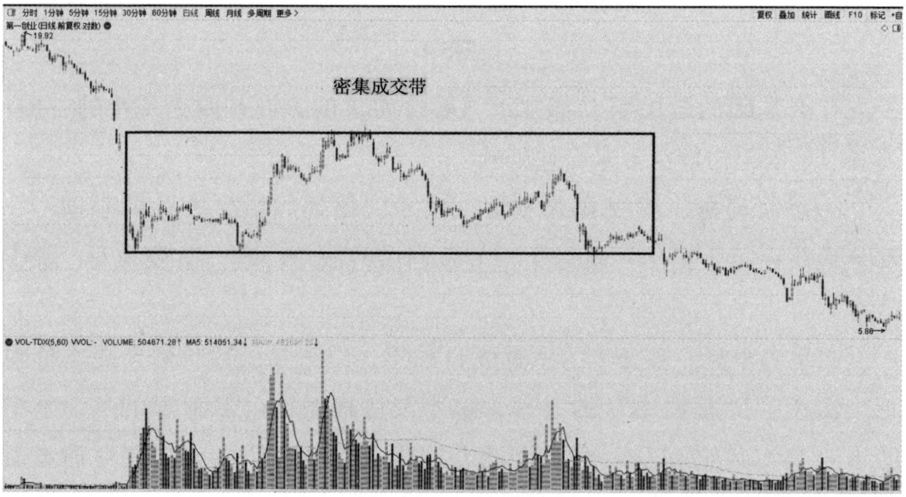

图5.5 密集成交带

我们把在密集成交带、放量大阴柱、跳空缺口所在的区域称之为阴区。短线的基本面是：非问题股；价格低，盘子小；筹码结构健康。价格低好理解，一般 15 元以下。盘子小，一般自由流通市值 20 亿以下。什么是筹码结构健康呢？答：健康的筹码结构是"筹码均匀分散"。本门情绪流把距离"阴区"时间或空间较远、筹码均匀分散的 K 线形态，称之为：迎龙玉带。"迎龙玉带"和下文讲到的"龙行猫步"是本门情绪流主要关注的两种K线形态。

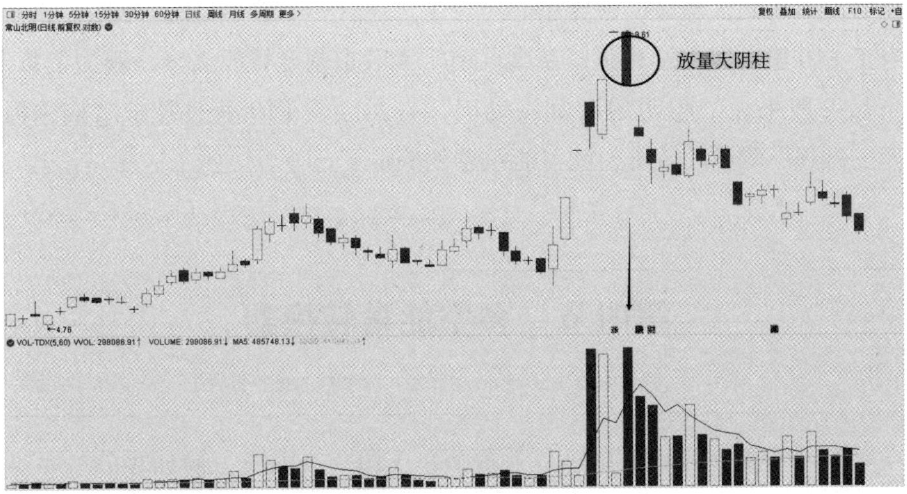

图5.6 放量大阴柱

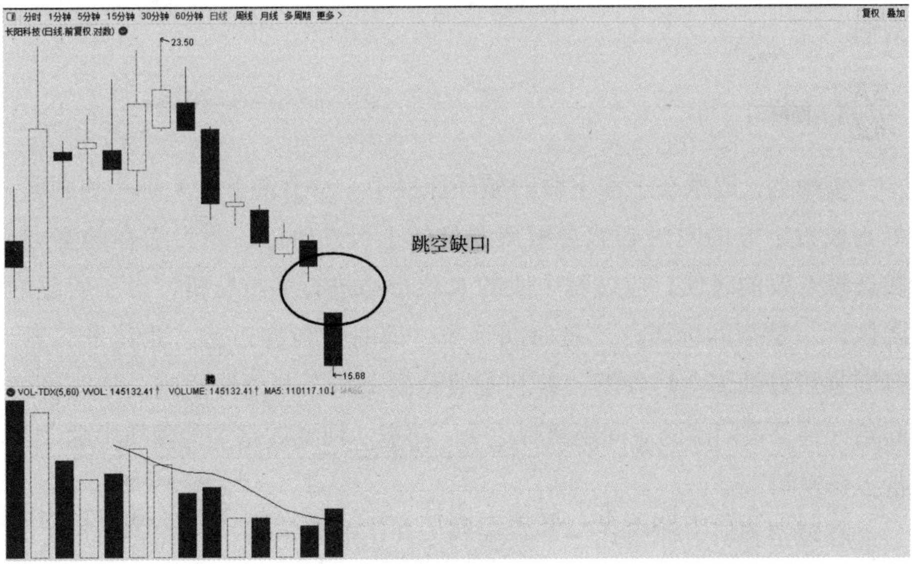

图5.7 跳空缺口

阴区是套牢盘的大本营。多方力量行至此处，如果强攻，往往力量不济而功败垂成。所以，聪明的资金通常都会引领股价提前折返。对于情绪流，以上三个地方是看得见的阻力。选择股票时，先往左看阴区的压力。如果阴区明显，就要小心对待了。还有一个看不见的“阴区”，藏身于F10里的股东结构里：基金。前十大股东基金持股太多，避为上策。当然一般来说，聪明的游资发动时，自然会看F10里的股东结构，但万一碰到不聪明的游资，就可能跟着他倒霉了。

第四节　多空能量转换器

上一节讲到，阴区是股价上行的最大阻力，那么，假如我们是想做这只股票的主力资金，主要用什么方法来化解阴区的阻力呢？答：多空能量转换器。多空能量转换器是指什么呢？**多空能量转换器=N字结构+时间。**

1. 时间

实际上，股票在上涨下跌的循环往复中，总会留下大大小小的阴区。处于股价上方的阴区必然会阻碍股价的上行，所以，作为潜在的多方，在选择个股的时候，应该对个股的K线形态进行多空分析。对于明显的阴区，一是空间远离，二是时间远离，即时空各有一远。尤其是后者，时间是最好的多空转换器，有利于股价的上行。本门情绪流，把股价的起始处到重大阴区的空间距离称之为：河宽。河宽就是主力预想中的“股价上行空间”。

心理学表明，如果让一个套牢的人天天盯着电脑，看着股价在买价下方来回往复，多数人的忍耐极限不超过40个交易日，耐心不好的人10个交易日就受不了。但如果横下一条心，关了电脑不看，就是另一回事了。为什么说时间是多空转换器呢，其实质，就是用时间迫使阴区里部分“寂寞难耐、忍无可忍”的套牢盘和下面的多方换手，形成均匀分散的筹码结构，使得阴区的负能量没有看起来的那样大。但大阴区的存在对股价上行的心理影响始终存在。

2.N 字结构

N 字结构是价格运动的本质特征。无论是分时图，还是日 K 线、周 K 线、月 K 线，莫不如是。但我们要从这表象中思考和分析问题。当股票由于某种原因放量下跌时，无论是形成“密集成交带”，还是“大阴柱”“缺口”。那么短时期涨回来，基本上是不可能的。下跌是刚性的，是容易的，是无条件的。上涨是柔性的，是困难的，需要蓄势孕育，是有条件的。

总之，只有通过一定的办法，消散掉阴区的筹码，股价才可能上行。而这个办法，就是“时间 +N 字结构”。如图 5.8 ~图 5.10 所示。

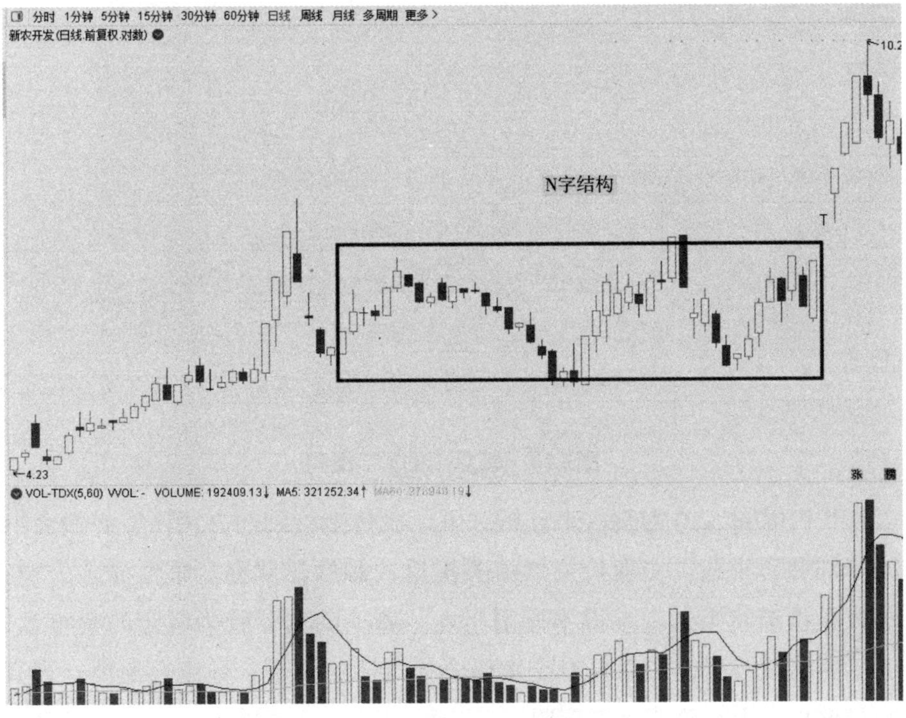

图5.8 简单的N字结构

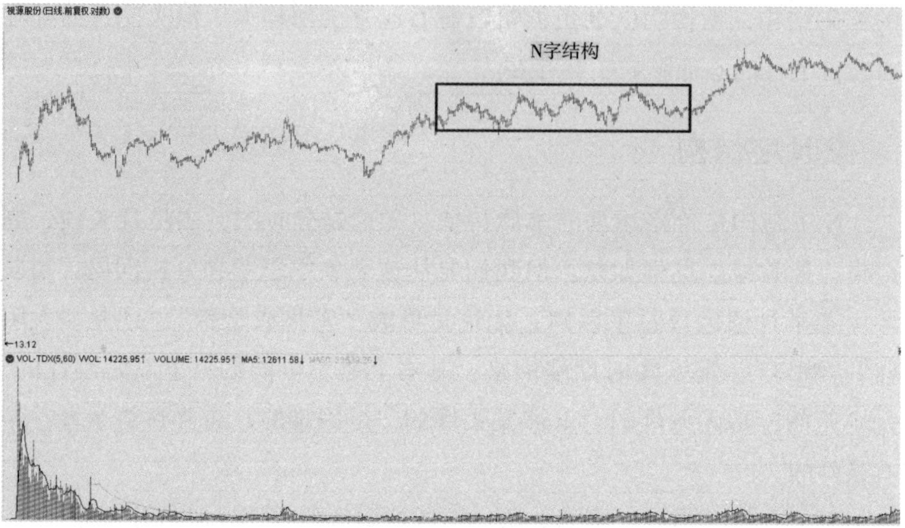

图5.9　简单的N字结构

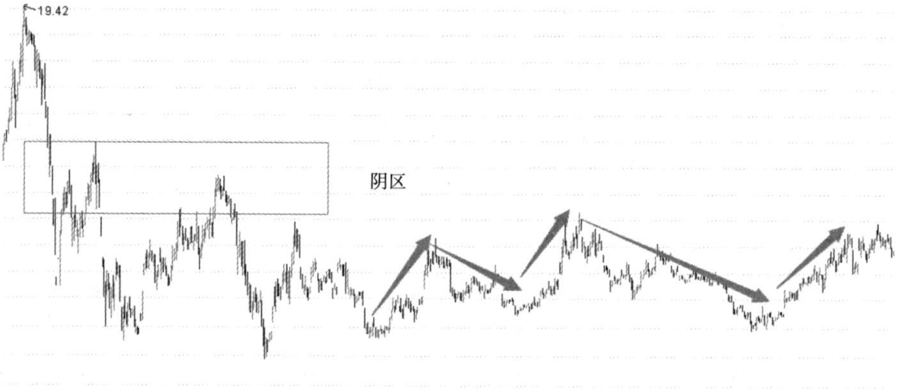

图5.10　较复杂的N字结构

我们以图 5.10 为例，来分析一下，股价上行到前方阴区，必然会消耗掉部分套牢盘。当股价突然掉头折返，必然让部分套牢盘痛苦失望，看着股价渐行渐远，不得不挥泪斩仓。剩下的部分较为坚定的套牢盘，也不由暗暗发誓，如果再有一次机会接近阴区位置，一定会抛掉。当真的股价再次上行到阴区位置时，急于抛出的心理可以想见。这样一来一往，就形成了 N 字结构。有的甚至是多重、复杂的 N 字结构。如图 5.11。

图5.11　复杂的N字结构

大家都知道，修行不深的散户，与生俱来有几大特点，缠论中说得比较佛学，贪嗔痴慢疑，不太好懂。笔者用白话解释，就是：贪婪，恐惧，犹疑，急躁，幻想，偏执。其中最主要的，我认为是前面四点“贪、恐、疑、躁”。而主力是怎么对付散户的呢？

贪婪吗？拉高，诱之。

恐惧吗？下杀，吓之。

犹疑吗？一上一下，让你搞不清方向，迷之。

急躁吗？好，漫长的时间一上一下，甚至平稳不动，如死寂一般，磨之。

综上所述，长时间横盘或多重N字振荡消磨散户耐心，一般散户哪里受得了呢？总之，**“诱，吓，迷，磨”，就是主力对付散户“贪、恐、疑、躁”的四大绝招。**

这种N字结构在主力吸筹拉升之前，十分常见。频繁的N字结构对主力有什么好处呢？难道仅仅就是为了折磨散户？低位的N字结构，是为了吸筹，是为了消散高位筹码，打出河宽（上行空间），同时也是等待拉升时机。至于中位的N字结构，最重要的目的，就是消化底部获利盘，不断抬高市场成本，而高位是为了出货。

心理学表明，一般散户只要盈利20%以上，稍微振荡一下，就跑了。

所以，股价拉升20%～30%时，大概率就会振荡洗盘。如何应付主力洗盘的折磨呢？那就需要心法的修为了。如果你在底部发现主力的踪迹，预判早晚有一波大涨，不妨采用信念交易，“以定制变”。也就是说，你只要知道上涨的方向，而不必知道上涨的方式，你知道早晚要涨，而不必知道中间的过程。电脑一关，任由主力自己慢慢折腾。最后主力拿你没办法，反过来，这种持仓不动的行为，等于是帮主力锁仓，你也就变成了主力的同盟军。有做“T”经验的，也可以用部分资金做“T”。

笔者今年建议朋友做过一只股票，就是这种办法。当然，这种办法，安全是安全，但效率跟情绪流龙头战法相比，就差好多了。但好处是安全、省心。

第五节　发现主力踪迹的“少数派知识”（上）

关于研究主力如何建仓、如何拉升，是技术派的拿手好戏，这样的书籍浩如烟海。几乎所有的技术派都热衷于研究主力建仓、洗盘、震仓、拉升、出货种种细节。市面上广为流传的知识，本书就不赘述了。本书只讲重要的知识，以及一般散户鲜少知道的知识点。因此这里简要说一下主力建仓的情况。一般说来，我们关注的主力建仓方式大致两种。其他的建仓形式如“上一个台阶，然后洗盘很久，再上一个台阶，再洗很久”这种猥琐式的建仓方式，散户很不好参与，不提也罢。跟做人一样，什么样的人值得我们追随呢？有能力有实力，乐善好施的人。那种心中只有自己，不愿与人分享的主力难成大器，事实上，这种建仓方式也很少见了。

一种是水平或倾斜建仓。主力将股价长期限制在一个相对较低的价格范围内，然后再在这个价位附近反复不断地震荡吸筹，其成交量特征往往是大致是一个长方形结构。

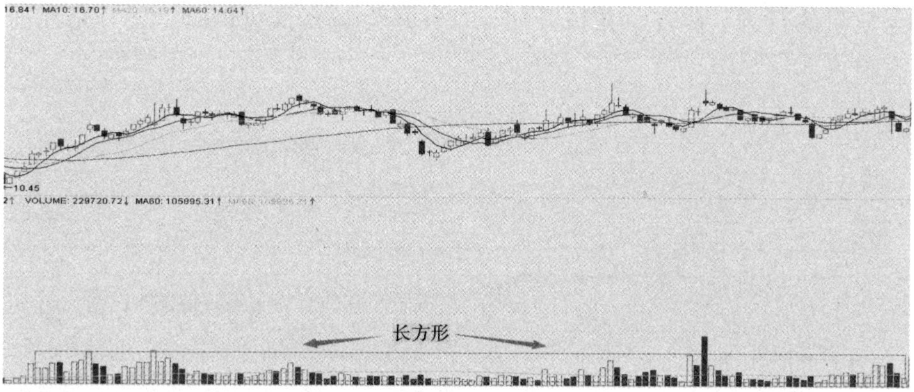

图5.12　水平建仓

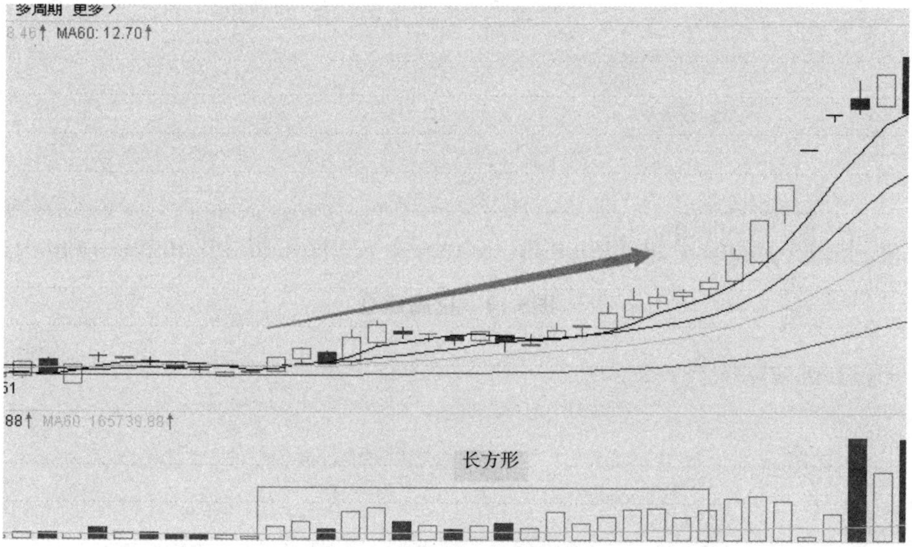

图5.13　倾斜建仓

另一种是拉高建仓。主力在建仓时，走势在盘中形成类似“肚皮”状的凸起形态。下方有充沛的成交量配合。其成交量往往是一个高前后低的倒三角形状。

值得说明的是，主力建仓，肯定不希望被人轻易发现。那么建仓时形态必然是复杂的，往往是几种形态的组合，令人难以辨识。另外，主力建仓后，必须是洗盘，低位洗盘，往往是大单抛、小单接回。但即便如此，也会损失相当的筹码，因此，在洗盘后、拉升前，一般来说有增仓放量的行为。此外，在拉升前，往往还会进行试盘倒腾，尤其是在前高附近。

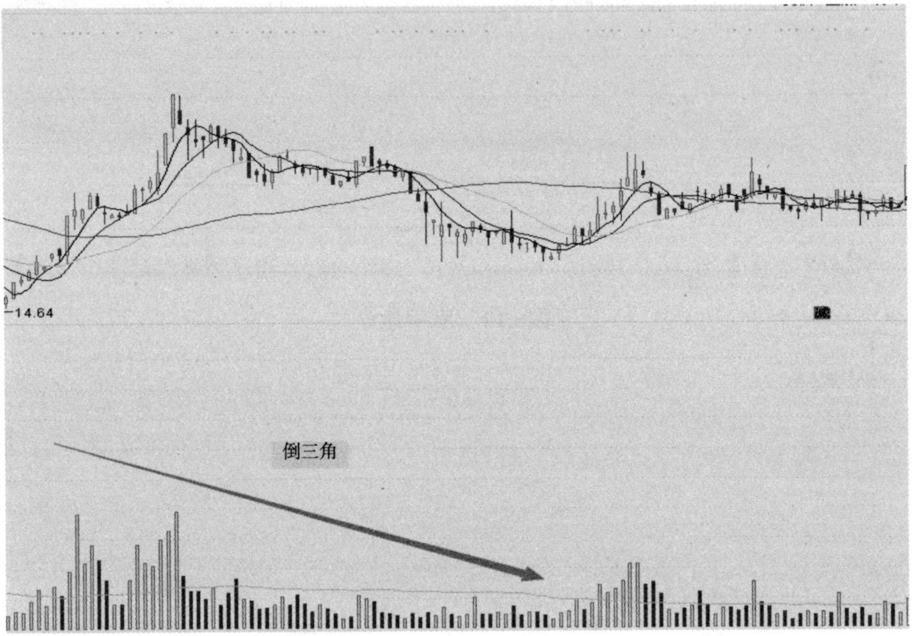

图5.14　拉高建仓

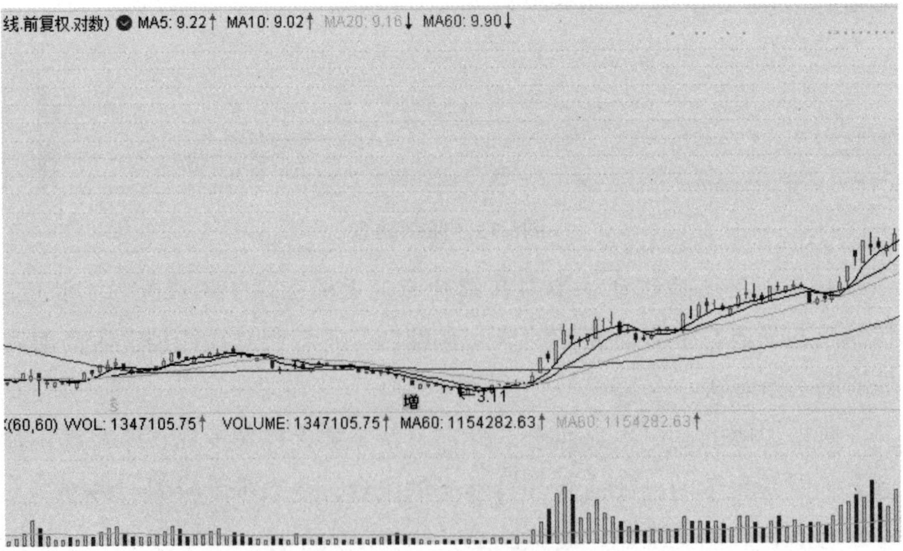

图5.15　复杂的建仓形态

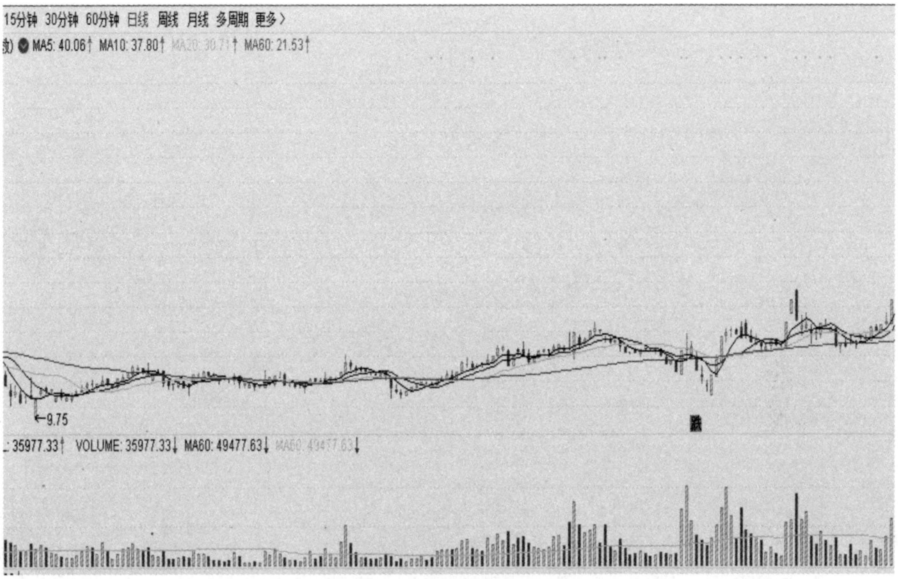

图5.16 复杂的建仓形态

由上图可知，复杂的建仓形态难以辨识，加之个股在蓄势演变过程中，难免受到“题材和情绪”影响，难免在K线和成交量上有突兀现象，这就进一步增加了识别难度。太过沉迷主力的技术派，往往容易陷入主观臆断。怎么办呢？通过研究，我们发现所有主力建仓行为，大致有以下几个共同点。本门情绪流把符合以下特征的K线形态统称之为：龙行猫步。“龙行猫步”跟上文提到的“迎龙玉带”是本门情绪流主要关注的两种K线形态。顾名思义，“龙行猫步”这种K线形态极有可能孕育有运筹帷幄、屈身待时的主力资金。至于主力在哪儿建仓的，建仓量多大，这些实际上并不重要。

有主力建仓痕迹的股票有什么共同点呢？答：量价异常。首先表现在底部有成交量，而且成交量总是存在以下三个特征：①阳高阴低；②阳多阴少；③阳密阴疏。

我们把这种情况称为“三阳对三阴”，以示强调阴阳双方的对比。我们可以粗略地理解为，买的多，卖的少，不是吸筹是什么？股价在成交量堆上面运行，我们把成交量堆对应的K线位置称之为阳区。如图5.17所示。

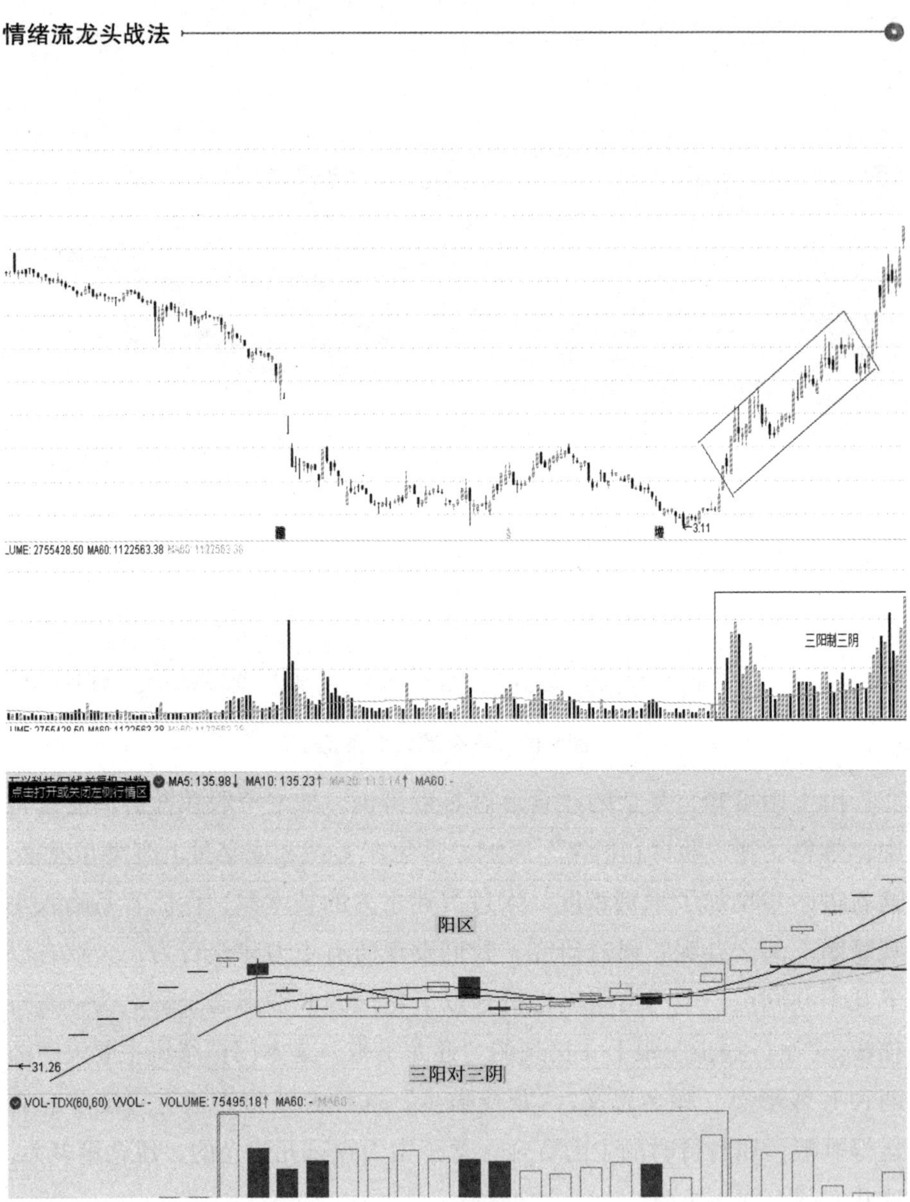

图5.17　三阳对三阴

阳区，顾名思义，是为股价提供正能量的。主力在底部吸了大量筹码，为了自己的利益拉升（个股总的筹码是恒定的，主力底部吸了筹码，自然就改变了供求关系），那不是正能量是什么？笔者以为，即便不是主力吸筹，依然还是正能量，只是远不如主力吸筹能量更大。为什么呢？从心理学上讲，持币的资金永远有买入的冲动，持筹的筹码有持仓的惯性，尤其是短线，在个股涨停的情况下。

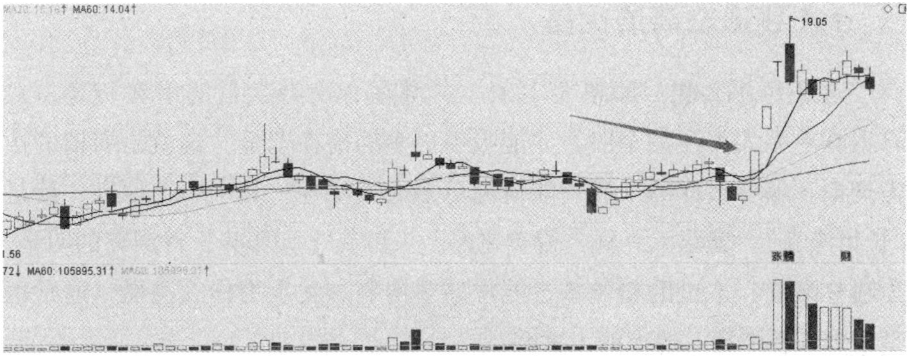

图5.18　一板过前高

如图 5.18 所示，不管底下是不是主力吸筹，如果你是持筹者，面对一个涨停，你会抛吗？是不是希望明天继续涨？人同此心，心同此理。多数持筹者不抛，这种涨停板就不容易炸。尤其这种“一板过前高”的涨停当引起重视。但是注意的是，阳区如果不是主力吸筹所致，一旦断板，抛压就大了。

此外，对于次新股，微微下行，缩量紧盘，三阳对三阴，K 线形态美观的个股是一种极强的涨停形态。那么微微上行呢？当然更强势。那就等于告诉懂他的人“本主力财大气粗，为人豪爽，要上的趁早”。

另外，特别提醒的是：不要把阳区的形态和放量振荡的形态混淆。放量振荡无论在低位还是高位都是很难上涨的，上涨即是穷途末路。这本来是本门情绪流关于多空分析的一个常识，但对于许多技术派的股民，总是屡屡中招。诚为可叹！

第六节　发现主力踪迹的“少数派知识”（下）

上一节，我们讲到了主力吸筹的特征是量价异常，其中首先是成交量表现异常。除此之外，当然就是 K 线形态表现异常了。K 线形态的表现，主要也表现为以下几点。

1.K 线形态简洁优美

这是为什么呢？股票要上涨，关键在有没有大量的潜在资金，只有得到更多人关注的个股，才能吸引更多的潜在资金。这就是所谓的选美理论。那什么样的个股，能得到更多人关注呢？其中一个原因，就是“长得漂亮”。就跟人一样，爱美之心，人皆有之。那些长得漂亮的明星，为啥片酬高？追星的粉丝多，能拉动票房啊。女生为什么高傲，通常也是因为年轻漂亮，追求的人多啊。

所以，当我们发现一只股票 K 线形态非常简洁优美，那大概率是人工运作的结果。因为大多数股票随大盘自然波动，是不可能那么简洁优美的。就跟直播里的网红一样，看上去漂亮，实际上往往是人为化妆的结果。所以，当我们发现一只股票 K 线形态非常简洁优美，于是我们反推回去里面可能有人在搞事情。

主力之所以这样做，其目的，也是通过优美的形态吸引懂他的各路资金一起共谋大事。在底部看懂他的，帮他锁仓，是他的同盟军，他谢谢你。中间看懂他的，还是他的同盟军，一起拉升，他谢谢你。最后才看懂他的，帮他接盘，还是谢谢你。所以，主力并非想把 K 线弄成所有人看不懂，主力其实也需要知音。

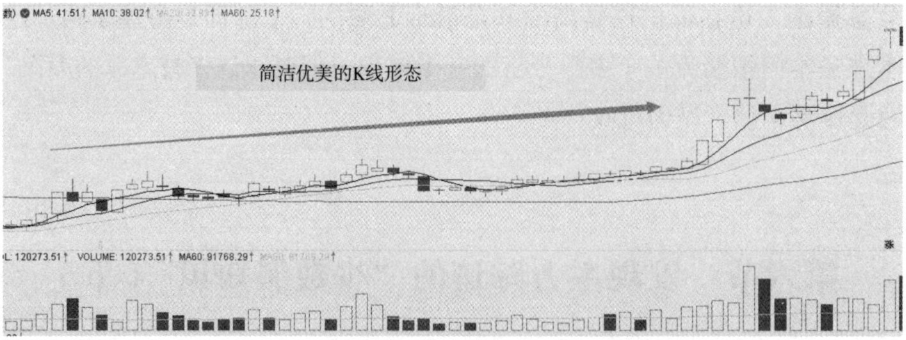

图5.19　简洁优美的K线形态

简洁优美的 K 线，表现为以下两个特点：

① 价区洗盘调整时，总有一段显得“开盘价和收盘价十分接近，K 线不松散杂乱”，称之为紧盘，对应量区缩量。价区微微下行，或平行调

整。也有微微上行的，这种显示控盘程度较高。

② 价区呈现出或明或隐的 N 字结构。实际上，量区的阳高阴低也形成了 N 字结构。

2. 波段逆势或部分 K 线形态异常

我们知道，多数股票跟随大盘同起同落，如果 K 线或分时与大盘相反，是不是应该想想，这是什么原因呢？尤其是某一个较长波段与大盘走势相反，必然有状况。所谓“事出反常必有妖”。逆势是情绪流的一个重要概念。前面人和篇讲过龙头股的六大特性，其中之一就是逆势。运用日 K 线逆势和波段逆势是识别主力痕迹的重要手段，我们稍加详细地予以说明。提醒读者的是，情绪流的技术分析只是预判，需要上涨或涨停来验证。

（1）通过日 K 线和多日 K 线组合与大盘逆势来发现主力痕迹

通过日 K 线的逆势走势，是辨别主力运作的最好方法。试想一下，市场上几千只股票，绝大多数股票都是跟随大盘的波动而波动的，只有那种被资金关照、运作的股票，走势才会明显异常于大盘，所以“日 K 线与大盘逆势”是辨别主力运作痕迹的重要办法。特别是通过多日的 K 线组合，去发现主力痕迹则更加真实一些，因为某一天、两天的逆势说明不了大问题，但连续出现异动肯定不正常。

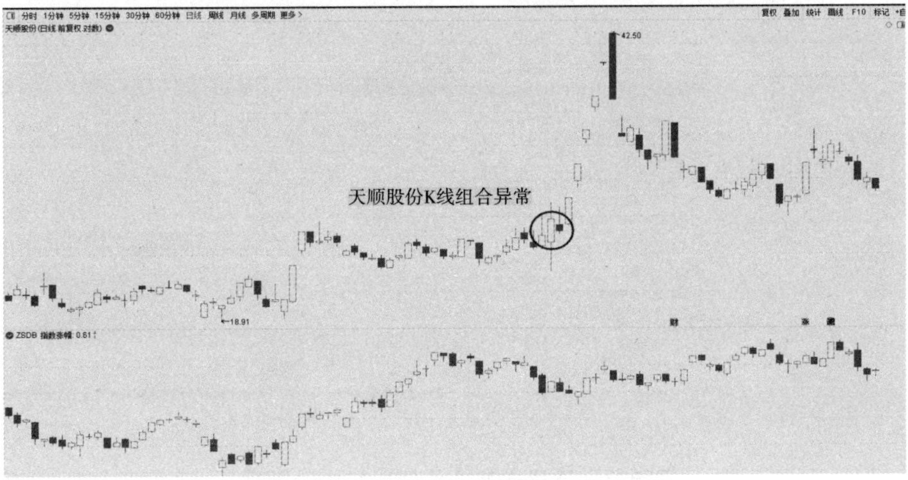

图5.20　天顺股份

如图 5.20 所示，天顺股份从 2019 年 9 月 26 日开始，连续三日 K 线异常。于是笔者预判这是主力动作的痕迹，但是需要涨停来验证。国庆后的第一天 10 月 8 日，果然涨停。笔者就是 10 月 8 日进场的。实际上 9 月 26 日、9 月 27 日这两天的分时，是典型的“多头揉搓线”。组合形成的 K 线形态，本门情绪流称之为“小鸟轻飞”。

（2）将较长时间的 K 线组合（波段）与大盘进行对比，并结合题材进行综合分析

波段逆势，不但可以用于情绪流龙头战法，而且可以用于价值投机。波段逆势是本门情绪流非常重要的概念，为什么呢？较长的时间段个股走势与大盘逆势，不能不让人深思！一般说来，波段逆势往往是主力资金运作的结果，要么是吸筹，要么是维护股价。但是，值得说明的是，情绪流的技术分析需要验证，所有的逆势，所有的异常，在本门情绪流看来，都只是“主力痕迹”的预判，最后都需要上涨或涨停来验证。所以，在《综合篇》“龙头战法要诀”一节中，有这样一段话：“炒股最忌是偏执，或然思维须谨记。交易所见非所想，见势不对勒马回。预判推演加验证，尊重盘面重事实。”或然思维是情绪流的技术分析跟一般技术分析的重大区别。

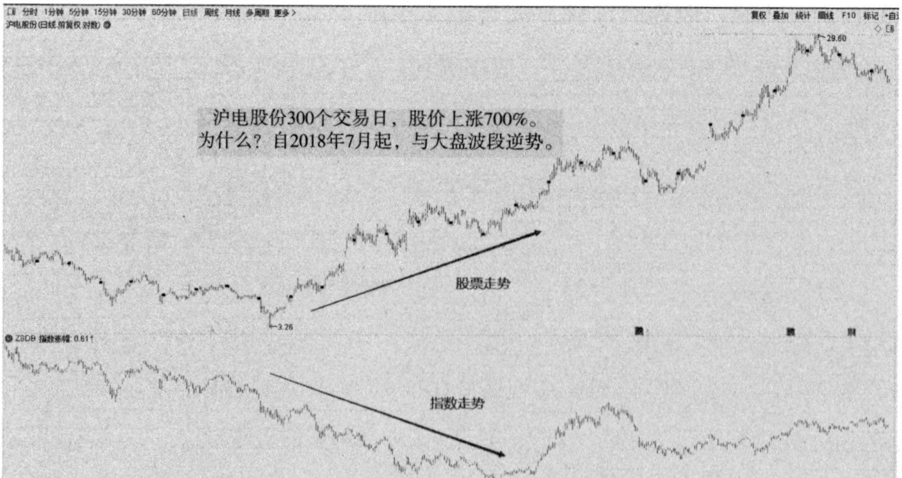

图5.21　波段逆势在价值投机中的运用

如图 5.21 所示，沪电股份自 2018 年 7 月起，明显与大盘波段逆势。在主力的精心运作之下，300 个交易日，股价上涨 700%。还有一个著名的例子，就是方大炭素，请读者自己仔细分析。

（3）通过涨停板、上影线、十字星线等日 K 线异常来辨识主力运作痕迹

俗话说，没有随随便便的涨停板，如果你所观察到的股票出现涨停板的时候，那么你就要多留一个心眼，这个涨停板到底是谁买的？他后续的走势会怎么样。上影线，一般出现在一些试探压力的位置，尤其是一些关键位置的上影线更要注意。此外，十字星线也是非常值得我们关注的，尤其是当一只票的主力资金介入得比较深的时候，那么他对这票的控盘程度会越来越高，所以才会出现十字星线，当然并不是所有的星线都表示主力介入，但至少这是一个重要的观察维度。

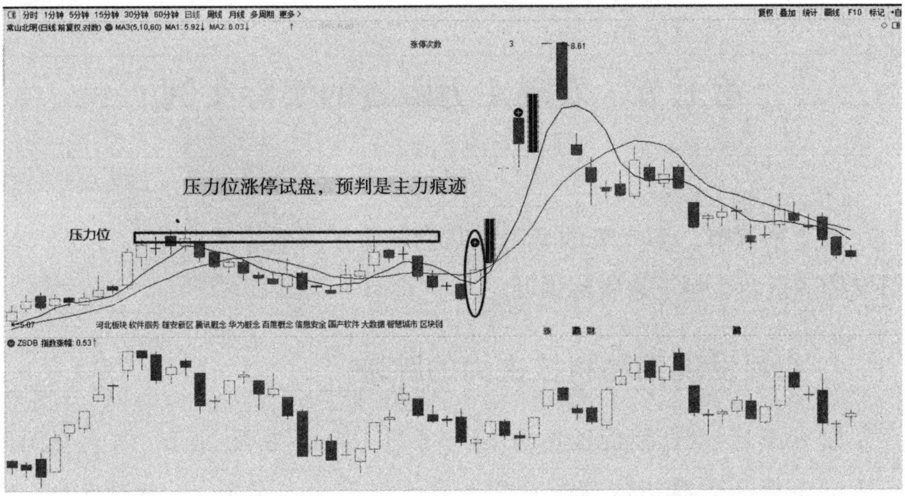

图5.22 常山北明K线异常

如图 5.22 所示，常山北明 2019 年 10 月 21 日涨停试盘，预判是主力动作痕迹，但需要后面涨停来验证。

如图 5.23 所示，康旗股份连续八天 K 线异常。预判是主力痕迹，但需要涨停来验证。果然最后，在题材的牵引下，连板 6 个板，谁又能说，没有主力在其中推波助澜呢？

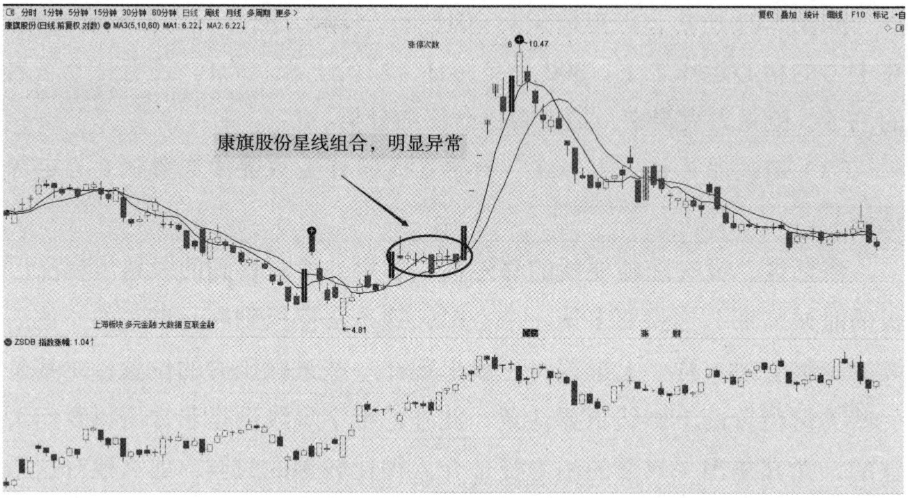

图5.23 康旗股份K线异常

第七节 发现主力踪迹的实际案例

通过第五节、第六节的学习，我们知道了发现主力踪迹的办法，本节继续通过两个例子来实际说明。

1. 如何发现泰晶科技主力的踪迹

如下图所示，泰晶科技 2019 年 5 月 17 日、5 月 20 日、5 月 22 日三天的走势与大盘指数完全背离。就不得不让人思考了。6 月 5 日、6 月 10 日两天涨停，连分时几乎都是一模一样。让人不禁联想，操作手法出于同一位操盘手。且价区在一个箱体内，运作了四个月左右。6 月 25 日起涨后，连续几个涨停，就不足为怪了。笔者就是 6 月 25 日打板进场。

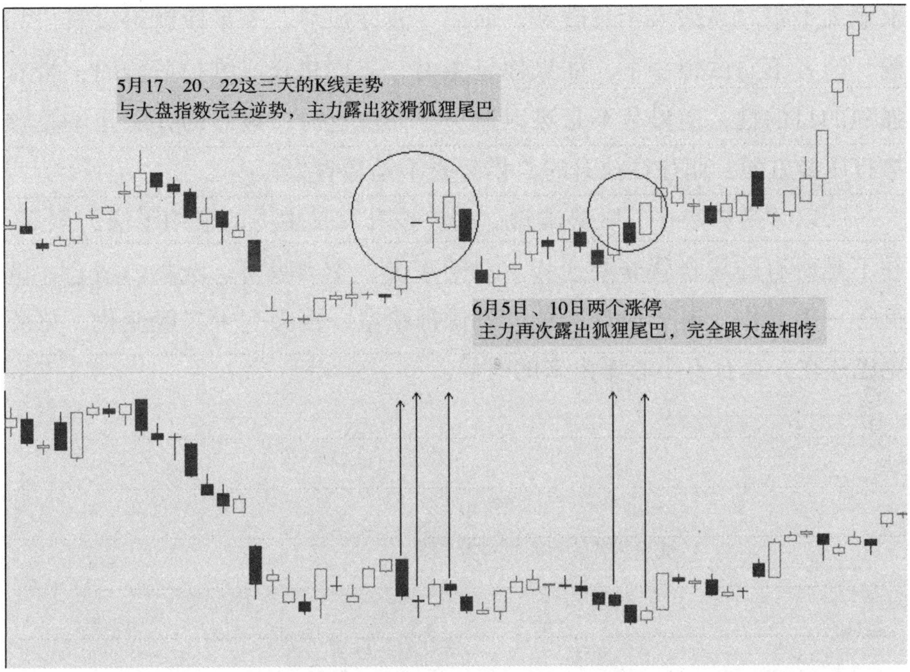

图5.24　泰晶科技的“主力踪迹”

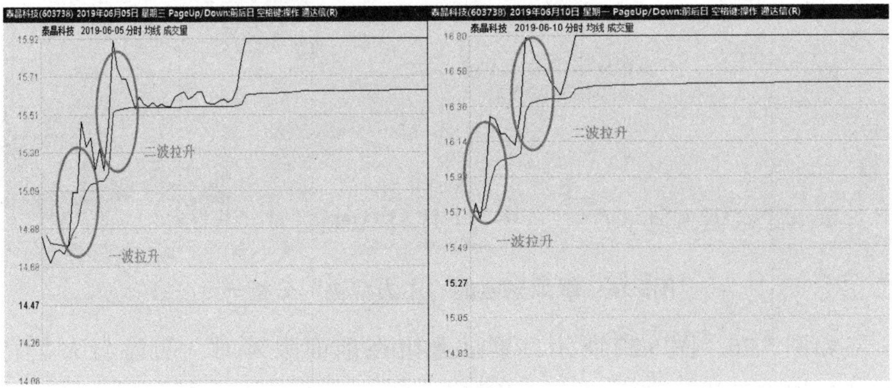

图5.25　泰晶科技2019年6月5日和6月10日分时图对比

2. 如何发现聚灿光电主力踪迹

主力建仓吸筹形态复杂，并没有一定之规。像聚灿光电这样，上涨放量下跌缩量的例子比比皆是，是自然形成，还是有意为之，单纯的技术派人士很容易陷入主观臆断，而用“波段逆势”等手段就可以看出问题。读者不妨试想一下，如果你是主力，需要建仓或维护股价时，带有强烈的目的性，逆势是不是难以避免？而洗盘时，最好的办法是不是顺势打压最方便？而往往拉升时，借势是不是最省力？

所以“逆势建仓、顺势洗盘、借势拉升”是主力的惯用手法。但是，并不是所有的建仓就非要逆势。总的来说，主力吸筹、洗盘、增仓、试盘等一串动作，逆势很难避免。就像孙悟空，再会七十二般变化，只要尾巴还在，总有不小心露出来的时候。

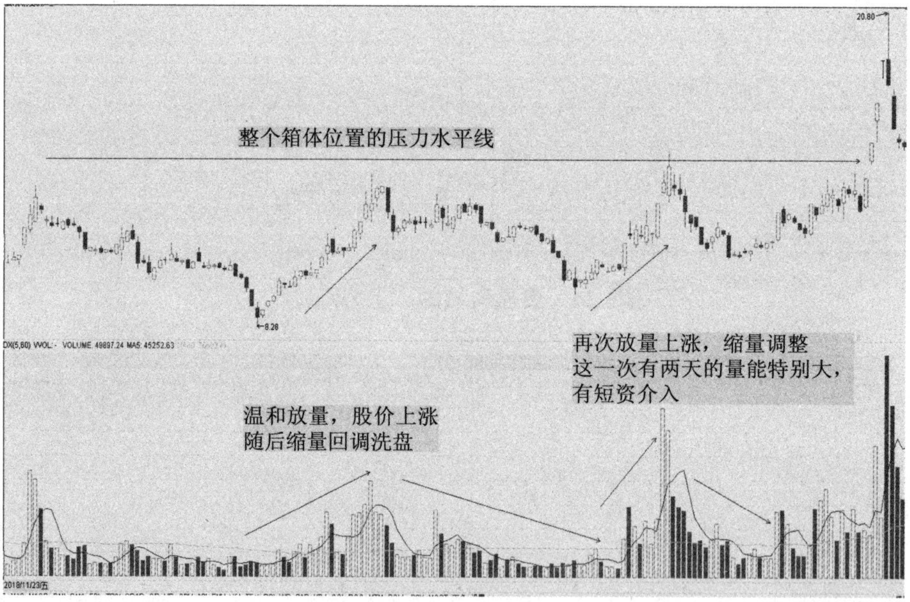

图5.26　聚灿光电的“主力踪迹”分析一

如图 5.26、图 5.27 所示，聚灿光电在前面吸筹时，明显与大盘背离，我们可以想一下，如果没有资金在里面动作，那是什么原因逆势上行呢？如果找不出有说服力的原因，就有可能是主力在建仓。图 5.27 画圈处，大盘下跌，聚灿光电呈现“一串工整的十字星”，明显异常。我们基本可以判定，该股有主力在其中运作，后面迎来一连串的拉升就不奇怪了。

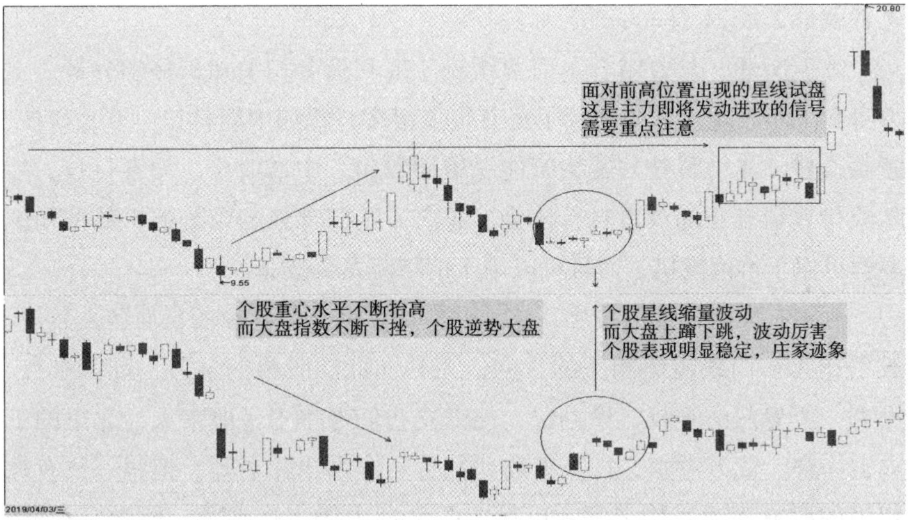

图5.27　聚灿光电的“主力踪迹”分析二

3. 如何发现金证股份主力踪迹

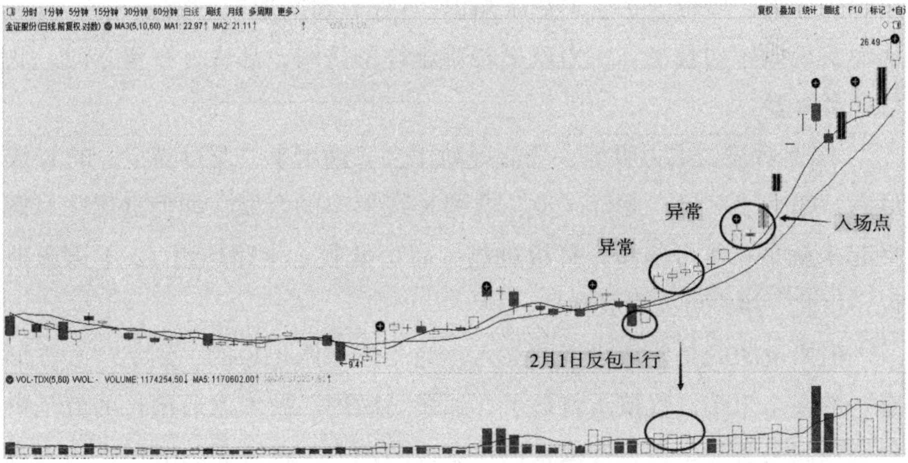

图5.28　金证股份K线组合异常

如图 5.28 所示，金证股份自从 2019 年 2 月 1 日反包上行后，一连数天小阳线碎步放量上行，这是明显的异常行为。2 月 19 日触板后回落，但并未放出大量，且第二天缩量企稳，第三天即 2 月 21 日冲板涨停，这三天的组合同样是异常行为，结合“题材和情绪分析”就可以上车了。

笔者就是2月21日入场的。

综上所述，只要结合本门情绪流《地利篇》相关知识仔细分析，主力身影不难发现。这样的例子还有很多很多，比如中简科技、万兴科技、新疆交建、光力科技、美格智能、雄韬股份、中潜股份、闻泰科技、韦尔股份。请有心的读者自行体会。总之，本门《地利篇》的少数派知识不但可用于价值投机，而且可以用于情绪流龙头战法。

真正有实战价值的技法，比如截拳道，就是兼各家所长而各去其短。股票作为一门跟概率相关的学问，尤其如此。股票的学习，难就难在，没有一所专门的学校。没办法，就需要我们像本书《股市天经》里的王求道一样，读万卷书，行万里路。把每一本书当作老师，把每一位有缘相识的股林同道当作老师，更重要的是把市场当作老师，博学而约取，深度思考融汇。

比如聚灿光电，就融汇了本门情绪流"降龙十八掌"之"涨停回吐""缓涨急跌""逆击转势""事不过三"等知识点。这些知识点一般散户较少懂得。懂得这些"少数派知识"，在分析个股时，就会相互印证，从而实现概率的叠加。主力就更是难逃你的法眼，那么，在买入时，底气就足得多。

综上所述，主力吸筹、洗盘等动作会表现出来"龙行猫步"的K线形态，那么，对于"龙行猫步"这种K线形态的个股，如何进场呢？概括起来就是：龙行猫步，打板进场（高手低吸，半路均可）。不谦虚地说，仅此一招，可立身股林矣。

但要说明的是，情绪流的买入，绝非技术派想象的，到了"必涨形态"的某个末端，直接买就是了，那是马后炮。技术派最擅长的就是事后解释起来头头是道。这也是最迷惑人的地方，也是无数股民经历无数失败，始终莫名其妙的地方。学习股票，如果不把经历变成经验，那就白经历了，白白浪费了很多时间。许多情绪流高手，往往都是从基本派、技术派的阵营弃暗投明过来的，一朝梦醒，感慨万端。总之，脱离了"信息题材和市场情绪"谈买点，离股道远矣。

第八节　顺势而为之我见

技术分析的三个假说之一，就是股价以趋势方式演变。按理，趋势是技术分析的核心，技术分析的全部意义，就应该是在一个趋势即将发生的起始阶段，及时地把它提示出来，从而达到趋势交易的目的。对于一个既成的趋势，下一步通常沿着既成的趋势演变，掉头向下的可能性很小。坚定不移地顺应一个趋势，直到有反向的征兆，相当于把牛顿惯性定律搬到股市里来了，顺势而为，几乎人人耳熟能详。

技术分析流传数百年，但在实际交易中，不知有几个人能发现趋势，又有几个人能真正做到顺势而为呢？很少很少。其原因在于，无数人把个股的实际走势当作趋势，实在是大谬不然。

实际上，个股的走势受大盘指数的影响，受题材板块的影响，受个股本身多空博弈的影响，实际的走势扑朔迷离。任何人，哪怕是牛顿本人，也没办法推演出个股的实际走势来。事实上，牛顿炒过股，大亏。马克思也炒过股，据说赚了，见好就收。为什么见好就收呢？怎么不接着炒呢？用马克思的原话就是“万一亏了就不好了”。可见判断股票走势实在是一件比登天还难的事情，这也正是股票的魅力之所在。

关于趋势的理解，摆“大龙门阵”的人很多，洋洋洒洒的一篇文章下来，其实啥也没说。本门情绪流认为：一般意义上的趋势，正确的理解应该是方向。那么“顺势而为”这几个字，应该稍稍改一下，变成“顺向而为”，那么事情就变得简单得多。

我们以 2018 年 10 月大盘的走势为例，略加阐述。

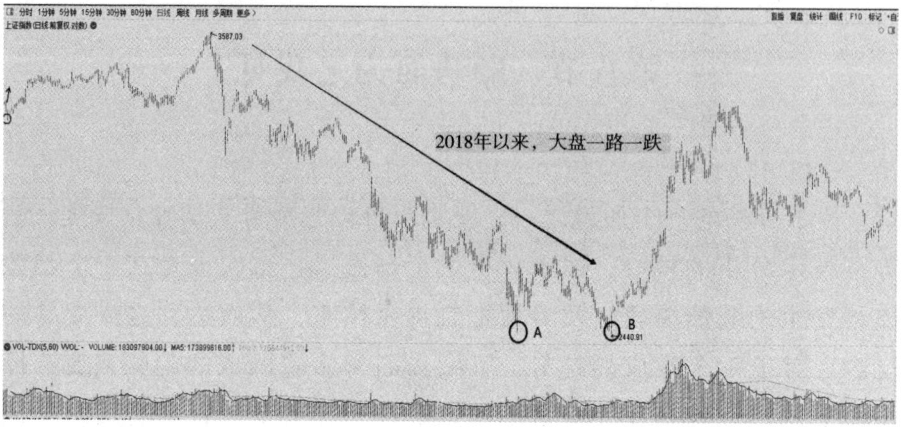

图5.29　上证指数日K线图

图 5.29 是大盘走势图。图中 A 处，是 2018 年 10 月 19 日。在此以前，大盘一路向下，很多股票都面临质押爆仓的危机！一时人心惶惶！这一天发生什么事呢？刘鹤副总理就经济热点问题接受采访。

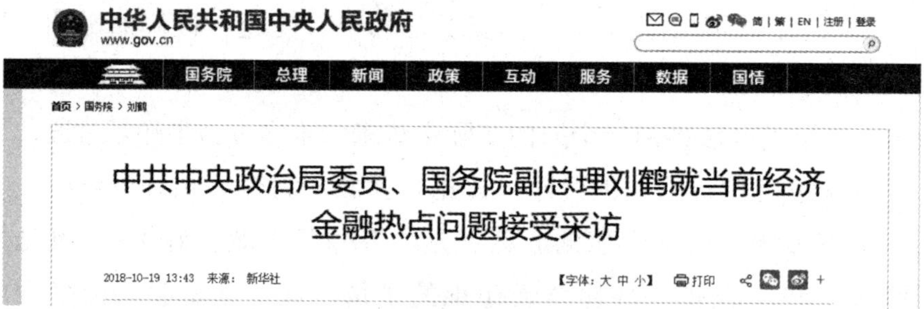

图5.30　2018年10月19日 中国政府网页面

采访中，刘鹤副总理谈到了股市。这篇采访稿较长，读者可网上搜索参考学习。2018 年 10 月 19 日之所以称为“政策底”，关键在于是什么样的人讲了什么样的话（注：刘鹤副总理兼任国务院金融稳定发展委员会主任），国家总不能直接说：同志们，这儿就是政策底哦，差不多到底啦。所以关键在于自己的理解，另外，关键还在于，类似的讲话或许又在将来某一时刻重现。所以建议短线初学者好好读读。通过刘副总理的讲话，了解国家政策走向，做短线，必须多多了解国家政策。

无疑，刘鹤副总理讲话的这一天，就是政策底。那么市场底呢？通常人们认为，市场底总是低于政策底。

图 5.29 中 B 处，2019 年 1 月 4 日，一个放量长阳拔地而起。这就是市场底的确立！当时大多数人都以为市场底要低于政策底一大截。殊不知，股票最神奇的地方，就是跟多数人反着来。

当我们知道 B 处指数是市场底的时候，按“大多数股票根据大盘指数起落”这一原则，选一只有“中长期题材预期”的股票，难吗？因为我们知道了他的方向，就是一个字涨。如果我们选了有主力建仓痕迹的票，那不更是“好风凭借力，送我上青云”？因为，我们知道了股票从此以后的方向，就是一个字“涨”。至于怎么涨？那是主力操心的事。这就叫顺向而为。主力主力，其实也是苦力。所以，对于能审时度势的散户朋友来说，主力就是最好的朋友和同盟军。

我们再以沪电股份为例，加以说明。

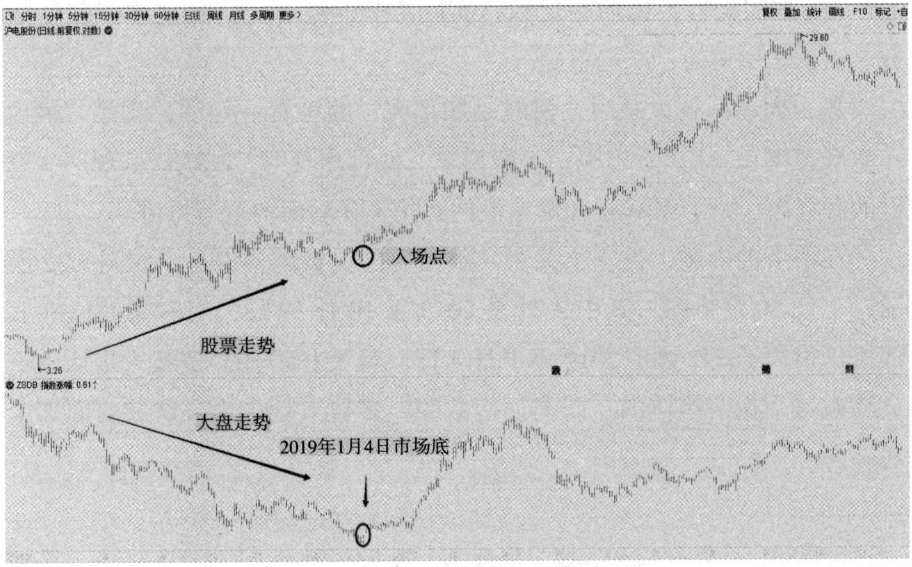

图5.31　沪电股份的安全入场点

如图 5.31，沪电股份波段逆势，明显是主力建仓。买点在哪呢？从理论上讲，沪电股份的买点完全可以提前到 2018 年 8 月 9 日，或者 10 月 19 日“政策底”这天。但至少我们完全可以在 2019 年 1 月 4 日“市场底”这天入场，如果当天反应不过来，也可以在第二天入场。当然，退一万步说，就算选错了票，没选像沪电股份这样的牛股，只要知道2019年1月4日是市场底，只要选的股票不是问题票，赔钱的概率几乎没有。

可事实上，总还有人赔钱，指数涨，赔钱；指数跌，更是要赔钱。这就是因为，初入市的散户朋友总是盲目想当然地追涨杀跌。散户朋友一般也不记账，一次两次不觉得，时间一长，算下来就亏多了。所以总有些散户朋友，最后才惊觉：如果我当初要是持股不动，现在就赚不少了，悔不当初。但下次呢，依然还是继续犯错。

综上所述，本节是以市场底为起点，讲述了顺向而为的重要性。市场底以后，大概率是上涨的，但所谓的市场底是稀缺的，怎么办呢？比较稳妥的办法是，等待大盘一轮大跌以后，我们发现主力建仓行为，择机介入即可。总之，对散户朋友而言，把“顺势而为”理解“顺向而为”，更具实操性。方向是定数，实际走势是变数，守住定数，忽略变数。这就是所谓的“以定制变”。

那么大盘一轮大跌后，何时是底部呢？缠论有一句话，就是“最后一次底背离”，什么意思呢，一般说来，底部出现时，MACD呈现两次以上的底背离。关于MACD在情绪流的运用，在后面的章节再讲。

在本节的末尾，讲一个关于“破立”的少数派知识点。如图5.32所示，上证50走势图。其中A处是2018年10月19日，当时指数已在底部振荡很久了。B处是2019年1月4日。对于上证50，多数人是认为不会跌破这个振荡箱体的。而上证指数呢，多数人是认为要跌破前面那个底部的。

上证50，多数人认为不破。实际上，破了。

上证指数，多数人认为要破。实际上，却基本没破。

所以，我们提出一个少数派知识点，算是心理学规律，供读者参考。多数人认为破而不破，不破而立！多数人认为不破而破，先破后立！这些规律跟“该涨不涨，看跌；该跌不跌，看涨”一样，在实际运作中发挥着意想不到的作用。结合这些知识点和成交量、消息面。就能更好地确认“市场底”。

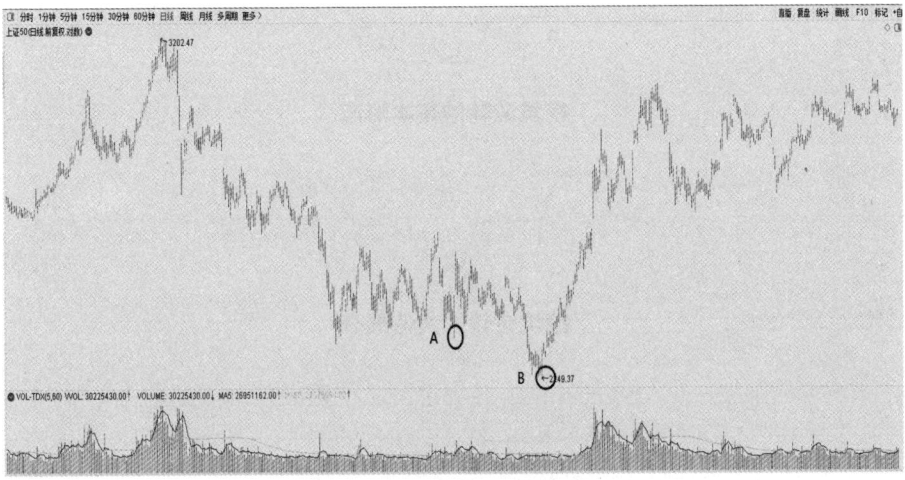

图5.32　上证50日K线图

第九节　股票反转的常见走势及实际应用

上一节，我们提到了政策底与市场底。指数经过一轮长期下跌后，终于止跌于市场底。而大多数个股的底部，跟大盘高度相关，大多数股票也在此止跌（有些先知先觉的个股早已在市场底甚至政策底以前就已经提前止跌）。从形态上看，MACD在日线上呈现两次以上的底背离，预示个股可能从此苦尽甘来。

其实在任何一个时间段，指数或个股经过一轮大跌后，总会有阶段性的底部，然后会迎来一个反转。那么反转后可能的走势，受突发题材的影响，有的直接以涨停的形式出现，有的受突发利空影响，反而可能大跌，但这些都是特殊情况，一般情况下，股票反转后的走势是怎么样的呢？有一种常见走势值得重视，我们称之为“挖坑逆转”。

1. 挖坑逆转的形态及特征

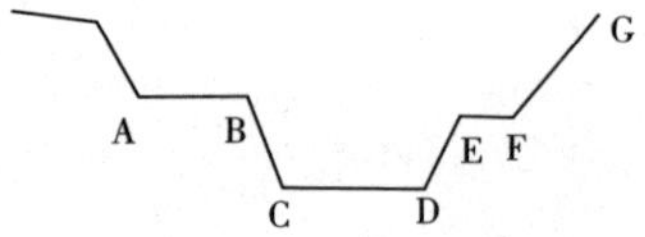

挖坑逆转的基本形态

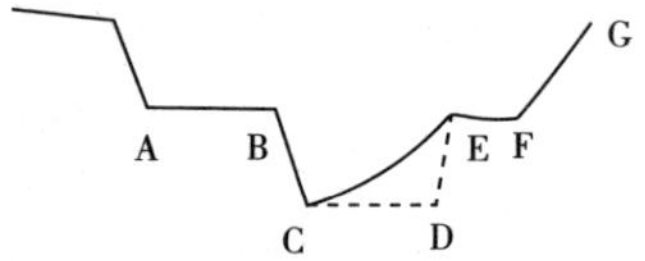

挖坑逆转的其他形态

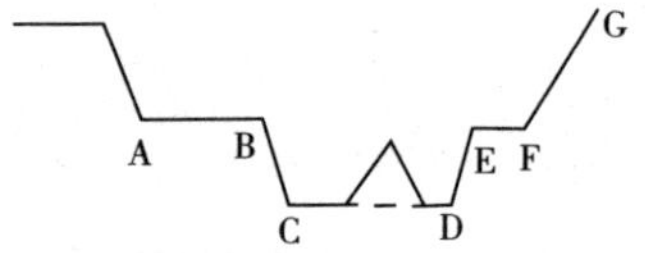

挖坑逆转的其他形态

图5.33　挖坑逆转

如图 5.33，这是股票转势起涨后的基本形态。图中的 BCDE 称之为坑，我们给它取个名字：挖坑逆转。要说明的是，这是个示意图，股票的实际形态要复杂得多，理解时重在意会，不能太机械。

这个挖坑逆转的形态，其特点是：

① 整体来看，呈现对称起涨的特点。

② 一般说来，EF 比 AB 略短，但不绝对。

③ 有时 EF 紧盘缩量，反转意味更强烈。

④D 处往往放量。F 处再次起涨时，也会放量。

了解个股阶段性下跌后转势的形态，对于本门情绪流来说，意义在于了解股票起涨的大概轮廓，做到心中有“底”，例如春兴精工。

如图 5.34 所示，当我们知道 A 区域可能为该股最后止跌处，如果我们在 B 处持仓，那么我们应该有个基本判断：即以后的走势大概率是涨。

对于一般的散户朋友，可以在 A 处，或 B 处持有。股民最大的问题就在于妄图精准判断每一个波段，甚至是日内的涨跌。

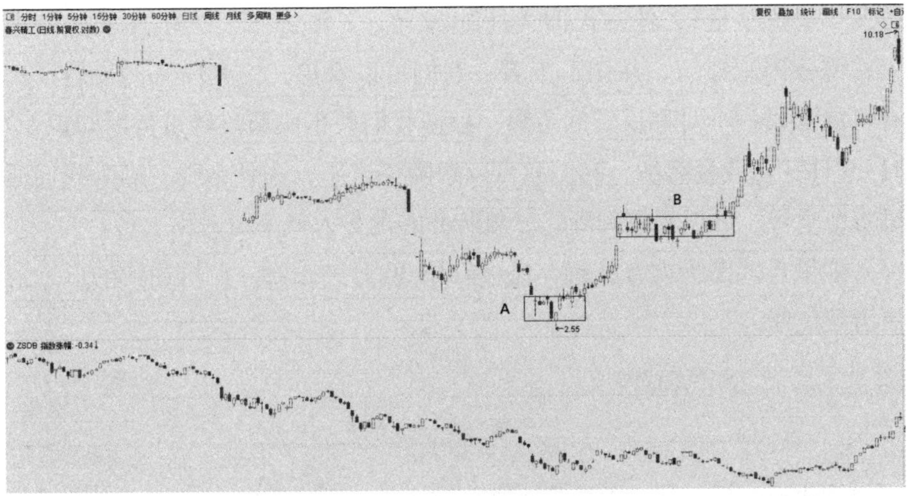

图5.34　春兴精工转势图

事实上，股票的具体走势神鬼难测，充满了变数，这正是股票交易的魅力！但方向大概率是确定的，这是定数。所以，一般来说，所谓的顺势而为的“势”，应该理解为股票的方向，而不是实际走势，才更具可操作性。

2. 股票反转走势知识的实际运用

（1）三角防务的反转走势及实际操作

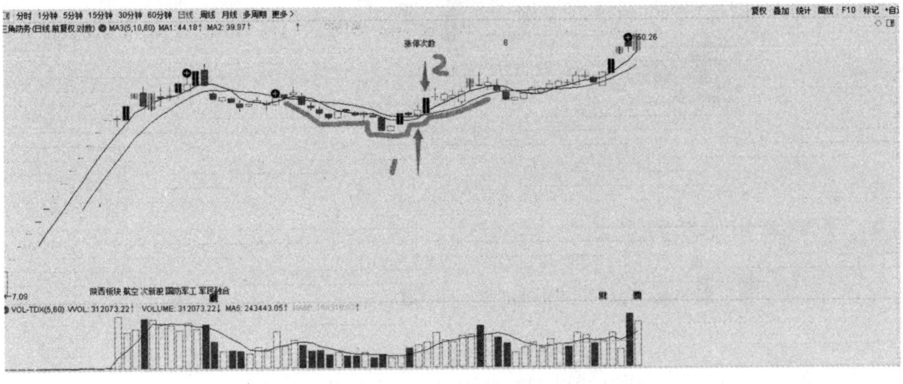

图5.35　三角防务反转走势

如图 5.35，当三角防务一轮下跌后，7 月 22 日下跌，第二天形成缩量的“星价星量”，第三天即7月24涨停。7月25日、7月26日连续两天在涨停附近滞留，从图形上看，我们可以看出，三角防务的反转，极有可能形成一个对称反转的走势，根据我们关于股票反转走势的知识，7月29日一旦放量起涨，我们就可以跟随买进了，为什么呢？因为我们通过本节学习，可以根据判断，三角防务的走势大概率是对称上行。

如果日线图不太好分辩，还可以用30分钟图看，挖坑逆转的形态就更清楚一些。

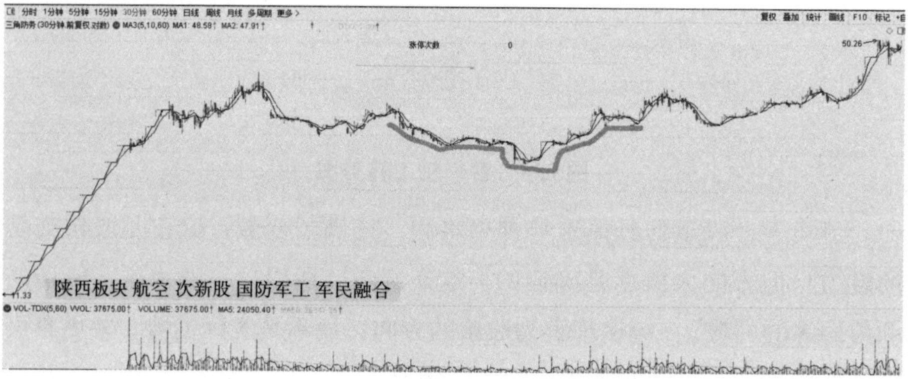

图5.36　三角防务30分钟K线图

（2）丸美股份的反转走势及实际运作

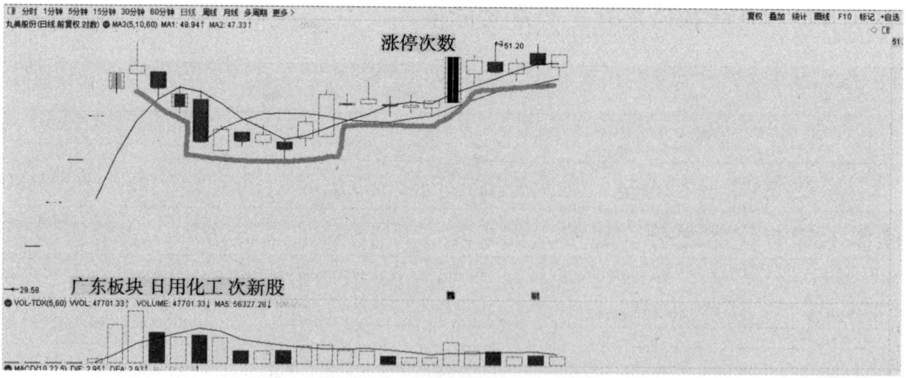

图5.37　丸美股份反转走势

如图5.37，丸美股份形成对称起涨后，在右边缩量横盘，反转意味浓烈。此时，有耐心的散户朋友就可以买入待涨了。当然这种买法，可以用于短线，也可用于中线，但这种买法不是情绪流龙头战法，不过话说回来，只要能赚钱，啥办法不可以呢？对散户朋友来说，只要能安全地盈利，慢一点又有什么关系呢？

（3）英洛华的反转走势及实际操作

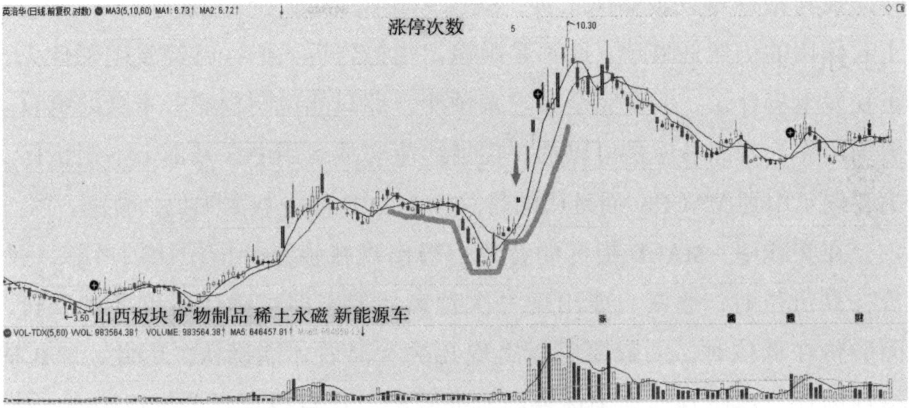

图5.38 英洛华反转走势

如图 5.38 所示，英洛华下跌后，5 月 6 日止跌，横了两天，5 月 9 日涨停后，又横了四天，一个坑的形态初见端倪。那么 5 月 16 日开盘就高开，我们就可以基本判断出英洛华的走势了。结合题材的分析，打板进场就可以了。值得说明的是，我们这儿的分析，略去了“题材预期”的分析。事实上，题材预期对于短线的操作来说，是第一位的。但通过本节关于股票反转走势的学习，给我们的买入又增添了一个新的维度，心中更有底气，从而实现概率的叠加，增加胜率。

需要说明一下的是，以上三个例子，都是股票的反转走势，但实际操作上却有优劣之分，显然，如果在 5 月 16 日上车英洛华，战绩遥遥领先。原因很简单，英洛华 5 月 16 日的操作方法属于情绪流龙头战法。

综上所述，股票反转的走势，我们用一句话来总结：“挖坑逆转，对称起涨”。读者朋友在理解时不要太抠字眼，不要太机械，要灵活运用，会其意而忘其形。“挖坑逆转”是本门情绪流“降龙十八掌”的第一式，是通过日 K 线判定资金意图的重要招数之一，可以用于包括短线在内的其他盈利模式。请有缘的读者朋友切勿等闲视之。

第十节　MACD 在情绪流中的运用

任何指标都只是辅助工具，就像老花镜帮助老年人看清东西，但真正起作用的仍然是眼睛，而不是眼镜。指标告诉人们，已经发生了什么，正在发生着什么，但要完全靠它来预测，那只能说明预测者本身的盲目。但用之作为判断参考是可以的。在情绪流实战运用中，基本上不用指标。笔者偶尔用到 MACD，而且用的是关于 MACD 的少数派知识：背离。

在实践中，MACD 指标的背离一般出现在强势行情中比较可靠，股价在高价位时，通常只要出现一次背离的形态即可确认股价即将反转，而股价在低位时，一般要反复出现几次背离后才能确认。因此，MACD 指标的顶背离研判的准确性要高于底背离，这点投资者要加以留意。今天笔者就分别来给大家讲解顶背离、底背离的技术形态。MACD 的背离有面积背离、线背离等，我们主要是谈线背离。

当股价 K 线股票走势一峰比一峰高，股价一直在向上涨，而 MACD 指标图形上的由红柱构成的图形的走势是一峰比一峰低，即当股价的高点比前一次的高点高、而 MACD 指标的高点比指标的前一次高点低，这叫顶背离现象。

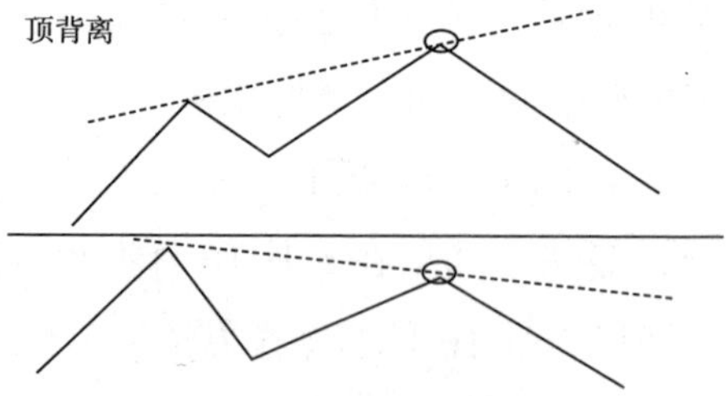

图5.39　顶背离

顶背离现象一般是股价在高位即将反转转势的信号，表明股价短期内即将下跌，是卖出股票的信号。

当股价 K 线股票走势一路向下，一个底比一个底低，股价一直在向下跌，而 MACD 指标图形上的由红柱构成的图形的走势是一峰比一峰高，即当股价的低点比前一次的低点低、而 MACD 指标不再创新低，而是相反。新近的低点比上一次的低点高。这叫底背离现象。

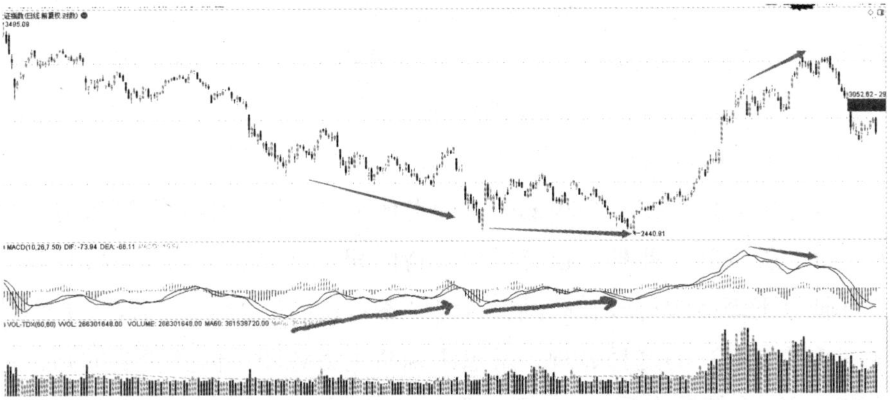

图5.40　上证指数的底背离和顶背离

MACD 在情绪流龙头战法中的实际运用，主要有两个地方。

（1）辅助判断指数或个股的顶底

本书第三部分《天时篇》中，我们将会讲到，大盘指数是市场情绪的重要构成部分。很显然，如果指数从高位开始一路下行，对市场情绪的影响是不言而喻的。 比如今年开年以来，指数上行，题材活跃，相信许多短线选手获利不少，但是，如果不懂得适可而止，完全可能在接下来的“情绪退潮期，情绪低迷期”巨亏，甚至危及本金安全。

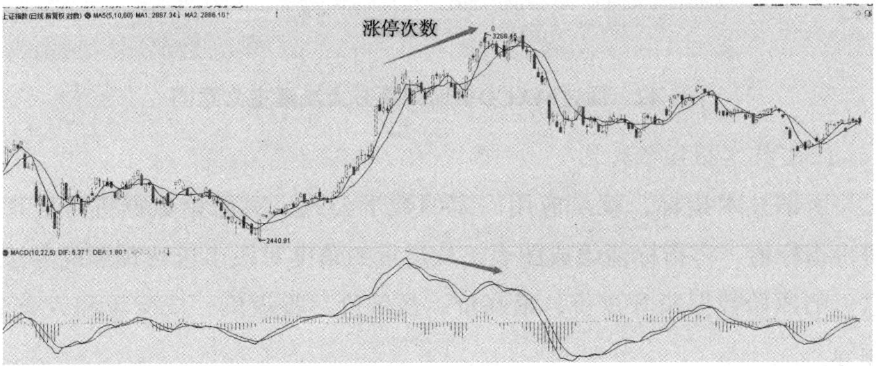

图5.41　上证指数的顶背离非常明显

如图5.41所示，指数在3月6日左右开始平盘震荡，MACD下行，预示买方已初现颓势，4月1日，再一次跳空上行，接连几天以后，MACD的次高点形成。很明显看出，指数上涨，而MACD背离。这时候，就需要警惕了。因为题材四处开花，已热闹了好长一段时间。如果能看懂MACD顶背离，再叠加“岛形反转”“事不过三”等知识，及时减仓或空仓，完全可以避免接下来的巨幅亏损。

（2）辅助判断主力踪迹

有的主力喜欢在一个较低的区间潜伏吸筹，同时消散阴区筹码，打出股价上行空间，此外，也还需要等待时机。从指标上看，MACD就会在0轴上下缓缓游行较长时间，这是“蓄势待时”的一种表现。我们就可以通过MACD的这种表现，反过来判断主力意图。但要说明的是，这始终只是一个辅助作用。

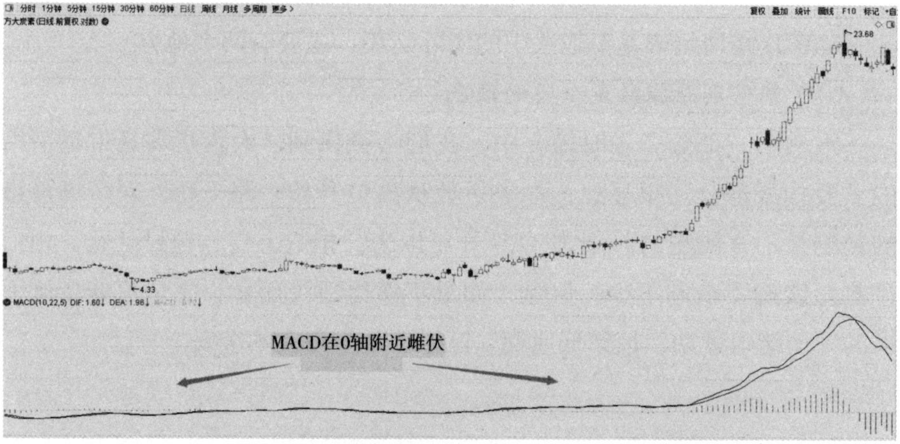

图5.42　通过MACD辅助判断方大炭素主力意图

（3）技术指标之我见

所谓技术指标，就是应用一定的数学公式，对原始数据进行处理，得出指标值，将指标值绘成图表，从定量的角度对股市进行预测的方法。这里的原始数据指开盘价、最高价、最低价、收盘价、成交量和成交金额等。

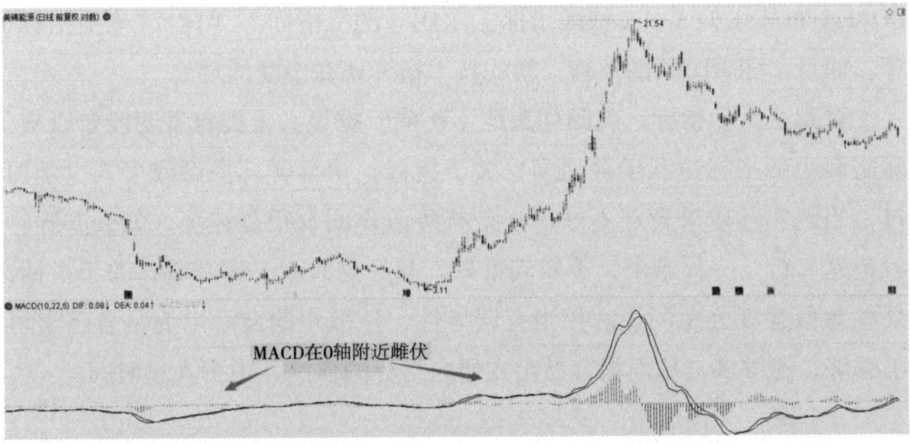

图5.43　通过MACD辅助判断美锦能源主力意图

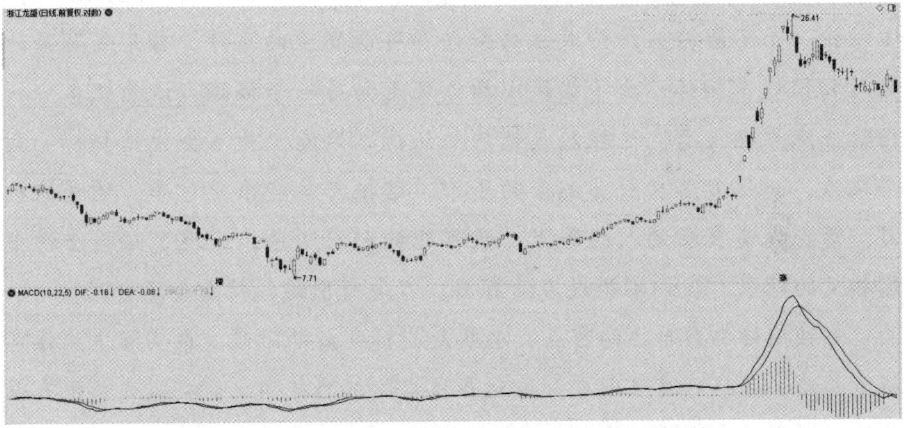

图5.44　通过MACD辅助判断浙江龙盛主力意图

打开通达信软件，按快捷键 ctrl+F，你就可以看到不同类型的指标分类。目前，证券市场上的各种技术指标数不胜数。例如：相对强弱指标（RSI）、随机指标（KD）、趋向指标（DMI）、平滑异同移动平均线(MACD)、能量潮（OBV）、心理线、乖离率等。这些都是很著名的技术指标。此外，还有 DMI（趋向指标）、DMA、EXPMA（指数平均数）、TRIX（三重指数平滑移动平均）、BRARCR VR（成交量变异率）、OBV（能量潮）、ASI（振动升降指标）、EMV（简易波动指标）、WVAD（威廉变异离散量）、SAR（停损点）、CCI（顺势指标）、ROC（变动率指标）、

BOLL（布林线）、WR（威廉指标）、KDJ（随机指标）、MIKE（麦克指标）等。而且，随着时间的推移，新的技术指标还在不断涌现。

看到这么多指标，就问你头痛不头痛？据说，人类自发明股票以来，随之诞生的指标达八千种之多！关于指标，初学者几乎都或多或少学习过，当然实际效果肯定不好，于是有些散户朋友很是迷茫，怎么办呢？股票这一行，一师难求，不知问谁好。只好这看看，那看看，关于指标，某些貌似客观公允的说法相当有误导性，让散户朋友总以为是自己学得不够好，不够多，从而很容易走入研究指标的误区，浪费大量时间。

每种工具都有自己的适应范围和适用的环境。有时有些工具的效果很差，有时效果就好。人们在使用技术指标时，常犯的错误是机械地照搬结论，而不问这些结论成立的条件和可能发生的意外。首先是盲目地绝对相信技术指标，出了错误以后，又走向另一个极端，认为技术分析指标一点用也没有。这显然是错误的认识，只能说是不会使用指标。打个比方，一把刀落在武林高手的手中，这把刀就能杀死对手，还是这把刀，落在没有武功的人的手里，就可能被别人所杀，出现了与前一种截然相反的结果。我们不能说刀没有用，刀是有用的，就看会不会用。

每种指标都有自己的盲点，也就是指标失效的时候。在实际中应该不断地总结，并找到盲点所在。这对在技术指标的使用上少犯错误是很有益处的。遇到了技术指标失效，就把它放置在一边，去考虑别的技术指标。一般说来，东方不亮西方亮，黑了南方有北方，众多的技术指标，在任何时候都会有几个指标能给我们有益的指导和帮助。尽管有时这种帮助可能不是太大，但总比没有强，至少心里有点底，操作起来有目的性。

了解每一种技术指标是很必要的，但是，众多的技术指标我们不可能都考虑到，每个指标在预测大势方面也有能力大小和准确程度的区别。通常使用的手法是以四五个技术指标为主，别的指标为辅。这四五个技术指标的选择各人有各人的习惯，不好事先规定，但是，随着实战效果的好坏，这几个指标应该不断地进行变更。

上面这段话，给人感觉作者是实战经验很丰富的人，一字一句那是相当的客观公允，让人难以辩驳，其中心意思还是指标值得学习研究。写到此处，真的很感慨，深感散户求知的不易，国家从来没有一家专门关于股票的学校，只要你一开户，证券公司就由你瞎买卖了，散户只能看看书，上上网。一旦被引错了路，真的是空耗岁月。

市面上大多数的书是你知、我知、大家都知道的技术派那一套。而技术指标就是技术派知识的重要内容，关于技术指标，有个段子是这样说的：

最近股市挺火，开车停路边，用手机看股票。一个乞丐进来伸手乞讨，我给他一块钱继续看股票，乞丐没走，也在旁看着。过了一会，乞丐说：长期均线金叉，KDJ数值底部反复钝化，MACD水下两次金叉，能量潮喇叭口扩大，这股要涨了。我惊诧地问道：这个你也懂？乞丐说：不懂我能有今天？

事实证明，用技术指标测市场，肯定是不行的！按照本节第一段关于技术指标的定义，任何技术指标，无非就是在“价格或成交量”这个原始数据上“折腾”出来的，那就充分说明，价格或成交量就相当于“一个人”，指标就相当于“人的影子”，是人的走向决定影子？还是影子的走向决定人呢？答案不言自明。而人（价格）的短期走向，主要受“题材和情绪”影响，受“题材和情绪”影响的价格，才形成指标，充分说明，指标只是反应量价的现在状态而已！怎么能依靠他预测将来呢？

初入股市的散户之所以信奉指标，完全是因为迷茫无知产生的盲目从众，又没人指点，完全可以理解。多年前，大学毕业那会儿，班主任曾私下里语重心长地告诫大家，进入社会了，要加强学习，在学校，老师恨不能啥都教给你，社会可就不一样了。其中，他讲了一句很糙的话，让人一生难忘：“什么东西都需要学习，哪怕是吃屎，也需要师傅啊”。现在想起来，真是话糙理不糙啊。

看到此处的你，如果也是初入股市的散户朋友，笔者建议你，了解一下就行了，不要耗时费力地去研究指标，如果你真的非要耗费时间去学，无非也就是证明“原来，指标真的没啥用”而已。至于情绪流龙头战法，更是不用任何指标。笔者本人，也只是偶尔参考一下MACD，而且用的也是关于MACD的少数派知识。但或许有人会说，技术指标如果没用，为什么每个软件上都有那么多指标？发明指标的那些人难道不如你聪明？确实，笔者也不明白为什么每个软件都有那么多指标，更不如那些指标发明者聪明。笔者不想辩论，只想说一句：参考价值是有一点的，深入研究就没必要了。实践出真知，你愿意“赢了辩论，输了时间”吗？

资本市场只有少数人能取得持续的成功。常人的失败在于总是企图用固定的招法达到神奇的效果。用大多数人知道的东西怎么可能战胜大多数人的呢？

无论虚拟经济，还是实体经济，一般通用的知识流传得多，真正管用的知识流传的少（实体经济中关键的少数派知识，往往还有知识产权）。某种意义上讲，这也是技术派大行其道，情绪流鲜为人知的原因。

第六章　天时篇

前言　　择时重于择股 周期重于题材

股市的"复杂性、随机性、混沌性"决定了：如果我们不加选择地盲目出击，那就与赌博无异，结果必然是失败。所以就需要"人为市场立法"，建立交易系统。但是，任何交易系统都不可能在任何时间和任何个股上有效运行。A股3700多只股票，不可能每只都交易，一年365天，更不可能每天都交易。那么问题来了，交易什么股票最有效呢？在什么时间交易最有效呢？这就是择股与择时的问题。

交易什么股票呢？当然是龙头股，尤其是主流板块的龙头。通过板块效应，我们可以看出市场主流群体的参与度与认可度，板块为龙头提供支撑，龙头反过来带动板块。或者说，龙头领涨号召板块，板块为龙头提供强大的人气和助力，二者相互强化，火借风威，风助火势，从而形成燎原之势。本书第二部分前面两章，其实就是在回答择股的问题。那么如何择时呢？这就是本章讨论的问题。

在情绪流的交易系统中，《天时篇》显得比较艰深晦涩，即使是有一定基础的短线选手，《天时篇》都是最难理解的部分，对初学者来说更是最不好理解的章节。《天时篇》虽然内容不多，只有三节，但却是情绪流龙头战法体系最重要的组成部分。重要到什么程度呢？如果说整个龙头战法体系是一辆车，《天时篇》就相当于方向盘；如果说整个龙头战法体系是一把枪，《天时篇》就相当于扳机。

所以本章完全可能会影响读者的"阅读愉悦感"。有些读者朋友有这样一个特点：一本书浅显易懂，好理解，读起来爽，就愿意看。反之，如果一本书读起来头大，理解起来费劲，立马丢到一边。对于有这样特点的读者，请你反过来想一想，龙头战法既然号称“股市博弈皇冠上的明珠”，那么必然有某些“窍门和玄机”，如果简单到连初学者随随便便都能理解掌握的话，那么请问价值在哪儿呢？任何领域真正有价值的知识，都不可能一看就懂，否则就丧失了竞争优势。

在学校读书时，老师恨不得将毕生功力一股脑儿地传给我们，走上社会后就不一样了，真正有价值的少数派知识的获得，实在是相当困难。尤其是股票，基本靠自学，笔者当初就是这样，其中的艰难困苦非个中人不能知。有感于此，本章希望能给有缘的短线爱好者指明一个极其重要、极其关键的学习方向。

第一节 关于“时机”的哲理探源

1.“机”——事物精微变化之理

在本书第一部分《股市之我见》之《股市的本质》一节中，我们说过，因为股市是复杂、随机、混沌的世界，所以股市也是哲学思维的殿堂。在有些人看来，哲学就是东拉西扯、故作高深，除了用于吹牛瞎聊外，似乎并无实际用途，本人原来也是如此以为。

每每有人提到哲学，就不由自主地想到高中教哲学的谭老师。谭老师年纪并不大，长得很秀气，但高度近视，戴着一副大大的黑框眼镜，从来也没见他笑过，显得很是深沉。每一次上课总是这样开场：同学们，哲学，是一门让人变得聪明的学问。一次两次还好，讲多了，就有点烦了，似乎哲学是数理化他爹似的。有次我不由暗想：“把你眼镜摘了，再给你一道高难物理题，哼，看你有多聪明”。然后想象老师眯着眼睛、抓耳挠腮的样子，心里忍不住乐开花。心里一乐，居然真的笑了出来……多年后，多少次不由自主地想起谭老师，心里是满满的尊敬和怀念。哲学确实是一门让人变得聪明的学问。可以这么说，无论哪个领域，一切有所建树的人，都是大大小小的“哲人”。特别是针对股市这样“复杂、随机、混沌”的特点而诞生的“龙头战法”，有些道理如果不能理解，自然就谈不上应用。而有哲学根基的人理解起来快很多。

言归正传。中国古代典籍中，很早就出现“机”或“几”字（注：机和几是通假字）。原义是指弓弩上的发射机关。经过历代思想家的抽象、升华，关于“机”的思想，逐渐演变成一种科学的方法论思想。并由此创造了众多词汇，比如：机遇、机理、机密、事机、良机、战机、机枢、军机、机要、转机、契机、先机等，又比如：神机妙算、当机立断、见机而作、相机行事、随机应变、机不可失等。

号称群经之首的《周易》，是中华文化源头的一本重要典籍，其实也是一部研究“机”的重要著作。《周易》中有一段著名的话：“夫易，所以圣人极深而研几也。唯深也，故能通天下之志；唯几也，故能成天下之务；唯神也，故不疾而速，不行而至”。翻译如下：易经，是圣人用来深入事物内部穷究深邃义理，研究微妙玄机的。正因为易道深奥精微，所以能通达古往今来所有人类文明的思想，能够与天下所有的人情志相通，心心相印。也正因为研究精微、玄妙、最难以捉摸的变化之理，所以能够成就天下的事务；正因为易道精深神妙，就可以与天地精神相往来，达到“无为而无不为，垂拱而天下治”的境界。

上文中的“几”，个人理解，本意是指事物精微变化之理，包括了事物本来的精微之理和变化之理两层含义，但人们侧重于后者。比如股市的本质，就是指事物本来的精微之理，龙头战法的时机就是指事物的变化之理。个人理解事物的本来的精微之理，相当于“世界观”，谈的是认识。人能把握的是变化之理，相当于“方法论”，谈的是应用。《周易系辞下》还有“知几，其神乎”“几者，动之微也，吉凶之先见者也”“君子见机而作”等论述，宋朝的程颐是我国首次提出物极必反的哲学家，他进一步发挥说："所谓几者，始动之微也，吉凶之端可先见而未著者也"，其中的"几"，主要也是指事物的变化之理。本章谈到的"几"，都是指"机的变化之理"。

顺便说一句，周易深奥精微，是我国最早的一部哲学著作，在我国古代思想史上占有极为重要的地位，它不仅对先秦诸子百家产生过巨大影响，而且在整个封建社会里，凡是有成就的学者，无不研究过它并得它的启示。

2."机"的三层含义

总的来说，关于"机的变化之理"主要有三层含义。

① 机是事物在运动变化过程中呈现出的特殊细微变化和现象，或者说是事物内部正在向相反方向转化的细微征兆。

② 机是事物发展变化过程中的某一个关键节点或临界点，过了这个临界点，事物逐渐的量变，将会起质变，可能引导事物走向另外的方向。

③ 人的认识是主观的，事物的发展是客观的、复杂的。因此，在实践运用中，要防止人为偏差，居安思危。

关于"机的变化之理"的三层含义，我们举个不太贴切的例子以帮助理解。比如下象棋，双方都是十六个棋子。无疑，一开始，敌我双方是均衡的，但只要一开始行军布阵，由于先后顺序和兵力组合不同，各自的"自我防护能力和对敌攻击能力"在运动中悄无声息的发生细微变化。虽然看不见，摸不着，但事实一定如此。总有那么一个关键时刻，直接导致攻防能力压倒式变化。所谓"一着不慎，满盘皆输"，说的就是这个道理。但也有不少这样的情况，明显优势的一方，没能一鼓作气，战胜对手，却被对方反败为胜。

接下来谈一下时机，所谓时机，就是时间给予的机会，具有时间性的机会。其实质是人们对于所能预见的某种特殊形态的认识和利用。所谓：机不可失，时不再来。时，意为一切事物不断发展变化所经历的过程。机，则是这个变化发展过程中的某一小段或某一个关键时刻。在这个关键时刻，在各种外力错综复杂地综合作用下，呈现出一个重要的、敏感的节点，往往决定事物的兴衰成败。如果采取行动，能让更多制胜的要素，即“可乘之势”，站我们这一边，从而起到四两拨千斤的作用。恰当的时机，可让败者从狭关之隘逃出生天；恰当的时机，可让胜者迎风破浪愈战愈勇。

中国古代兵家用兵，十分讲究出战时机，强调捕捉战机、随机应变。《孙子兵法》：“势如扩弩，节如机发。”指就是战势如张开待发的弩箭，一旦有了可乘之势，就要迅速出击，不可贻误战机。公元208年（建安十三年），著名的赤壁之战。黄盖前往曹营诈降，并趁机以火攻大破曹操的军队。赤壁之战是中国历史上以少胜多的战役，也是三国时期大大小小战役中最著名的一场，同时它也是中国历史上第一次在长江流域进行的大规模江河作战。经过赤壁一战，强弱易位，从此形成三分天下之势。可是为什么，黄盖出发，不早一天，也不迟一天？原因无他，只因为那天，刚好有东南风。后人有诗云：东风不与周郎便，铜雀春深锁二乔。可见时机之重要！

拿破仑说：“利用良机对于庸人来说，从来都是一个机密。而这正是智者比一般人水平高出一筹的主要力量所在。”《荀子・劝学篇》：“君子性非异也，善假于物也。”意思是，智者并非生来有什么特殊的本领，只不过善于借助外物的力量罢了。

古人有诗云：“伊吕两衰翁，历遍穷通，一为钓叟一耕佣。向使当时身不遇，老了英雄。汤武偶相逢，风虎云龙，兴亡只在笑谈中”。说的是伊尹遇商汤，吕尚遇文王，得以建立王图霸业。这种相遇，指是人生的机会。古人又云：大丈夫生于浊世，当屈身守命，以待天时。说的也是人生的机会需要等待。但空自等待是不行的，而是要修学储能，藏器在身，然后等待机会的来临。股票交易也是如此，等待恰当的时机，往往事半功倍。

股票交易和实体创业一样，都需要经过非同一般的努力，才能建立“鹤立鸡群”的竞争优势。但对于股票交易来说，勤奋努力，绝不是“勤奋的简单叠加”。没有深度的思考，所有的勤奋将是徒劳。对于龙头战法来说，虽然世人皆知，但真正掌握龙头战法的却是少数，其中最重要的原因是，龙头战法往往只能靠自学，很难悟到龙头战法的机密，对于“龙头战法的出击时机”缺乏深刻的认识和把握，而陷入错误的频繁交易的陷阱之中，越勤奋，越糟糕。损兵折将的同时，也给龙头战法的学习者带来极大的心理创伤。事实上，龙头战法一定遵从“二八定律”，不需要频繁出击。而要理解“龙头战法的出击时机”，就需要哲学思维，需要对股市的主要规律“物极必反，否极泰来”有深刻的认识，从而把握短线情绪周期变化的“关键节点”。

第二节　周期与情绪周期

1. 什么是周期

所谓周期，是指事物在运动、变化过程中，某些特征多次重复出现，其连续两次出现所经过的时间叫“周期”。周期是自然界一个普遍的现象。物理学有周期，生物学有周期，经济学也有周期。股市同样有周期。

物理学有周期，比如钟摆的振动，又比如天体运动，地球年复一年围绕太阳公转，周而复始。

生物学也有周期，最明显的是睡眠和觉醒的交替性变化。研究证实，每个人从他出生之日直至生命终结，体内都存在着多种自然周期，如体力、智力、情绪、血压、经期等，人们将这些自然周期称作生物节律或生物钟。生物钟使人有情绪高潮期和低潮期，高潮期时，人的思维敏捷、情绪高涨、体力充沛；低潮期时，思维迟钝，情绪低落，耐力下降。

经济学也有周期，指的是国民经济运行呈现的一起一落、扩张与收缩不断交替的周期性波动。人们把经济学周期分为复苏、繁荣、衰退、萧条四个阶段，刚好对自然界的周期，春生、夏长、秋收、冬藏。

2. 股市的情绪周期

（1）指数情绪周期

股市长期来看，是经济的晴雨表，自然也有一个与经济相对应的波动周期。股市从短期来看，受题材的影响较大，同样有一个波动周期。总之，大盘指数反映了所有参与股市的人共同作用下的结果。股市，同样遵从大自然“物极必反”的规律，涨多了要跌，跌多了要涨。

图6.1　1999年7月～2019年7月的月线图

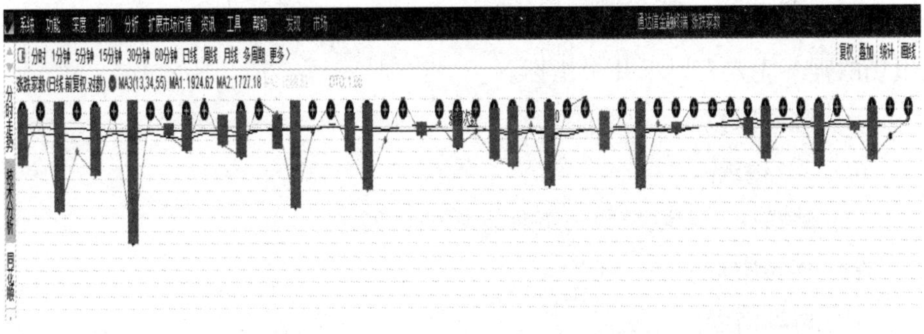

图6.2　2019年4月23日～2019年7月5日的涨跌家数示意图

从上面两张图上可以明显看出，涨多了会跌，跌多了会涨，往来不绝，周而复始。本门情绪流把股市大盘涨涨跌跌的周期性变化称之为指数情绪周期。但跟物理学、生物学的周期不一样的是，股市的周期变化是粗线条的，并不像钟摆那样精密。但恰恰是股市的测不准、不确定性，正反映了股市的魔力和魅力，同时也说明对于股市规律的把握，并不需要像自然科学那样严谨，更像艺术，跟个人的感知、经验高度相关。

大盘指数主要由什么决定呢？答：万事万物，都是关键的少数决定次要的多数，大盘指数是由权重决定的。所以有句股谚说：权重搭台，题材唱戏。

如上图所示，我们把这种上涨家数很少、下跌家数较多的情况称为指数周期的冰点。比如2019年最突出的冰点是2019年5月6日，上涨家数与下跌家数之比为：109∶3466；又比如2019年5月17日，上涨家数下跌家数之比为：255∶3322。明显也是指数周期的冰点。指数周期的冰点有什么作用呢？我们将在下一节短线情绪周期论及。

（2）短线情绪周期

短线情绪，主要是指短线投资者集体的心理状态。就像打猎的猎人，感到“安全，有利可图”时，表现出“因为贪婪而进攻”；感觉“危险，无利可图”时，表现出“因为恐惧而退却”。短线情绪周期，就是这两种心理状态和行为周而复始的交替变化。通常人们所指的市场情绪，实际是专指短线情绪。

跟指数情绪不同，短线情绪看不见，摸不着，是我们对短线投资者整个集体心理状态的整体感觉。那么，短线选手是根据哪些指标来感知市场的呢？主要有以下几个指标。

A、涨停家数。

B、跌停家数。

C、涨跌比（上涨家数与下跌家数的比值）。

D、连板家数。

E、市场高度。

F、封板率。

H、昨日涨停指数。

I、昨日连板指数。

本门情绪流把“涨停家数、涨跌比、连板家数、市场高度、封板率”等的综合表现统称为短线情绪值。其中最重要的参数是涨停家数、跌停家数、连板家数、市场高度。当短线情绪值处于近段时间以来的相对低点时，我们称之为短线情绪冰点。冰点之后还可以有冰点。这段时间称为短线情绪低迷（反复）期。

值得说明的是，短期情绪的冰点，不一定就是指数情绪周期的冰点。但指数周期的冰点，往往就是短线情绪的冰点。指数情绪和短线情绪二者互相影响，很难说谁决定谁。但可以这样说，指数情绪是短线情绪的助推器。当短线情绪退潮时，指数情绪的退潮将助推短线情绪迅速降至冰点。反之，当短线情绪由冰点开始复苏，指数情绪的回暖将助推短线情绪向高潮演进。

我们把指数情绪冰点与短线情绪的冰点的重合，称为共振冰点。本门情绪流一般指的冰点，就是指共振冰点。一般来说，共振冰点时，短线情绪值急剧降低，市场高度往往也在 4 板甚至 3 板以下。亏钱效应非常明显，整个市场犹如秋风扫落叶，一片肃杀。反之，当短线情绪急剧升温，情绪值变大。盘面表现为：涨停家数多，连数家数多，涨跌比大，封板率高而市场高度板也达到近段时间的高点。我们把此时短线情绪所处的状态称之为：高潮。

而短线情绪，永远会在冰点与高潮之间周期性波动。本门情绪流把最后一次冰点与高潮之间的情绪变化，称之情绪升温期，而把高潮与第一次冰点之间的情绪变化，统称为退潮期。

情绪升温期主要包括两个阶段：情绪复苏期，情绪亢奋期。大致对应大自然的春天和夏天。而情绪退潮期、情绪低迷（反复）期，大致对应大自然的秋天和冬天。值得说明的是：情绪低迷期与情绪复苏期，没有明确的界限。情绪亢奋期与情绪退潮期，也没有明确的界限。就像大自然的冬天和春天，虽然人们习惯把立春作为春天的开始，但这种界限实际上是模糊的。在一轮情绪周期中，亢奋期的末端其实已开始准备退潮，而低迷期的末端，新的一轮周期又在其中孕育。

一般说来，情绪升温期时间长，退潮期时间短。情绪低迷期、情绪复苏期、情绪亢奋期，这是一轮题材“孕育、开花，结果”的过程，时间长。而冷却期时间相对较短。就像推石头爬坡，上坡前的准备和爬坡阶段，总是费时费力，而下坡时，自由落体，省时省力。

股市也是如此，熊市里，低迷期较长，一般说来，前期人气股不止跌，如果没有较大级别的新题材，基本上很难再起一波像样的行情。牛市里，相对来说，低迷期时间短，一轮题材走完，下一个题材就开始接力或者老题材轮涨。正所谓：沉舟侧畔千帆过，病树前头万木春。当然，题材是股市的第一生产力，新题材的级别和想象力，能影响短线情绪的演变。

（3）指数情绪与短线情绪的关系

前面我们讲过，指数情绪是短线情绪的助推器。当短线情绪退潮时，指数情绪的退潮将助推短线情绪迅速降至冰点。反之，当短线情绪由冰点开始复苏，指数情绪的回暖将助推短线情绪向高潮演进。

本门情绪流认为：短线情绪涵盖了指数情绪。指数情绪由包含了短线投资者在内的市场上所有投资者共同参与形成，但它反过来影响短线情绪，并变成了短线情绪的重要组成部分。短线投资者在选择介入时机时，应当把大盘指数可能的表现考虑在内。无论是做“看龙头，做跟风”的选手，还是对于专做龙头股的选手，一般说来，指数助推短线情绪回暖，重构了人们的买卖预期，无论是龙头还是板块，都更稳健，更安全，更具有持续性。这正是研究指数情绪的意义所在。

第三节　龙头战法的机密

关于龙头战法，有人讲过这样一句话：什么清华北大，都不如老子的胆子大。本意是说对龙头要有一定的信仰，当初讲这话的人并没有错，因为别人有相当深厚的功力。他无脑上龙头，其实是有一定的前提。可是，如果你是初学者，能这样照办吗？可以这么说，单纯的龙头信仰，总是不管不顾地无脑上龙头，一定让你倾家荡产，哪怕家里有矿！道理很简单，请试想一下，如果无脑上龙头能赚钱，那赚钱是不是也太容易了？谁还上什么班呢？再请试想一下，如果这么简单，大家都这么干，大家都赚钱的话，谁来亏钱呢？唯有少数人赚多数人的钱，游戏才可以持续。

短线情绪周期的核心是基于题材的，没有题材，一切都是浮云。但由于资本逐利的本性使然，往往没有新题材，就会炒作老旧题材。这种时候，即使盘面表现不错，还要是小心为上。反过来，即便是新题材，时机不对，同样可能让你折戟沉沙。特别是逆势上龙头，那是飞蛾扑火——自取灭亡。

要成功，就发疯，头脑简单往前冲。这种思想在战争时期，作为一个悍不畏死的敢死队队长，没有问题。但是作为一个统领数万、数十万军队的将军，你要为战士的生命负责。对于股市的投资者来说，每个账户都是一支军队，账户上的每一元钱，都是一名战士，而你就是这支部队的将军。作为将军，你不能让你的士兵轻易赴死。你的部队，只能越打越多，而不能越打越少。本书第三部分《股市天经》里塑造了一个无脑上龙头的人物黎天行（寓意逆天而行，取败之道），最后也是归化于情绪流方得善果。

也许有人说，为什么有时候无脑上龙头，还能获胜呢？这正是资本市场的诱惑所在，或者说是赌场的诱惑所在。到澳门赌上一回两回的，能赢钱的大有人在，长期稳定赢钱的有听说的吗？股市和赌场虽然不尽相同，但正是存在“初学者也有赢钱的偶然性”，才吸引无数人抱着美好的愿望蜂拥而来！

马克思当年也曾进入股市，当时他那么缺钱，但为什么赚了就跑？马克思可不是一般的智商，他的行为就是无声的语言，等于他对全世界的股民说：股民朋友们，在股市，一两次或数次的胜利没有任何意义，长期在资本市场生存，容不得半点侥幸。可见，唯有构建一个长期稳定制胜的交易系统，才是长长久久的制胜之道。

一个长期稳定制胜的交易系统，关键就在于“战机”的选择。正因为看重“战机”，我们才在龙头战法前面冠之以情绪流，以表示本门龙头战法和其他龙头战法的区别。那么龙头战法的主要战机在哪呢？答：总是站在“高胜算、高报风比”的位置反复交易龙头。那么，什么位置有高胜算和高报风比呢？答：那就是短线情绪“物极必反，否极泰来”的时刻。那么，否极泰来是什么时候呢？答：往往是短线情绪最后一次共振冰点的时刻。而决定是否出击或者出击的仓位，往往决定于题材的级别。这，就是龙头战法秘而不宣的机密。

古人云：真传一句话，假传万卷书。综上所述，这一句话就是：龙头战法的主要战机，就在于等待短线情绪的共振冰点。为什么说短期情绪的共振冰点，是龙头战法的主要战机呢？其根本原因还在于：共振冰点时，往往是“物极必反，否极泰来”的时刻，短线情绪有修复的预期，短线情绪的修复往往伴随大盘指数的好转，这时候，龙头、板块、大盘形成共振，交易系统就会处于一个非常高的效率和胜算之中。换个角度讲，共振冰点时，大量的短线资金因为恐惧而集体出逃，从而从空方变成了潜在的多方。如果聪明的短线选手能审时度势，先人一步，见机而作。那么，会有大量资金陆续进场抬轿。从而达到《易经》所说的，“唯神也，不疾而速，不行而至”的目的。

第七章　综合篇

第一节　情绪流的情报收集系统

A股作为一个新兴市场，价值投资短期内还不能深入人心，政策和信息仍然还是股价波动的核心驱动力，政策和信息就是王道。前面我们讲过，我们把有可能引起人们价格上涨预期的政策和信息称之为题材。题材越新颖，级别越高，想象空间越大，反映在盘面上就越强。因此，对题材的收集和解读就成了短线投资者的重中之重。

大家都看过电视剧《长征》吧，曾希圣领导的中央军委二局曾多次截获并破译国民党军队的无线电密码，为红军最终突破国民党围追堵截做出了卓越贡献。对长征中立下汗马功劳的军委二局，毛主席做过高度的评价："长征有了二局，我们好像打着灯笼走夜路。"甚至还说过，"没有曾希圣的二局，就没有红军"。毛泽东还曾为红军的侦察电台题词，"你们是红军的千里眼、顺风耳"。叶剑英也曾说，"毛主席用兵如神，在相当程度上，有赖于曾希圣等同志提供的准确情报"。

可见，军事斗争莫不重视情报侦察，股市的复杂程度不亚于战争，更是如此。某种意义上讲，资本市场就是一个信息市场，尤其是龙头战法选手，可以这么说，如果没有对信息题材的收集和解读，龙头战法就无从谈起。

那么我们从哪些渠道来收集信息题材呢？大致说来，可以分为以下三个方面。

1. 每日必读

了解信息是短线选手的每日必修课。根据笔者的个人经验，主要是以下两类。

（1）央视一台，央视二台

央视一台的新闻联播，有人开玩笑说，央视的新闻联播每天就是重复讲三件事。第一句话是领导们都很忙，第二句话是国内形势一片大好，第三句话是国外水深火热。玩笑归玩笑，但却充分反映了央视新闻联播的重要性：高层动向、国内重要政策和经济形势、国际重大事件，这恰恰是短线选手需要时时捕捉的重要信息。每天看看新闻联播，既是一种休息，也是工作需要。建议初学者养成每天看新闻联播的习惯。虽然现在信息发达，新闻联播的内容也能通过其他形式获取，但毕竟不如电视生动，另外，坚持看新闻，了解国家政策，可以预防短线选手把旧闻当成新闻。

此外，央视二台的财经类节目，如《经济半小时》《中国经济大讲堂》《经济信息联播》《对话》等也可以有选择地收看。个人觉得比花同样的时间看某些哗众取宠的公号靠谱得多。

（2）财联社、选股宝、四大证券报及外盘走势

财联社和选股宝大同小异，通过财联社或选股宝我们了解 7*24 小时资讯，国际国内各种消息差不多都在里面了。一般晚上和第二天早上浏览一次。内容主要分两个方面：一是重大政策或信息，二是个股公告。公告方面笔者主要看选股宝。选股宝专门有一栏集中反映了过去一天个股的公告信息。

图7.1　公告信息

另外，即使在盘中，我们也要关注即时信息。笔者目前是四个屏，其中一个屏就是选股宝 7*24 资讯，一般有新消息后，选股宝会发出声音提醒。

四大证券报是指中国证券报、上海证券报、证券时报、证券日报，为什么这四只报纸这么重要？因为四大报相当于是官方的喉舌。笔者一般是看看四大报要点的汇总，各大网站都有，比如同花顺首页中间位置。

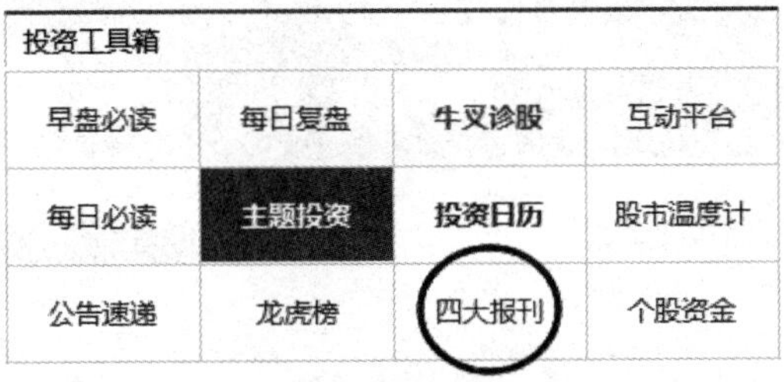

图7.2　四大报刊

外围走势，主要是指美国股市，美帝目前还是很牛的，美股涨，A 股未必跟涨，但美股跌，A 股一般跟着跌，但一般影响的是开盘。另外，开盘前，笔者会留意一下 A50 期指和人民币汇率走势。

2. 重要政策来源及解读

如国务院办公厅网站、证监会网站、人民银行以及人民日报。虽然不需要天天看，但如果通过财联社或选股宝，发现国家出台重大政策后，最好是通过上述网站找到政策来源，特别是国务院办公厅网站，也是中央人民政府网站，是国家一切政策的集中地，反映的是政策中的政策。

重要的政策，一般在首页上。点击政策一栏，可以详细了解各项政策，此外，还有政策解读。总之国家领导人的讲话、国家重大政策、重要的经济数据及解读上面都有，但一般短线选手都忽略了中央人民政府网站的重要作用。

证监会是代表国家对资本市场进行管理的机构，我们当然有必要通过证监会的网站来了解政策意图。证监会的一些消息，要反复仔细的解读，重点看提倡什么打压什么，从而去感受监管政策的变化，特别是每周的新闻发布会。

图7.3　政府网主页

图7.4　证监会主页

人民银行网站，主要是留意一下货币政策的变化就行了，如降准降息之类。倒不需要专门上网站看，一般其他媒体都有播报。人民日报是党和国家重要喉舌，尤其是在重大政策或重大事件期间，需要加以重视。略举一例，比如中美 PK 正酣时，2019 年 5 月 29 日，人民日报发表文章《美方不要低估中方反制能力》，直接提到稀土，并“奉劝美方不要低估中方维护自身发展权益的能力，勿谓言之不预”！

日报 周报 杂志
人民日报 2019年05月29日 星期三
往期回顾 返回目录
人民日报图文数据库（1946-2019）

美方不要低估中方反制能力（国际论坛）

五月荷

《人民日报》（2019年05月29日 03 版）

“不愿打，不怕打，不得不打”！面对美国挑起对华经贸摩擦，中国政府始终坚持原则立场。美方一次又一次宣布加征关税，中国一次又一次不得不采取反制措施。

全世界都看到，美方手段一步步加码，不仅上调关税，而且试图用尽蛮力扭曲全球供应链，“剥夺”牵系中国企业生存的技术产品供应，其霸道行径令全球哗然。美国决策圈的一些人眼中只有自己——自己的利益，自以为全能的本领，狂傲得不可一世。为了一己之私，他们在全球供应链上呼风唤雨，臆想着“伟大而优先”的他们可以左右一切。然而，只要是学过牛顿定律的人都懂得，作用力与反作用力总是相伴相生，而且大小相等。

随着美国一些政客不停发出极限施压的叫嚣，人们愈加关心中国会拿出哪些“王牌”作为回应。国外不少媒体的目光投向稀土，有分析认为“中国对稀土市场的主导地位，已赋予北京还击之道”。

中国是世界第一稀土生产大国，也是世界最大的稀土材料供应国，而很多发达国家是稀土需求大国。加强稀土资源的开发利用，对中国和整个世界经济发展都具有积

图7.5　人民日报

结果稀土全线大涨，涨停 12 只！其他反制概念的“芯片，农业”也是涨声一片。由此可见，信息题材是股市的第一生产力！

3. 其他信息渠道

如论坛、股吧、雪球、淘股吧等，可以了解其他股民朋友对题材的预期，太过一致，有时候反而不是好事。但笔者本人，除了参看部分复盘博客的复盘，几乎都不去。龙头战法，关键还是在于独立思考。但对于初学者来说，见多识广总是一件好事。

此外，对于财经日历，建议读者朋友可以时不时了解一下。比如同花顺，点击同花顺软件“资讯”栏目，再点击左下角“投资日志”。

图7.6　同花顺投资日历

如上图所示，我们可以看到国内各种“论坛、大会”，不但有当月的，下月的各种“论坛、大会”都反映在上面了。这个投资日历有什么作用呢？答：对于稳健、有耐心的短线投资者，可以用作埋伏策略。

第二节　情绪流看盘的四大原则

可以说，不管一个人的短线理论水平有多高，有多么高的造诣，真正要成为实战高手，必经的一条道路就是要学会看盘，只有把盘面看得清清楚楚，明明白白，才能够及时发现风险或者寻找机会，从而采取相应的对策。

不会看盘的人觉得盘面上花花绿绿的，涨的，跌的，乱七八糟，而会看盘的人，深刻洞悉着盘面的一切变化，对盘面正在发生的一切情况都了然于胸，从而让自己能够规避风险，抓住机会。懂得看盘的人就跟会看电影大片一样，能够对影片里的主角、配角、正面人物、反面人物，以及跌宕起伏的故事情节了然于胸，在本质上，这其实是观影者一种大局观的表现。这样的人是具有智慧的人。虽然我这个例子不一定很恰当，因为很多人看电影的诉求是不一样的，有的人追求的是恢宏壮观的特效场面，有的人追求的是影片里面感人至深的爱情细节，有的人只是特别崇拜自己的某个偶像而去看，所以需求不一样，那么出发点也就不一样。

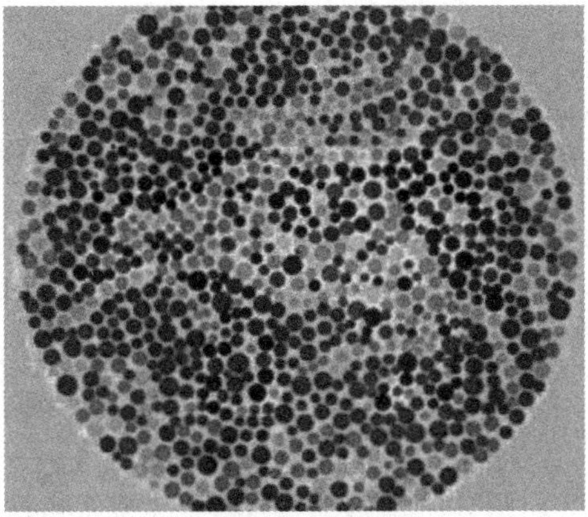

图7.7　色盲板

图 7.7 是一个色盲板。记得几年前，笔者去换驾照，工作人员说要体检、测视力等，体检没问题，测视力也没问题。结果，工作人员给了我几张类似上面的这种色盲板，问我看出了什么？我顿时傻眼了，因为笔者稍稍有点色弱，一紧张，别人一下就看出来的东西，到了我这偏偏就认不出，真是尴尬啊。结果在工作人员的“反复认真测试”下，我终于还是过了关。毕竟，虽然稍稍有点色弱，不至于连红绿灯都认不出，不至于影响交通安全。

讲这个故事，就是想说明一个问题：盘面就相当于色盲板，色盲板中隐藏着的图案，就相当于盘面的规律和逻辑。如果我们平常看盘，不能发现盘面中隐含的道道，是不能贸然行动的。毕竟刚才例子里的色盲板，认不出其中的图案，不至于影响交通安全。但是，如果看不了股市盘面色盲板中的“图案”，就会影响到账户安全。所以我们必须严肃对待每一天的盘面，严肃对待每一笔交易和投资，只有你跟自己认真了，生活才会跟你认真。

说了这么多，那么到底应该怎么看盘呢？应该注意哪些问题，有一些什么样的技巧？有哪些是必须掌握的呢？经过多年的实战，我对自己的看盘方法进行了一个归纳总结，总结起来就是一句话：观大局、察联动、抓核心、重细节。

1. 短线看盘第一原则：观大局

（1）消息层面上是否有大的利空或者利好

这个非常重要，在每天开盘之前，我们都必须要了解市场消息，特别是国际国内的重大消息。举个例子，2018 年和 2019 年这两年，美国时任总统特朗普时不时在其推特上发布关于中美贸易战的一些消息，真真假假，虚虚实实，对盘面影响很大，一不小心就会中招。比如 2019 年 5 月 6 日。

特朗普于美国时间周日早上(5 月 6 号凌晨）突然在推文称双方谈判进展太慢，并指中方试图重新协商。因此，他宣布，从本月 10 日起（即本周五），开始对价值约 2000 亿美元中国商品加征的关税从 10% 调高至 25%。

图7.8 特朗普推文

特朗普在推特中还表述称，“过去十个月，中国高达500亿美元的高科技商品已向美国支付25%关税，其他2000亿美元商品也被征收了10%的关税，这些关税是美国巨大经济成果的一部分，美国时间周五将会把这些已经被征收了10%关税商品的税率提高到25%。”

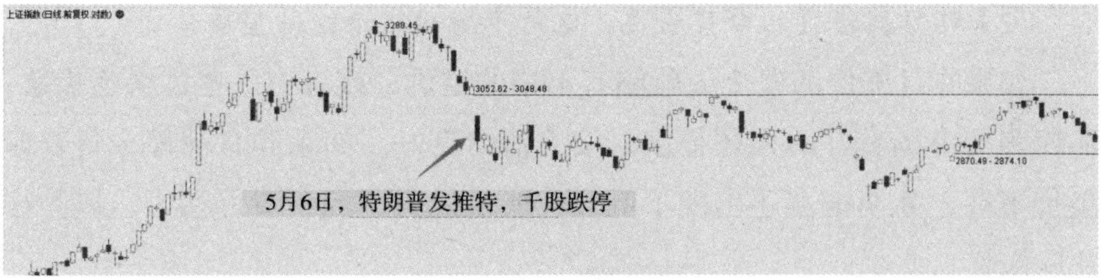

图7.9　上证指数日K线图

如图 7.9 所示，特朗普发推后，A 股大跌 5.58%，千股跌停。当然不只是 A 股，全世界都是大跌。如今经济全球化，情绪传递规律全世界通用。所以，关注消息层面，规避大的利空消息从而规避风险是非常重要的。当然出现大的利好消息也孕育着巨大的机会。比如 2019 年 8 月 18 日中共中央发布文件，支持深圳建设中国特色社会主义示范区。

财联社 > 电报 > 文章正文

2019-08-18 15:37:42　阅 4656667

【中共中央、国务院：支持深圳建设中国特色社会主义先行示范区】财联社8月18日讯，中共中央、国务院发布关于支持深圳建设中国特色社会主义先行示范区的意见，党和国家作出兴办经济特区重大战略部署以来，深圳经济特区作为我国改革开放的重要窗口，各项事业取得显著成绩，已成为一座充满魅力、动力、活力、创新力的国际化创新型城市。当前，中国特色社会主义进入新时代，支持深圳高举新时代改革开放旗帜、建设中国特色社会主义先行示范区，有利于在更高起点、更高层次、更高目标上推进改革开放，形成全面深化改革、全面扩大开放新格局；有利于更好实施粤港澳大湾区战略，丰富“一国两制”事业发展新实践；有利于率先探索全面建设社会主义现代化强国新路径，为实现中华民族伟大复兴的中国梦提供有力支撑。（央视新闻）

• 中共中央、国务院发布关于支持深圳建设中国特色社会主义先行示范区的意见

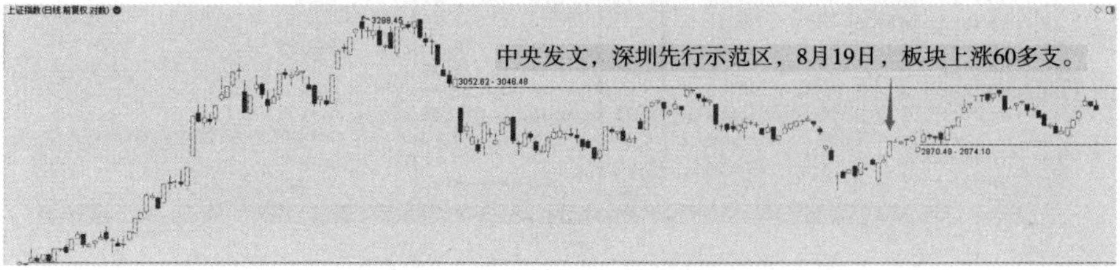

图7.10　上证指数日K线图

如图 7.10 所示，第二天，8 月 19 日。大盘上涨 2.1%。全天整个市场涨停家数 100 支。深圳板块中，深振业 A、盐田港、特发信息、深物业 A、卓翼科技、华控赛格、深赛格、深大通等 60 多只股涨停。随后出现了深赛格、深大通等一批大牛股，这就是机会。

（2）昨日涨停股的今日表现，这是市场短线情绪的重要体现

如果昨日涨停的票今天能够有不错的溢价，或者有一些强势连板票，那代表着市场看好的人还很多，接力情绪良好。如果昨日涨停今日普遍溢价不高，甚至很多还出现了低开，那么说明市场不看好接力，风险往往就来临。

通达信金融终端 行情 市场 资讯 数据 专题 发现 交易

行情报价 资金驱动力 资金博弈 DDE排名 多空阵线

指	代码	名称	•	涨幅%	开盘%	涨速%	流通市值Z	开盘金额	封单额	现量
		平均值		-1.50	1.14	-0.03	24.26亿	1264万	1373万	5879
1	000532	华金资本		10.02	10.02	0.00	22.16亿	702万	2.48亿	122
2	002492	恒基达鑫		10.02	10.02	0.00	14.96亿	2225万	6668万	13342
3	300598	诚迈科技	R	10.00	10.00	0.00	25.65亿	5975万	1.50亿	46
4	300246	宝莱特		0.85	5.32	-0.06	12.96亿	1271万	—	1475
5	002524	光正集团		-9.99	5.29	0.00	42.68亿	1846万	2317万	2108
6	300242	佳云科技		10.00	5.24	0.00	17.58亿	1603万	4430万	166
7	600393	粤泰股份		9.86	5.10	0.00	29.34亿	3588万	1213万	1630
8	300319	麦捷科技		0.51	4.19	-0.12	35.09亿	2614万	—	6176
9	002351	漫步者		-9.13	3.91	-0.23	16.51亿	1375万	—	9415
10	603477	振静股份		9.99	3.57	0.00	13.62亿	382万	3289万	281
11	600568	中珠医疗	R	-4.15	3.11	-0.53	19.99亿	1480万	—	12712
12	300192	科斯伍德		-3.08	2.93	-0.30	16.78亿	2008万	—	2986
13	300169	天晟新材[2.5]		-3.21	2.88	0.00	12.74亿	1147万	—	3497
14	000677	恒天海龙[2]		-1.82	2.51	0.00	24.82亿	2714万	—	20833
15	002515	金字火腿		-8.53	2.50	0.16	26.89亿	2675万	—	24396
16	300359	全通教育		-5.19	2.27	0.00	21.70亿	1478万	—	1535
17	002209	达 意 隆		-9.99	1.88	0.00	8.71亿	1561万	987万	302
18	002181	粤 传 媒[1]	R	-1.89	1.70	-0.18	19.20亿	1349万	—	4166
19	300280	紫天科技		-3.10	1.66	0.34	14.63亿	589万	—	2446
20	002625	光启技术		3.43	1.26	0.00	39.42亿	926万	—	4053
21	002101	广东鸿图		2.33	0.91	0.00	17.16亿	629万	—	1967
22	000571	*ST大洲		-4.72	0.86	0.00	14.53亿	37.53万	—	1848
23	000792	*ST盐湖		1.12	0.67	-0.10	112.53亿	290万	—	2569
24	002141	贤丰控股		0.69	0.46	0.00	20.38亿	2087万	—	11498
25	000868	*ST安凯		-3.78	0.25	-0.25	16.31亿	164万	—	3500
26	002868	绿康生化		-1.80	0.15	0.20	6.07亿	229万	—	547
27	002045	国光电器		2.50	0.11	0.00	33.86亿	870万	—	8340
28	300119	瑞普生物[2]		0.89	0.00	0.00	24.44亿	1305万	—	3572
29	002263	*ST东南		2.99	0.00	0.00	28.03亿	175万	—	3778
30	000659	珠海中富		2.30	0.00	0.00	29.47亿	613万	—	12598
31	002243	通产丽星	R	-5.83	-0.39	-0.05	29.73亿	690万	—	6702
32	300167	迪威迅		-4.88	-0.76	0.16	12.02亿	550万	—	4191
33	300613	富瀚微		-0.40	-1.07	0.08	17.85亿	385万	—	241
34	002930	宏川智慧		-6.76	-1.57	-0.61	22.03亿	777万	—	8137
35	002161	远 望 谷	R	-1.59	-1.59	-0.11	42.08亿	1155万	—	8709
36	002655	共达电声		-4.14	-1.89	0.28	32.48亿	589万	—	2483
37	600212	江泉实业		-5.99	-2.23	0.00	24.34亿	221万	—	5478
38	601886	江河集团	R	-7.60	-2.46	0.13	14.24亿	186万	—	2799
39	300273	和佳股份	R	-4.80	-2.66	0.56	28.27亿	622万	—	6839
40	300304	云意电气		-2.78	-3.79	0.26	10.93亿	279万	—	3127
41	000987	越秀金控	R	-6.78	-5.06	-0.28	42.79亿	2338万	—	5973
42	603041	美思德		-10.00	-6.71	0.00	6.24亿	692万	293万	2264
43	000533	顺钠股份		-9.89	-9.63	-0.58	14.14亿	1964万	—	33955

分类▲ 资金▲ 即时决策 短线宝 A股 自选 昨日涨停 000选股 今日公告 昨日连板 昨日首板

图7.11 昨日涨停股

图 7.11 是 2019 年 10 月 16 日昨日涨停的今日表现。昨日涨停板块中，昨日涨停一共 43 家，开盘时平均值只有 1.14，绿盘家数一共是 16 只，接近 40%，且越秀金控、美思德、顺钠股份等开盘就跌 –5% 以上。说明什么呢？就是说昨天涨停买入股票的人中，有接近 40% 都是亏钱的，也就是说，昨天打板的正确率是小于 60% 的，事实上还不止，因为昨天还有触及涨停，但最后炸板的。那就应该小心了。一般来说，打板正确率达到 70% 的时候或者说昨日涨停指数达到 2% 左右，才可以加大仓位进场。前面我们反复强调概率思维，只有这样才能保证我们站在大概率的一边。

事实上，当天的情况确实不好，从图 7.11 可以看到，收盘后，昨日涨停板块中，27 只股票下跌，且 –5% 以上就达到 12 只。基本上，跟早盘开盘情况倒过来了。

（3）盘面主流题材的表现情况

如果主流题材一开盘，跌多涨少，甚至有几个股票出现大跌，就要小心了。情绪传递规律我们反复讲过，上涨的股票对下跌的股票有向上牵引作用，下跌的股票也对上涨的股票同样也有向下牵引的作用。但一般说来，后者比前者的力度要大。打个不恰当的比方，所谓的“跟好人，学好人”，其实“好人”的向上牵引力，远不如“坏人”的向下牵引力。有人跟你说，来，我们看书学习一会儿，远不如有人说，走，我们去喝一杯。人啊，天生都有向下堕落的因子。就像早上起床时，一个声音说，该起床了，好好学习，天天向上。但另一个声音又说了，管他的，再睡一会儿再说。股票也是这样，大家好才是真的好。如果有些好，有些不好，往往是不好的影响好的。当然，这是一般规律，不能千篇一律。

关于盘面主流题材的表现情况，我们还要注意涨停板是不是越来越多，如果是，那么说明这个题材方向还有机会，如果主流题材进入到高位分歧阶段或者临近炒作结束阶段，那么就要慎重，可能风险就来临，这个时候就不能贸然进攻。

（4）留意板块间资金流动情况

通常在盘面上，板块之间会形成资金的争夺。所以一定要清楚各自板块运动到了什么阶段，哪个是新题材，哪个是老题材，看懂哪个题材是高位，哪个题材是低位，是否有可能高位开始补跌，资金流向低位题材。

（5）关注盘面上涨家数以及下跌家数的数量对比，涨停家数以及跌停家数的数量变化

关注这 2 组数据的对比，通常就是在关注着盘面上情绪的动态变化。当涨停家数增多而跌停减少时，往往孕育着机会，相反则意味着风险。当然上涨家数增多而下跌家数减少也意味着盘面上的状况越来越好，也孕育着机会，相反就是风险。我们在《天时篇》讲过，大盘指数是短线情绪的重要组成部分。如果前一天上涨家数少、下跌家数多，第二天突然发生变化，下跌的少了，上涨的多起来，指数情绪会助推短线情绪由弱转强，这时候出击往往安全性更高。

2. 短线看盘第二原则：察联动

①个股与个股之间会相互影响。某些个股大涨，会带动其同属性的股票上涨。比如当年炒作四川双马的时候，带动了股权转让的票大涨，形成了巨大的赚钱效应。资金的本质都是逐利的，但某些类型的股票产生了重大的赚钱效应的时候，跟风的股票就会越来越多，所以如果市场上出现了大涨的票，我们就要认真观察，是否会带动相关类型的股票，是否能形成板块效应，有时需要在盘中及时寻找机会上车。但多数时候是通过盘中观察和盘后静态复盘后，再制定交易计划。

②盘面上有时存在多个并列的主流题材炒作。若是盘面赚钱效应良好，市场资金充沛，那么通常情况下多个题材能够同时炒作。但若是某个题材的个股已经炒作到了高位，或者该题材的龙头已经运行到高位有风险的时候，通常也会对平行板块的龙头产生影响，这样的情况在盘面上经常可以看到，这就是规避风险的时候，通过横向的对比来判断机会和风向，利用市场的情绪传递规律来进行预判。

③市场领涨股对整个盘面的影响。龙头股对市场短线炒作的影响力巨大，这是毋庸置疑的。当某个题材的某只股票强势领涨的时候，市场上往往会有很多同属性的跟风票一起涨，盘面比较活跃；当这只龙头股

涨不动的时候，跟风股往往已经开始下跌，高位龙头股出现滞涨的信号对高位的跟风或者题材分支龙头都会产生负面影响。

3. 短线看盘第三原则：抓重点

在股市里面，每天的机会都很多，每天也有很多的涨停板。有开盘就秒板的，有尾盘涨停的，有早盘一个小时前涨停的，有公告涨停的，也有因为新消息刺激的题材或者原有题材板块继续进攻而涨停的。总之，市场有 3700 多只股票，如果不管三七二十一，胡子眉毛一把抓，没有头绪，不但没有效果，而且身心疲惫。那么什么是重点呢？我们做短线投机，无非就是要寻求最大化的利益和相对安全的进场点。所以，重点就在于以下两个方面。因为这个方面，就体现了进场点的安全和寻求最大化的利益。

①反映市场氛围的数据变化。比如开盘就涨停和跌停的家数，上涨家数和下跌家数的数据变化，跌停家数和涨停家数的数据变化。总之，我们力图在大盘环境好的时候出手，才是正确之道。道理很简单，大盘环境好，市场氛围好，封板率高，最起码当天是安全的。

②主流板块及板块龙头。当然这里的主流板块，往往是前一天的热点，我们要重点观察其持续性。同时注意领涨板块与领跌板块的演变，一般来说，领跌板块只注意其龙头，龙头倒了，板块基本就也那样了。就像 2019 年 10 月 8 日业绩预增题材开始炒作，龙头是天顺股份，到了 10 月 15 日天顺股份开盘就下杀，龙头倒，那这个板块大概率就结束了。

除了主流板块龙头股，一般说来，每个周期差不多都有一个市场总龙头，还有一些因为公告利好产生的连板妖股，这些股票对整个市场来说，差不多相当于象棋中的“棋眼”，起到“牵一发而动全身”的作用，也是我们看盘时需要重点关注的。

4. 短线看盘第四原则：重细节

什么是重细节？初学者开始从事短线交易的时候，对细节这方面的重视程度是很不够的，所以导致自己失去了很多的机会，也被市场深深地教育。细节至少包含以下方面。

①龙头股的走势。跟预期比较起来，他的开盘幅度，量价情况是否符合预期。如果跟预期相差太大，那么就要谨慎小心。如果手里持有龙头，就要准备好对策，是继续持有观察还是准备卖出。如果手里持有的是跟风股，那么更要根据龙头的情况，来决定自己的操作。

②手中昨日涨停股的开盘情况。如果符合预期，那么可以继续观望，如果出现比较极端状况，那么第一时间就应该出局，保住胜利果实。这个道理好多初学者开始都不太懂，总是上当。明明前一天进场还不错的票，到第二天总是没有赚到钱，这就需要根据板块整体表现来进行判断，不符合预期的时候，甚至竞价就直接卖出，往往能卖在最高点，虽然收益不是很大，但尽量保证了每次出手的胜率大幅提高。

③个股的承接问题。如果某只个股承接出现很大问题，就要及时处理。比如分时出现瀑布线下跌，充分说明个股承接无力，就要非常谨慎。相反，如果某只票前面两天还炸板，但是接下来的承接却非常好，则体现出某些资金的意图。这一条，对于做龙头股的人比较管用。一般说来，龙头涨到一定高度，分时承接无力，表现比较凌乱时，就可以出场而无需犹豫。

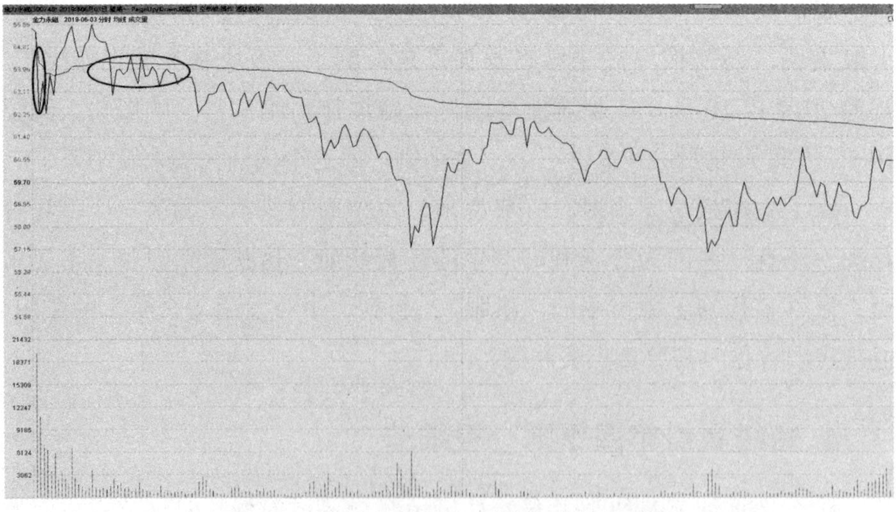

图7.12　金力永磁6月3日结束时的分时图

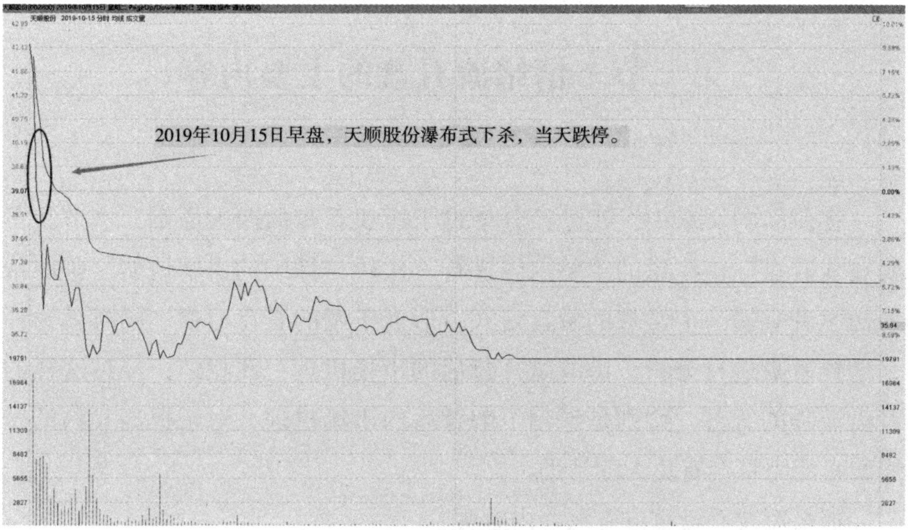

图7.13　天顺股份10月15日结束时的分时图

如图 7.13 所示，这是 2019 年 10 月 15 日天顺股份的分时图。早上一开盘，天顺股份直接下杀到水下，毫无承接。当然，对于这一只股票，也许有人说，这只股票不像金力永磁，当我们发现瀑布式下杀，准备卖出时，已经到水下了，根本来不及。其实，我认为这是不够警惕造成的。在天顺股份暴跌的头一天，即 10 月 14 日已经出现了一个新题材，而 15 日开盘，天顺差不多是接近 10% 开盘了，头一天又是缩量。有经验的情绪流选手，10 月 15 日早盘竞价就卖出了。笔者刚好做过这只股票，就是 10 月 15 日集合竞价卖出的。

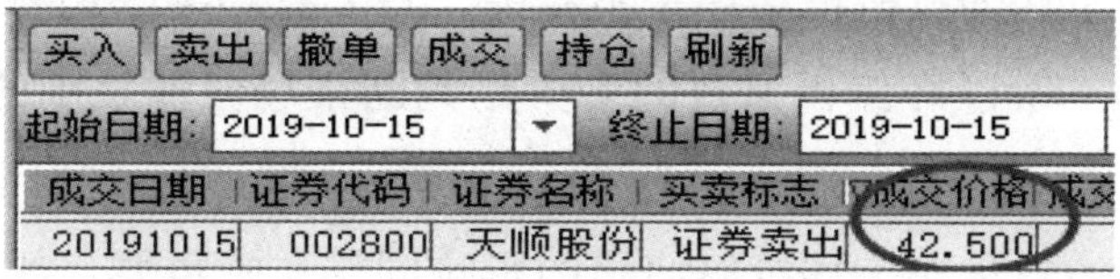

成交日期	证券代码	证券名称	买卖标志	成交价格
20191015	002800	天顺股份	证券卖出	42.500

综上所述，对于短线交易来讲，懂看盘、会看盘是非常重要的，因为盘外的消息、政策等都会通过具体的盘面呈现出来，这是我们获取信息并处理信息的重要途径。短线看盘，上文中我提出的四个原则非常重要，按照这几个原则来看盘，我们的实战看盘能力将会获得很大的提高。

第三节　情绪流看盘的主要内容

在前面的文章中，我已经分享过了短线看盘的四大原则，本节我再就短线看盘应该注意的主要内容进行一次较为详细的讲解说明，争取帮助初学者掌握一个常规的看盘定式，形成正确的看盘习惯。同时就为什么这样看盘进行分析，讲清楚其背后的市场机理，我相信，经过这样的看盘流程的练习，特别是深刻了解背后的市场机理，对于提高我们的短线看盘能力将会有莫大的帮助。

那么短线看盘重点有哪些内容呢?

1. 涨停板家数，跌停板家数，上涨家数，下跌家数

涨停板数量代表市场短线投机资金的活跃程度，涨停家数越多，市场越活跃。红盘个股越多，代表市场行情越好，这些都是最基本的数据。试想：如果市场的个股大多是绿色的，红盘的很少，那说明盘面跌的股票多，肯定投机情绪不大好。而涨停板比较多，则说明短线资金的活跃程度很高，我们做短线的，一般都是以做涨停板为主，显然在涨停家数多的局面下，机会才更多，相对更安全。

当然，有的时候市场红盘家数很多，从短线角度来说也未必好操作。但至少说明市场的投机情绪还是不错的，只要有相关的题材，游资也是敢于出手的。所以涨停板家数的多少是判断市场整体氛围的一个基础，比较重要。

跌停板的数量对市场投机情绪的影响同样非常重要，如果市场上出现了超过 5 家以上的跌停板，那么市场的做多情绪会受到一定程度的打击。这个时候就要谨慎。道理很简单，红彤彤的涨停让人兴奋喜悦，绿油油的跌停让人心生恐惧，市场一旦出现了较多的跌停，短线选手自然会想，这是怎么了？会不会跌停的越来越多？股市惨跌的场面会自然浮现在脑子里，这样一来，卖的人多了，买的人少了。如果这时候不谨慎，

买了票以后，谁来接盘呢？

总之，市场的情绪本来就是相互传递、相互影响的，如果涨停的家数不断增多，那么跌停的或者大跌的就会减少。相反，如果大跌的票增多，那么涨的就会减少，我们在实际的操盘过程之中，要时刻关注着上涨家数、下跌家数对比情况，涨停家数、跌停家数的对比情况，时刻了解市场的情绪变化状态。

2. 昨日涨停个股今日表现

昨日涨停的票第二天多数平开无溢价，甚至出现多只低开的情况，则说明短线接力情绪出现了很大问题，出现这种情况的话需要立马引起我们的警觉，脑海中的第一反应就是风险来临，如果昨晚上做的操盘计划里面准备今天要接力相关股票的，需要根据当下的情况做出改变，停止昨晚的买入计划或者减小仓位。

为什么会出现这种情况呢，原因主要有以下几点。

①题材太小没有影响力，不受大众欢迎，接力的资金看不上这个题材，导致今日无新的资金进场接力，所以个股表现为无承接，昨日的涨停题材成为一日游题材。这种情况很多，尤其是在盘面不好的时候，没有较好影响力的题材经常出现一日游的情况，通过观察这个题材相关个股早盘开盘时候的表现，大致就能判断出今日这个题材的延续性。对于经验丰富的投资者来说，看到承接不足，很多高手第一时间都会选择卖出。

②受到大盘下跌的负面情绪影响而出现盘面恐慌，多数投资者出于避险的本能便不再出手。人的本性都是趋利避害的，尤其是在股票这种金融投资领域，当出现大盘下跌情况时，很多理性的投资者都会管住自己的手，不买了。所以昨日涨停的票也就缺乏接力资金，自然会出现没有溢价或者低开的情况。

③受到国际、国内等大局势不稳的影响而产生大盘可能下跌的预期。比如 2018 ~ 2019 年，在中美贸易战不断斗法的过程中，在一些关键的时间节点位置，如：双方即将公布一些措施、举措等时间点，聪明的资

金都在等消息落地，所以在这些时候起来的题材，出现个股的平开或者低开也是常见的状况。

3. 题材板块今日表现

①昨日某个题材板块爆发涨停潮，结果第二天，多只前排品种被顶一字，而后排品种大多数低开，而且普遍竞价无量。在这种局面下，昨天进场的人看到后排没有支撑，都会选择兑现利润，落袋为安。我也建议读者朋友根据这个开局情况赶紧兑现利润为主，出现这种状况的原因在哪里呢？因为后排个股无溢价（甚至低开）反映出今天接力的资金承接出了问题，前排被顶一字是因为龙头战法的强者恒强，导致大家都去追击最强者，所以才会顶一字，但资金看到后排多只个股掉队的时候，大多数人肯定以兑现利润为主。这种情况出现后要立马兑现利润。在笔者多次的实战经验中，遇到这种情况，竞价卖出一般都是最高点。

试想一下，如果你还在等，会出现什么情况？市场上这些做短线的人都很聪明，你不跑，他们看到这个情况可是马上就要跑，砸盘的人一多，股价马上就会向下掉，还在犹豫的那些人，看到股价快速下跌，立马跟着砸盘，导致股价更加快速下跌，这时候，你跑还是不跑？所以我们经常看见的那些瀑布线暴跌，就是由于这些短线投机者的不理性行为所导致的，也充分说明了多数人不看好这只票。

②题材板块内多数个股出现大幅低开，尤其是昨日比较强势的涨停板或者一字板，出现了低开或者高开仅仅在 1 ~ 2 个点以下。这种情况就更加糟糕了，很有可能预示着今日风险的来临，也预示着题材的持续性难以为继，基本宣告题材的炒作结束。但有时候，也有低开后被资金继续强势攻击的情况，这个就需要对题材进行综合性的分析，一般大、新、强的题材可以高看一眼，否则都应该将题材当作小级别的题材来看待。我们做投资，要做一个保守的投资者，而不是一个激进的投资者，只有保守，才能在这个市场上活得久。正常来说，当昨日涨停板块内多数个股出现大低开的局面时，应该快速果断地止损出局。

很多人总想等等看，总想等拉起来再跑，但很多短线投机的人都在想着跑，而且在盘面已经走坏的局面下，谁来拉起？大多数人都在等拉起的时候，谁来拉起？初学者总有一厢情愿的执念，可以理解，很正常。但无数次的实战经验表明，应该第一时间止损走人。三十六计，走为上计！尤其是在如今短线投资的模式趋于同质化的今天，特别是在市场没有增量资金的局面下，几乎都是高手在场内 PK，大家拼的就是理解力和执行力，你不快人一步，就要蒙受更大的损失。所以，执行要果断，最忌迟疑。天下武功，唯快不破。

所以，如果题材板块内多数个股，在第二天出现低开下跌的走势，往往预示着风险已然来临。如果你很不幸还套在里面，建议就是要快速止损。有的题材会有所反弹，而有的题材则不会反弹，这要视题材的大小强度而定。如果在市场环境不好的情况下，那么这个题材炒作基本就是一波流，后面就算反弹，力度也会很小，一波下跌在所难免。情绪的退潮阶段是亏钱效应最严重的阶段，题材炒作的过程素来如此。比如氢燃料电池的炒作就是如此，在经历了美锦能源、全柴动力的炒作高潮之后，市场又至少出现了 3 次炒作，都是第一天爆发多只涨停，第二天几乎都没有溢价，连续出现几次，搞得大家的接力意愿明显下降，况且氢燃料还是盘面的主流题材。这充分说明，过气的题材不应该太认真对待，题材要新，要有影响力，第一次炒作最好。就像结婚，还是只结一次好。第一次总是充满激情，宾朋满座。再婚也就那样，自己厌倦，宾客也不愿来了，因为成了旧题材，没啥新意，自然就没有参与的热情。比方未必恰当，重点是领会这个意思。

4. 盘面人气股的表现

这里的人气股包含盘面的高标、题材龙头以及在某段时间引领盘面情绪的个股。当然，这也需要对盘面的情绪板、人气股有一定的判断能力。

一般情况下，短线炒作都将盘面的高标股当作是市场的龙头（不管你认可不认可，但是市场上就是有这么一大批短线客会这样看），龙头的高度代表着市场短线资金的情绪，龙头高度越高，短线投机的情绪越亢奋。龙头对市场的影响是巨大的，大多数短线投机者都将龙头视为影响情绪的重要参考指标，所以我们需要顺从这个法则，重视这个法则，因为这个法则会影响到很多短线投资者的心理状态。

我们在市场上参与短线投机，有时候不要过于认真，要理解大多人的心理状态，因为他们可能会是我们的盟友，也有可能是我们的对手盘，所谓知己知彼百战不殆，对于市场上这些活跃短线资金的心理状态的了解是我们必须要去把握的。每一次高位龙头倒下，意味着一轮题材炒作的结束。贸易战的丰乐种业、国产系统的实达集团、稀土反制的金力永磁，等等，每一波行情一定会出现一只领涨股，他们的表现对市场短线情绪的影响是巨大的，他们结束的时候，市场也会作出剧烈的反应，务必要重视他们对短线市场的情绪影响。

关于人气股，举一个比较特别的例子，有些股票前一天比较弱，或者涨停时间比较晚，但第二天却强势快速涨停，这些票我们定义为超预期的股票，也是挺有人气的。但这样的人气股，如果第二天走得不太好，反过来又会打击人气。

一旦出现 2 只以上的人气股崩溃，盘面大概率好不到哪里去，风险大大增加！试想：既然叫人气股，说明是众望所归，大家都看着呢。如果人气股第二天表现不好，对人气的打击是巨大的，还有多少短线资金愿意冒着巨大的风险继续追击呢？短线资金都是很聪明的，但同时也是相当敏感的，一旦盘面出现风险和亏钱效应，躲避风险是他们的第一本能反应，这从投资者的心理层面反映出人气股对整个市场情绪的影响。

5. 封板率、炸板率的表现

所谓封板率，是指今天成功封住涨停的股票跟所有触及涨停的股票的比值。封板率 + 炸板率 =1。封板率高，自然炸板率就低，封板率低，炸板率就高。封板率、炸板率是短线选手关注的重要指标，如果封板率低，说明打板后容易炸板，人的恐惧心理就会油然而生。所以，这种情况下还是要控制情绪，不要冲动。一般来说，封板率在 70% 以上才比较正常。

6. 前期强势股的表现

前期强势股，比如前期市场总龙头，一些因为公告利好而上涨的高位板，前期各板块的龙头股，比较强势的跟风股。这些股票虽然好像是“过去时”了，但毕竟在前期给人留下了深刻的印象，人是有记忆的。就跟美国前总统奥巴马、前国务卿希拉里一样，虽然下台了，但他们的一言一行，还是相当有影响力的。

如果前期强势股一股劲地跌，想想看，吓不吓人？必然会引起相当一部分人的恐惧和疑惑，从而延缓入场或减小仓位。反过来，前期股如果回暖，自然会引起人们美好的回忆，人心情一好，手就活络起来，手一松动，资金就进场了。短线要赚钱，肯定是希望入场的人多，市场成交量大，这样机会才多。在牛市还好，如果在熊市，前期强势股不止跌，市场情绪就很难恢复。

综上所述。上述六个方面的内容，是短线选手看盘所必须关注的重点内容，这些内容以及其背后的市场机理分析，全部来源于实战，绝非纸上谈兵！

第四节　情绪流复盘的三大类型

复盘原本是围棋术语，本意是对弈者下完一盘棋之后，重新在棋盘上把对弈过程摆一遍，看看哪些地方下得好，哪些下得不好，哪些地方可以有不同甚至是更好的下法等。把对弈过程还原并且进行研讨、分析的过程，就是复盘。通过复盘，棋手们可以回到当时，全面梳理整个对弈过程，进一步探究棋局的演变，总结出经验教训。

古今中外每一位棋艺大师无不以对局复盘作为提高棋艺的不二法门，中国最古老的棋艺理论开山之作《棋经十三篇》在开宗明义的第一篇中就说：

局方而静，棋圆而动。自古及今，弈者无同局。《传》曰："日日新"。故宜用意深而存虑精，求其胜负之由，则至其所未至矣。

什么意思呢？棋盘方正不动，棋子圆而移动，从古至今，所有的对局是没有完全相同的。《传》说："日日新"，在对局中每天有新变化，因此要认真专注地分析思考对局胜负的原因，这样就能够达到前人所没有达到的棋艺水平。说的就是复盘的重要性。著名世界冠军卡斯帕罗夫在他的著作《时间的考验》一书中，也同样强调了复盘对于提高棋艺水平的重要性。通过复盘探求对局胜负的原因，是棋手提高棋艺水平最主要的修炼功夫。

刚好网上有则关于复盘的故事，发人深省。

一位叫柳生的少年，在当地围棋界已经无敌手，于是前去挑战天下第一高手——棋圣宫本，但三局皆败，便欲拜宫本为师。宫本说，请回去把我们今天下的三盘棋好好研究复习，明年这个时候，再来找我。第二年，柳生再次拜访，请求棋圣收他为徒。棋圣说，我们再来下一盘吧。一年来少年虽棋力大增，但依然败下阵来。宫本说，你花一年时间好好研习我们这一局，明年这个时候，我会答应你的请求。

柳生心想，这一局有很多妙棋，确实需要好好研究一下，况且研究去年的三盘棋让他收获很多，这时他隐隐觉得棋圣的要求似乎有深意。于是他回去后，更加仔细研究，每一手棋都推敲了不下百次。他反复进行沙盘演练，考虑每一手的无穷可能性，并写下心得。到了约定的日子，柳生再次前往求师。宫本还是要求与他再战一局。两人酣战到天黑再到天明，最后柳生胜宫本半子，终局。他当即跪倒在地，再次请求拜师。棋圣说，两年前，我已收你为徒，今天你可以出师了。

这则故事对短线选手有什么启示呢？我个人的体会是：复盘的重要作用在于，在没有人师的情况下，我们就只有跟市场学习，通过跟市场学习后，提炼出规律、方法、技巧，来纠正自己的错误，并指导今后的行动。总之，复盘就是学习总结，是以市场为师，以自己为师。短线选手不就是这样吗？人师难求，只有靠跟市场学，跟自己学。

笔者勉强也会下象棋，当年上大学时，书没认真读，棋倒是下了不少。当时我们班上有位同学出身象棋世家，爷爷、父亲、哥哥，都曾是当地的象棋冠军，所以下棋很是厉害。大家都下他不过，很是郁闷，有一天他说了，谁能当着全班的面，叫他一声师父，他就教他怎么下棋。一直到今天，每每下棋，就会想起我这位同学，为啥呢？因为开局这几步，都是拜他所赐。

当时跟他学棋的好几个同学，开始大家的水平都差不多，但最后还是笔者水平略高一筹，大家都不服气，不明原因。我就说，谁当众叫我一声师父，我就教他，结果没人叫。呵呵。其实原因在哪呢，一般人学下棋，喜欢研究"开局起手式""布局陷阱""杀局套路"等，这些固然重要。但真正要提升下棋的功力，还得靠复盘。有时候老师在上面讲课，笔者脑子在复盘呢。

复盘，其实就是总结，就是不断地把经验变成能力。毛主席曾经说，任何组织，一要团结，二要总结，我就是靠总结两个字吃饭的。当年红军，绝大多数都是洗脚上田的农民子弟，为什么战斗力那么强，涌现出一大批优秀的指挥员，原因很多，但跟红军喜欢战斗总结的传统分不开的。本节我们谈到的每月复盘，不就是主要指每一次板块运动的战斗总结吗？

有一本书，名字就叫《复盘》，据说是联想集团柳传志亲自审读并指导修改的，可见企业家对企业发展过程的总结也是相当重视。总之，不单是下棋，在军事斗争、企业经营、体育博弈、个人成长等诸多领域，充分证明了，复盘是一种能够快速提升自我水平的卓越方法，一句话，复盘是通向伟大的必由之路。总的来说，复盘有以下好处。

① 复盘可以帮助我们提炼事物发展的规律。反映在股票上，就是"强者恒强""物极必反，否极泰来""共振""龙头倒下，大概率变盘"

等规律，以及板块运动的类型及规律。

② 复盘可以帮助我们熟悉具体事物发展的可能变化。反映在股票上，就是要通过复盘了解当时的市场环境，及板块运动的各种变化。

③ 复盘可以让我们从经历中提炼出经验，并指导今后的行动。反映在股票上，除了包括上述好处外，还可以提醒我们总结失败教训，尽量杜绝再犯同样的错误，绝不在一个坑里跌倒两次。

④ 复盘可以让我们优化工作流程，提高工作效率。反映在股票上，就是让我们优化情报收集、盘前准备、看盘复盘的流程，做有用功，有高效率。最终提高我们决策的胜率和实际绩效。

古人云：世事如棋局局新。仔细想想，股市不就是一局棋吗？下棋，是两个人对弈；股市，是无数人混战。只要是博弈，都有规律和技巧。所以，跟下棋一样，要想掌握股市的规律和技巧，提高股艺水平，就少不了复盘。很多散户朋友炒股很多年了，但我们扪心自问，复过盘吗？复过几次？如果长线操作还好，但如果是短线操作，如果不复盘，那就相当于是“盲人骑瞎马，夜半临深池”，一定会亏得吐血，所以，建议短线初学者一定要学会复盘。对于有一定基础的短线选手，虽然也懂得复盘的重要性，但是又并不得法，近几年由于互联网的兴起，很多公号、大 V 也有讲短线，但并不系统全面，至于复盘，也总是一带而过。有感于此，笔者根据自身的实战经验来谈一谈复盘的三大类型。

笔者把复盘分为三大类型。一是每月复盘，二是盘后复盘，三是盘中复盘。一般人指的复盘，往往是指盘后复盘，忽略了盘中复盘，至于每月复盘，更是鲜有提及。

1. 每月复盘

每月复盘的重要作用，在于回顾总结，提炼规律。很多短线爱好者都有一个共同的感慨：求学无门，只能靠自学。笔者当初就是这样，心中那个苦闷，谁经历谁知道！怎么办呢？有一天晚上我就想，人类刚开始发明股市那阵，跟谁学呢？红军时期，好多从来没上过军校的农民，最后却成为优秀的指挥员。他们是怎么学习的呢？战争中学习战争！对所有人来说，其实真正的老师只有一个，那就是市场。

而每月复盘，就是让我们向市场学习。主要目的是反省与学习，通过总结过去成功的经验和失败的教训，启发和指导未来的投资，帮助防范未来投资时可能面对的风险。说起来似乎都是人人能懂的大道理，但是，“做与不做，做得如何”却是短线水平能否快速提高的关键所在。每月复盘的重点是什么呢？

①回顾总结在过去一个月发生的板块运动，并提炼规律。本书第三部分《股市天经》中，王求道就是在“磨剑楼”客栈，通过七天的复盘，向市场学习，最后提炼出了“独孤九剑”。不过小说毕竟是小说，七天的时间肯定夸张了。当然，对于板块运动的总结每周一次总结回顾也是可以的，甚至是每次板块运动结束后就开始总结，也是可以的。笔者发明了一个新名词叫“倒推复盘”，意思就是，如果时间倒流回去，正确的交易应该是怎样的，然后多问几个为什么。

②每月复盘的内容，除了对板块运动进行总结提炼外，另外就是对市场情绪周期进行一个梳理回顾。有时候，离事发时间太近，容易当局者迷，过一小段时间回顾总结，就旁观者清了。

2. 盘后复盘

一般人说的复盘，就是指每天都必须坚持的盘后复盘，就是股市收盘后再静态地看一遍市场全貌。白天动态盯盘时肯定有好多情况来不及观察、来不及总结，在收盘后或者晚上某个时间，需要你重新对市场重描一遍，更了解市场的整个变化，从而对第二天的交易作出计划。盘后复盘主要分两个环节。一是盘面回顾，观察记录；二是沙盘推演，初定计划。关于盘后复盘，下一节将进行详细阐述，这儿就不展开了。

3. 盘中复盘

前面我们比较详细地讲了短线看盘的主要内容，比如：上涨家数、下跌家数的数量对比；涨停家数、跌停家数的数量对比；昨日涨停板块总的表现；连板家数及各题材板块的表现情况；市场龙头及高位人气股的表现情况；封板率、炸板率的表现情况；前期强势股的表现情况等。这些是短线看盘的主要内容，同时也是盘中复盘的重要内容。那为什么要再提出盘中复盘呢？

在实战中，很多短线选手，尤其是初学者，虽然全天坐在电脑前，但很容易被盘中突发的涨跌所吸引，甚至只是紧张兮兮地盯着自己买过的股票，往往只见树木，不见森林。这样下去，时间一天天过去，而股艺长进很是缓慢。所以，要有意识地训练自己在观大局的前提下，再抓局部重点。

除了昨日主流题材板块的表现，新题材的表现也需要留意。比如2019年10月17日这天，昨日主流板块“澳交所”开盘，整体即见衰败之势，高位板恒基达鑫低开。

行情报价 资金驱动力 资金博弈 DDE排名 多空阵线

	代码	名称	涨幅%	开盘%	涨速%	流通市值Z	开盘金额	封单额
1	000532	华金资本	9.97	9.97	0.00	24.37亿	6201万	7896万
2	000676	智度股份	5.80	2.77	0.12	38.22亿	703万	–
3	300052	中青宝	8.56	1.50	0.07	19.90亿	1261万	–
4	300178	腾邦国际	-2.74	1.20	0.18	22.23亿	1036万	–
5	002243	通产丽星 R	0.18	1.01	0.00	29.78亿	135万	–
6	300686	智动力	2.04	0.68	0.00	18.07亿	671万	–
7	300297	蓝盾股份T R	-1.69	0.31	0.79	42.16亿	249万	–
8	300273	和佳股份 R	-0.56	-0.19	0.38	28.11亿	127万	–
9	300620	光库科技	-3.94	-0.19	0.03	9.11亿	349万	–
10	002031	巨轮智能	-1.98	-0.50	-0.49	31.51亿	58.45万	–
11	000056	皇庭国际	-3.67	-0.97	0.00	15.47亿	749万	–
12	000606	顺利办	-1.50	-1.00	-0.16	30.66亿	72.47万	–
13	300304	云意电气	-1.04	-1.04	-0.51	18.74亿	72.31万	–
14	000068	华控赛格	-5.66	-1.09	-0.22	22.54亿	218万	–
15	002930	宏川智慧	3.06	-1.13	0.00	22.71亿	329万	–
16	002319	乐通股份	-6.92	-1.29	0.20	14.93亿	320万	–
17	002325	洪涛股份 R	-2.12	-1.52	0.00	23.87亿	440万	–
18	000987	越秀金控 R	-4.66	-2.04	0.00	40.80亿	611万	–
19	300350	华鹏飞	-4.92	-3.02	-0.16	14.09亿	298万	–
20	300083	劲胜智能	-4.91	-3.07	0.00	30.42亿	514万	–
21	300246	宝莱特	-1.97	-3.45	-0.06	12.70亿	868万	–
22	000659	珠海中富	-8.01	-3.85	-0.34	27.10亿	193万	–
23	002492	恒基达鑫	5.82	-4.48	0.85	15.83亿	2082万	–
24	300242	佳云科技	-9.96	-4.55	0.00	15.83亿	985万	309万
25	002141	贤丰控股	-7.34	-4.59	-0.24	18.88亿	1498万	–
26	002835	同为股份2	-5.77	-4.67	0.00	10.14亿	598万	–
27	002209	达意隆	-9.79	-4.70	0.29	7.86亿	542万	–
28	002101	广东鸿图	-2.03	-4.82	0.00	16.81亿	345万	–
29	002181	粤传媒1 R	-4.82	-5.78	0.61	18.28亿	686万	–
30	000533	顺钠股份	-9.79	-5.93	-0.64	12.76亿	921万	–
31	600393	粤泰股份	-9.91	-6.81	-0.33	26.43亿	3731万	–

图7.14 板块表现

如图7.14，开盘即见，这个板块大概率是结束了，果然最后全天只剩一棵独苗华金资本，其余全部阵亡。但是在前一天晚上，传出了一个新题材：治理现代化。10 月 17 日早上《人民日报》发了一篇文章《用大数据助力治理现代化》。

集合竞价时，科创信息一字涨停。这就预示着这个板块大概率“有戏”。有经验的情绪流选手差不多就该做好准备，上车昨日涨停的中电兴发了。开盘后，华星创业、天夏智慧很快涨停。接着昨天高一个身位的中电兴发也跟着涨停了，那这个题材板块效应就具备了。最后全天有 7 只个股涨停。但第二天，即 10 月 18 日，题材“治理现代化”整体表现不行，预示着这个板块大概率也结束了。但这是另一回事，如果展开来说就是另一话题了。

人民日报：用大数据助力治理现代化

2019年10月17日07:39　来源：人民网-人民日报　分享到：

“要运用大数据提升国家治理现代化水平”“要建立健全大数据辅助科学决策和社会治理的机制，推进政府管理和社会治理模式创新”，习近平总书记的重要论断，为推进国家治理体系和治理能力现代化打开了一条技术赋能的路径。用数字技术变革来推动治理变革，中国在这方面走在世界前列。

在人类漫长的文明史上，从农业到工业，从刀耕火种到声光化电，每一次技术变革都会带来人类的组织方式、治理方式和制度体系的变革。未来十年，是整个数字经济转型的关键时期。可靠易用的云、更加智能的大数据、云端一体的智联网和随时随地的移动协同这些关键技术，既是数字经济发展的基础设施，也在重塑我们的需求、生产、供应、消费以及整个社会的治理方式。我们正处于“数据智能化”和“治理现代化”的交融交汇阶段，现代的信息化技术融合先进的服务理念，能够推动数字政府进一步发展，助力治理现代化。

运用大数据提升国家治理现代化水平，能够为百姓提供更加便捷的公共服务。比如浙江推进“最多跑一次”改革，通过统一的云平台、政务中台、大数据平台，实现了部门之间的数据共享，打破了信息孤岛和条块分割，很多事情可以一网通办。比如福建推动“马上就办”掌上便民服务，通过对接数字福建公共平台，构建全省一体化掌上便民服务大平台。“江苏政务服务”“云端武汉”“内蒙古i税服务平台”……各地在推进“互联网+政务服务”方面不断创新，日益实现政务服务“一网、一门、一次”的目标，“让百姓少跑腿、数据多跑路”，给群众带来实实在在的获得感。

图7.15　《人民日报》文章

综上所述，带着盘中复盘的想法，可以帮助我们更全面地去看盘。从而作出正确的决策。

很多短线选手看盘就是上下午各 2 小时，中午呢就不管了。笔者认为，中午用 10 分钟时间，简要复盘一下还是有必要的。除了反映市场氛围的相关数据、新老题材板块的变化情况，还应该特别注意午间的公告。举个例子，2019 年 10 月 21 日如何抓住东宝生物。

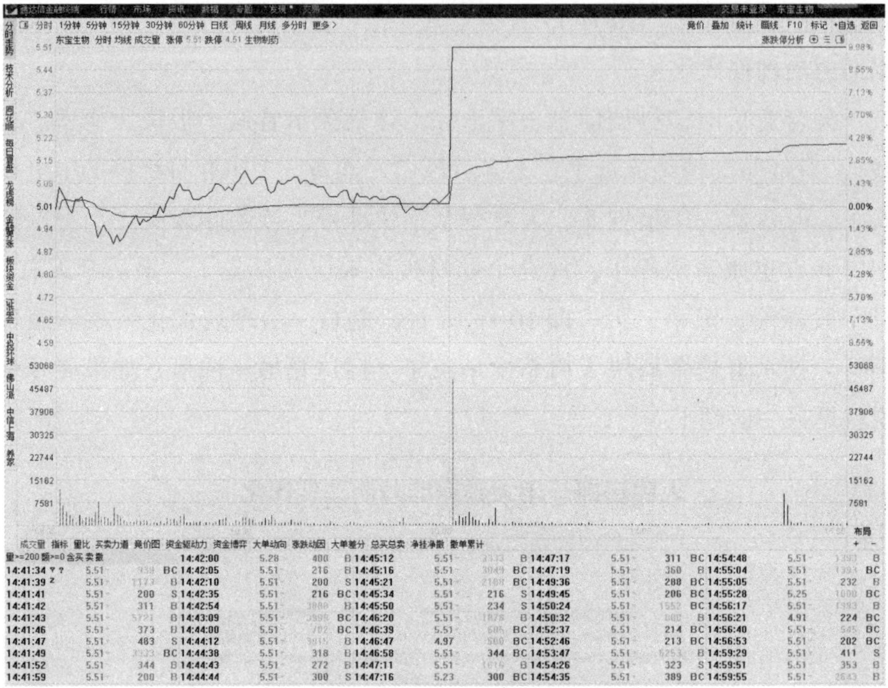

图7.16　东宝生物分时图

如图 7.16 所示，这是 2019 年 10 月 21 日东宝生物的分时图，从图上可能看出，下午开盘后，一根直线直冲云天，秒板。你还在想，这是为什么呢？你还没弄清楚，已经涨停了，哪里还来得及？到底啥原因呢？如果你中午复下盘，看看公告，自然就有所准备，就来得及了。

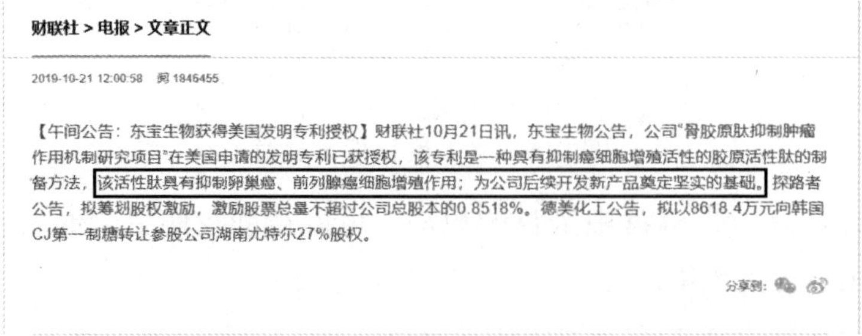
财联社 > 电报 > 文章正文

2019-10-21 12:00:58　阅 1846455

【午间公告：东宝生物获得美国发明专利授权】财联社10月21日讯，东宝生物公告，公司"骨胶原肽抑制肿瘤作用机制研究项目"在美国申请的发明专利已获授权，该专利是一种具有抑制癌细胞增殖活性的胶原活性肽的制备方法，该活性肽具有抑制卵巢癌、前列腺癌细胞增殖作用；为公司后续开发新产品奠定坚实的基础。探路者公告，拟筹划股权激励，激励股票总量不超过公司总股本的0.8518%。德美化工公告，拟以8618.4万元向韩国CJ第一制糖转让参股公司湖南尤特尔27%股权。

分享到：

图7.17　财联社资讯

总之，带着盘中复盘的想法，能帮助我们更全面而具体地看懂盘面，同时做出具体的决策，又能大量节约晚上复盘的时间。当然有一定经验后，并不要求四个小时都坐在电脑前，特别是行情不好时，盘面一片肃杀，呆呆地看着，徒费心神，不看也罢，自然也就谈不上盘中复盘了。

第五节 情绪流每日复盘的主要内容

上一节我们反复强调了复盘的重要性。对于一些非专业的投资者而言，可能还没有复盘的概念。生活中，我们常常见到很多股民朋友，聊起天来，天上知道一半，地下全知，也算是十几年的老股民了，但这么多年下来，好多人都没有系统性地复盘过，即便是中长线模式，也是需要复盘的啊。至于说短线，没有复盘，或者说只是简单的复盘就开始操作，这跟赌博有什么区别呢？这对自己是不负责任的。

当然，许多短线选手可能不太明白复盘的重要意义，也没有具体的复盘方法。复盘有三种类型，一般人注意的是每日复盘，确实，每日复盘就是指路的明灯，甚至可以这样说，一年365天，可以一天不吃饭，但不能一天不复盘。本节就根据笔者的经验来谈谈如何系统性地进行每日复盘。

什么是每日复盘呢？每日复盘指的是对反映当前市场环境的各项数据进行梳理与分析，了解当下市场的信息题材，对市场的主流热点、相关个股等进行推演分析，为第二天的交易做好准备工作。总结起来三句话：①感知环境；②盘面回顾，总结记录；③沙盘推演，制定计划。

多数短线选手，只重视盘面回顾、总结记录，其他都忽略了。俗语说："杀猪杀屁股，各有各的道路。"话虽如此，但如果不该忽略的忽略了，这会影响到股票的交易。下面，我们就详细地谈一谈这三个方面。

1. 感知环境

把感知环境放在第一位，主要是要说明市场环境的重要性。市场环境是短线交易的前提条件，什么意思？我们先打个比方。

运动员玩帆板冲浪，往往是以大海没有恶劣气候为前提的。一个人经商做生意，往往是以国家安定这个大环境为前提的。国家安定，未必生意就做得好，但如果国家不安定，兵荒马乱，生意不好做，做不好，这是大概率的事情。所以说，当今世界，哪儿有动乱，哪儿的资本就要跑路。

股票也是如此，在短线生态中，游资私募就像猎人，聪明的猎人，总是喜欢揣摩猎物的行为心理，市场环境不好，多数猎物是不出来活动的，猎人自然降低了预期，出猎次数也减少了。跟随猎人出击的精明散户，也减少了。所以，如果市场环境不妙，就算是有题材，其高度也会大打折扣。

比如2019年10月中旬的题材，虽然是在情绪周期的底部，但“澳交所”题材没炒起来，而且“治理现代化”题材也走了个一日游，意味着什么呢？是题材级别不大不新不强，缺乏想象空间吗？我觉得市场情绪可能有问题了。当然，如果要找背后的原因，可能跟以下原因有关：大盘在箱体顶部；美国众议院通过涉港法案；10月18日出消息，国内三季度GDP增速减缓。判断市场环境，对我们的意义在哪呢？答：策略修正。当然有些人的策略是空仓或减少仓位，非常正确。但如果从高度板转向有资金意图的首板，也未尝不可。关于对资金意图的理解，有心的读者，可以参考《地利篇》。

sina新闻中心 国内新闻>正文

美众议院通过涉港法案 国务院港澳办强烈谴责

2019年10月16日 09:06 新华视点

蜘蛛人外墙清洗多少钱一天

蜘蛛人外墙清洗

3.0万阅读

原标题：国务院港澳办发言人强烈谴责美国国会众议院通过《2019年香港人权与民主法案》

新华社北京10月16日电国务院港澳事务办公室发言人杨光16日就美国国会众议院通过《2019年香港人权与民主法案》发表谈话，对有关做法表示严正抗议和强烈谴责。

杨光表示，美国东部时间10月15日，美国国会众议院不顾中国政府多次强烈反对，通过了由部分议员提出的《2019年香港人权与民主法案》，这种行为粗暴干涉中国内政，公然为香港反对派和激进势力张目打气，充分暴露出美国国会众议院和一些政客借打香港牌牵制和遏制中国发展的政治图谋。

图7.18　美众议院通过涉港法案

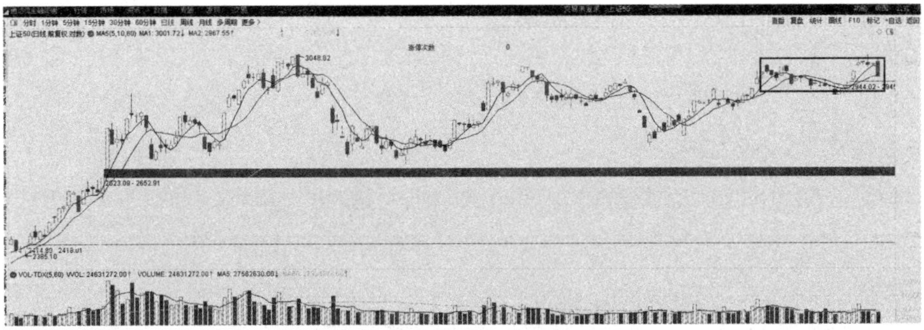

图7.19　上证50处于箱体上沿

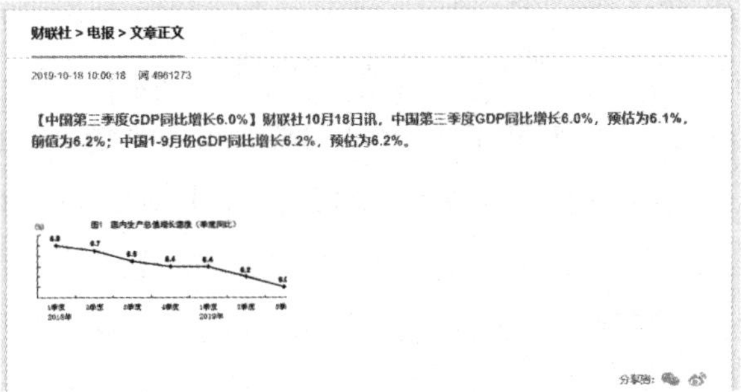

财联社 > 电报 > 文章正文

2019-10-18 10:00:18　阅 4961273

【中国第三季度GDP同比增长6.0%】财联社10月18日讯，中国第三季度GDP同比增长6.0%，预估为6.1%，前值为6.2%；中国1-9月份GDP同比增长6.2%，预估为6.2%。

图7.20　三季度GDP增速不及预期

2. 盘面回顾，总结记录

（1）大盘指数的复盘

上证指数、深圳成指、创业板指、中小板指数、上证50、中证500、沪深300，这七个指数，基本上包括了市场上最核心的指数概况。笔者在实战中一般重点关心三个指数：上证50指数、上证指数、创业板指数（注：创业板综合指数399102，比创业板指数更能反映小盘股的表现情况）。

对指数，主要是了解最近市场的重心在哪里，是在大票上，还是在一些小票上面，大票小票是都在涨还是都在跌，还是它们之间有明显的分化，如果有分化，那么还要看看是否有外力护盘的情况。同时还要关注成交量，是处于放量状态还是处于缩量状态。大致预判一下大盘的走势。我们以上证50举个例子。

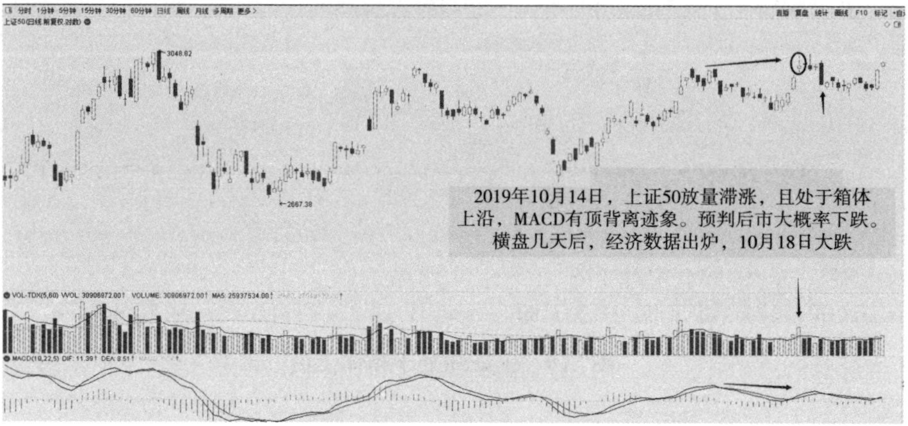

图7.21　上证50日K线图

如图 7.21 所示，上证 50 指数 10 月 14 日放量滞涨，且正处于箱体上沿，MACD 有顶背离迹象（本书《地利篇》讲过 MACD 在情绪流龙头战法中的运用，主要通过背离辅助判断指数可能的走势），预判后市下跌的可能性较大，连续横盘几天后，10 月 18 日经济数据出炉，三季度 GDP 增速不及预期，市场果然应声大跌，消化市场信息。上证 50 是大盘股，上证 50 波动，大概率会影响上证指数和创业板指，从而对市场情绪造成负面影响。我们在《天时篇》讲过，大盘指数是市场情绪的重要组成部分。

补充讲一下，关于大盘的成交量。大盘的成交量粗略地反映了参与股票交易的人数和活跃度，大盘的成交量太小，大致相当于水池的水少，养不了大鱼。留下来 PK 的都是武功高强的剑客，就看谁的剑更快，所以，熊市成交量低，机会也少。牛市成交量大，机会多，接盘的人多了，容错率也就高了。

（2）相关题材板块的复盘

一般股票的涨跌都是以板块整体运动作为一个显著特征。所以板块的复盘非常重要，在板块的复盘里面，我们能发现很多机会，因此是每日复盘的重点工作。

板块的复盘需要花费一定的时间，涨幅最高的板块代表了当日最主流的做多力量，只有跟随主流的做多力量，我们才有机会，才能在这样的板块里面寻找到符合我们要求的个股。而且板块之间有时候会出现轮动，今天这个板块涨得多，明天这个板块可以继续强势，但也有可能不再继续强势，而换作另外的板块强势。所以每天的复盘，我们都需要对热点板块、涨幅较大的板块、跌幅较大的板块进行复盘，以便第二日做出相应的决策。

那么怎么来看板块呢？我们只需要在板块指数（通达信软件里，板块指数快捷键是 15）里面按照排序点击涨幅最高的，或者跌幅最高的，就能将所有板块一目了然地看清楚，而在板块指数里面，还能看到里面涨幅最高的个股。以下是 2019 年 10 月 19 日的板块指数。

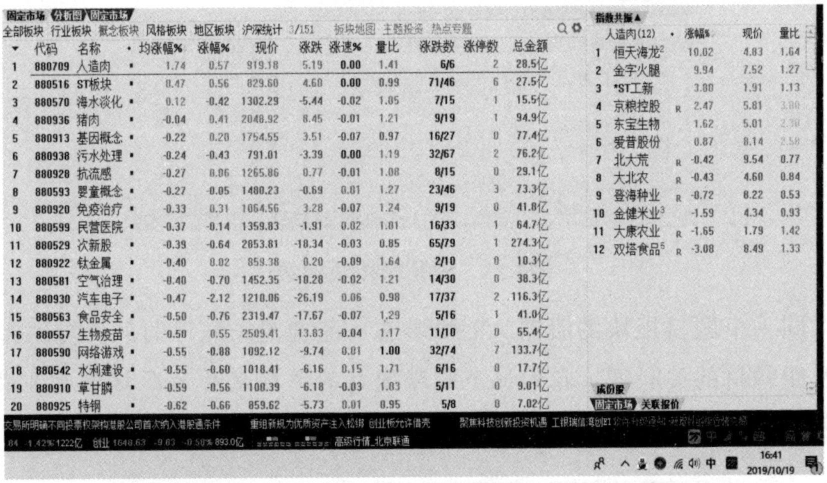

图7.22　板块指数

值得说明的是，很多时候，通达信和同花顺的板块指数只是一个参考。归根结底，我们复盘板块，始终要以“题材”为纲，比如“澳交所”这个题材，同花顺、通达信都还没有这个板块，但这个题材板块事实上是存在的，能不能炒起来是另一回事。

复盘涨停板个股，并归属于相关的题材板块是每日复盘的重要内容。目前市场上最主流的复盘公号主要就是针对涨停个股的复盘，为什么能吸引人，就是因为参照别人的复盘可以节省自己的时间。

那么涨停的股票怎么复盘呢？当日涨停的股票，除去次新股的一字板以外，凡是自然涨停的板，全部都要认真仔细地看，要把这些票涨停的原因弄清楚，是因为公告利好涨停的独立股票？还是因为相应题材涨停的？如果是相应题材的，是哪个题材？这只股票是跟风呢，还是龙头？许多股票都有多重属性，那这只股票涨停的主要原因是什么？自己有所思考后，再参照同花顺复盘或者某些复盘公号，有必要的话还可以做个备注（注：快捷键 ctrl+Q 可以在个股里面进行备注）。

板块名称	涨幅%↓	涨速%	涨停数	量比	19年涨幅	160127至今	涨家数	跌家数
1 动物疫苗	+1.10	-0.03	0	1.35	+18.63%	+18.63%	9	4
2 食品加工制造	+0.91	-0.02	3	1.45	+37.82%	+25.17%	36	19
3 乳业	+0.79	-0.02	2	1.51	+31.31%	-12.16%	11	9
4 二胎概念	+0.49	-0.04	4	1.32	+21.96%	-19.78%	23	32
5 ST板块	+0.48	+0.05	6	0.99	-15.22%	-50.61%	71	50
6 融媒体	+0.38	-0.02	0	0.85	-6.03%	-6.03%	2	3
7 医疗器械服务	+0.37	+0.01	1	1.08	+36.93%	-12.44%	32	45

同花顺指数 行业指数 概念指数 风格指数 地域指数

	代码	名称	涨幅%↓	现价	主力净量	主力金额	涨跌	涨速%	总手	换手%
1	002770	科迪乳业	+10.04	2.96	3.14	+5452万	+0.27	+0.00	94.78万	15.72
2	002557	洽洽食品	+10.00	31.89	0.50	+8054万	+2.90	+0.00	42360	0.836
3	002515	金字火腿	+9.94	7.52	0.12	+740.8万	+0.68	+0.00	81.55万	9.61
4	002695	煌上煌	+7.80	16.17	0.77	+5531万	+1.17	+0.06	20.11万	4.44
5	002582	好想你	+4.89	8.80	0.95	+3463万	+0.41	+0.00	22.49万	5.46
6	002650	加加食品	+4.13	4.03	0.63	+2427万	+0.16	-0.25	40.16万	4.24
7	603777	来伊份	+3.38	12.53	0.07	+307.7万	+0.41	+0.00	10.40万	3.08
8	603755	日辰股份	+3.05	48.95	0.33	+418.3万	+1.45	-0.06	57450	23.30
9	603697	有友食品	+2.95	15.37	0.57	+696.0万	+0.44	+0.00	10.33万	13.00

沪 2938.14 -39.19 -1.32% 1620亿 深 9533.51 -111.88

留言 解盘 股市日记 股灵通 行情 7*24小时 智能助手 开全省整治住房租赁中介机构乱象工作推进会 15:36 中国发布龙系

图7.23 同花顺板块指数

同一个题材板块的股票，K线形态、流通盘、涨停时间、分时形态以及跟题材的关联度（我们把个股跟题材的关联度称为题材硬度）最好有所熟悉，然后填入类似下图的电子表格。

股票代码	股票简称	现价(元)	成交额(元)	涨停时间	连板天数	涨停原因
二胎概念						
603398.SH	邦宝益智	11.01	1.37亿	09:41:01	2	二胎概念+粤港澳
002770.SZ	科迪乳业	2.96	2.72亿	11:30:00	1	二胎概念
002699.SZ	美盛文化	7.73	3.85亿	13:59:47	2	二胎+数字货币+游戏
300043.SZ	星辉娱乐	5.78	6.89亿	14:49:02	1	二胎概念+手游
5G、国产软件						
300302.SZ	同有科技	11.91	3.18亿	10:03:46	1	国产操作系统
300667.SZ	必创科技	32.67	1.47亿	10:10:01	1	国产操作系统
300698.SZ	万马科技	20.46	1.81亿	10:14:16	1	5G
无人驾驶						
002448.SZ	中原内配	6.24	1.39亿	09:30:16	2	无人驾驶+华为
300598.SZ	诚迈科技	79.61	8.81亿	11:29:46	1	华为+无人驾驶+强势股反
业绩预增						
600876.SH	洛阳玻璃	11.7	1.16亿	10:21:31	1	业绩预增+央企改革
300246.SZ	宝莱特	15.32	1.70亿	14:53:47	1	业绩预增
300319.SZ	麦捷科技	9.09	5.66亿	14:55:47	1	业绩拐点+华为
双十一						
603058.SH	永吉股份	8.26	0.48亿	09:30:16	1	包装印刷
300792.SZ	壹网壹创	143.06	7.04亿	09:37:16	11	电商+次新股

图7.24 复盘表格

上图是同花顺的复盘，有时候，同花顺的复盘是不完整、不全面的，但同花顺的复盘又是一个重要基础。短线选手需要自己思考，并借鉴别人的思考，弄出一个较为全面的题材板块，这是股票交易的重要基础。

（3）昨日涨停指数的复盘

通达信昨日涨停指数（880863）或者同花顺昨日涨停指数（883900）这两个指数。能把昨日涨停的股票，在今天的整体表现情况呈现出来，使得我们能够直观感知市场情绪的变化。此外，昨日涨停板块里相关个股今天的表现，也能清晰地反映出来。

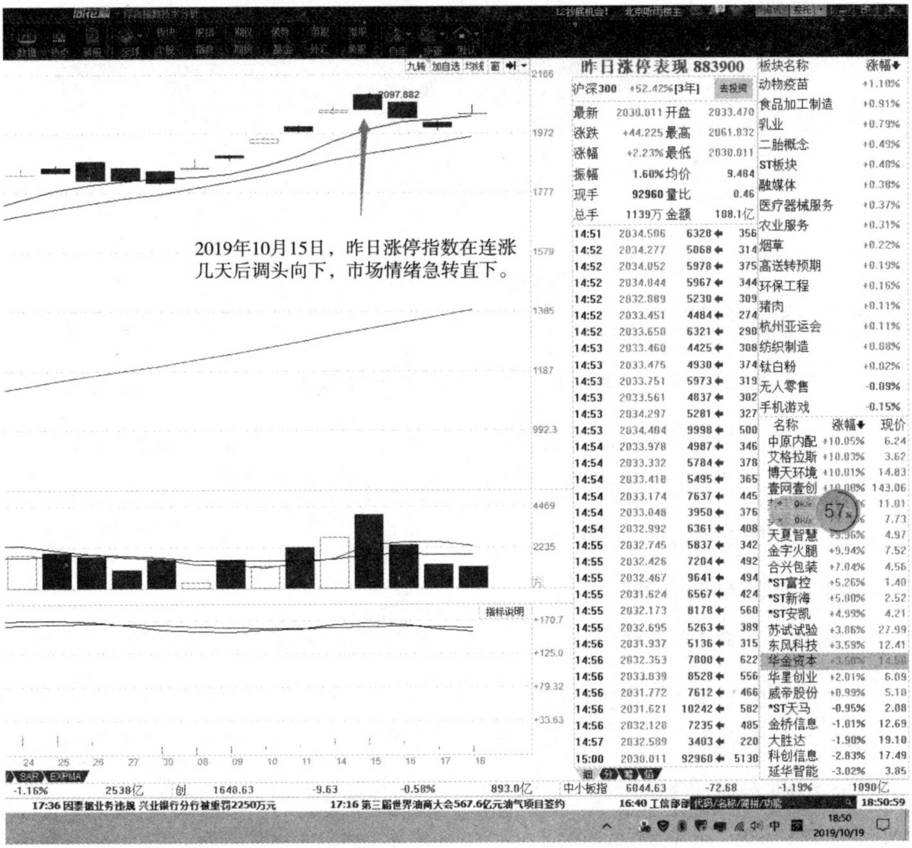

图7.25　昨日涨停指数

如上图所示，2019 年 10 月 15 日，昨日涨停指数在连涨几天后调头向下，市场情绪急转直下。我们可以通过昨日涨停指数的日 K 线直观感受到市场情绪的变化。接下来几天市场情绪的变化也能一目了然。

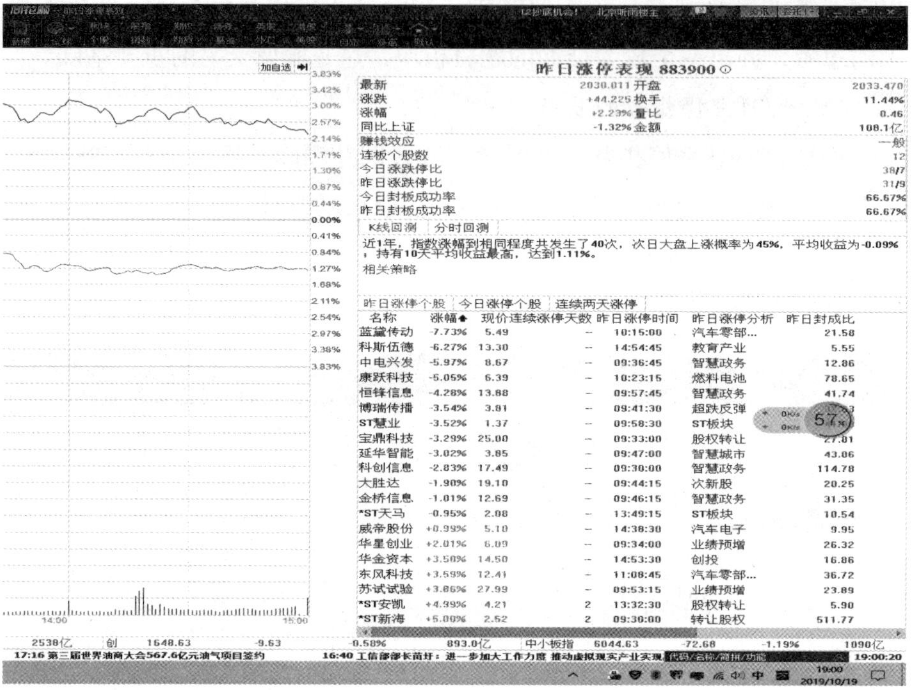

图7.26　昨日涨停板块分时图

如上图，同花顺昨日涨停板块的分时图，可以很清楚地看到昨日涨停板块个股今日的表现情况，还可以看到今日涨停个股的表现情况，涨停原因、个股高度以及封板率等。

（4）跌停板的复盘

很多人对跌停板复盘没有足够的重视，但我觉得非常重要。因为跌停意味着风险，好事不出门，恶事传千里，负面情绪最容易传递。关键要弄清楚，是谁在跌，跌了多久，还会不会跌，要做到心中有数。有的股票下跌，是因为出了利空公告，比如减持、业绩等问题。有的是龙头和强势股开始跌，这个影响就比较坏，会影响到相同属性的其他股票。

市场上由于某个利空而出现的偶尔的跌停还不足以伤害市场人气，但是，一旦出现多只跌停，或者多只大跌，就有点像“三人成虎”的故事，那么市场的炒作情绪就会受到影响，而情绪是会传递的，我们要见微知著，通过对跌停板的分析，快速地去判断风险是否来临，所以跌停板复盘很重要，能够帮我们快速甄别风险并且预防风险。

顺便说一下，我本人把 -9% 以下的通通归于跌停，这是个人习惯，仅供参考。

（5）异动复盘

这里的异动复盘，主要指针对振幅、换手率、量比、成交额等进行复盘。每天进行复盘的时候，振幅最大的前 30 名、换手率最大的前 30 名、量比最大的前 30 名的都要看看。因为这些反映了资金参与的活跃度。

对成交额大的股票进行复盘，主要看资金集中在哪些票上面，是题材股还是白马股身上。如果体现在权重股身上，而且是大跌，就要注意，个股所在的位置，如果位置偏高或破位，就可以初步判断对指数可能有负面影响，进而影响市场情绪。

（6）反映市场情绪的数据的复盘

哪些是反映市场情绪的数据呢？市场高度、涨跌比、涨停家数、跌停家数、连板数量、封板率、一进二成功率、连板存活率等。其目的就是要对市场的情绪和市场环境有清楚的认识。

也许有人要问了，既然这些数据能反映市场情绪和市场环境，为什么我们要把市场环境的复盘放在首位呢？其实大家看盘看了一天，对市场环境的变化肯定已经有了整体的大概感知，我们之所以把市场环境的复盘放在首位，其根本目的在于：市场环境是股票交易的大前提，所以要找出市场环境变化的原因，是因为这些原因导致了数据的变化，而不是相反，从而对交易策略或仓位管理作出修正。市场环境的变化可能是市场自然形成的，就像人一样，休息好了自然有精有神，而太过忙碌就需要休息。但有时候是外部原因造成的，这就需要我们引起足够的重视。

另外，我们对这些数据进行复盘，然后记录，为以后的“每月复盘”提供依据。

（7）“当日冲回”的复盘

我们先来解释一下“当日冲回”是什么意思？当日冲回，就是指当天的冲击波和回头波，初学者基本上没听说过，就笔者所知，许多短线选手也不知道这个。笔者觉得，这是感知市场情绪非常好用的一个工具。虽然在对“振幅、换手率、量比”复盘中，也能感知市场情绪，但不如这个更直观。

市场情绪要回暖，有时候，往往需要“反包股”“大长腿”“地天板”来体现。而市场情绪变坏，往往是“瀑布杀”“天地板”“大阴棒”。通过“当日冲回”，很能直观地感知发现。

（8）龙虎榜数据的复盘

龙虎榜复盘是很重要的复盘，龙虎榜数据代表着市场上最活跃资金的身影，他们是市场上最强势的资金，这部分内容是数据复盘里面很重要的一部分内容。在这里我们可以看到哪些游资席位上榜了哪些股票，他们买入的金额多少，如果有很多的游资席位都上了很大仓位，那代表着近期市场行情比较活跃，这都是能给我们启发的。

现在的龙虎榜有很多地方可以看，比如东方财富的，同花顺的，手机上的还有换手率APP等，工具比较多。

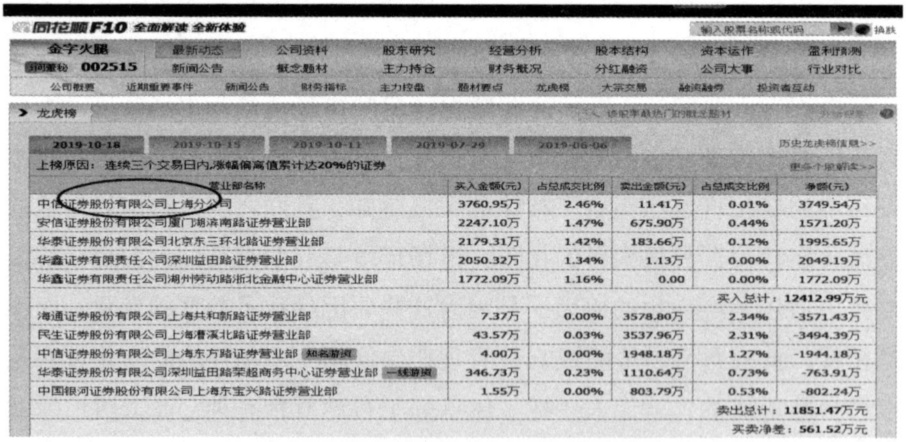
同花顺F10 全面解读 全新体验

金字火腿 002515

龙虎榜

2019-10-18 | 2019-10-15 | 2019-10-11 | 2019-07-29 | 2019-06-06

上榜原因：连续三个交易日内,涨幅偏离值累计达20%的证券

营业部名称	买入金额(元)	占总成交比例	卖出金额(元)	占总成交比例	净额(元)
中信证券股份有限公司上海分公司	3760.95万	2.46%	11.41万	0.01%	3749.54万
安信证券股份有限公司厦门湖滨南路证券营业部	2247.10万	1.47%	675.90万	0.44%	1571.20万
华泰证券股份有限公司北京东三环北路证券营业部	2179.31万	1.42%	183.66万	0.12%	1995.65万
华鑫证券有限责任公司深圳益田路证券营业部	2050.32万	1.34%	1.13万	0.00%	2049.19万
华鑫证券有限责任公司湖州劳动路浙北金融中心证券营业部	1772.09万	1.16%	0.00	0.00%	1772.09万
					买入总计：12412.99万元
海通证券股份有限公司上海共和新路证券营业部	7.37万	0.00%	3578.80万	2.34%	-3571.43万
民生证券股份有限公司上海漕溪北路证券营业部	43.57万	0.03%	3537.96万	2.31%	-3494.39万
中信证券股份有限公司上海东方路证券营业部 知名游资	4.00万	0.00%	1948.18万	1.27%	-1944.18万
华泰证券股份有限公司深圳益田路荣超商务中心证券营业部 一线游资	346.73万	0.23%	1110.64万	0.73%	-763.91万
中国银河证券股份有限公司上海东宝兴路证券营业部	1.55万	0.00%	803.79万	0.53%	-802.24万
					卖出总计：11851.47万元
					买卖净差：561.52万元

图7.27　龙虎榜数据

如上图，是金字火腿2019年10月18日（周五）的龙虎榜数据。买一是中信证券上海分公司。这个席位是很牛的一路游资，眼光很是独到，有沧海横流方显出英雄本色的气质。笔者在金力永磁、东方通、金字火

腿、数字认证、易见股份都曾与之相遇。

那么龙虎榜怎么看呢？一般说来，有几条经验，供大家参考。

①看买卖双方的力量对比。买方的总金额要大于卖方的总金额比较好，这样股票上涨的动力更加充足一些。买方的力量平均一些比较好，最好不要出现一家独大的局面，否则第二天的抛压会比较大，但也不是绝对的。

②观察龙虎榜资金在第二天的情况，他们是加仓，还是锁仓，还是一日游，通过这样的分析来判断他们对这个题材的认可度。如果几个席位在第一天的涨停中进场，但是在第二天涨停板的龙虎榜中没有见到他们卖出的身影，那么说明他们可能锁仓了，如果是这样，第三天来接力的资金可能就会很谨慎了，因为越涨到后面，这些锁仓的资金就是潜在的抛盘资金。一只活跃的股票，最好是每天换手充分，大家有进有出，这样比较好。

③观察常见游资、知名游资的身份和操盘的行为风格。这个市场上的游资有很多种类型，有的喜欢一日游，有的喜欢砸盘，有的喜欢持续加仓做波段，有的口碑好有格局，有的是过街老鼠人人喊打，所以，在平常我们就应该多搜集一些相关的信息，并进行特别的记忆，下次再碰到他们上榜的股票的时候，就能大致清楚他们的风格，并做出相应的决策了。

说明一下，初学者复盘龙虎榜数据的意义，不在于游资买了什么第二天去跟着买，而是学习游资买股的逻辑。时间久了，有了自己的交易系统，胜率提高后，龙虎榜看不看也就无所谓了。那时候，你和游资就有了“英雄所见略同”的感觉。

综上所述，盘面回顾主要体现在对“大盘指数”“题材板块”“昨日涨停”“跌停板”“异动复盘”“当日冲回”“反映市场情绪的数据”“龙虎榜”等8个方面进行复盘，然后还要把相关的数据进行记录，好记性不如烂笔头啊。

3. 沙盘推演，制定计划

说到推演，最能说明问题的是下棋。下棋下得不好的人，通常就是走一步看一步，下得好的人正相反，喜欢动脑筋，非得要分析清楚三五步之后的变化，才会走出第一步。这就是一个好习惯。有个英国诗人说：播种行为，收获习惯；播种习惯，收获性格；播种性格，收获命运。诚哉斯言，人与人之间的差别，有时候真的是一个习惯的差别。

笔者有位非常要好的朋友，也是我的高中同学。他是我们班上年纪最小的，不到14岁就上高一了。所以特别调皮，经常犯错误。但他有个特长，就是下棋厉害，在同学中无人能敌。当时学校有位姓张的副校长，下棋也特别厉害，在当地罕遇敌手。我这位同学常犯错误，自然就经常被张校长逮住。但逮住了干啥呢？把门关上，两个在那儿拼命对弈，杀得难解难分。

我这位同学喜欢思考，想不出最好的办法，他是不轻易走一步的。多年以后，他已经迷上网络游戏，不爱下棋了。好不容易逮住他下一回，那个慢啊，真的折磨人，但你看他专注的样子，就不禁心生敬意，于是乎我说，你慢慢考虑，我锻炼一下身体，等我在房间跑了几十圈，然后俯卧撑啊、提腿啊啥的搞完了，累得满头大汗，他还在那苦苦思索，我就说，要不你再想想，我先洗个澡再来。等我慢悠悠洗完澡了出来，他还在那专注地想。

我看着看着，最后实在是受不了了，最后说，你别想了，我认输，我认输。他说，好嘛，那再来嘛。我的天，谁还敢再来呢？

这是一件千真万确的事情。虽然有点搞笑，但仔细想想，说明什么问题呢？行成于思毁于随。冲动随意是股票交易之大敌。沙盘推演是必要的，初学者没有这个思维还情有可原。但我发现好多短线选手，也没有这个习惯。须知短线这一行是一个“不成功，就成仁”的智力游戏。所以，如果您是一位有短线基础的读者，建议您养成“盘前推演”的习惯。

盘前推演，我个人认为除了市场环境的预判，主要在两个方面：一是板块资金可能的流动方向，即资金往哪儿去；二对龙头个股“上车条件”的推演分析。

举一个例子，2019 年 9 月 30 日是国庆节前一天，市场情绪是冰点。全市场涨停家数是 12 只，连板个股只有 4 只，跌停家数 35 只。10 月 8 日是节后第一天。由于节前预披露三季报业绩，10 月 8 日当天涨停 4 家。但有的复盘公号，甚至都没把业绩预增当作一个板块。最吸引人的还是数字货币等板块，连同花顺的复盘用语就是“区块链强势依旧”“数字货币表现抢眼”。

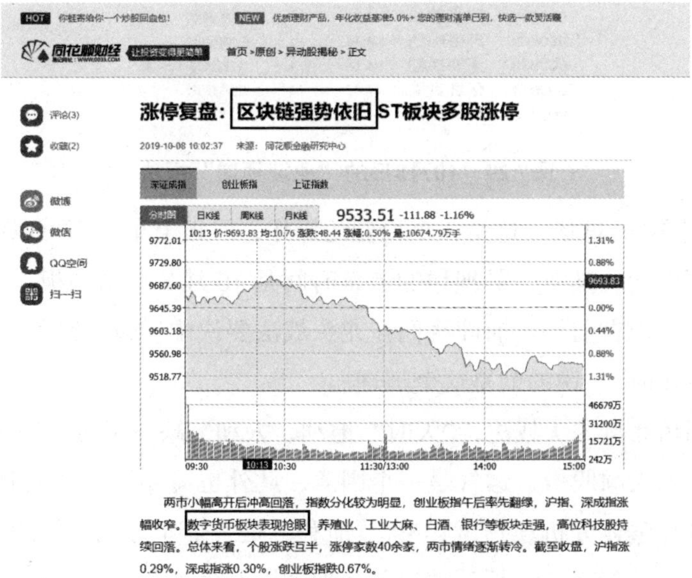

图7.28 同花顺资讯

10 月 8 日晚上，我的简单推演是这样的。①节前 9 月 30 日是冰点了，那么节后要么是冰点延续，要么情绪升温。但后者可能性大。②当天的题材板块中，数字货币题材虽然吸引人，但炒过好几次了，相对来说，业绩预增比较新，资金流入这个板块的概率高。由于创业板在 10 月 15 日前业绩预增要强制披露完毕，所以后面业绩披露会延绵不断。这样会助推板块上行。退一步说，就算是资金继续看好数字货币板块，但由于业绩预增披露不断，那这个板块上行是大概率的，因此考虑这个板块是稳健的选择。

10 月 9 日收盘后，昨天 4 家业绩披露涨停的，只有天顺股份涨停晋级为 2 板。但首板的有 10 家，板块效应明显。再推演一下，10 月 10 日肯定还会有首板助攻板块，那天顺股份三板是大概率的。所以就可以制定计划：10 月 10 日上车天顺股份，大概率会成功。

【业绩预增】10只 35亿

603916	苏博特	9:30	1	业绩预增
002625	光启技术	9:36	1	业绩预增
000810	创维数字	9:41	1	业绩预增
002800	天顺股份	10:27	2	业绩预增
002318	久立特材	10:36	1	业绩预增
002835	同为股份	14:08	1	业绩预增
000400	许继电气	14:16	1	业绩预增
000829	天音控股	14:19	1	业绩预增+华为
300014	亿纬锂能	14:42	1	业绩预增
002799	环球印务	14:51	1	业绩预增

图7.29　10月8日的“业绩预增”板块

10 月 10 日进场，这是一个稳健的操作，二板上车可不可以呢？笔者认为是可以的。其实，最理想的上车时间是 10 月 8 日第一板。当然这个就是属于逻辑在前了。前面我们在龙头战法要诀中说过“高手买在刚好，超高逻辑在前”，说的就是这个道理。

本门情绪流龙头战法，“天时、地利、人和”缺一不可。笔者能在 10 月 8 日买入天顺股份，运气是一个因素，此外也需要结合“天时、地利，人和”进行整体分析预判，其中，“地利”是一个非常关键的因素（关于天顺股份 K 线形态的分析，请参与《地利篇》第六节）。所以，本门情绪流对《地利篇》是相当重视的。总体来说，本门情绪流龙头战法是概率思维、系统思维、极简思维的综合运用，《人和篇》《地利篇》《天时篇》是一个有机的、不可分割的整体。

沙盘推演后，制定计划。这就是所谓的“计划你的交易，交易你的计划”，但是计划制定后，不等于第二天就机械地执行，而需要根据推演和第二天盘面的实际情况做出修正或改变，这就是所谓的“变化修正计划，交易服从变化”。

第六节 情绪流龙头战法的原理

龙头战法是以操作龙头股为主的战法。前面我们在《板块及板块内个股联动性》这一节学习了羊群效应，龙头股就相当于是羊群里的领头羊，为什么我们做股票应该主要做这个“领头羊”呢？当然是因为这个领头羊最容易连板。为什么这个领头羊更容易连板呢？答：强者恒强。关于强者恒强，我们在人和篇《强者恒强龙头股》以及本书第一部分《股市的主要规律》这两节里，都曾反复提及，强者恒强是龙头战法的理论基础。

荀子在《礼论》中有这样一段话：“人生而有欲，欲而不得，则不能无求；求而无度量分界，则不能不争。争则乱，乱则穷。” 什么意思呢？译文：人生下来就有欲望，如果不能满足他的欲望，就会有所索求，如果索求无度，没有标准，就会发生争斗。有争斗就会产生混乱。

个人理解这段话，就是：人生而有欲，有欲必有所求，但是因为资源不足，则产生争斗，争斗的结果就是强者恒强，弱者恒弱。在股市中，龙头股不就是这样吗？假如资金充足，每只个股都呼呼地涨，上哪只个股不是一样呢？可见，龙头股是个股争夺资金的结果，是“物竞天择，适者生存”的结果。

说到物竞天择，适者生存，我们讲个小故事，据说有位科学家说过，假设人类面临灭绝，需要把现有的人类知识高度浓缩，写在一张纸上，留给一万年以后的人类。那其中就应该有一句话：物竞天择，适者生存。

由此可见，“物竞天择，适者生存”就像几何学里的公理一样，比如“两点之间直线最短”一样无须证明。而强者恒强，就是“物竞天择、适者生存”的结果。表现在板块运动中，龙头股的涨幅总是最显著的，板块小弟有很多，龙头却只有一个，是关键的少数。令人联想到著名的“二八定律”。

1897年，意大利经济学者帕累托偶然注意到19世纪英国人的财富和收益模式。在调查取样中，发现大部分的财富流向了少数人手里。同时，他还从早期的资料中发现，在其他国家，都发现有这种微妙关系一再出现，而且在数学上呈现出一种稳定的关系。于是，帕累托从大量具体的事实中发现：社会上20%的人占有80%的社会财富，即：财富在人口中的分配是不平衡的。

同时，人们还发现生活中存在许多不平衡的现象。比如管理学：通常一个企业80%的利润来自它20%的项目。比如心理学：20%的人身上集中了人类80%的智慧，他们青年时期就表现出鹤立鸡群的特质。

因此，二八定律成了这种不平等关系的简称，不管结果是不是恰好为80%和20%（从统计学上来说，精确的80%和20%出现的概率很小）。习惯上，二八定律讨论的是顶端的20%，而非底部的80%。总之，在任何一组东西中，最重要的只占其中一小部分，约20%，其余80%尽管是多数，却是次要的，因此又称二八定律。

二八定律又名80/20定律、帕累托法则，也叫不平衡原则、关键少数法则、不重要多数法则，有意思的是二八定律还叫“最省力的法则”，被广泛应用于社会学及企业管理学等。

二八定律还被称为“最省力法则”，这是很有意思的。事实上，做龙头确实也是最省力的。龙头股的涨幅总是领先于板块小弟，可见，龙头股的产生，是在资金相对不足的情况下，强者恒强规律在股市的体现，同时也是二八定律在股市上的体现。

我们在前面《强者恒强龙头股》中有这样一段话：“动物总是习惯性地跟随跑得最快表现最强的领头羊。人类也是如此！股市里的每一只股票，背后都是人在操作，在股市里，龙头股就是领头羊，其他都统称为跟风股。跟风股自然也是习惯性追随龙头，跟涨跟跌。在信息题材的统一感召下，龙头领涨号召板块，板块为龙头提供强大的人气和助力，为龙头提供支撑，龙头又反过来进一步带动板块。二者相互强化，火借风势，风助火威，从而形成燎原之势。表现出来的结果就是：强者恒强龙头股。”

综上所述，如果要用一句话来概括龙头战法的原理，笔者会这样表述：**龙头股作为股票中的强者，是自然界“物竞天择，适者生存”“强者恒强、弱者恒弱”等规律在股市上的表现和结果，其实质是：龙头股最能吸引全市场的人气和资金。这就是龙头战法的原理**。

但是我们不能止步于此，为什么？仅仅知道这个原理，能帮助我们发现龙头吗？龙头战法原理只是揭示一个根本事实：物竞天择，适者生存。只有适者，才可能成为强者，而强者才能更强。因为我们必须进一步研究，适者生存中的“适者”，有哪些讲究？这样才有助于我们去发现龙头。

我们先来打一个比方。比如一条街上两个人分别想办一家企业。我们称他为张总和李总。张总开始肯定是一个人，光杆司令。当他亲力亲为找到项目，筹到资金，开始租办公室，然后招兵买马。开始干活了，由于项目好，招到的员工也得力，企业开始良性发展，当然，铁打的营盘，流水的兵，虽然个别员工去的去，来的来，但整个团队表现出上行下效，团结互助。没过多久，企业蒸蒸日上。但不过说实话，一般来说，老板是最辛苦的，没有不累的老板。不过获益最大的当然是张总这位老板了。

李总呢，开始也是一个人，光杆司令。也是亲力亲为找项目，筹资金，开始租办公室，然后招兵买马。开始干活了，可是由于项目不如张总好，李总不幸从事了夕阳产业，张总从事的是朝阳产业。加之领导水平和个人魅力也有差异，员工也看不到希望，没搞多久，最后团队骨干都跑到张总那里去了。最后团队七零八落。公司也就衰落了。

我们从这个比方中得到什么启示呢？

① 项目要好，有想象空间，才能感召团队团结效命。寓意：在股市中，题材的级别和想象空间是产生龙头的前提条件。

② 铁打的营盘流水的兵，员工有去有留，但不影响整个团队。团队之间上行下效，团结互助。寓意：股市中，在一轮题材炒作中，板块始终要存在，内部联动性明显的板块是龙头持续上行的前提。

③ 在企业经营中，老板抗压力能力强，必须要起引领作用。寓意：股市中，龙头是强者，抗跌、领涨是龙头的特性。

④ 做企业的老板，为自己工作才是最大的动力。寓意：在股市中，有些龙头股的产生，跟主力资金在底部吸筹高度相关。

⑤ 李总的项目是夕阳产业，团队骨干跑到张总那去了。寓意：在股市中，相对而言，新大题材的龙头股的产生，是其他题材板块的资金和本板块跟风股资金助力的结果。

⑥ 李总和张总之间个人魅力也有差异。寓意：在股市中，大凡在一轮题材炒作中能走出来的龙头，一定有自身的特质。比如：盘子小、价格低、题材硬度好或者 K 线形态简洁优美等。

综上所述，什么样的适者可以成为龙头就清楚了。所以我们要发现潜在龙头，就要根据前面所讲龙头股的特性，注意以下几点：

① 题材新颖吗？题材的级别大吗？想象空间怎么样？

② 有没有板块效应？联动性怎么样？

③ 龙头股的价格怎么样，流通盘大不大？

④ 龙头股 K 线形态怎么样？

⑤ 龙头股表示出强势没有？表现出抗跌、领涨气质没有？

当然，龙头越早发现越好，这才有操作意义。如果龙头股都已经涨到相当的高度，离“物极必反，盛极而衰”就不远了。

第七节 情绪流龙头战法的六大步骤

在本节开讲之前，我们有必要把前面相关内容做一个简要回顾，以便于我们对情绪流龙头战法的操作前提有一个清楚的把握。同时提醒初学者，在龙头战法学习过程中容易出现的两种错误倾向，无论是对龙头战法的初学者，还是有一定基础的短线选手，都有非常重要的意义。

我们在《龙头战法要诀》中有这样一句话，**“进出加减，步步不离龙头；见招拆招，招招不离题材”**。如果让我用一句来概括龙头战法的精华，就是这句话。这句话一方面强调了龙头战法必须以题材为纲，另一方面强调了龙头战法的操作方法就是主要操作龙头。但初学者在实际操作中，往往容易出现两种错误倾向，从而荒废大量的时间精力。

在龙头战法的学习过程中，有些初学者，总是热衷于“天天找龙头”，几乎没有空仓的习惯，因而总是被市场无情教育，心灰意冷之余，从而怀疑龙头战法的存在。“天天找龙头”是初学者最容易犯的错误，经过前面的学习，我们知道，应该在“市场环境不太差，且有新、大题材的主流板块”的条件下去发现龙头。试想一下，新、大题材怎么可能会天天有呢？所以空仓是必要的，仓位管控是必要的。

另外，由于修行程度不同，理解力不同，一百人往往有一百个人的龙头战法。有些短线选手发现做板块其他股票，有时跟龙头股一样赚钱，有时甚至并不比龙头差，从而在实战中，貌似形成了自己的一套战法，但实际上偏离了龙头战法“主要操作龙头”的要旨。笔者个人是这样认为的，自从人类发明股市以来，地球上曾经有无数聪明的脑袋为之耗尽青春韶华，什么是最有效率的战法还需要证明吗？我们初入股市就能发明一个比前辈精英还牛的有效战法？我们应该借重前人的智慧。

初中有位同学，天生热爱学习，他是我们班上的学习委员，数学成绩特别好。有一天，他脸涨得通红，兴奋得不能自已，悄悄告诉我，他发现了一个神奇的规律：直角三角形两边的平方和等于第三边的平方，然后准备要发表论文……没过多久，自己就蔫了，为啥？翻书翻到后面一看，那不就是勾股定理吗？几千年前，人类就已经发现了。

综上所述，龙头战法是股林最高武学，是股市短线中最有效率的战法，前人早已证明，初学者不必怀疑，这就是所谓的龙头信仰。但有龙头信仰并不等于无脑上高度板，高度板不等于就是龙头。龙头往往是高度板，但高度板未必就是龙头。龙头战法也不等于无脑上龙头，更不等于天天找龙头。此外，龙头和人一样，都有生老病死的时候，我们选择的是朝气蓬勃的少年龙，而不是即将就木的老年龙。此外，龙头也要因缘俱足，方能乘时变化、升腾宇内。

本节就以倒三角板块运动为例，阐述本门情绪流龙头战法的五大步骤。

1. 收集解读题材

我们在《人和篇》里讲过信息题材是股价上涨的驱动力。对题材的收集解读是情绪流龙头战法的重中之重。股票交易中，每位龙头战法选手，既是指挥官，又是情报官。必须对信息题材进行收集解读。是新题材吗？有想象空间吗？级别怎么样？会不会形成板块效应？至于信息题材的收集渠道，我们在前面已专门阐述。

2. 找出异动个股

在涨停的个股中，找出跟信息题材相呼应的股票。分析该股票的属性，K 线形态，股性，跟题材的关联度，盘子大小，价格高低，等等。最后根据龙头的特性进行观察。抗跌吗？领涨吗？

3. 观察板块效应

在龙头股的九大特性中，板块是很重要的。既然是龙头，就必须要有板块效应。三人成众，至少板块中有 3 只以上涨停。如果出现 5 只以上涨停，就要重点关注了。注意，任何题材，无论自己认为怎么样，无论题材给人感觉如何高大上，只要没有形成板块效应，统统不值一看。市场对的是对的，市场错了还是对的，一切以盘面为准。这就是《龙头战法要诀》中强调的“用头脑思考，用眼睛决策”。也是本书第三部分《股市天经》中强调的“交易你所见，而非你所想”。

4. 分析题材强度，情绪周期，题材持续性

发生板块效应后，我们再综合分析一下情绪周期处于什么阶段？当前市场情绪怎么样？题材级别怎么样？持续性如何？预判一下龙头可能的空间。如果在退潮期，就要注意了。当然这一条一般在题材的收集解读时，都已经有所考量。只是如果真的发生了板块效应，当天又没有及时上车，就应慎重考虑，防止题材一日游。

5. 锁定龙头，及时上车

经过前面四大步骤后，就可以上车了。本门情绪流强调在板块效应形成的当天上车，这是第一次机会，第二次机会呢，是第二天。一般来说，如果没有太大的把握，就需要仓位控制，以防范风险。所以，在后面《龙头战法要诀》中，我们强调“机会 1.5 次，错过最好放弃”。为什么说机会是 1.5 次呢，指的是第一次仓位可以重些，第二次呢，如果没有太大把握，就需要减仓。并不是说除了板块效应形成的当天和第二天，第三天就不行了，而是强调在板块效应形成时，要及时上车。上车时，建议初学者开始还是要通过打板确认进场比较好。有经验后，怎么上车都是可以的。

说明：上车时，注意一下当时的市场氛围，如果是第二天上车，需要看一下板块的开盘情况，昨日涨停板块今日表现，以及大盘表现。尤其是大盘表现，如果大盘表现良好，更安全。

6. 出场

情绪流龙头战法最关键的是安全上车，实现盈利。只要是盈利了，出场便简单多了。大致说来，注意以下几个方面，就要考虑出场了。比如利好兑现、政策打压、利空公告、涨幅达到前龙附近，板块跟风难以为继，以及龙头本身的表现，尤其是分时呈现颓势。《龙头战法要诀》中“一旦板块渐趋弱，做好准备要出局，龙头分时现颓势，挥剑斩仓莫迟疑”，指的就是“板块明显衰弱，龙头分时明显无力”时就要考虑出局了。

兵法云："用兵之害，犹豫最大；三军之灾，生于狐疑"。初学者有个通病，买时犹豫不决，总是错过最好时机。卖时也是犹豫不决，总希望卖在最高点。所以说，《龙头战法要诀》中说"炒股难，炒股难，一难在知，最难在行""入局要有气度，出局要有速度"。真正的龙头战法选手，一定要人剑合一，方有大成。这也是为什么笔者把本属于《股市天经》的内容《龙头战法要诀》，专门拿出来放在前面的原因。

综上所述，本门情绪流在买入龙头股时，充分考虑了"人和、地利，天时"，这是与某些龙头战法不同的地方。另外，本门情绪流强调通过对"题材的解读、个股的异动"进行预判，这也是与许多股林同道"禁止预判"的观点有所区别。但是在实际操作中，有时候，我们预判的题材没走出来，未入法眼的题材反而形成较强的板块效应，这时候，我们要随机应变，通过板块效应反过来对"题材及持续性"进行慎重分析，再锁定龙头，一般来说，龙头总是身位较高、率先涨停的那一个。

第八节　情绪流龙头战法要诀

序

资本市场龙虎斗
散户未战已先败
可怜散户浑不知
直至弹尽粮绝时

男儿百战带甲归
平生不信鬼与神

听雨楼中穷八极
遍历群山觅真经

炒股难，炒股难
一难在知，二难在行
迷踪万里千般苦
一朝悟道如临顶

今赋打油诗二首
且将股理付有缘
初闻难识曲中意
再听多是曲中人

其一

信念交易做长线，勘破时空世外仙
价值投机做中线，得道高人在人间
龙头战法做超短，多情剑客无情剑
顺者凡，逆者仙，玄机就在颠倒间
今朝重在说超短，寻龙共舞是关键

其二

人性趋利避害
市场赏进罚退
人性亘古不变
市场往复循环

其三

股术本是概率学

系统思维记心间

贪多求全非所宜

交易模型在极简

其四

风险第一要谨记

借势共振总法则

低位买入好股票

保镖不在不打猎

其五

主力不是万能，没主力万万不能

不以主力为友，亦不以散户为敌

超然坐山观战，逻辑才是第一

人气出于逻辑，但又高于逻辑

其六

主力贼技，无非“诱，吓，迷，磨”

当以剑法临之，以心法破之

以不变应万变

或以73变应72变

其七

降龙掌法有十八
招招皆是有为法
一旦乘龙飞天起
任他花开与花杀

其八

择时重于选股
周期重于题材
个股先于情绪
情绪先于大盘

其九

题材情绪是关键
环境一变我亦变
独孤九剑多变化
招招皆是无情剑

其十

见招拆招，招招不离题材
进出加减，步步不离龙头

其十一

预判验证主动龙

逍遥待机被动龙
眼疾手快蓄势龙
凌云直上市场龙

其十二

情绪转强是良机
抓大放小有定力
龙头序列排座次
板块阵列看助力
长波抢筹胆气豪
主动领涨有人气
追涨低吸多变化
随机应变莫拘泥
一旦板块渐趋弱
做好准备要出局
龙头分时现颓势
挥剑斩仓莫迟疑
主流龙头一朝倒
变盘往往大概率
逆势交易最危险
强势退潮要远离
首冰当日勿买股
再冰相机多思虑
真金总在火中炼
每每危中亦有机

其十三

审局要有高度

识局要有角度

入局要有精度

出局要有速度

其十四

生于分歧，死于一致

买在分歧，卖在一致

其十五

炒股最忌是偏执

或然思维须谨记

交易所见非所想

见势不对勒马回

预判推演加验证

尊重盘面重事实

用头脑思考，用眼睛决策

用剑法御敌，用心法御己

其十六

控制情绪，待机而作

集中兵力，速战速决

其十七

立不败之地，攻可赢之敌

机会一点五次，错过最好放弃

买前宜慢，千挑万选
卖时宜快，手起刀落

心法万千
会卖第一
参透股道
莫陷我执

高手买在刚好，超高逻辑先行
高手卖在少赚，次高卖在割毛
莫与己论得失，放过才能高飞
莫与人争短长，稳健即是股神

其十八

交易之道，刚者易折
知弱者强，借势者王
善守者，战无不胜
能舍者，天地不弃

人剑合一，知难行易
操盘分离，天下无敌

其十九

亏钱是命，赚钱是运
求财者死，求道者生
求财当以修道为先，不取反得
修道当以无我为基，助人达己

第九节　龙头战法实战举例

1. 如何操作国际实业

（1）“一带一路”题材

“一带一路”倡仪的缘起，不了解的朋友可以网上自行百度了解一下，这里不过多阐述。“一带一路”倡仪容纳了我国大部分的省份，从我国沿海主要港口出发，贯穿于东中西部，分别经过中亚、东盟、到达欧洲。通过国内各省的相互合作，我们与区域内国家的分工合作，转移我国优势产能，促进我国资本到中西部及沿线国家的投资，促进就业，保证当地社会繁荣稳定。而新疆刚好处于“一带”的核心区。

2017 年 5 月 14 日至 15 日，第一届“一带一路”国际合作高峰论坛在北京举行，并宣布将于 2019 年举办第二届“一带一路”国际合作高峰论坛。当然，这样的超级大题材，在二级市场必然是有反应的。其中，天山股份、西部建设都翻了一倍多。

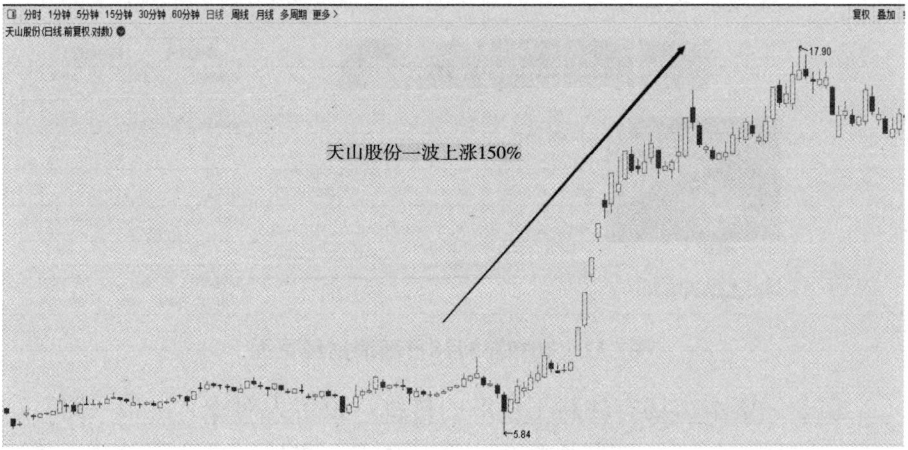

图7.30　天山股份一波上涨150%

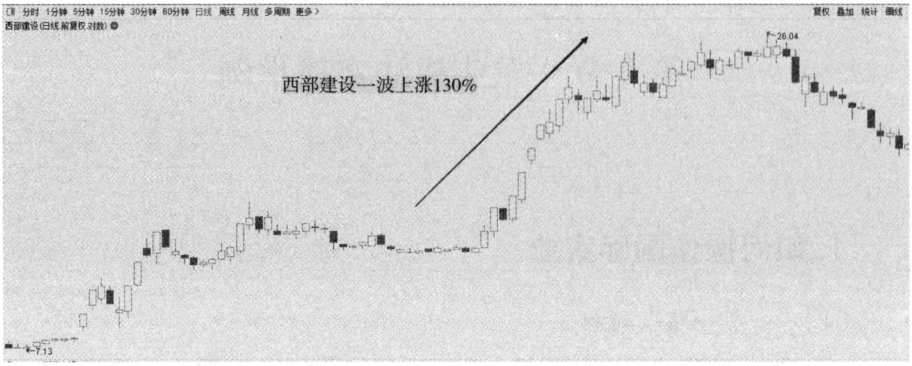

图7.31　西部建设一波上涨130%

（2）关于“第二次一带一路国际合作高峰论坛”的思考

2019年3月8日，国务委员兼外交部部长王毅在记者会表示，第二届“一带一路”高峰论坛将于4月下旬在北京举办。其中有句话特别令人注意:“第二届论坛”预定出席的外国国家元首和政府首脑人数明显超过首届论坛，将有来自100多个国家的数千名各界代表与会。

如果是一个“勤奋的职业选手”，当天就应该思考这个问题，并留意相关个股的动向了。国际实业、厦门港务等个股应该进入观察范围了。

图7.32　2019年3月8日新浪财经页面

但是，资本市场有炒新不炒旧的传统。很多人对于“一带一路”这个题材并不看好。认为没啥新意，当时各方面媒体也没什么宣传，连具体在四月份哪一天举办都不知道。当时正在热炒创投、氢能源等题材。

但是，就是这句话“第二届论坛预定出席的外国国家元首和政府首脑人数明显超过首届论坛”引起笔者的思考。

前面《龙头战法要诀》中讲过“审局要有高度，识局要有角度”，那我们就要想一想，国家是什么考虑的？届时媒体会不会铺天盖地的宣传？如果答案是肯定的，那么二级市场会不反映吗？作为前瞻者的主力资金会发动吗？如果自己是主力资金会怎么想？或许正因为多数人不看好这个题材，我才要发动！题材也才走得远。这就是逆向思维。但是，有没有可能不发动呢？当然也可能。不是说你和大家的想法不同，就是对的，这就是“炒股最忌是偏执，或然思维须谨记”。具体呢，要以盘面为准，这就是“主观预判加验证，尊重盘面重事实”。

真心说，笔者不是一个勤快的职业选手，相较而言，复盘时间并不多。但是，从3月8日以后，我就比较注意每天晚上，出现的第一板。毕竟，第一板、第二板是龙头的必经之路。

（3）盘面反应和操作分析

3月14日，国际实业第一板。如下图：

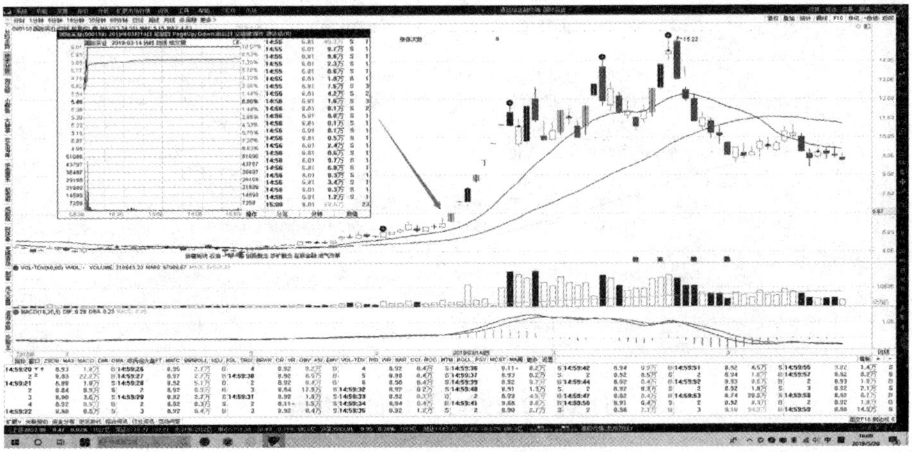

图7.33　国际实业第一板

但它是被作为“其他类型”出现在人们的视野，而且涨停原因居然是油服！龙头的诞生，其实也跟人一样，英雄人物都是出于草野之中。如下图所示：

		【新能源汽车产业链】		
002076	雪莱特	9:40	1	充电桩
300432	富临精工	9:58	1	充电桩
002347	泰尔股份	10:14	1	新能源汽车
300471	厚普股份	10:16	1	燃料电池
300647	超频三	13:16	1	锂电池
300713	英可瑞	14:39	1	新能源汽车
300048	合康新能	14:43	1	充电桩
002684	猛狮科技	14:52	1	燃料电池
		【创投】		
600624	复旦复华	10:44	4	独角兽
600818	中路股份	9:47	3	创投
000981	银亿股份	14:31	3	创投
002495	佳隆股份	14:22	2	创投
002713	东易日盛	13:56	1	独角兽
		【军工】		
300337	银邦股份	10:31	1	大飞机
600698	湖南天雁	13:27	1	军工
600677	航天通信	13:44	1	军工
002535	林州重机	13:43	2	大飞机
		【电力物联网】		
600268	国电南自	10:41	4	电力物联网
600290	华仪电气	14:42	4	叠加创投，地天板
300648	星云股份	11:03	1	电力物联网
		【工业大麻】		
000990	诚志股份	13:28	4	工业大麻
600156	华升股份	10:23	1	工业大麻+被收购
		【水泥】		
600720	祁连山	14:49	1	大基建水泥
000789	万年青	14:56	1	大基建水泥
		【公告板】		
002356	赫美集团	一字板	9	借壳
300071	华谊嘉信	9:31	1	违法不成立
600856	中天能源	9:34	1	签订协议+油服
000715	中兴商业	14:34	1	实控人拟变更
600067	冠城大通	14:49	1	拟回购股份
002015	霞客环保	14:56	1	借壳预期
300531	优博讯	15:00	1	业绩预增+电力物联
		【其他板】		
000159	国际实业	9:35	1	油服
002098	浔兴股份	14:46	1	壳资源
300313	天山生物	14:53	1	赛马
600486	扬农化工	14:55	1	化工

图7.34　2019年3月14日的复盘

再来看第二板。国际实业开盘一字，中途打开后迅速回封至盘后。但人们对国际实业的认识是：创投的跟风二板。如下页图。

那么国际实业到底能不能成为龙头呢？题材有了，预判有了。就差验证了。按照前面讲过的龙头六大特性，其中最重要的就是板块了。接下来看第三天市场的演进情况。

【科创板】				
600290	华仪电气	9:30	5	创投+电力物联网
600624	复旦复华	9:57	5	独角兽
600818	中路股份	10:15	4	创投
002076	雪莱特	一字板	2	创投+新能源车
300471	厚普股份	一字板	2	创投+燃料电池
000159	国际实业	9:50	2	创投+油服
000016	深康佳A	一字板	1	创投
000571	新大洲A	一字板	1	创投+燃料电池
600651	飞乐音响	一字板	1	创投+超高清视频
000007	全新好	9:34	1	创投
600730	中国高科	9:38	1	创投
000993	闽东电力	9:40	1	创投+信托
600530	交大昂立	9:43	1	创投
600846	同济科技	9:44	1	创投+上海
002708	光洋股份	9:56	1	创投
600689	上海三毛	10:03	1	创投+上海
300018	中元股份	10:08	1	创投
600676	交运股份	10:15	1	独角兽+上海
600695	绿庭投资	10:47	1	创投+壳资源
000691	亚太实业	10:52	1	创投+房地产
000521	长虹美菱	13:19	1	独角兽
603366	日出东方	13:53	1	创投
002133	广宇集团	13:55	1	创投+房地产
600630	龙头股份	14:20	1	创投+上海
000811	冰轮环境	14:38	1	创投

图7.35　2019年3月15日的复盘

【一带一路】				
000159	国际实业	14:07	3	一带一路+创投
002554	惠博普	9:41	1	一带一路
300103	达刚路机	9:49	1	一带一路
000928	中钢国际	9:50	1	一带一路+创投
603966	法兰泰克	10:10	1	一带一路
002827	高争民爆	11:19	1	一带一路
000557	西部创业	11:27	1	一带一路
002941	新疆交建	13:00	1	一带一路+次新股
600970	中材国际	13:00	1	一带一路
603843	正平股份	13:05	1	一带一路
000065	北方国际	13:53	1	一带一路
002302	西部建设	14:05	1	一带一路

图7.36　2019年3月18日的复盘

板块效应有了。是不是就应该入场呢？按照本门情绪流的交易系统，稳妥安全的交易机会就在3月18日、3月19日。其中，3月18日前买入的，叫“逻辑先行”，3月18日买入的，叫“买在刚好”。笔者就是在3月18日买入。本来交易计划是开盘就买，结果观察了一会儿，东看西看，没顾过来，一转眼，就涨高很多了，结果变成扫板入场。

图7.37　扫板买入国际实业

2. 如何操作大港股份

（1）题材的缘起

在中美第二轮贸易谈判前夕，五一劳动节，节日期间国内外消息面本来还算偏暖，但特朗普周日（美国东部时间）抱怨谈判进展过于缓慢，并威胁对中国2000亿美元商品所加征的10%关税将自本周五起上调至25%，还提出对额外3250亿美元中国产品加征25%关税的可能性，中美贸易问题再生事端。

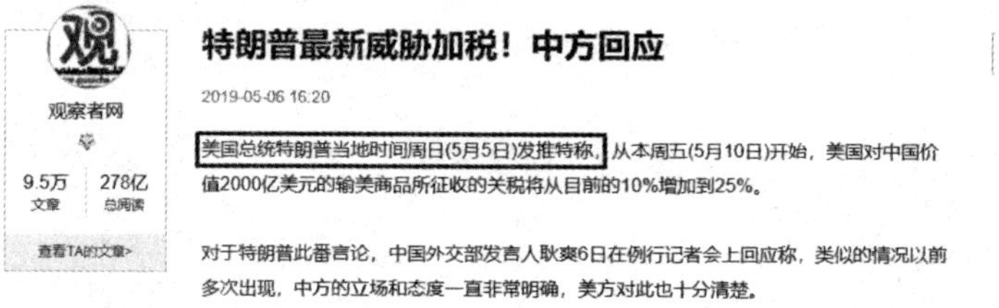
观察者网

9.5万 文章　278亿 总阅读

查看TA的文章>

特朗普最新威胁加税！中方回应

2019-05-06 16:20

美国总统特朗普当地时间周日(5月5日)发推特称，从本周五(5月10日)开始，美国对中国价值2000亿美元的输美商品所征收的关税将从目前的10%增加到25%。

对于特朗普此番言论，中国外交部发言人耿爽6日在例行记者会上回应称，类似的情况以前多次出现，中方的立场和态度一直非常明确，美方对此也十分清楚。

图7.38　新闻信息

（2）关于贸易战题材的思考

贸易战本身对中美两国，以至世界经济其实都是严重伤害。据测算，中美两国的贸易摩擦将使世界GDP下降0.7%。但这个题材本身对二级市场不甘寂寞的主力游资是绝对的利好消息，对于贸易战，那么什么题材容易引起炒作呢？农业种植、人民币贬值都是不错的题材，但还有没有别的题材呢？这就需要我们进一步思考。

贸易战本质是什么？真的仅仅是像表面上说的那样跟贸易有关吗？真相从来都是躲在亦真亦假的表象后面，这就要结合各种媒体的报道进行分析。这就是《龙头战法要诀》中所说“见招拆招，招招不离题材”。

为什么中美贸易谈判中“保护知识产权”会是主要议题？为什么美国要指使加拿大抓捕华为孟晚舟？限制中国发展才是美国政客的主要目的！

限制中国发展主要在哪些方面呢，无疑在高科技方面，自然就是集成电路、芯片了。实际上，自 2018 年贸易摩擦以来，“自主可控”题材都多次表现过。 这一次也不会缺席。这就是预判，如果没有预判，会怎么样？即使 5 月 7 日大港股份出现第一板，我们未必会联想大港股份可能的走势，而有了预判，我们就会考虑主力资金怎么想的？盘面表现怎么样？这就是所谓的“逻辑超前”。

（3）盘面反应和操作分析

2019 年 5 月 7 日，大港股份首板，我们是不是应该了解一下他的相关信息呢？虽然，它还是被众多的职业选手归类在“其他”一栏，涨停理由是科创板。

【其他板】

000673	当代东方	9:33	1	超跌反弹
600599	熊猫金控	9:57	1	光伏概念
002077	大港股份	10:39	1	科创板
600719	大连热电	13:25	1	供暖
002528	英飞拓	14:06	1	超跌反弹
600094	大名城	14:12	1	房地产
002708	光洋股份	14:21	1	创投
002547	春兴精工	14:25	1	5G
002197	证通电子	14:25	1	金融科技
002862	实丰文化	14:26	1	前期庄股
002600	领益智造	14:31	1	柔性屏+前期强势股
300758	七彩化学	14:41	1	次新股+染料
002248	华东数控	14:42	1	智能制造
600359	新农开发	14:45	1	农业种植
002295	精艺股份	14:46	1	其它
600354	敦煌种业	14:49	1	农业种植
603101	汇嘉时代	14:49	1	新零售
002601	龙蟒佰利	14:50	1	钛白粉
002865	钧达股份	14:51	1	汽车零部件
603158	腾龙股份	14:56	1	汽车零部件

图7.39　2019年5月7日的复盘

如图 7.39 所示，大港股份第一个板，涨停理由是科创板。我们看一下大港股份的资料，可以看到大港股份就是集成电路概念。

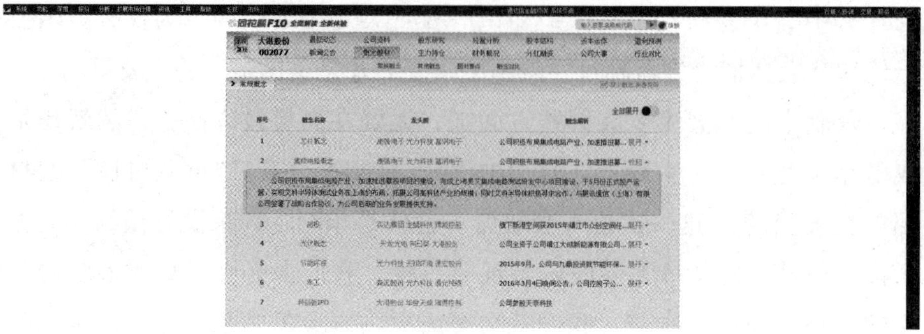

图7.40　大港股份概念题材

如图 7.40，大港股份是集成电路概念，具体内容：“公司积极布局集成电路产业，加速推进募投项目的建设，完成上海旻艾集成电路测试研发中心项目建设，于 5 月份正式投产运营，实现艾科半导体测试业务在上海的布局，拓展公司高科技产业的规模；同时艾科半导体积极寻求合作，与展讯通信（上海）有限公司签署了战略合作协议，为公司后期的业务发展提供支持。”

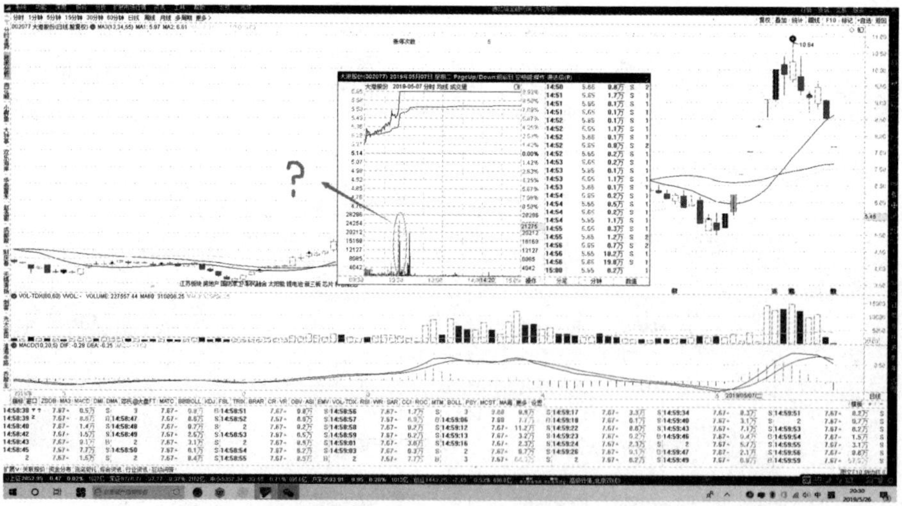

图7.41　把大港股份拉涨停的资金怎么想的呢？

于是我们可以猜想，把大港股份拉涨停的资金是不是有前瞻思维的策动者呢？我们继续观察第二天的表现，而我们需要的仅仅只是发现和跟随。

5 月 7 日当晚，大港没有上龙虎榜。第二天 5 月 8 日的龙虎榜如下。请看下图，这是从资金意图、量价关系反过来揣摩逻辑（注：5 月 8 日有两个龙虎榜数据，下面这个透露出有大佬出没，荣超商务中心是个赫赫有名的席位）。

大港股份龙虎榜数据
2019-05-08

日期：2019-05-08 总成交金额：47629.29万元，总成交量：8421.81万股

排序	营业部名称	买入金额/万	占总成交比例	卖出金额/万	占总成交比例	净额/万
买入金额最大的前5名　买入总计 4966.69 万元，占总成交比例 10.43%						
1	华泰证券股份有限公司深圳益田路荣超商务中心证券营业部	985.97	2.07%	1021.32	2.14%	-35.35
2	东方证券股份有限公司桂林中山中路证券营业部	970.21	2.04%	984.39	2.07%	-14.18
3	安信证券股份有限公司重庆涪陵证券营业部	801.82	1.68%	690.15	1.45%	111.67
4	国泰君安证券股份有限公司盐城解放南路证券营业部	682.93	1.43%	0.66	0.00%	682.27
5	中国银河证券股份有限公司北京学院南路证券营业部	617.39	1.30%	955.53	2.01%	-338.14
卖出金额最大的前5名　卖出总计 5136.73 万元，占总成交比例 10.78%						
1	华泰证券股份有限公司深圳益田路荣超商务中心证券营业部	985.97	2.07%	1021.32	2.14%	-35.35
2	东方证券股份有限公司桂林中山中路证券营业部	970.21	2.04%	984.39	2.07%	-14.18
3	中国银河证券股份有限公司北京学院南路证券营业部	617.39	1.30%	955.53	2.01%	-338.14
4	中信证券股份有限公司浙江分公司	531.88	1.12%	767.66	1.61%	-235.78
5	东吴证券股份有限公司苏州石路证券营业部	376.49	0.79%	717.02	1.51%	-340.53

买卖净差：-170.04万元

图7.42　龙虎榜数据

龙虎榜虽然只是一个参考维度。结合我们分析的逻辑，结合龙虎榜信息，我们其实可以考虑下单了。为什么？从安全稳妥的角度来说，需要板块效应。而 5 月 8 日这天就已经有了板块效应。

【芯片】

002077	大港股份	10:19	2	芯片+科创板
603078	江化微	10:20	1	芯片+高送转
002119	康强电子	10:30	1	芯片
300333	兆日科技	11:21	1	芯片

图7.43　芯片板块

5 月 8 日晚。刚好当晚李克强总理在国常会上宣布集成电路的利好消息。第二天大港股份一字涨停。

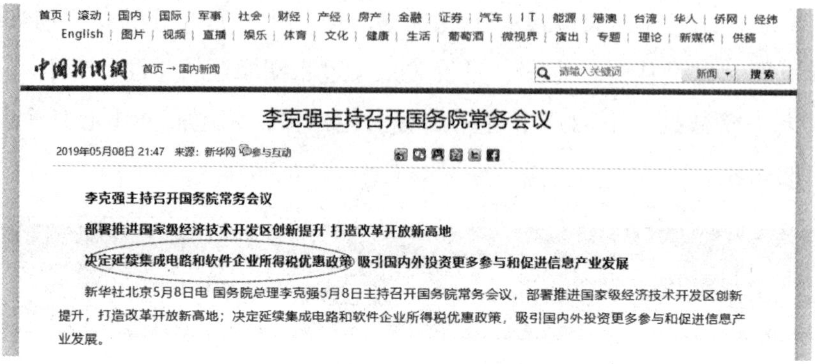

首页 | 滚动 | 国内 | 国际 | 军事 | 社会 | 财经 | 产经 | 房产 | 金融 | 证券 | 汽车 | IT | 能源 | 港澳 | 台湾 | 华人 | 侨网 | 经纬
English | 图片 | 视频 | 直播 | 娱乐 | 体育 | 文化 | 健康 | 生活 | 葡萄酒 | 微视界 | 演出 | 专题 | 理论 | 新媒体 | 供稿

中国新闻网 首页 → 国内新闻 请输入关键词 新闻 搜索

李克强主持召开国务院常务会议

2019年05月08日 21:47 来源：新华网 参与互动

李克强主持召开国务院常务会议

部署推进国家级经济技术开发区创新提升 打造改革开放新高地

决定延续集成电路和软件企业所得税优惠政策 吸引国内外投资更多参与和促进信息产业发展

新华社北京5月8日电 国务院总理李克强5月8日主持召开国务院常务会议，部署推进国家级经济技术开发区创新提升，打造改革开放新高地；决定延续集成电路和软件企业所得税优惠政策，吸引国内外投资更多参与和促进信息产业发展。

图7.44　新闻信息

那么结合这个利好，结合贸易战升级的情况，结合主力资金的意图以及市场合力的表现。这是不是龙头呢？我们再看看5月9日的板块情况。

【半导体】

002077	大港股份	一字板	3	半导体
002119	康强电子	9:30	2	半导体
603929	亚翔集成	一字板	1	半导体
300480	光力科技	9:32	1	半导体
300576	容大感光	10:43	1	PCB板

图7.45　半导体板块

这时候，大港股份的龙头地位，确定无疑。第二天直接买就是了。当然，对于这个战例，在第二板其实就可以考虑入场了。如图7.46，A和B是大港股份最佳的两个买点。

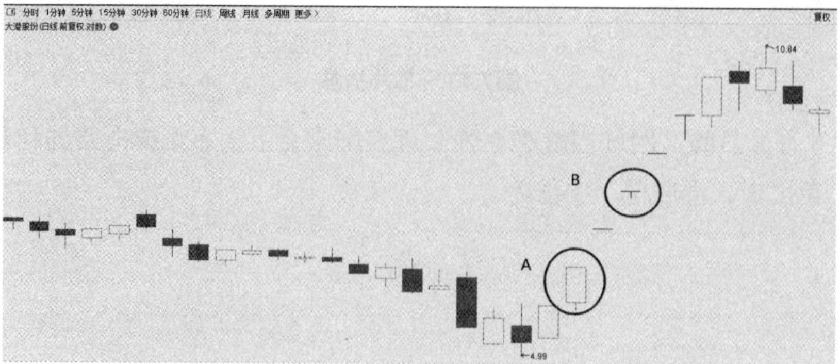

图7.46　大港股份日K线图

涨停115家 连板15家 一字板11家 涨停开板25家 跌停1家

【半导体】14

代码	名称	末次时间	连板数	原因
002077	大港股份	9:30	4	半导体
002119	康强电子	13:17	3	半导体
300480	光力科技	13:09	2	半导体
603929	亚翔集成	14:12	2	半导体
300576	容大感光	14:21	2	PCB板
300260	新莱应材	10:14	1	半导体
600520	文一科技	13:13	1	半导体
600460	士兰微	13:16	1	半导体
300139	晓程科技	13:16	1	半导体
300333	兆日科技	13:17	1	半导体
002079	苏州固锝	13:20	1	半导体
300667	必创科技	13:21	1	半导体
300353	东土科技	14:46	1	半导体+5G
600171	上海贝岭	15:00	1	半导体

图7.47　2019年5月10的复盘截图

图 7.47 是 2019 年 5 月 10 日的半导体板块阵列。可以看到，大港股份涨停后，是如何带动板块的。

3.“金力永磁”操作随笔

其实以上两个例子，已经把倒金字塔模型的板块运动和龙头的买入方法讲清楚了。情绪流爱好者可以沿着这个方向自行研习。金力永磁是刚刚买入的一只股票，此时是 2019 年 5 月 24 日晚（注：本书是在交易之余写作的，这一段原写于 5 月 24 日，修改于 10 月 11 日）。早上买了金力永磁，因为后来有别的事，随手截了图就出门了。本案例就不再重述“题材缘起及思考”，对于初学者来说，可能开始会感觉云山雾罩。但当你修行一段时间后，回头看，结合题材的缘起分析思考，应该是有参考价值的。

我们先来看看金力永磁涨停后，对板块小弟的带动性。以下几个图，反映的是金力永磁的上涨，对德宏股份、焦作万方、英洛华、三川智慧等个股的带动性。

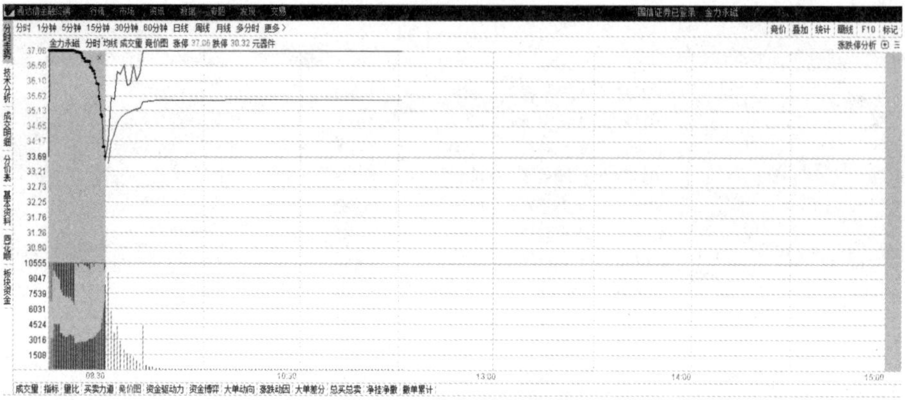

图7.48　金力永磁分时图

图7.49　德宏股份分时图

图7.50　焦作万方分时图

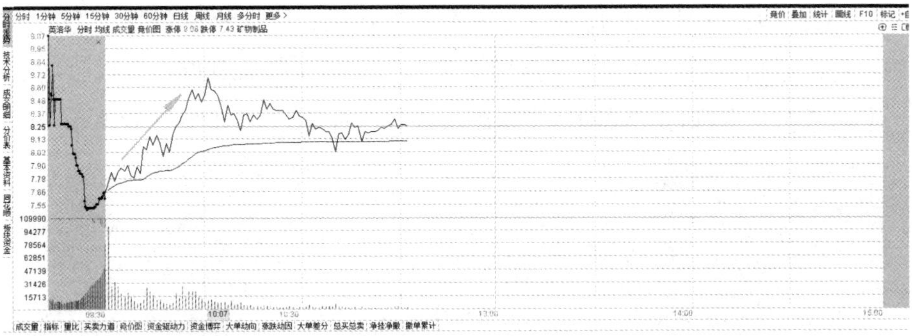

图7.51　英洛华分时图

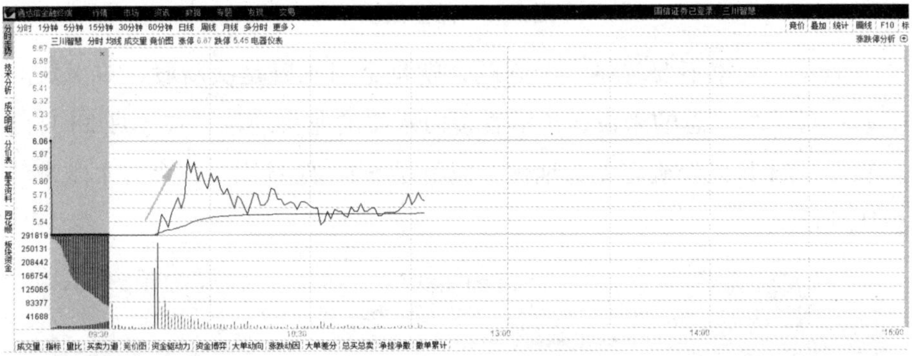

图7.52　三川智慧分时图

我为什么要在早盘买入呢？其实头一天晚上，我就预判金力永磁可能成为龙头，还和朋友讨论过这只股票，我这位朋友也是一位高手，可惜的是刚好这只股他没引起重视。不过他应变极快，25 日也上车了。以下是当时聊天记录。

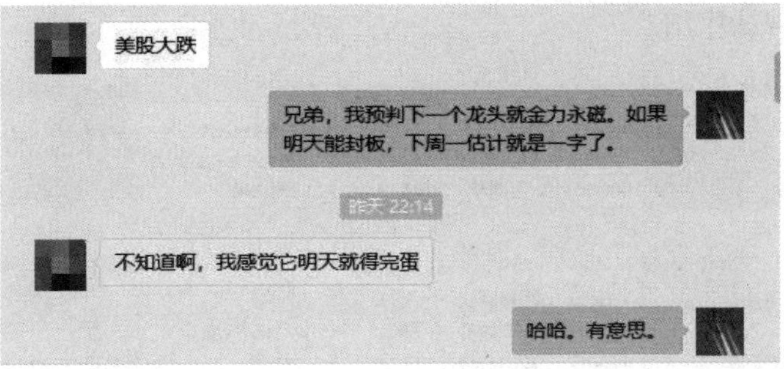

图7.53　聊天记录

但是5月24日周五收盘后，焦作万方炸板，稀土永磁板块，金力永磁、德宏股份涨停，再加上早盘国泰集团一字板（公告利好，股权收购），一共有3只个股涨停。说明稀土永磁板块效应并不强。如图7.54所示。

		【次新股】		
300772	运达股份	10:13	1	次新股
002947	恒铭达	10:37	2	次新股
603739	蔚蓝生物	13:00	1	次新股
603121	华培动力	13:41	1	次新股
		【稀土】		
603977	国泰集团	一字板	2	收购股权+稀土
603701	德宏股份	9:43	1	稀土永磁
300748	金力永磁	13:09	2	稀土永磁+次新

图7.54　稀土板块

但是，大家不要忽略一个问题，就是金力永磁是次新股，对次新的带动一目了然。总的来说，预示着金力永磁的龙头地位，在5月23日已有雏形，24日已经确定龙头地位。以下是5月27日周一，金力永磁带动板块的情况。

		【稀土永磁】		
300748	金力永磁	9:54	3	稀土+次新，8天6板
300224	正海磁材	10:34	1	稀土永磁，8天4板
600206	有研新材	11:20	1	稀土永磁
600980	北矿科技	14:12	1	稀土永磁，8天5板
		【次新股】		
601162	天风证券	11:25	1	券商+次新股
002943	宇晶股份	13:00	1	次新股
300776	帝尔激光	13:32	1	次新股，3天2板

图7.55　5月27日的稀土永磁板块

咱们再来看看，5月28日周二，看看金力永磁对稀土永磁板块和次新板块的带动作用。

		【稀土永磁】		
300748	金力永磁	13:00	4	次新股+稀土
600206	有研新材	13:15	2	稀土永磁+芯片
000795	英洛华	14:19	1	稀土永磁

		【次新股】		
603650	彤程新材	13:19	1	次新股
002953	日丰股份	13:51	1	次新股+华为
603045	福达合金	14:22	2	次新股

图7.56　5月28日的稀土永磁板块

咱们再来看看，5 月 29 日周三，金力永磁对板块的带动作用。

【稀土永磁】				
300748	金力永磁	一字板	5	稀土+次新，10天8板
000612	焦作万方	一字板	1	稀土永磁
603701	德宏股份	一字板	1	稀土永磁，4天2板
600206	有研新材	9:30	3	稀土永磁+芯片
600281	太化股份	10:52	1	稀土永磁，4天2板
000795	英洛华	10:58	2	稀土永磁
300127	银河磁体	11:09	1	稀土永磁
000758	中色股份	13:18	1	稀土永磁
300224	正海磁材	13:18	1	稀土永磁
600980	北矿科技	13:26	1	稀土永磁
000831	五矿稀土	14:31	1	稀土永磁
600058	五矿发展	14:39	1	稀土永磁
【次新股】				
603650	彤程新材	9:30	2	次新股+稀土
002953	日丰股份	9:36	2	次新股+华为
603105	芯能科技	9:57	1	次新股+光伏
603045	福达合金	10:55	3	次新股
601068	中铝国际	11:30	1	次新股
603739	蔚蓝生物	13:08	2	次新+疫苗，4天3板

图7.57　5月29日的稀土永磁板块

后面就不用说了。总的说来，在题材的感召下，金力永磁带动板块渐渐由低潮走向高潮。这就是龙头。下图是当日委托的截图。说明：买入日期是 2019 年 5 月 24 日。

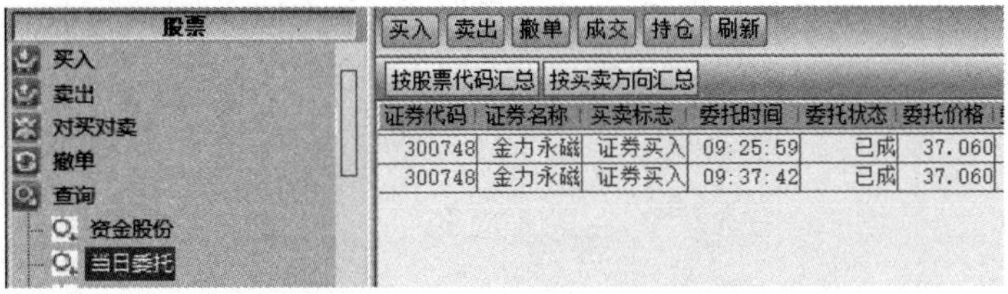

图7.58　金力永磁开盘买入

值得说明的是，金力永磁前面还有买点，时间是 2019 年 5 月 20 日。

图7.59　5月20日是第一次买点

综上所述，以上三例均是关于倒三角形板块运动的实际战例，阐述了龙头股的操作方法，例子不多，足以说明问题。有些“股林同道”强调跟随，禁止预判，或许自有他们的道理，但本人认为，分析预判不但必要，而且实在是太重要了。预判和跟随不应厚此薄彼，还是互相融合，灵活运用最好。我深知散户朋友学习股票之不易，所以我在本节中的三个案例中，把龙头战法的分析预判和实际买点进行了充分的说明。

某些龙头战法只是单纯地强调合力，这实在是非常有局限的。在实战中，实在是害人不浅。所以，请读者注意的是，本门情绪流除了重视分析预判，还特别注意情绪周期。这是龙头战法前面冠之以“情绪流”的重要原因。此外，本门情绪流还高度重视“地利”，从这个意义上讲，本节第一个案例国际实业第一板其实就可以入场了。

总之，本门情绪流强调“天时、地利、人和”的三维共振。希望对有缘的读者朋友有所帮助。

第三部分

《股市天经》

第一回　出关求道

南京城西南角一个临河的小屋。夜已深了，王求道端坐在椅子上，还在挑灯夜读，桌上一灯如豆，在夜风中摇曳。

王求道本名叫杨道，生性乐观，交游广阔，朋友众多，在南京城小日子过得倒也优哉游哉。王求道从来不赌，对股票从来就提不起兴趣。但偏偏鬼使神差地一不留神就被股票拉下水，结果可想而知。但王求道自小就不服输，股票呢，刚好又专治各种不服。王求道坚决不服气，索性租了一个小屋，把名字也改了，从此离群索居，整整五年了。

散户开了户，证券公司也不管教，就由你瞎买卖了，国家又没有专门的股票学校。没办法，只有看书。王求道也不例外，买了好多书。旁边书柜里，歪歪斜斜地堆满了跟股票相关的书籍。《波浪理论》《股市趋势技术分析》《短线交易绝技》《庄家不传之秘技》《价值投资的真谛》等等，琳琅满目，其中号称股神的作者就好几个。

有的作者名头很响，像《江恩理论》《波浪理论》等，读起来晦涩艰深，似乎不把你搞晕，就显不出作者的水平；有的书取了很牛的书名如《庄家不传之秘技》，很吸引人，让人满怀希望，买来一看，全部讲的是指标，神神秘秘的，差点让王求道陷入迷宫之中，真的是害人不浅；有的书倒是现身说法，平实亲近，很能给人“愉悦感”和“信任感”，让人觉得他讲的是股市真经，但其实都是一些偏离主旨的废话。总之，结果都是一样，希望最后总是失望，对于实战，更是床底下躲雷公——无用。

王求道是知道的，股票交易，最后总是多数人亏损。正常人炒股必败。只有“反人性、反常规、反共识”的极少数人取得成功。股市就像一面镜子，把人性的弱点呈现得清清楚楚，要成为少数人就要扩大视界，升级思维，重塑自我。但说是这样说，对于一般散户，除了自己看看书，似乎又没有别的办法。

跟许多人一样，多少个夜晚王求道俯而读，仰而思。但他不笨，他很快发现了股市的一大真理：书是解决不了根本问题的。所以，书买了不少，看的并不多。古人云：独学而无友，则孤陋而寡闻。于是乎，他走出小屋，四处寻师访友，交流股技。多多少少还是有些帮助的。但实战中总还是输多胜少。N 次觉得差不多悟道了，却 N+1 次被打脸。真应了那句话：股市，专治各种不服。似乎冥冥中有种力量，有意无意地不想让散户参透股道。

王求道梳理了一下思绪，扭头看着书柜里的书，想着市场无数和自己一样的求道者。苦苦求索而不得，心中顿生悲悯之心。正在此时，“轰轰轰”，一声惊雷响过，狂风大作，门窗皆动而和之，随之而来的雨点打在房瓦上啪啪作响，动人心魄。

过了好一阵，风雨终于停了下来。王求道刚要返身上床，突然门外传来一阵急促的马蹄声，间或传来骏马的嘶鸣。“风雨刚停，天又未亮，这些人是急着去哪呢？”王求道甚是不解，急步上前，打开门，只见一群青壮男子，一身短打劲装，向西策马而去，转眼间不见踪影。

王求道正要转身进屋，扭头一看门侧花台有一封信札。

王求道拾起信札，抽出信纸一看，映入眼帘的是一副奔放飘逸的书法作品。有的地方已被雨水湮湿了，字迹模糊不清。

××先生：

本届股林大会定于三月十八日，诚邀先生率本门弟子与会……

顺祝春安！

雁峰寺　集贤台主人 敬上

王求道喜欢书法，特别是草书，少年时，王求道曾有缘在重庆府双桂堂小住，只一瞬，就深深惊服于破山禅师的书法。当时就立誓他年必再返双桂堂，临摹破山禅师的书法。但多年过去了，一颗素心渐行渐远，始终未能如愿。偶尔念及最初最真的少年心事，总是无语沉默。

任何书法爱好者只要一见破山禅师的书法，就很难忘记。王求道心想，这封信的作者一定跟破山祖师是有缘人啊，字迹太像了。

集贤台笼络天下股林英雄，间或几年举办一次股林大会，但从来没人见过集贤台主人，也不知姓甚名谁，只是传说中跟《鹿鼎记》里的陈近南同名同姓。对于像王求道这样的散户，名动江湖的是情绪流大师赵非凡、贝云飞，技术派大师全知道，基本派大师杨大平等人。但对于陈近南这样若隐若现的股林神秘人物，还是敬若天神。

王求道突然有些惭愧，心里想，首先让我心动的，不是股林神秘人物，而是破山禅师的书法，本性难改啊。莫非天生不适合炒股？忽然，王求道又想起破山禅师当年在湖北破头山悟道的情景。

破山禅师（1597～1666年），号海明。是明末清初我国一位著名的佛门巨匠、诗人、书法家，是明末清初重要禅宗大师，是著名禅院双桂堂的开山祖师，世有“小释迦”之称，在我国西南地区的佛教传承中拥有巨大的影响力。

十九岁时，有感于世事沧桑，毅然厌弃尘凡出家，为行脚僧，孤身出蜀，到湖北的破头山闭关修禅，立誓要以七日为限，克期取证。当闭关到最后一天，他发誓：“悟不悟，性命在今日矣！”竟于中午时候，信步举足，坠于万丈悬岩之下，将左脚跌伤而豁然开悟。

一时间，王求道变得有些决绝，一个声音从心底响起：“股道比佛道还难吗？老子就不信这个邪！”王求道从来就不轻易服输。他决定去股林大会见识见识。

王求道简单地收拾了一下行装，走到书柜前，若有所思。对着书柜深深鞠了一躬。心中念道：“弟子愚钝，不能领会各位大作之精义，但多少或有启迪，深自感谢，求道就此拜别了。”

第二回　酒楼偶遇

王求道一路策马西行。感觉好久没见到蓝天白云了，久违的感觉油然而生，心中那个畅快！官道两旁，时不时看到农民伯伯在田间劳作，正是油菜花盛开的季节，人掩映其间，真的是好一幅清新秀美的图画啊。王求道看着看着，忽然心中一惊，思绪还是不由自主地联想到股票：农民伯伯都知道的浅显道理，播种和收获从来都不是一个季节。我等散户，刚入门，懂个啥呢？连播种还不谈上啊，居然就想在股市收获，且个个胃口还不小。世上哪有这种美事呢？哎，当初要是知道这个道理，也不至于瞎搞，亏这么多钱。

时值晌午，不觉有些饿了。信步走进一家“好又来”酒楼。找了一个空位，刚坐下。一众人马呼啦啦地进来，带起一股风。其中一个大高个，快步走到王求道对面，大大咧咧：“你，那边去。”王求道也不计较，没作声，径直走到一个角落里坐下。

大高个回头一脸献媚：“师父，您老请。”只见一位身着唐装的中年人端坐下来，身边一众弟子依次坐下。王求道瞧了瞧这个中年人，高大，健壮，一双细眼总是似睁似闭，寸头，粗硬的短发笔直地立着，像跟谁宣战似的。一看就是股林厉害人物。只见中年人眯着眼睛，用食指轻轻敲了敲桌子，大高个马上回头一声大叫：“小二，快点！点菜。”

客人太多，小二远远的应了一声，大高个嘟嘟囔囔地骂个不停。王求道平生最讨厌就是以强凌弱，也叫了一声小二，小二应声过来，王求道随便点了个菜，小二悄悄对王求道道：“您真是好脾气。”王求道笑道：“你也不必与这人一般见识。对了，这些人是谁？”小二一脸诧异，“您不知道吗，这可是股林赫赫有名的龙头派掌门黎天行。那个大高个是他的弟子贾旺财。”

黎天行一行人要了满满一桌酒菜，一帮弟子吆五喝六地闹将起来。说的那些肉麻话，让王求道联想起《天龙八部》里面“星宿老仙，一统江湖。星宿老仙，天下无敌。”

王求道想到此处，摇了摇头，禁不住微微一笑。

“你笑什么？摇什么头？”大高个一声大喝。

“想笑就笑了，没笑什么。”王求道又笑了笑。

上众弟子跟着起哄：“大胆，敢笑话我们师父。”

大高个：“你是谁，什么门派？”

王求道：“敝人王求道，无门无派。”

大高个不依不饶。“知道我们是谁吗？看你样子，你也配参加股林大会，说，笑什么？”

王求道瞥了一眼黎天行，只见他头微后仰，眯着眼睛靠在椅背上养神。王求道有些动气，又是微微一笑，对大高个说道：“笑口常开，常笑天下可笑之人。世上太多烦恼，岂非就因为笑得太少？笑，就像是香水，不但能令自己芬芳，也能令别人快乐。你觉得你快乐了吗？”王求道依稀记得这是《多情剑客无情剑》里的话，也不知是谁说的，王求道临时改编了一下。

黎天行从椅子上弹起。一双细眼精光四射。“哪里来的野小子，阴阳怪气！”王求道见黎天行终于有了反应，反而笑了，正在说话。只见一位微胖的中年人，双手合十，从一侧走了过来，满脸堆笑：“阿弥陀佛，各位客官，和为贵，和为贵啊。”

“哼”，黎天行缓缓坐下。中年人对一众人拱了拱手。“都是股林同道，还是少吵为好哦，炒，从来都是哪儿来，哪儿去。总是越炒越少啊。偶尔炒炒，也要注意火候啊。不要炒时激情万丈，不计后果，炒后伤筋动骨，悔之莫及呀。阿弥陀佛。”

王求道见其人看似其貌不扬，隐隐有仙风道骨。满脸堆笑，却又别有一番威仪。王求道细细想想他的话，暗含机锋，有些心惊，想不到一位普通的店客，也有如此见识。真是十室之邑，必有忠信，十步之内，必有芳草。王求道站起来，对着中年人拱了拱手：“兄台所言极是，多谢指教。”

大高个一众弟子不服，站起来鼓噪道：“小子，要不到外面比画比画……”。正在此时，一个人缓缓走了进来。一众人等立马收声，空气仿佛一下凝住了。

这是一位三十出头的年轻人。身长八尺。薄薄的嘴唇，使脸看来更瘦削。脸上每一个零件看上去与常人并无两样，但是组合在一起，就有一种卓尔不群的气质。

“这不是号称股林第一快刀的阿瑞吗？”房中众人一声惊呼。阿瑞大步走到房中，脸上似有所动。径直向王求道走来。

阿瑞长于短线，对情绪的把握极准。特别是临盘应变速度极快。股林人称：天下第一快刀。令人想起《多情剑客无情剑》里的阿飞。名字也像，不过他叫阿瑞。阿瑞从来不笑，据说从来没人见他笑过。难怪情绪控制得好，总是像冰一样的冷。

王求道与阿瑞是朋友。三年前，王求道游学江南，于杭州府闻涛路暂住，某日于钱塘江畔观潮。偶遇一年轻人，望来呼啸而来的潮水若有所思。古人言：白发如新，倾盖如故。意思是：人世间，有些人，相处到白头，彼此还像陌生人。而有些人，只是路上偶遇，就会一见如故。王求道和阿瑞就是这样。两人后来在闻涛路相处有日，相谈甚欢。当时，聊的都是立身行事的道理，竟不知道阿瑞身怀绝技呢。

阿瑞坐下来。“道兄，你怎么在这呢？”

王求道见到阿瑞，也是惊异。“想不到，我们在这儿重逢。”

黎天行一众人一见如此，不动声色地走了。王求道和阿瑞久别重逢，甚是高兴。当下，两人叫了几个菜，一瓶诗仙太白，开怀畅饮。

从阿瑞那得知，本届股林大会，与众不同。据说是最后一届了。股林大会之后，还会举行“实盘试剑”，并有机会参阅传说中的《股市天经》，传说《股市天经》记载了股林各派绝技。这可是股林中人人向往的圣杯啊。

一连几天，一路南行，王求道和阿瑞天南地北海聊，少不了聊到股票。王求道这才知道阿瑞大学就开始炒股啦。年纪不大，股龄不短。阿瑞当年象棋下得甚好，以为股票像下棋一样，买本棋书看看就好了。后来才发现，股票难多了。如果一般的技艺的难度类似“百步穿杨”的话，股票的难度就好似“枪打飞鸟”，且时有风云雨雾，变幻莫测。所以对于时机的把握非常重要。

一日到了岳阳，王求道本想劝阿瑞一起去股林大会瞧瞧，阿瑞却说：阿飞之所以号称武林第一快刀，原因无他，就是因为他一生只练快刀而已，别门别派虽各有千秋，于他并不适合。更因成都家母病重，得回家探望。他日或遇情绪流高人，倒是不妨一会。王求道便不深劝。于是二人拱手作别。阿瑞西行入川而去。王求道决定随便游览一下岳阳楼。

第三回　岳阳观景

岳阳楼下瞰洞庭，前望君山，自古有“洞庭天下水，岳阳天下楼”之美誉，与湖北武汉黄鹤楼、江西南昌滕王阁并称为“江南三大名楼”。岳阳楼是三大名楼中唯一保持原貌的古建筑，北宋范仲淹脍炙人口的《岳阳楼记》更使岳阳楼著称于世。

王求道知道范仲淹时，还是一个八九岁的少年。小时候贪玩，被玻璃划伤了膝盖，卧床养伤，是父亲从学校借了几本图书伴着他度过了难挨的21天。有一本就是《古人勤学的故事》，其中有一则“断齑划粥”的故事。

范仲淹是北宋著名的政治家、军事家。他出生于贫苦人家，两岁丧父，母亲由于无法维持生活，不得不带着他改嫁别处。

范仲淹童年读书，就非常专心。十多岁时，他住在醴泉寺的僧房里，昼夜苦读。每天煮一锅稀粥，等它凝冻以后，用刀划成四块，早晚各取两块作主食。副食呢，更简单！切几根咸菜就行了。后世传为佳话的“断齑划粥”的故事，就是从这里来的。

由于范仲淹出身贫寒，艰苦备尝，因而对民间疾苦深为同情。他在岳阳楼记里说：先天下之忧而忧，后天下之乐而乐。这种思想境界。要是生活在后世，那一定是一个标准的共产党员吧。王求道对范仲淹很是钦佩，加之《岳阳楼记》文笔生动，意境高远，王求道几乎都能背下来。

王求道也曾有志于仕途，奈何不得其门而入。虽然出身农家，对经济事务反倒热情不高。人生就是如此，种瓜得瓜，种豆得豆。王求道曾经多次反思自己，读书上学时，从来没认真努力过，及至年长，又从来没有在经济事务上下过苦功，就是下棋、读诗这些业余爱好，也只是随兴为之。总之，没有一样是真正下过苦功的。偏偏只有股票，是这辈子做过最认真的一件事，恰恰也是股票，如此认真，但依然很难悟道。要是当初用学股票的劲头读书的话，考个进士怕也不是难事。

王求道看着眼前牌匾：四面湖山归眼底，万家忧乐到心头。念及少年心事，想到目前受困于股海，求道之艰难。虽然生性旷达，还是有些淡淡的惆怅。想起周瑜当年写《长河吟》心境，真是感同身受。禁不住轻轻吟哦：

问人生，叹华年，时不我与华叶衰。
举杯醉，对月吟，愁肠千结寒声碎。
长河水，奔腾急，壮志难酬空悲切。
知音少，洒泪还，断弦残曲与谁听?

初春时节，乍暖还寒，阴晴不定。忽然狂风大作，暴雨骤至。王求道最喜欢风雨来临的景象，每每此时，一扫尘世俗念，心襟为之一振。王求道站在楼边，只见楼下千树万树在风中战栗哀号，刚才静柔的河面忽然变得狰狞，怒涛翻滚伴随着凄厉的尖叫，令人心惊胆寒。湖面上三三两两打鱼船在风雨中摇摆，纷纷向岸边狼狈逃窜。王求道感叹范仲淹《岳阳楼记》中“阴风怒号，浊浪排空”实在是再贴切不过了。想着岳阳楼记，似乎明白了什么。忍不住默默地念出声来。

若夫霪雨霏霏，连月不开，阴风怒号，浊浪排空；日星隐曜，山岳潜形；商旅不行，樯倾楫摧；薄暮冥冥，虎啸猿啼。登斯楼也，则有去国怀乡，忧谗畏讥，满目萧然，感极而悲者矣。

至若春和景明，波澜不惊，上下天光，一碧万顷；沙鸥翔集，锦鳞游泳；岸芷汀兰，郁郁青青。而或长烟一空，皓月千里，浮光跃金，静影沉璧，渔歌互答，此乐何极！登斯楼也，则有心旷神怡，宠辱偕忘，把酒临风，其喜洋洋者矣。

念着念着，王求道突然心头一震。这难道就不是股市里两种操作环境，两种结果，两种心情的写照吗？刚刚在静柔的湖面，那么多打鱼船在捕鱼，那是因为“春和景明，波澜不惊”。一旦“阴风怒号，浊浪排空”，渔民都知道避之，不然，打的鱼没了，船没了，人也没了。嗯，渔民出海得先看天气，短线操作也得要看市场环境啊。王求道似有所悟，一时浮想联翩，想了很多。

第四回　股林大会

出了岳阳楼，只见官道上时不时骏马急驰而过。想来也是去股林大会的吧，王求道想，便也到集市买了一匹马，跟着一众人策马向南。黎天行，大高个一行人也在其中。

衡山，我中华“五岳”之一，又名南岳。位于湖南省中部，绵亘于衡阳、湘潭两地。据战国时期《甘石星经》记载，因其位于星座二十八宿的轸星之翼，犹如衡器，可称天地，故名衡山。

衡山群峰巍峨，气势磅礴，七十二峰贯穿七个县，逶迤八百余里。其中回雁峰乃南岳七十二峰之首峰。相传，北雁南飞，不过衡阳，回雁峰因此得名。回雁峰虽不高，但历史名人的诗文以它为典故者甚多。唐代诗人王勃在《滕王阁序》中有“雁阵惊寒，声断衡阳之浦”佳句。杜甫曾居衡阳，留下了“万里衡阳雁，今年又北归……”的诗句。刘禹锡、柳宗元、王安石、文天祥、范仲淹等都留有脍炙人口的诗文。文因景成，景借文传，故名扬天下 。

千年古刹雁峰寺，就坐落在回雁峰之上。股林大会就在回雁寺的集贤台举行。

一路上，大高个贾旺财等人总是对王求道咋咋呼呼，王求道也没心思搭理。一路走一路想，不多日到达衡阳城。明清著名思想家王夫之就出生在这里。王夫之年轻时举兵抗清，后来一心向学，是王求道少年时就很景仰的人物，王求道决定股林大会结束后，顺道瞻仰王夫之墓。

回雁峰离衡阳城很近。一行人出了城，拾级而上，大高个贾旺财因为太胖，累得吭哧吭哧，嘴上嘟囔个不停："什么鸟人，好好一个股林大会，非得选在深山老林。"王求道心想旺财说的也是，但或许也有什么道理。

不多一会，到了一个山头。王求道站在山头上，回首一看，衡阳城尽在眼底。远处，云雾缭绕，群峰时隐时现，煞是壮观。旁边一树一树的春花，开满了整个山头。时有小鸟在树林中穿梭，扑棱棱地飞起，又落下，叽叽喳喳的声音，任你心如木石，也会为之心动。啊！王求道心情那个好啊，真是难以言传。欧阳修在《醉翁亭记》里这样描写山间的景色：

野芳发而幽香，佳木秀而繁阴，风霜高洁，水落而出者，山间之四时也，四时之景不同，而乐亦无穷矣！

此时此景，正是"野芳发而幽香"的春天，要是放在往时，王求道会吟一首打油诗助兴。可此刻，虽然很想吟诗，脑子里却像一团糨糊，怎么也不配合。哎，都是股票闹的，这几年的时间全在股票上了。有时候做梦，梦中都是K线。早把诗啊词的扔一边去了。

王求道似乎明白了集贤台主人为什么要选在深山古刹举办股林大会了，做股票的人，尤其是短线客，好多人每天对着电脑，貌似自由，实际上，心为物役，画地为牢，活脱脱像个炒股犯，都忘了生活的本来面目。王求道回头看了看，贾旺财一行人，个个都是欢天喜地，尤其是大高个旺财，圆圆的脸全是笑意，立马变得可爱多了。

王求道突然想，短线里面的人，就是这群人的放大，其实大家都不容易，每个人都要养家糊口，但短线就是个零和博弈，铁的法则是：有人赢，必定就是有人输。而事实上，多数人总是输，长期稳定赢的只是极少数人。短期来看，遵循快乐守恒定律，即快乐是恒定的。长期来看，遵循痛苦增加原理，整个群体的痛苦总是不断增加。

不单是股民，其实整个社会，国内国外都是如此，物质文明越发达，人们不再缺吃少穿，但人们似乎越来越不快乐了，普遍弥漫着说不出来的焦虑感。这到底怎么一回事呢？

王求道跟着众人一路走一路想，没多一会儿雁峰寺就到了。只见一座高大的山门，两边刻着一副对联：

大梦忽闻钟，任他烟雨迷离，还当醒眼。

浮生真类雁，看到天花欲坠，我亦回头。

王求道看着对联，若有所思。

贾旺财："有啥好看的，所有的庙观都喜欢故弄玄虚，恨不得天下人都跟他们出了家才好，呵呵。"

黎天行喝道："旺财，佛门圣地，不可造次。"

贾旺财："不是吗？我就觉得赚钱好，吃肉好，女人好。一张脸永远像死了爹似的，天天阿弥陀佛，还要禁欲禁色，有啥意思呢？"

黎天行踹了旺财一脚："阿弥陀佛，你丫的，给我闭嘴。"转身对着山门双手合十，手腕上露出一大串佛珠，嘴里念道："阿弥陀佛，罪过，罪过。"

王求道憋住笑，心想，这旺财其实说出了好多人的心声。说实话，人要是真的无欲无求，就不那么可爱了，有什么意思呢？动物都有欲求，像牛啊、马啊，吃饱喝足了，就是晒着太阳，走来走去的耍，活得简单。人也是动物，也有欲求，只是人的欲望比一般动物复杂多了。比如人信佛，动物哪懂这个。人炒股，动物就不炒股。而且有些人浸淫股海，其实也不是完全为了赚钱，就像下象棋，并不输钱输米吧，但很多人就是乐此不疲地屡败屡战，钻研学习。想着想着，王求道突然灵光一闪：低级的欲望只需随性就可以。而人类的高级欲望，需要努力和克制才能实现。比如探寻股道。

另外，对于做短线的，这副对联真还起点警醒作用：每天盘中，总是有这样那样的拉升，不就是对联中说的“天花乱坠，烟雨迷离”吗？应该清醒以对，特别是那些无量的拉升。想到此，王求道心中一惊：人啊，就是一团欲望和情绪而已，修行不到位的人，很容易受到环境的催眠，每时每刻都会产生莫名的臆想，主观臆想乃交易之大敌。交易你所见，而非你所想。短线选手临盘时，如果没有足够的经验，最好还是以打板为主。市场环境不好时，最好和盘面保持适当的距离。

王求道隐隐觉得，股林人人想得到的圣杯，技术派们想象中的放之四海而皆准的固定招法，应该不存在。但到底是什么呢？又说不上来。

山门两边分别立着两个童子，见王求道过来，手一伸。王求道脸一红，掏出信札给童子，童子上下打量了一番：请。另一位童子领着王求道进去了。

集贤台并不在雁峰寺内，王求道跟着童子绕过观音殿，入门穿廊，又三四折，不多一会儿，出了寺门。只见一条石径小路，两旁尽是参天古木。童子领着王求道走过石径小路尽头，折转拾级而上，只走了十来步就到顶了。王求道放眼望去：好一幅古色古香的绝美风景！

几排禅房像一个口字形分布在远远的四周，一排排参天古木从房后向天空伸展。灰青色的砖墙，碧绿色的瓦顶。说是禅房，却明显像极了城里富贵人家的厢房。中间是一个大广场，青色的石砖齐齐地铺满一地。广场中的正中间是一个一米见高的木台，木台的中央，一棵大树笔直的冲向天空。可惜的是，人太多了。乌泱泱的一大群人围着木台，只见木台上摆一圈桌椅，各派掌门端坐其上。台下桌椅都快坐满了，一些人席地而坐，喧哗声此起彼伏。

王求道一下联想到《笑傲江湖》里的恒山别院，想到了仪琳。少年时看《笑傲江湖》，最难忘的是仪琳。想不通令狐冲为啥就不娶仪琳呢，娶两个也没关系嘛。少年时的他曾是那么心心念念，心心念念地不舍仪琳最后竟是那样的孤单，恨不能变成作者将结局重新写过。

据说集贤台本是雁峰寺开山祖师宏宣法师跟俗家弟子讲经说法之所在，不知啥时候，被陈近南弄成了一个股林论坛，奇怪的是，股林各门各派都愿捧场，更奇怪的是，知道他的人不多，且名头远远不如“八年一万倍”等响亮。只是有一句话在股林广为流传，令人长想：平生不识陈近南，便是英雄也枉然。

“咚……”，禅钟响了。古刹的钟声就是不同，浑厚低沉，余音袅袅，直抵人心深处，使人低回。人群顿时安静下来。王求道赶紧找了一个角落，旁边有棵树，王求道倚树而立。突然，有人轻轻地拍了拍肩。

王求道回头一看，我晕，原来是好又来酒楼的小二。看来股票真是深入人心。小二知道的真不少，今年股林大会的主题十分特别：散户的进阶之路。台上坐的都是股林大咖：技术派全知道，基本派杨大平，缠论派李继承，两面派郝好啸，心理派吴言，题材派蒋自信，龙头派黎天行。还有情绪流游资大佬赵非凡、贝云飞等都赫然在座。不过，自称股神的却一个也没来。

王求道视力好，远远一看，这些名震江湖的股林豪杰，也看不出来有啥不同凡响。号称“八年一万倍”的赵非凡，人不高，精瘦，但颇有气质。倒是贝云飞面相和善，时时面带微笑。

王求道正瞎想呢，只见技术派全知道首先站起来，拱了拱手，一脸的得意：

“各位英雄，各位朋友。说到散户进阶的选择，当然首推我技术派，本派开宗立派100余年以来，经过长期发展和演变，形成了众多的门类，其中有代表性的是道氏理论和波浪理论。另外，《股市趋势技术分析》作为技术分析的代表著作，是经典中的经典、至今仍牢牢处于无法超越的地位。目前市场上关于股票的著作，技术分析占据绝大部分。诸位，哪一位开始学习股票不是从技术分析开始的呢？”

“你扯，你继续扯。”基本派杨大平一脸的不屑。“仅凭图表就能盈利？诸位，试问天下有这么简单的事情吗？本门认为：每个企业具有其内在价值，股价最终反映的是企业的内在价值，因此，当股价低于内在价值时，可以做买入操作，而当股价高于企业的内在价值就应获利售出。投资就是这么一件简单的事儿！本门祖师爷巴菲特谁人不知，谁人不晓，事实胜于明证。目前市面上关于股票的著作，我基本派也不少。知道吗？每天都有一本关于本派巴菲特的书出版。”

全知道立马站起：“哼，你刚才还说天下没有简单的事情呢。对于普通的散户，怎么合理评估上市公司的内在价值？评估企业的内在价值涉及经济学、会计学、财务分析、公司治理等。普通散户一般只限于了解公司的市盈率、市净率、每股收益等常用财务指标，多数人对内在财务指标和经营数据的意义都不理解，更不用说判断诸如业绩是否为非经常损益所致，公司与行业相比的毛利率高低，行业增长趋势，公司现金流状况等相对复杂的财务数据。绝大多数人都不会看上市公司的财报，为啥？看不懂呗，更别说财报的真实有效性专业人员都难以识别。曾有媒体调查，近 90% 的投资者不信任财报。所以，妄想自己能像巴菲特一样过上看报纸的投资生活，是痴人说梦。除非……”

杨大平洋洋得意：“哈哈，除非就是将钱交给我们专业的机构来管理。看来你了解本门价值投资嘛。其实，我想和诸位散户，认真地说一句，不要学习技术分析，我并不是说这些牛鬼蛇神的东西一点没有价值，而是说，你花了那么多时间、精力、资金。学会了，却基本用不上。什么归位、数浪、突破、背离、共振……这些，根本就没有统计学基础，听起来有意思，但实战起来找不着北。尤其是指标，所有的指标都只是真身的影子，掉进影子的迷宫可浪费生命。据说关于指标有 8000 多种啊，朋友们，8000 多种啊。”

全场一片静寂。半晌，交头接耳的声音此起彼伏。

全知道：“我呸，本门认为价格包容消化一切信息、价格以趋势方式波动、历史会重演。这已经为每一位股林中人所公认。特别是，价格包容消化一切信息。所以，关于企业价值的一切信息，都已消纳其中。数百年来，不断发扬光大，巨人辈出。例如本门投资大师威廉·江恩通过对数学、几何学、宗教、天文学的综合运用建立的独特分析方法和测市理论，结合自己在股票和期货市场上的骄人成绩和宝贵经验提出的，包括江恩时间法则、江恩价格法则和江恩线等。”

“江恩理论认为股票、期货市场里也存在着宇宙中的自然规则，市场的价格运行趋势不是杂乱的，而是可通过数学方法预测的。它的实质就是在看似无序的市场中建立了严格的交易秩序，可以用来发现何时价格会发生回调和将回调到什么价位。众所周知，江恩取得了巨大的成就，但可从来没用到一点贵派的财务分析。此外，我不得不提一下神奇的斐波纳契数列……”

“停停停，杨大平摆了摆手，站起来。再听下去，我真的要疯。地球人都知道贵派有一个特异功能，总是让人觉得神秘莫测，事后解释头头是道，那些所谓的‘必涨形态’和神奇指标，真的是误人子弟，贻害无穷。诸位，我想请诸位认真问答一个问题，靠技术分析，赚钱的举手”。

偌大的广场一片静寂，半晌，稀稀落落的只有几个人犹豫不决地举了举手。

杨大平一脸得意，“哈哈，诸位，我先给大家讲个事啊。话说，昨天在店内一边吃鸡翅一边用手机看股票。一个乞丐进来乞讨，我给他一块鸡翅后继续看股票。乞丐啃着鸡翅没走，也在一旁看着，他说，长期均线金叉，KDJ 数值底部反复钝化，MACD 底背离，能量潮喇叭口扩大，这股要涨了。我惊诧地问，这个你也懂？乞丐说，不懂我能有今天？”

全场哄然大笑。

杨大平却不笑，一本正经。“这是真的哦，真的，是真事”。回头一指全知道，“都是技术分析害的。”一说完，自己笑岔了气，全场更是跟着笑得不行，有人笑得咳嗽不止。

半晌，杨大平止住笑，总结道：“散户作为集分析，调研，操作，资金管理，风控一把抓的独立决策人，没有职业经理的专业素养，更没有专业机构的团队分工，永远在数千只股票中，随意筛选，冲动买入，如何盈利？所以，交给我们机构比较妥当。我师兄公募一哥王冠伟就讲过了嘛，散户根本就不应该买股票。”

全知道面红耳赤：“你你你……气死我了。”这时候，两面派出场了。只见郝好啸，清了清嗓子，装脸作势地说道：

“非也，非也。彼得林奇不是也讲过，散户投资未必就输过机构嘛。事实上，有些散户做得比机构还好。对于散户来讲，技术分析和价值投资都需要学习的嘛，技术分析着重于分析股票价格的波动规律，基本分析侧重于研究股票的投资价值。技术分析主要针对股价的涨跌表现，是属于短期性质的；基本分析主要针对企业的投资价值和安全边际，是属于长期性质的。技术分析重点帮助投资者选择适当的交易时机和操作方法，基本分析重点帮助投资者正确地选择投资对象。总之，技术分析择时，价值分析择股，不就对了嘛。”

题材派蒋自信不干了。“你和你名字一样，真的好好笑，如果有这么简单的话，我派还研究题材干啥？告诉你，股价的短期波动是题材决定的，题材才是股市的第一生产力。”只见，赵非凡，贝云飞都微微点头。

“我就不明白，明明价值投资跟技术分析对于绝大多数散户并不适合，尤其是技术分析，市面上充斥了太多无用的书籍。太多无用的理论。太多所谓的‘必涨形态和技术指标’，把人引入歧途，空耗生命。我很不明白，真理掌握在少数人手中，绝大多数人知道的东西怎么能成功呢？奇怪的是从来没有人出来振臂一呼。”

两面派郝好啸道：“没有世人的从众和盲目，你赚谁的钱去？呵呵，你还自信？我看是人无知时最自信。你晓不晓得，其实技术派并不排斥题材，价值分析也不排斥题材，而且，基本面、业绩才是真正长久的的题材。贵派的题材派，一味追涨杀跌，涨时鸡犬升天，跌时一地鸡毛。真是铁锅里炒胡豆——哪儿来哪儿去，风险太大。技术派、基本派才是股林的正宗武学，就像少林、武当。你们，最多就是五岳剑派而已。”

全知道、杨大平很是受用：“对的嘛，郝兄所言极是。”

“阴阳怪气”。黎天行眯着眼睛站起来，犟着脖子，眼睛突然一睁，精光暴射：“基本面，什么基本面？非问题股，盘子小，价格低，筹码稳定，这就是最大的基本面，他业绩好不好关我球事。老子要的是一夜情，不是天长地久！”

题材派蒋自信附和道：“说得好，我也是这个意思。”

黎天行却丝毫不给面子：“好什么好，我跟你不是一个意思。我龙头派至刚至阳，唯精唯一。清华北大，都不如老子的胆子大。不像尔等这样猥琐，毫无胆魄。”蒋自信脸上红一阵，白一阵，不吭声了。

郝好啸道：“二位，本是同根生，相煎何太急。我说一句公道话，从效率上看，题材派确实技高一筹”。然后转向黎天行，“尤其是龙头派，无惧一切利空，这种气质……好比百万军中取上将首级。两位当是五岳剑派中的华山派。老蒋当是华山派的君子剑岳不群。”

缠论派李继承缓缓站起：“呵呵，百万军中取上将首级？你只晓得贼吃肉，没见过贼挨打。追涨早晚是取败之道，题材派如果真厉害，就像岳不群，最后为啥悄悄练习《葵花宝典》？且看我缠论派，最后一次跳空下跌为第一买点，妙啊妙啊，契合了股票的真谛：低买高卖。本门第二买点，第三买点，啊，实在是妙。既是低吸，又兼顾了效率。先师实乃股林第一高人，科学地分析了本派必胜之道。”说罢，对着天空拱了拱手，引来台下无数缠迷的欢呼。

“阴阳怪气”。黎天行呼地站起来，“千人千缠，千人千浪。缠论不过就是技术派的变种而已。非把自己包装成科学，最恨的就是你们这号人。股票是科学吗？啊！缠就缠吧，还论。缠就是说不清楚，但你们非要给说不清楚的东西妄下结论。就叫缠论”。台下龙头派弟子又是一阵欢呼。

李继承不服。“先师根据市场最基本的确定性‘任何走势都会结束’为基础，从几何的角度对走势的结构逐步推导，对市场的各种走势做出科学的完全分类，从而指导实际操作。缠论是目前唯一能用数学手段进行证明的交易理论。世上本无缠论，我等后学弟子出于对先师的尊重，将他的学说称为理论，关键是，先师取得的战绩无人能敌，奈何先师英年早逝，否则，以先师之英明神武，我缠论一派必定一统股林。”

王求道陷入了思考，每一个门派都似乎有道理，尤其是技术派、缠论派，看似深不可测，但如陷身其中，那真是虚度年华。又深感，人类发明股市以来，多少智能之士醉心其中，这样那样的学说浩如烟海，据说，每一天都会出版产生100本关于股市新书。各种理论，众说纷纭。这股市之道，到底是什么呢？

“阴阳怪气”，黎天行很生气。“晓不晓得，你那个所谓的缠论搞疯了多少人？你既然把《葵花宝典》来做比喻，那你知不知道，欲练此功，必先自宫？我等散户，时间就是生命。时间就是金钱。你有那个功夫，你自己练去，你问一下台下诸位，哪个不是奔着快发财，发大财的。”台下又是一阵欢呼。

李继承：“安全第一。我我我，我们缠派是唯一科学的……”

黎天行盯着李继承：“阴阳怪气。还安全第一，赚不到钱有个球用。你你你，你敢不敢和我龙头派实盘试剑？”

李继承不吭声了。两面派郝好啸站了出来，背着手一边踱步：“啊，啊，这个……缠论还是有它相当见地的，散户本来就应该注意安全嘛。别钱没赚到，本金丢了。低买高卖的原则与基本派相同，买点呢，又似技术派的波浪理论。还有这个这个……，他讲究概率的叠加，其实和贵派龙头派有相通之处，龙头龙头，就是连板的概率大嘛。嗯，至于说这个数学推导……”

心理派吴言站了起来。“嗯，照你这么说，数学家炒股最牛。我先给大家讲个故事啊。1720年4月，牛顿投入大约7000英镑买了英国南海公司的股票，仅仅两个月股价就翻了一倍，然后他就卖了。没想到他卖了之后，股价涨得更快了，又过了一个月，股价翻了8倍。牛顿悔得肠子都青了，然后这个著名的科学家开始冲动了，他加大了投入，又杀了进去。”

“不久南海公司的股价开始暴跌，很多人血本无归，牛顿也亏了2万英镑。大家不要觉得2万英镑不算什么，这可是相当于牛顿这个造币厂厂长10年的工资！也就因为这个事，才有了牛顿那句名言：我能计算出天体运行的轨迹，却难以算出人类的疯狂。注意啊，牛顿可是著名的科学家，身份是当时的中央银行行长啊。”

两面派郝好啸又来了，“嗯，如果说股市有科学的成分，数学嘛……”，这时候杨大平咳了一声。“统计学是数学的一个重要分支，自然是很重要的。不过，嗯，股市的根本之道，还是哲学。”这个时候，心理派吴言又哼了一声。两面派郝好啸，马上改口道：“哲学很重要，当然最最主要的还是心理学，尤其是集体心理学，研究股民的集体心理实在是太重要了。嗯嗯”。

黎天行听不下去了，眯着眼睛，一字一句地说：“郝好啸，你真的好好笑，毫无原则。说说看，你到底是哪一派的，我看你丫的不如改姓霍，叫和稀泥算了。”全场又是一阵爆笑。

过了一阵。心理派吴言接口到：“哪一派，哪一派，散户都是被你们这个派那个派整懵了。”全场马上安静下来。

“如果把市场比作一头超级大象，你们这些人，都是盲人摸象。如果把市场比作一个人，你们这些人”，吴言指了指台下，“你们都是一群蚂蚁”。吴言又指了指台上，“而你们，无非就是蚂蚁中的哲学家，而已！”

“阴阳怪气”，黎天行道：“你别光是故弄玄虚，你敢和我龙头派实盘试剑吗？”

“就知道打打杀杀，没思想。你怎么不找八年一万倍比比？”心理派吴言脸上有点红。

这回轮到黎天行不吭声了，扭着脖子，想说什么，但只是哼了一声，最终没有说出来。八年一万倍，在江湖中谁人不知，谁人不晓。说起“八年一万倍”，简直如雷贯耳，敬若天神。

只见“八年一万倍”赵非凡缓缓站起身来。只见台下欢声雷动，女粉丝们更是止不住的尘叫，“八年一万倍”赵非凡人不高，其貌不扬，但颇有气质。他缓缓说道，“其实股票不难，比找女朋友容易多了。”众人大笑。这笑声里有多少羡慕啊。

“短线交易，不讲价值，不讲技术，只讲故事。如果一定要捏造技术的话，就是看‘人气’，一口气上不来就要去见马克思。有故事，有大量资金活跃的票，就有肉吃，吃完撤退，慢的买单。”黎天行眯着眼睛，不时点点头。让他服气，可真是不容易啊。

“至于说，散户是做短线，还是长线，完全取决自己的风险偏好。本人就是这样，以赚快钱为荣，以做慢钱为耻。生的伟大，死的光荣。”全场静默，随即发出雷鸣般的掌声。“不过，龙头也不是无脑上的。”黎天行脸上抽动了一下。但没说什么。换了别人讲这话，他早就暴怒了。

“兴风作浪，影响安定团结，难怪朝廷不待见你们。”杨大平缓缓站起，拱了拱手：“小心一着不慎，付之东流。”然后转向台下：“诸位，短线风险太大，一将功成万骨枯。万望三思啊，小心驶得万年船。”

题材派蒋自信接口道：“我说你是，黄牛白背脊——格外一条筋。你价值投资就没风险？没人接盘，卖给谁去？难道不是一将功成万骨枯？”

缠论派李继承站起来，帮腔道：“我觉得杨掌门说言极是。”

这边黎天行又站起来：“阴阳怪气，敢不敢跟我龙头派实盘试剑？”

杨大平呼地站起来：“敢！包你孔夫子搬家——全是书（输），以三年定胜负。”

黎天行：“阴阳怪气！三天就可以了，还三年！毫无胆魄！”

以杨大平、李继承一边，这边蒋自信、黎天行为一边，两边吵成一锅粥。台下也是吵声一片。

只见赵非凡对着旁边贝云飞轻声道：“你看，我说的吧，模式不同的人，尽量少交流”。贝云飞是个老好人，为人和善。笑笑，也不说话。

只见赵非凡一时兴起，猛然站起，伸出右手坚定有力向空中一挥，“我有一言，诸位静听”，全场马上鸦雀无声。

“题材投机做短线，以空间换时间，效率最高。其他都是扯淡。人生能有几回搏？怕死不当共产党。愿随我八年一万倍，做短线的，站到这边来。”

榜样的力量是无穷的，顿时呼啦啦一多半的人啸聚在赵非凡面前，全知道、杨大平旗下弟子叛逃的可不少。广场上铺天盖地的喝彩声，“股神！股神！”众人跟着赵非凡一起高呼：“要成功，就发疯，头脑简单往前冲。”

赵非凡脸上露出胜利般的笑容，此时此刻，心中的愉悦感和满足感，远胜任何时刻。蒋自信、黎天行都显得志得意满，仿佛赵非凡的胜利就是他们的胜利。

王求道心想，杨大平的话其实是有道理的，理论上讲，价值投资的本质是商业活动。致力于寻找“持续的竞争优势”，并在价值低估时买入，提供了一种近乎稳胜不败的格局，但对于新兴市场的绝大多数散户，未必适合。而赵非凡说的题材投机，效率确实高些，但短线这一行，一师难求，就像两面派讲的那样，人无知时最自信，有几个散户有高度的自觉性，在学习短线时，能控制仓位呢？往往短线的道道还没摸着，本金就亏没了。王求道联想到自己还有小二等人几年来的经历，有些悲天悯人，陷入了沉思。

技术派全知道、缠论派李继承、心理派吴言面面相觑。基本派杨大平指着赵非凡，心不甘、情不愿的样子，刚想说话，叹了口气，啥也没说，头摇得拨浪鼓似的。两面派郝好啸清了清嗓子：“其实呢，万地万物，各有其道”……却说不下去了。

王求道正思如泉涌呢，听到郝好啸的话，情不自禁接过话头，一口气说了下去：

“其实呢，万地万物，各有其道。对很多人来说，股票或许未必适合，股海无边，回头是岸。某种意义上，实体经济才是更宏大的舞台，相对来说那是一个人人为我，我为人人的世界，竞争当然有，总的来说是良性竞争，大不了你吃肉、我喝汤，成功率、容错率比股市高多了。股市则不然，其复杂性，随机性，混沌性足以让人类任何一位伟大的天才扼腕长叹。尤其是短线，有你无我，是典型的零和博弈。其严酷性，仅次于战争。还好，股票，要的只是钱，而战争，要的可是命。”

“但从人类发明股市的初衷来看，从国家发展股市的本意来看，股市本来只应该是有钱有闲人玩的游戏，如果一群人有钱有闲，大家聚在一起玩玩，又不伤筋动骨，输赢各得其所。不影响家庭和谐，社会稳定，同时形成一个强大的资本市场服务实体经济，岂不美哉？”

“至于没钱没闲的，无论想求财，还是想求道，还是一时兴起。带着玩玩的心态最好，既然是游戏，不必太过认真。虽说是游戏，亦不可不认真。求稳的做价值投资，或者价值投机，敢冒险的做题材投机，并无高下之分。但无论哪种方法，事前要看明白，想清楚。尤其是后者，风险大些，必须量力而行，愿赌服输。任何一个领域，大成者都是少数。

给自己一个时间期限，人生也要止损。迎难而上是好汉，知难而退是智者。路，有去有回，走错了，重走就是。非我所长，借力即可。放过自己，才能高飞。”

“坚决不服，勇于挑战的。那么好，请做好过雪山、草地的准备。短线，是男人的游戏，亦是勇敢者的游戏。古人云：天地不仁，以万物为刍狗。老天对待万物是一样的，不对谁特别好，也不对谁特别坏，就看各自的修为造化。无论哪种方法，都是利用对手盘的非理性。资本市场并非简单的大鱼吃小鱼，而是明白鱼吃糊涂鱼。拼的就是学习力，理解力。”

“那么哪种人可能走出来呢？上善若水，厚德载物的人。坚韧不拔，乐观向上的人。即使倒下一万次，也能一万零一次站起来的人。即使忍无可忍了，还能继续再忍，自我调节的人。懂得团结彼此助力，善于总结不断进步的人！”

王求道顿了一顿。加强了语气：“但必须强调的是，股市的风险来源于持仓。在没有盈利把握前，必须严控仓位。”

“阿弥陀佛，善哉善哉。”只见一位中年人，不知从哪个角落里走出来，满脸堆笑，缓步向王求道走来。王求道大惊，这不是“好又来”酒楼遇到的中年人吗？中年人走到王求道面前，微微一笑：“敝人陈近南，有请”。王求道不知所措，任由陈近南挽着手向集贤台走去。

陈近南！人群中有人窃窃私语。江湖中处处有关于陈近南的传说，在散户的心里，游资是神一样的存在。其实，在股票的生态链中，游资的地位并不像想象的那么高，除了钱多点，跟散户差不多。如果不顺势而为，也是不堪一击的。赵非凡数次与之交手，但几乎都是逢陈必败。据说陈近南早年因高人点化，专门做短线取得了骄人的战绩，后来不知怎的遁迹于江湖，有人说陈近南遁入了空门，法名为行道。

又有传说，说陈近南一年成交量就近 1000 亿，真假不得而知。但近 80 家上市公司的十大流通股东出现陈近南的名字却是不争的事实。陈近南成功后，暗地热心公益，提掖后进，江湖中人人钦敬。是股林中绝无仅有的德能兼备的大师级人物。难怪江湖传说：平生不识陈近南，便是英雄也枉然。

人群自动分开，陈近南挽着王求道走向集贤台，赵非凡、贝云飞、杨大平等恭敬地站在台下向陈近南致礼。陈近南笑着还礼。挽着王求道拾级而上。一边吟道：

中州风雨我归来，但愿江山出英才，待得涛平波静日，与君同上集贤台。

碰巧，王求道十分熟悉这首诗。这是张丹枫写的。张丹枫是梁羽生《萍踪侠影录》中的男主角，是一位“亦狂亦侠真名士，能歌能哭迈俗流”的名士型侠客代表人物。被梁羽生本人认为是其创作得最成功的人物形象。

张丹枫日常行事自由率意，不拘小节。对朋友同道永远慷慨好义，古道热肠，有着江湖儿女视功名利禄为浮云的豪迈洒脱。国家危亡之际，能深明大义，挺身而出，毅然抛弃个人恩怨，放弃家族几代的复国理想，为国为民奔波操劳，诚然又是一位心连广宇、襟怀坦荡的民族英雄。古人云：侠之大者，为国为民。张丹枫正是这样一位令无数男儿景仰的英雄人物。

王求道知道陈近南是用这首诗，勉励后来者努力上进。当下心中十分感佩。一时十分激动，忍不住脱口而出：

集贤台上我登临，十年消磨烈士心，求学悟道终有日，不负胸中十万兵。

陈近南与王求道相视一笑。台下欢声雷动。

陈近南眼角含笑，对台下深深鞠了一躬，转身又对着台上鞠了一躬，说道：“各位施主，各位高朋，胜兵先胜而后求战，败兵先战而后求胜。投资方法多，各有成功者。不同的方法适合不同的人。同样的人在不同的时间使用不同的方法而已。股道即人道，人道即天道。道术相生，不可或缺。以道御术，方能有成。近南学识浅陋，不善言谈。蒙各位抬爱，云集于此谈股论道，近南及各位后学深受教益。方今春意浓郁，有缘诸君可移步华山玉泉院……”

“咚……咚……咚”，三声禅钟响起。全场静寂无声。陈近南转向王求道，正要说话，忽然，一阵劲风骤起，隐隐有喑呜叱咤之声，只见陈近南脸色大变，欣喜激动之情溢于言表。“云师！”咚的一声，对着后山方向，跪倒在地。

“云师在上。弟子愚钝，承蒙您老人家点化。虽精思勤习，仍是空游人间数十载，至今未入大道之门，弟子辜负师父了！此生再无他望，只愿还能再见师父一面，以慰长想。”

陈近南泪流满面，长跪不起。王求道见赵非凡、杨大平、全知道、黎天行一众人等皆一脸虔诚谦卑，通通跪倒一片，大是惊异，也不由拜倒。

良久，后山飘来一句话：“佛修来世，道渡今生，儒积功德，孺－子－可－教－矣！”。人已杳然远去。

陈近南像孩子似的笑了，站起来，对一众人拱了拱手，回头对王求道说了一句话：“善战者，其势险，其节短”。转身飞身而出，不知所踪。

一切变化太快，台上众人你瞧我，我看你，都说不出话来，广场一片沉寂。过了许久，王求道自感没资格和各位大咖坐在台上，正要起身。忽然台下有人大声说道：

“各位前辈，云师、陈大侠已然远去。晚辈请教，刚才陈大侠开场就说，胜兵先胜而后求战，败兵先战而后求战，什么意思呢？”王求道一看，原来是小二。

这下台上恢复了生气，心理派吴言首先站起来：“胜利的军队先有胜利的把握，然后才去同敌人交战。所以多是胜利。失败的军队则是先去匆忙交战然后才去争取胜利。所以多是失败。”。吴言转向赵非凡，“赵大侠威震股林，您怎么看？”

赵非凡道：“什么胜兵败兵，什么玩意儿。谁整这些虚头巴脑的，我就知道怎么做。”股林中有人就是天资聪颖，擅长实战。但却说不出来啥道理，非是不说，是不能。

只见杨大平，李继承不约而后站起来，李继承见状，伸手做了个请的姿势，“杨大师，您说”。杨大平清了清嗓子：“吴大师所言极是，一般散户，随意买股，然后企图侥幸取胜，与赌博何异，就算是一两次的胜利毫无意义。我基本派买股，从来不买黑五类，且总是买在低点，比如政策底，市场底，嘿嘿，有没有胜利的把握？！随便说一句。”杨大平瞟了一眼赵非凡，“真正的大佬一般都是本派中人。”

赵非凡回怼道：“您这句话，敢跟云师讲吗？”杨大平哑巴了。

台下突然有人高声叫道：“王求道王大侠，股市拼的就是理解力，您老人家怎么看？”原来是贾旺财，诚心让王求道难堪呢。王求道有点猝不及防，正在想云师是何许人，何以众人敬仰如此。还没开口，台下就爆发出一阵哄笑。王求道缓缓站起来，对众人鞠了一躬，说道：

“诸位前辈，诸位朋友，股票这一行，如果你不是走在正确的道路上，就一定是在错误的道路上重复！陈大侠隐迹江湖，难得一会，他刚才第一句就讲胜败之道。求道不才，我以为应该是他平生经验之总结，给我等指明了正确的道路”。

“所谓先胜而后求战，是教诲我等，股市风险难测，要纵横股市，需要先建立一个大概率能长期稳定盈利的交易系统，有了这个交易系统才有胜利的把握，初学者必须明白，所有的学习不是奔着马上赚钱，而是以‘建立交易系统’为唯一的目的。陈大侠教诲我等，人往往是知道得越多时才发现自己懂得越少，而偏偏是无知时最自信，初入股市，千万不可重仓胡来。”

“而建立交易系统，得依据各自的偏好，从而选择不同的方法。例如有人愿意做短线，求道不才，我以为应以短线题材为依归，兼具各家之精华，进行深度思考，融汇整合。从而建立自己的交易系统。”

王求道顿了顿：“没有深度思考，所有的勤奋将是徒劳。”

这回台上台下都没有笑。台上贝云飞微微点头，对着王求道相视一笑。

第五回　函关遇师

衡阳城，回雁楼客栈。

小二问道："道兄，你今天说得真好，短线应以题材为依归，兼具各派之精华，建立交易系统，但交易系统具体如何构成呢？"

王求道正在思考陈近南临行前对他讲的话呢，没说话，若有所思，仿佛在自言自语："这也正是我在考虑的问题，还不成熟。我等短线铁血战士，没有完备的交易系统，终是一事无成……"

王求道与小二闲聊了一夜。原来小二，本名陈思进。武汉人氏。本是秀才出身，知书达礼，还写得一手好字。本来忠厚老实的小二，有个好工作，与未婚妻很是恩爱，因为酷爱股票，就辞职了。但又不得其门而入，虽然十分勤奋，几年下来，还是屡战屡败，弄得未婚妻嫌弃，家人也不待见。最后弹尽粮绝，胡乱找了个工作，暂时在"好又来"酒楼混口饭吃。好又来酒楼位于九省通衢，来往客商极多。倒也听说不少股林奇闻。

原来，陈近南口中的云师，名叫云中别燕。名字特别，人也特别，是股林中绝无仅有的奇人异士，通晓各派绝技，但据说云师年轻时，却是短线技法见长，龙头战法当世无双。二十年前，三次与股林各派会盟于华山，无人能敌。江湖人称：股侠风清扬。后来，不知什么原因，从此遁迹江湖。许多人都以为云中别燕已然仙去，未曾想尚在世间。

王求道终于明白，即使赵非凡那么厉害的短线英雄，杨大平也很不服气，但赵非凡一提到云师，杨大平却哑巴了。黎天行这样老子天下第一的人物，见了云师，也跪得口服心服。可见，云中别燕在股林中至高无上的名望。王求道心想，无论哪个领域，都是山外有山，人外有人，将来无论何时何地，做人千万不可自负，一定要懂得谦虚。

陈思进与王求道相约华山再见，然后告辞北去。王求道闲来无事，径直去了衡阳大罗山凭吊"天地大儒"王夫之。

王夫之（1619 — 1692），湖南衡阳人。早年起兵反清，后隐居石船山著书立说。他与顾炎武、黄宗羲并称明清之际三大思想家，但以王夫之对后世影响最大。王求道对王夫之的学说其实知之甚少，之所以敬佩王夫之，因为王夫之年轻时就主张男儿一生应该沿着“君子、豪杰、圣贤”的道路学习实践，而他自己就是身体力行，年轻时敢于举兵反清，后来专心治学，一生追求不懈，世存《船山遗书》288卷。对天文、历法、数学、地理学都有研究，尤其精通经学、史学、哲学和佛学。被后世称之为“天地大儒”。令王求道印象深刻的就是王夫之的墓志铭，王求道之所以叫求道，就是受王夫之墓志铭的影响。

王夫之一生最仰慕的是东晋的刘琨和北宋的张载。在政治上，他以力图挽救危局而壮志未酬的刘琨自勉，在学术思想上则以唯物主义哲学家张载为榜样。他在墓志铭中这样说道：

“抱刘越石之孤愤而命无从致，希张横渠之正学而力不能企，幸全归于兹丘，固衔恤以永世。”（我怀抱着刘琨一样的志向，希望匡复社稷，但却没能完成使命，我敬佩张载，希望像他那样研究学问，但却达不到他那样的水平。虽然保全躯体埋葬在这里，但我心怀忧愁啊，永远没有了时。）

王夫之钦佩的张横渠，叫张载（1020~1077年），字横渠，陕西眉县人。北宋著名思想家。青年时喜论兵法，二十一岁时，写成《边议九条》，向当时在陕西主持西北防务的范仲淹上书，陈述自己的见解，打算组织民团去夺回被西夏侵占的洮西失地，为国家建功立业。范仲淹在延州军府召见了张载，热情赞扬张载保卫家乡，收复失地的志向，但范仲淹认为张载可成大器，不必去研究军事，勉励他在儒学上下功夫。

张载听从了范仲淹的劝告，经过十多年的攻读，终成一代儒学大师。其“为天地立心，为生民立命，为往圣继绝学，为万世开太平”的名言，历代传颂不衰。王夫之又承继张载，开创以“心忧天下，敢为人先，经世致用，百折不屈”为特征的湖湘学派，激励了后世无数仁人志士。

王求道在墓前感慨万端，股市有道，股市之外亦有道啊。王求道下定决心早悟短线之道。他对着王夫之墓深深地鞠了一躬。仰首向天大声说道：“与天斗争，其乐无穷，与地斗争，其乐无穷，与人斗争，其乐无穷！”然后毅然转身，直奔华山而去。

衡山距华山迢迢两千里，经岳阳一路向北，经郑州向西，少不了一路风餐露宿。不一日，终于到达函谷关。

函谷关西踞高原，东临绝涧，南接秦岭，北塞黄河，四周布满了深沟狭谷，是我国古代建置最早的雄关要塞。是东去洛阳，西达长安的咽喉要地，战国时秦孝公从魏国手中夺取崤函之地，在此设置函谷关。函关古道极狭窄，仅容一车通行，素有“一夫当关、万夫莫开”之说。自古为兵家必争之地。

楚怀王举六国之师伐秦，秦依函谷天险，使六国军队“伏尸百万，流血漂橹”。公元前241年，楚、赵、魏、韩、卫诸国合纵攻秦，也至此败还。战国七雄，唯有秦国偏居函谷关以西。秦国凭借函谷关隘，阻击其他六国的觊觎、要挟、结盟侵犯，并最终兼并六国，终成大业。

在中国的历史长河中，有很多承载着丰厚内容的雄关险隘，但唯有函谷关，既承载着战争史诗，也承载着哲学史诗。大约公元前485年，老子看到周室衰微，准备出函谷关云游。把守函谷关的长官尹喜很敬佩老子，听说他来到函谷关，非常高兴。可是当他知道老子要出关去云游，又觉得很可惜，就想设法留住老子。

于是，尹喜就对老子说：“先生想出关也可以，但是得留下一部著作。”老子听后，就在函谷关住了几天。几天后，他交给尹喜一篇五千字左右的著作，然后就骑着大青牛走了。据说，这篇著作就是后来传世的《道德经》。

自《道德经》问世以来，上至皇帝高官，下至黎民百姓，都对这部经典著作有着极大的研究热情。不仅在国内影响广泛深远，以后逐渐风靡世界。据不完全统计，有史料记载的版本达1800多种。是全球出版最多的著作之一。英、法、美、日等40多个国家都在研究《道德经》，研究老子思想成为一种国际性的文化现象。德国哲学家尼采说：“《道德经》

像一口永不枯竭的古井，满载宝藏，放下汲桶，唾手可得。”

王求道沿着函关古道婉蜒向上，一路走，一路想，这《道德经》既然包罗万象，能否助我等散户参透悟道呢？

股民天生就有恐高症。山势越来越高，王求道看了一眼下面，只见深不见底，云雾迷漫，脚都软了！但别无他路，想想破山祖师求道之决绝，只好硬着头皮向上，一边感叹函谷关之险，果然名不虚传。难怪当年战国诸雄，屡屡合纵攻秦，终是败还。

不一会大雾渐起，王求道看到旁边有个小亭，上面写着“致远亭”三个大字。竟然是范仲淹所题。亭外，王求道举目望去，隐隐可见重峦叠嶂之下，是滚滚东流的黄河，煞是壮观。这还是王求道第一次见到黄河呢，王求道一下想起李白的诗：黄河之水天上来，奔流到海不复回。是啊，岁月悠悠，这函关古道不知有多少求道者由此经过！

突然，王求道隐隐听到亭外黄河水如万马奔腾，不知怎的联想到那日在岳阳楼上，观洞庭湖的情景，联想到阿瑞讲到的钱塘潮，忽然脑子灵光一闪，如有神助，不由口出：

“择时重于选股，周期重于题材。诚哉斯言，诚哉斯言！想不到短线的重要道理就隐含在这滚滚东去的黄河水中。”

“个股先于情绪，情绪先于大盘”。王求道定睛一看，只见对面的山崖上不知啥时候站着一位老者，伫立在淡淡的云雾中，宛如仙人。

王求道想不到，函谷关这样一个绝险之处，也能遇到股林同道。求道心切，忍不住向那老者拱了拱手，道：“请老人家赐教”。

老者道反问道：“个股先于情绪，如何理解？”

王求道：“一般的短线选手，意识到情绪周期的重要性，已是难能可贵。但最后还是要落足到选股。而龙头，总是先于短线情绪回暖前出现，而短线情绪往往又先于大盘回暖或者与大盘同步。在短线情绪和指数情绪低迷时，能跟随龙头，那才是真功夫啊。”

老者：“没有预判，如何跟随？”

王求道：“预判？啊，短线高手不是说禁止预判吗？”

老者道：“没有预判的跟随，与赌博何异？！”

王求道想了想，突然茅塞顿开："原来如此，前瞻者策动，聪明者跟随。聪明的跟随者之所以聪明，就在于跟随聪明的策动者。超短炒作，似乎今天买明天卖，不必看得太远。但超一流的选手，从不轻易入场。较高的报风比才是重仓入场的前提。而报风比 = 时机 + 龙头。而龙头往往资金前期策动的结果。"

老者微微一笑："如何策动？"

王求道想了想："我会先考虑题材，只有足够强的题材才能号召接力资金前赴后继。其次我会考虑时机，关键是大量潜在的接力资金已经从场内转到场外。"

老者道："然后呢？"

王求道："当我考虑好后，同时就会反复折腾，用"诱，吓，迷，磨"，耗尽浮筹的耐心，最后在关键时刻，出其不意，发动涨停。当然有时候是临时起意。"说完，王求道感觉自己真的就是那个策动资金，心中隐隐有些罪恶感。

老者似乎看出了什么。缓缓道："不错。情绪周期 + 题材逻辑 + 资金意图 = 短线大局观（共振）。但如果没有相当的技术功底，要能看出资金意图也不是易事"。

说罢，只见那老者身躯微微一动，手上已然多了一根枯枝，随即只见剑气上下翻飞，王求道还没反应过来，一幅 K 线图跃然空中。老者道：能看出此图中，有哪些技术吗？

王求道："弟子不能。"

老者："有道无术，术尚可求。"

王求道："何为交易之道？"

老者："交易之道，刚者易折，知弱者强，借势者王。"

王求道："请老人家明教"。

老者："秦偏安一隅，较之六国为弱。知弱而后慎战，知弱而后借这山川之险，从而击退强敌。股市百千万人动而成之，混沌深邃尤似浩渺天宇，以一人之力能敌天乎？"

王求道："万万不能"。

老者："故智者洞烛幽微，知弱自强，借势成兵。"

王求道接口道："借时机之势，题材牵引之势，板块助攻之势，龙头人气之势，情绪逆转之势"。

老者道："天地本无心，人为天地立心，市场本无法，人为市场立法。法，亦术也。借势而为，道也。以道御术，方能有成。"

王求道突想起陈近南也说过这话："法是什么？"

老者："交易系统。"

王求道有点兴奋了，自己也在隐约在思考交易系统，但交易系统的构成却是大多数人头痛的问题，小二不也在问吗？

王求道问道："晚生理解交易系统好似一个人的能力圈，属于你的领地。可其中最最重要的是什么呢？"

老者似乎有些满意，微微一笑："交易模型"。

王求道："弟子愚钝，难解其意"。

老者："独孤九剑而已。三板斧而已"。

……

两人萍水相逢，却在这绝险处，致远亭畔一问一答。浑然忘记了时间。王求道似懂非懂。但感觉大有深意。

王求道想了想，又问道："龙头买点，临盘总是忐忑犹豫，如何破解？

老者："水处众人之所恶，故几于道。"

王求道不解："弟子愚鲁，请师父明示。"

老者："向死求生而已。"

王求道完全蒙了。

老者转过头来，缓缓道："道可道非常道。"顿了一顿又道。"迷时师度终是自悟。"

老者说罢，飞身跃入山涧，如大鸟一般直直下坠。王求道大惊失色，肝胆俱裂，失声叫道："师父！师父"。一会儿，只见老者从涧底跃起，落于岩石之上，一借力，一纵一跃，一会儿杳无踪迹。只远远地传来一句话，在山谷中反复回荡：

“顺者凡，逆者仙，玄机只在颠倒间”。

王求道骇然，出了一身汗，见老者平安，长长地舒了一口气，半晌才缓过神来。王求道对着老者离去的方向，深深鞠了一躬。然后沿着黄河西行，一路回味老者说过的“向死求生”，越来越觉得大有深意。大多数人总是倾向于做令自己感到舒服的买卖，而股市总是大多数人亏损，这就意味着，舒服的操作往往是错误的操作。

不多时，就过了潼关，过了潼关往西，很快就到华阴。华山近在咫尺，离“实盘试剑”的日子尚有时日，王求道想去看看横渠书院，诸葛亮庙也在不远的五丈原。

第六回　独孤九剑

横渠书院位于陕西眉县，长安以西200里。它是我国北宋著名的思想家张载的讲学之地。晚清“中兴第一名臣”曾国藩曾作《圣哲画像记》一文，从数千年灿若群星的中华历史伟人中精选32位，作为子孙治学的门径，张载就是其中之一。张载年少时曾在此读书，晚年隐居后，一直在此兴馆设教。横渠书院南靠太白山国家森林公园，东与道教圣地楼观台相连，西与西府名胜诸葛亮庙、钓鱼台、周公庙毗邻。

王求道在诸葛亮庙附近，找个客栈住下，客栈的名字很霸气：磨剑楼。然后一连数天都在诸葛亮庙，钓鱼台，周公庙凭吊古人。最后王求道决定去横渠书院逛一逛。

一进书院，只见庭院两边矗立着七棵千年古松，虽饱经风霜，仍傲然屹立，相传为张载亲栽，成为历史的见证。王求道很是感慨。中间一尊雕像巍巍屹立。一群小童肃立在雕像面前，在一位长者的带领下，念诵张载的千古名句：为天地立心，为生民立命，为往圣继绝学，为万世开太平。

王求道很受感染，莫名的有些愧意。人生其实也是修行的道场，人生最有意义的格局是什么样的呢？想到实盘试剑的日子将近了，又不免又想起了股票。忽然看见两个幼童在书院角落的沙坑里玩沙子，好不容易垒好的房子，一下就倒了。看着看着，王求道恍然大悟：

股市，尤其是散户居多的股市，上涨看似来势凶猛，实质是一个脆弱的平衡。跟沙坑垒房一样，相对来说，上涨是柔性的，需要条件的，是困难的。下跌是刚性的，是无条件的，容易的。就像人，体内天生就有向下堕落的因子，只需稍一放纵即可堕落，是容易的。而要向上修学向善，则需要努力和修持，是困难的。或者就像滚石上山，需要蓄势准备，是困难的。而下坡就如同自由落体，是容易的。我等散户一定要从骨子里深刻认识到这一点，才会真正懂得敬畏市场，从而谦虚谨慎的“发现和运用规律”以战胜市场。函谷关老者讲的“知弱者强”应该也包含这层意思。

夜已深了，股林大会上各位大咖和函关古道老者说的话反复在脑海涌现。王求道背着手，一边想一边来回踱步，桌上，一灯如豆，把王求道的影子投到墙上，和王求道一起走来走去。倒是两个人在探讨问题。过了好久，才昏昏欲睡，可脑子里又不知从哪涌出一堆乱七八糟的 K 线。

好半天 K 线才散去了，突然，一群人不知从哪冒了出来，王求道一看，原来是李寻欢，东方不败，左冷禅，裘千仞，上官金虹，黎天行，全知道，蒋自信，还有一个一头金毛的外国人，除了李寻欢冷冷地不说话，每个人都是一副“老子天下第一”的样子在那高谈阔论。

过了一会，搞起了炒股比赛。呵呵，想不到通通的被股市折磨得没了脾气。一个个东倒西歪，哭丧着脸，垂头丧气。唯一的例外是李寻欢，百战百胜。只见黎天行高声道：“平时吹牛，你们是一个比一个凶，尤其是你，金毛，地球没了你就不转似的，哼！能做好短线的人，可以从事地球上任何一份职业！李大师请。”话一说完，李寻欢一下变成了美国总统。

王求道呵呵一笑。只见李寻欢走过来，对王求道轻轻道：“小李飞刀，例无虚发。何也？”李寻欢顿了顿，未等王求道说话。“从不轻发耳！”

王求道一惊，眼前诸象一下消失不见。王求道追着李寻欢出了门，李飞欢已然不见，正纳闷呢，恍惚间发现已来到了诸葛庙。

诸葛庙前的广场上。司马懿和诸葛亮正在饮酒聊天。

司马懿恭恭敬敬地给孔明倒了一杯酒。“孔明兄，您随意，兄弟干了。”

孔明面有愠色：“我欲中兴汉室，都是因为你才功败垂成。”

司马懿：“孔明兄，各为其主嘛。不过，说真话，您才能胜我百倍千倍，论临机变化兄弟是万万不及也，我最多只配给您当个副手。”

孔明听了这话，舒坦多了，一口干了。道：“那你说说，你当时怎么想的？”

司马懿呵呵一笑：“讲真，您对我来说，就像变化难测之股市，我得承认我是弱者，打得赢就打，打不赢就躲呗。我就只能老老实实在我的能力圈活动。永不出圈，不妄想，不妄动，遇到能把握的机会就放一枪。我可不像上官金虹，从来不赌。我的座右铭就是：控制情绪，见机而作，集中兵力，速战速决。最后天下就姓司马啦。所以我理解炒股，一是要活得久，二嘛，就是要能控制自己的情绪，利用别人的情绪。”

孔明回头对王求道道：“老乡，炒股学他莫学我，晓得了噻？”

王求道脑子昏昏沉沉，胡乱应了一声。突然，令狐冲、郭靖带着一帮江湖刀客呼啸而来。令狐冲、郭靖仰头道：“军师，末将听命”。

孔明道：“司马懿听令，我封你为天下第一守将，带领两位将军操演‘龙头战法’”。

司马懿起身：“卑职遵命。”站起来手一挥。

只见，广场出现了两个精钢制成的笼子，笼子固定不动。令狐冲、郭靖分别站在里面，无数江湖刀客轮番引诱叫阵，只见令狐冲和郭靖悠然自得，不为所动。时不时伺机攻击，总是一击而中。渐渐刀客倒下一片。王求道看得明白，令狐冲使的总是独孤九剑，郭靖呢，始终使的都是降龙十八掌。

王求道看着看着，突然脑洞大开，仿佛明白了什么。正要说话，只见孔明一下变成了函谷古道的老者。朗声道：“市场本无法，人为市场立法。”令狐冲和郭靖跟王求道挤了挤眼：“求道吾弟，实战交易模型懂了噻？后会有期哦。”

王求道汗水涔涔而下，一下惊醒，原来是南柯一梦。王求道迅速翻身起床，打开电脑，调出近两年的市场记录。时而俯而读，时而仰而思……

第一天过去了。

第二天过去了。

第三天过去了。

第四天过去了。

第五天过去了。

第六天过去了。

第七天，王求道终于走出了房门。王求道还是王求道，和以前不同的是，胸中多了独孤九剑而已。

第七回　实盘试剑

刚好实盘试剑的日子快到了。王求道走出客栈，到集市买了一匹快马，一路策马东去，很快就到了华山。华山玉泉院的大院里，王求道见到了情绪流的贝云飞，题材派蒋自信，龙头派黎天行，技术派全知道，基本派杨大平，心理派吴言，两面派郝好啸。股林大会的各路英雄都悉数到达。但多了好多不熟悉的面孔。王求道想，看来《股市天经》的号召力真是好大。

突然，王求道在人群中看见了小二陈思进。两人免不了闲谈别后情形。闲聊中得知贾旺财居然在雁峰寺出家了。原来，贾旺财不懂情绪周期，又求财心切，总是逆势上龙头，一败再败，期望越大，失落越大，心理一溃便如决堤之水，能接纳的只有佛法。黎天行也是受挫不小，一看就没以前精神了。

王求道不胜唏嘘。这段时间以来，王求道一直在思考，他感觉龙头战法体系是一个完备的知识系统，《天时》《地利》《人和》不可或缺，特别是龙头战法的出击时机，跟情绪周期紧密相关。而龙头派虽然强调龙头信仰，但是对情绪周期认识不足，知识结构不系统，一味强调做龙头怎么行呢，就相当于拿一张网去打鱼，而网上明显有个大洞，失败是必然的，早晚的事情。又比如像一张桌子，必须是四个脚才能立得稳。差一个脚怎么能行呢？可叹的是，有些人哪，稍微有点见识后，就故步自封。加之心胸狭窄，不能广结善缘，无形中自己成了一个信息孤岛。古人云：独学而无友，则孤陋而寡闻。对于金融交易这一行来说，互鉴互学比一个人摸索还是要好得多。总的来说，只有人格和智慧不断完善的人，最后才有可能领悟龙头战法之真谛。

王求道正感叹呢，却发现阿瑞在真武殿的一个角落里，真是神龙见首不见尾，不知是啥时候来的。两人岳阳一别，又有两月不见。少不了一夜闲聊。

实盘试剑时间为时两周左右。当时第一强国 A 国正同我国打贸易战呢，把华为弄入实体清单，我国反制题材呼之欲出。从 5 月 16 日至 6 月 3 日。稀土反制题材反复活跃。前后出了两个龙头英洛华和稀土永磁。后面还出一个补涨龙头银河磁体，这是后话。成绩榜最后出来。

第一名　游资贝大侠。16日早盘上英洛华。22日卖出。24日买金力永磁。6月3日卖出。获利138%。

第二名　阿瑞。16日早盘买入英洛华。22日卖出。24日买入金力永磁。5月30日卖出。获利125%。

第三名　王求道。20日下午买入金力永磁。22日尾盘卖出。24日集合买入金力永磁。6月3日卖出。获利118%。

第四名　黎天行，蒋自信。78%。

第五名　全知道50%。

……

为了和谐需要，集贤台只公布了前 5 名的成绩。前 3 名的买卖点。值得一说的是，排名前十都属于超短，毫无疑问效率最高的是情绪流龙头战法。龙头派、题材派、技术派次之。垫底的是基本派、缠论派、两面派。杨大平、李继承不服也无可奈何，比赛时间太短了。令基本派，缠论派欣慰的是，大部分做价值低吸的，赚的虽少，亏钱的比例也小。而题材投机则不同，赚的赚太多，亏的亏太多。小二就亏得吐血，眼泪汪汪地叫人不忍。

王求道十分欣慰的是，“独孤九剑”初试牛刀，效果还真是不错。其中奥妙非个中人不能知也。不过王求道不自满，觉得贝云飞、阿瑞 16 日早盘买英洛华，反应快，恰到好处，值得学习。

实盘论剑的好处就是事实胜于雄辩，大家不再有口舌之争，短期来看，题材投机确实效率最高。而题材投机的流派中，当之无愧以情绪流为第一。游资贝云飞还应邀给大家办了场讲座，贝云飞说：游资和散户不同的是，脑子里想着题材，一只眼睛盯着大盘和情绪，另一只眼盯着散户。令人深思！由于贝大侠很有见识，为人谦和，也没人和他抬杠。大家白天实盘论剑，晚上把酒言欢，探讨短线之道，倒也其乐融融。

题材派龙头派众多弟子纷纷转向情绪流。还有一些技术派和基本派弟子也按捺不住，纷纷向情绪流靠拢。但这些弟子受技术分析影响太深，都还以为股市里存在一个包治百病的“股林秘籍”。听说实盘试剑后，要参阅股市天经，个个都兴奋得不得了。说起股市天经，小二满含热泪，笑得很开心，似乎，只要参阅了股市天经，从此就可以点石成金了。

第八回　砥砺前行

华山自古以来以险著称。号称“奇险天下第一山”，一共分东峰、西峰、南峰、北峰、中峰。据说《股市天经》就在华山东峰朝阳台，从玉泉院出发，要经过北峰、苍龙岭、金锁关。一路说不尽的艰难险阻。

华山北峰又称云台峰，是华山主峰之一，此峰东近量掌山，上通东西南三峰，下接沟峡危道，四面悬绝，巍然独秀，峰头是由几组巨石拼接，浑然天成。绝顶处有平台，有若云台，因此得名。因位置居北，又叫北峰。北峰山势非常险峻，三面都是绝壁，只有一条羊肠小道通达，形势十分险要，后世的“智取华山”就发生在这里。

一行人浩浩荡荡从玉泉院出发，终于到达华山北峰。基本派杨大平，两面派郝好啸等及一众弟子累得上气不接下气，死活都不肯向前走了。

黎天行：“平时牛皮哄哄的，不行了吧，走噻。”

杨大平喘了一口气，手一摆：“你又不是不知道，我们基本派天生畏高。”

黎天行手一摆：“阴阳怪气！大师靠嘴吃饭是不一样，无论啥时候，你都有理由。我们继续走。”

坚持短线的果然是好汉，一不怕苦二不怕累。继续往前走。一路上说不尽的艰难险阻。终于到达苍龙岭。大家坐在“韩退之投书处”休息。

苍龙岭是指五云峰下的一条刃形山脊，属华山著名险道之一。因岭呈苍黑色，势若游龙而得名。苍龙岭西临青柯坪深涧，东临飞鱼岭峡谷，长约百余米，宽不足三尺，人在上面行走，心荡神摇，如置云端，惊险非常。相传，韩愈在此畏险，大哭投书求助的故事，留下了苍龙岭上端“韩退之投书处”的胜迹。

黎天行突然若有所思：“我，我，我……”

李继承：“你，你，你，你有话就说嘛。”

黎天行："阴阳怪气。跟你说了，你也懂不起。"黎天行转向王求道："我龙头派是以题材为依归，但跟题材派不一样的是，我派专做龙头，求道，你觉得如何？"

王求道还未说话，蒋自信接口道："看龙头，做跟风，又有何不可？"

黎天行："没原则。龙头战法为什么叫龙头战法，怎么不叫跟风战法？"

蒋自信："字是死的，人是活的，活人难道叫尿憋死？怎么赚钱怎么搞。"

黎天行："你赚钱了吗？我看实盘试剑你也不过如此嘛。"

蒋自信："你专做龙头，我看你也没胜过我嘛。"

众人一阵哄笑。这次实盘试剑，两人成绩刚好一样。王求道瞥了一眼阿瑞，阿瑞却一点也没笑。

王求道忍不住也笑了，道："当然总归是以龙头为主才好。但机械地做龙头，很容易主观断龙，片面的把高度板当作龙头。特别是，情绪退潮期，逆势做龙……"

蒋自信："逆势做龙，等于从这苍龙岭掉下去100次。不过，你不一样，黎天行，逆天而行，地球引力对你没用。"

黎天行："阴阳怪气。我看你也是一样，早早归入情绪流派。不然看你能自信多久？对了，求道，你继续讲。"

王求道看黎天行眼神已然和过去很大的不同，想了想，很认真地说："一切关于股票博弈的有效战法，都需要像我们今天去'朝阳台'取经一样，需要经过重重关隘，一步一步学习修行。龙头战法尤其如此。由于各自修行程度的不同，一百人有一百个人的龙头战法。我感觉啊，摆脱了心法修行的龙头战法，难入大道之门。一味看龙头做跟风的龙头战法难有大成。尤其是，为龙头而机械做龙头，摆脱了情绪周期的龙头战法，是取败之道"。

要是往时，黎天行早就暴怒了，他看着远处，静静地听着，过了一会儿，回头望着王求道，笑了笑，点了点头。

王求道反而有些不好意思，道："经验是指路的明灯，我道行尚浅，贝大侠一代游资大咖，谦谦君子，才美不外现，我们听听他的意见。”

贝云飞谦虚地笑了笑，道：“求道兄弟强调了情绪周期的重要性，说得很对。总的来说，主要做龙头是对的，但得具体情况具体分析，倒三角形板块运动的主流板块龙头，这种龙头，在情绪升温期，即使到了四五板的高位，只要市场有标杆，在比价心理的作用下，还是安全的。但有一种情况就比较复杂，市场并无新题材，老题材轮动，由于市场动态博弈，临时出现了高度板，也有板块效应，奇怪的是第二天高度板就倒了，而板块还可能继续。新的高标又出来了。这个就需要结合市场情绪，买入点必须刚刚好，过了这个时机，就难说了。或许，股市的混沌性、随机性、复杂性正是股市的魅力所在。但问题是，很多初学者总是机械地把板块高度板当作了龙头。哪有那么多的龙头呢？”

“说句题外话，捷克小说家昆德拉在小说《玩笑》中有这样一段话：世人受到乌托邦声音的迷惑，他们拼命想挤进天堂的大门，然而当大门在他们身后砰然关上的时候，他们却发现自己是在地狱里。大家都知道乌托邦是空想的代名词，在短线选手中，太多的人充满了幻想，企图抓住所有的机会，以我个人的经历和感受，要想在股市里稳定盈利，就必须防范这种乌托邦思想。既然没有把握，为什么就不能放弃呢？”

“有人问苏格拉底：天与地之间的高度是多少？苏格拉底说：三尺。那人不以为然：我们每个人都五尺高，天与地之间只有三尺，那岂不是戳破苍穹？苏格拉底笑着说：所以，凡是高度超过三尺的人，要长立于天地之间，就要懂得低头。可见，低头是一种能力，有时稍微低一下头，或许我们的人生路会更精彩。”

“我们做短线，是为了做龙头而做龙头呢，还是为了赚钱而做龙头呢？在座有不少初学者，我以为，股票涨高了总归是风险，通过预判验证做低位潜在龙头，背靠资金意图做低位潜在龙头，才是初学者正确的学习方式。这话听上去，不像有些人讲的那样激动人心，让人热血沸腾，但良知告诉我，必须这样讲。”

众皆默然。良久，黎天行发出一声叹息。

贾旺财遁入佛门，几位弟子的离去，看来对黎天行影响很大，说话口气看似和以前一样，但明显比原来少了些尖酸刻薄。后来，股林再也没有龙头派黎天行，多了一个情绪流黎顺天。蒋自信更是如此，因为归入情绪流，反而越发自信了。确实，人生就是修行的道场，股市就是尘世的佛门。人生早晚都会觉悟，不同的是觉悟的早晚。

一众人继续向上艰难行走，好不容易到达金锁关。

金锁关是一座像城楼一样的石拱门，是通往东、西、南峰的咽喉要道，锁关后则无路可通。道家认为，华山为仙乡神府，只有过了通天门，才算进入仙境。所以有“过了金锁关，另是一重天”的民谣。站在关前，北可观“锦鸡守玉函”奇石，西能望“老虎口”景观。但见东西两侧壑深千丈，关前仅有一米宽的台阶石径。四周古松苍翠，奇石林立，常有祥云环绕，风光十分迤丽。

王求道站在关前，不由感叹：真是无限风光在险峰。一路上行，居高临下，眼界越来越宽，风景层层递变，没有同样的经历，实在是难以表达。其实，学习股票也好似登山，不钻研学习，就像是在山脚下原地踏步的人，最终就是股市的贡献者。因为只凭感觉和臆想买卖，本质上就是赌徒，少数的成功者，正是以他们为对手盘的。刚开始大家一样，但因为学习程度的不同，思想高度天差地别，临盘对阵，完全是不对等的降维攻击。所以，老天是公平的，每个人该走的路必须自己去走。正想着呢。忽然见旁边有一个石碑。上面写着：

遵道而行，行到半途须努力

会心不远，欲登绝顶莫辞劳

王求道会心一笑。回头一看，却发现人已少了一大半。大部人已然消失不见。除了情绪流贝大侠，黎天行，蒋自信，阿瑞等一众人，心理派吴言，技术派全知道居然没掉队。小二累得大口喘气，但表情很坚定。

黎天行：“除了我情绪流一众人，就只有心理派老吴和技术派啥都知道了”。

全知道接口道：“因为有了技术派支持，情绪流才是真正的股林一派。”

吴言：“嘿嘿，审局有高度，识局有角度。情绪流有了心理分析，才是股林最高武学。”

蒋自信：“这个，这个，如今都归依了情绪流，也好，不过谁当这个掌门呢？”

众人又争得不亦乐乎。不过，这样也好，说话可以转移注意力，暂且忘记一路的艰险。过了一会儿，又有人说话了。

全知道：“这金锁关是通过朝阳台的最后一关。我等学习股票技术，一路求知，一路过关。这最后一关是什么呢？”

吴言：“最后一关？全知道，你是不是真的以为你什么都知道？当你自以为知道很多时，其实往往是知道得还不够多，不够深。前面可能还有许多关，自己不知道而已。”

蒋自信：“言之有理。但总有最后一关嘛。贝大侠，您怎么看？”

贝云飞：“每天总有此起彼伏的涨停板，但未必都能盈利，可见修行只有进行时，没有完成时，游资也不是全能，我也时常做错，惭愧。这最后一关，我也还在思考，不过我想应该是心法吧。”

第九回　无名道观

从金锁关到东峰也是奇险无比。差不多半天的光景，好不容易到达华山东峰下，峰下有一“无名道观”。天色已晚，真是瞌睡遇到枕头，众人各自要了一间禅房住下。王求道通上姓名，一位白发银须的老道与王求道相视一笑，带着王求道进得一间禅房。

王求道一进门，就发现书桌上方的墙上有一幅字：

迢迢千里梦，不肯到人间。

王求道大惊。这一钩一划，好熟悉啊。对了，这不是破山禅师的字吗？王求道细细端详，太像了但又不是，似乎别有一番怀抱，也没有落款。这幅字很特别的地方就在于，那个“到”字，和破山禅师一样，就像一位禅师在参禅问道！对面墙上，还有一副对联。

佛法在世间，立足世间求出世

禅心净尘俗，置身尘俗再超尘

王求道不懂佛，觉得似乎是两个人在对话，又似一个人在自我对话。

书桌上立着一排书，有《道德经》《金刚经》《论语》等，奇怪的是还有《笑傲江湖》《唐诗宋词》。此外，还有一本《孙子兵法》平放在桌面上。

王求道抽出《笑傲江湖》翻了翻，发现有一页折起来了。王求道看了看，是任盈盈被留少林，令狐冲率领群雄欲攻打少林寺，路上遇到冲虚道长，二人交手，令狐冲险中求胜的情景。

那老者剑招未曾使老，已然圈转。突然之间，令狐冲眼前出现了几个白色光圈，大圈小圈，正圈斜圈，闪烁不已。他眼睛一花，当即回剑向对方剑圈斜攻。当的一响，双剑再交，令狐冲只感手臂一阵酸麻。

那老者剑上所幻的光圈越来越多，过不多时，他全身已隐在无数光圈之中，光圈一个未消，另一个再生，长剑虽使得极快，却听不到丝毫金刃劈风之声，足见剑劲之柔韧已达于化境。这时令狐冲已瞧不出他剑法中的空隙，只觉似有千百柄长剑护住了他全身。那老者纯采守势，端的是绝无破绽。可是这座剑锋所组成的堡垒却能移动，千百个光圈犹如浪潮一般，缓缓涌来。那老者并非一招一招的相攻，而是以数十招剑法混成的守势，同时化为攻势。令狐冲无法抵御，只得退步相避。

他退一步，光圈便逼进一步，顷刻之间，令狐冲已连退了七八步。群豪眼见盟主战况不利，已落下风，屏息而观，手心中都捏了把冷汗。桃根仙忽道："那是什么剑法？这是小孩子乱画圈儿，我也会画。"桃花仙道："我来画圈，定然比他画得还要圆。"桃枝仙道："令狐兄弟，你不用害怕，倘若你打输了，我们把这老儿撕成四块，给你出气。"桃叶仙道："此言差之极矣，第一，他是令狐盟主，不是令狐兄弟。第二，你又怎知道他害怕？"桃枝仙道："令狐冲虽然做了盟主，年纪总还是比我小，难道一当盟主，便成为令狐哥哥、令狐伯伯、令狐爷爷、令狐老太爷了？"这时令狐冲又再倒退，群豪都十分焦急，耳听得桃谷六仙在一旁胡言乱语，更增恼怒。

令狐冲再退一步，波的一声，左足踏入了一个小水坑，心念一动："风太师叔当日谆谆教导，说道天下武术千变万化，神而明之，存乎一心，不论对方的招式如何精妙，只要是有招，便有破绽。独孤大侠传下来的这路剑法，所以能打遍天下无敌手，便在能从敌招之中瞧出破绽。眼前这位前辈的剑法圆转如意，竟无半分破绽，可是我瞧不出破绽，未必便真无破绽，只是我瞧不出而已。"

他又退几步，凝视对方剑光所幻的无数圆圈，蓦地心想："说不定这圆圈的中心，便是破绽。但若不是破绽，我一剑刺入，给他长剑这么一绞，手臂便登时断了。"

又想："幸好他如此攻逼，只能渐进，当真要伤我性命，却也不易。但我一味退避，终究是输了。此仗一败，大伙儿心虚气馁，哪里还能去闯少林，救盈盈？”想到盈盈对自己情深义重，为她断送一条手臂，又有何妨？内心深处，竟觉得为她断送一条手臂，乃是十分快慰之事，又觉自己负她良多，须得为她受到什么重大伤残，方能稍报深恩。言念及此，内心深处，倒似渴望对方能将自己一条手臂斩断，当下手臂一伸，长剑便从老者的剑光圈中刺了进去。当的一声大响，令狐冲只感胸口剧烈一震，气血翻涌，一只手臂却仍然完好。那老者退开两步，收剑而立，脸上神色古怪，既有惊诧之意，亦有惭愧之色，更带着几分惋惜之情，隔了良久，才道：“令狐公子剑法高明，胆识过人，佩服，佩服！”令狐冲此时方知，适才如此冒险一击，果然是找到了对方剑法的弱点所在，只是那老者剑法实在太高，光圈中心本是最凶险之处，他居然练得将破绽藏于其中，天下成千成万剑客之中，只怕难得有一个胆敢以身犯险。他一逞而成，心下暗叫：“侥幸，侥幸！”只觉得一道道汗水从背脊流下，当即躬身道：“前辈剑法通神，承蒙指教，晚辈得益匪浅。”这句话倒不是寻常的客套，这一战于他武功的进益确是大有好处，令他得知敌人招数中之最强处，竟然便是最弱处，最强处都能击破，其余自是迎刃而解了。

高手比剑，一招而决。那老者即见令狐冲敢于从自己剑光圈中挥刃直入，以后也就不必再比。他向令狐冲凝视半晌，说道：“令狐公子，老朽有几句话，要跟你说。”令狐冲道：“是，恭聆前辈教诲。”那老者将长剑交给挑菜汉子，往东走去。令狐冲将长剑抛在地下，跟随其后。

王求道看着看着，陷入沉思之中。背着手在房间里踱步，忽然脑子灵光一闪，函关古道老者说的话浮现在脑海。他自言自语：“嗯，向死求生！顺者凡，逆者仙，玄机只在颠倒间！”

“人世间，大多数人由于性格，或者因为现实条件所限，不敢冒险，追求确定性，无可厚非。但在股票短线交易中，这样的顺者，很难实现超额收益。只有少数反人性、反常规、反共识，具有逆于众人的反常思维，敢于冒险的勇士，忍人之所不能忍，为人之所不敢为，才有可能重塑自我，超越众人”。

“但是，敢于冒险不等于无脑冒险！令狐冲为了盈盈，不惜犯险一击，逆于众人的反常规思维是值得借鉴学习的，但如果在股票交易中，就值得商榷了。敢于冒险与无脑冒险之间的差别在哪呢？嗯，前者是有确定性的冒险，看明白了，就要做一头勇敢的猪！是理性驱动。而后者无所谓确定性，是本性驱动。而确定性，来自高超的技术和丰富的经验。所以，二者的区别是知识青年和大老粗的区别，是英雄和莽夫的区别。”

“可是，现实生活中有许多高手，道理都明白，还经常犯错呢，就像上官金虹，一世英雄，什么道理不明白？武功本在李寻欢之上，最后却死于李寻欢飞刀之下。这是为什么呢？……恩，侥幸心理！这是人性深处与生俱来的弱点。所以，悟道到了一定程度，才发现股票交易中，最大的敌人不是别人，是自己。只有战胜自己的人，才能战无不胜！”

想到这里，王求道会心一笑，又随手拿起《唐诗宋词》翻了翻，唐诗宋词是王求道的个人爱好，当年每每拿起《唐诗三百首》，就感到人生像诗一样的美好，好多年没看过了，许多诗啊词的早忘得差不多啦。但乍一看到《唐诗宋词》，那种久违了的亲近的感觉油然而生。王求道正要把书放回原位，不经意间，发现书的扉页题了两首打油诗。字迹遒劲有力，虽是年代久远，但还是清晰可辨。

其一　中秋感怀

明月照高楼，人在楼中那一头。斜倚沙发手当枕，一卷诗书一杯茶。——人也悠悠，书也悠悠，茶也悠悠。

一缕月光挤进窗，殷勤笑问楼中人：“可识今夜是中秋？戏作小诗君勿怪，孤独堪比杀人刀!我帮你找个女友吧？”——月也劝我，书也劝我，茶也劝我。

“云郎本是天上仙，琴音楼畔候前缘”。楼中人独立，笑对月茶书：“月儿好心今谢过，且将厚意属别人。君不见，年年今夜团圆时，天涯偏是离人多!”——书也无语，茶也无语，月也无语。

“一剑一箫平生事，男儿今生有别情!月儿来得好，刚好三缺一。”月儿：做啥子？云郎：玩一把噻。月儿：赌啥子？笑曰：三十年青春!——月也笑了，书也笑了，茶也笑了。

其二　无题

听雨楼高栖别燕
日月星辰伴我眠
梦里犹是云中君
飞度重水又重山

王求道伫立良久，感慨良多。古往今来，只要不甘碌碌，孤独而忧伤就不可避免地落在一代一代智者的心田。王求道暗想，从这两首打油诗来看，云师年轻时，必定是一位乐观旷达、别有怀抱的英雄男儿，但能让云师“我用青春赌明天”的人生理想是什么呢？

王求道正沉思呢，忽然“啪”的一声，原来是桌边的《孙子兵法》被碰倒在地，飞出一张纸来。王求道俯身捡起，原来是几首打油诗，题目居然是《情绪流龙头战法要诀》。

序

资本市场龙虎斗
散户未战已先败
可怜散户浑不知
直至弹尽粮绝时
男儿百战带甲归
平生不信鬼与神
听雨楼中穷八极
遍历群山觅真经
炒股难，炒股难
一难在知，二难在行

迷踪万里千般苦
一朝悟道如临顶

今赋打油诗二首
且将股理付有缘
初闻难识曲中意
再听多是曲中人

其一

信念交易做长线，勘破时空世外仙
价值投机做中线，得道高人在世间
龙头战法做超短，多情剑客无情剑
顺者凡，逆者仙，玄机就在颠倒间
今朝重在说超短，寻龙共舞是关键

其二

人性趋利避害
市场赏进罚退
人性亘古不变
市场往复循环

其三

股术本是概率学
系统思维记心间
贪多求全非所宜
交易模型在极简

其四

风险第一要谨记
借势共振总法则
低位买入好股票
保镖不在不打猎

其五

主力不是万能，没主力万万不能
不以主力为友，亦不以散户为敌
超然坐山观战，逻辑才是第一
人气出于逻辑，但又高于逻辑

其六

主力贼技，无非“诱，吓，迷，磨”
当以剑法临之，以心法破之
以不变应万变
或以73变应72变

其七

降龙掌法有十八
招招皆是有为法
一旦乘龙飞天起
任他花开与花杀

其八

择时重于选股
周期重于题材
个股先于情绪
情绪先于大盘

其九

题材情绪是关键
环境一变我亦变
独孤九剑多变化
招招皆是无情剑

其十

见招拆招，招招不离题材
进出加减，步步不离龙头

其十一

预判验证主动龙
逍遥待机被动龙
眼疾手快蓄势龙
凌云直上市场龙

其十二

情绪转强是良机

抓大放小有定力
龙头序列排座次
板块阵列看助力
长波抢筹胆气豪
主动领涨有人气
追涨低吸多变化
随机应变莫拘泥
一旦板块渐趋弱
做好准备要出局
龙头分时现颓势
挥剑斩仓莫迟疑
主流龙头一朝倒
变盘往往大概率
逆势交易最危险
强势退潮要远离
首冰当日勿买股
再冰相机多思虑
真金总在火中炼
每每危中亦有机

其十三

审局要有高度
识局要有角度
入局要有精度
出局要有速度

其十四

生于分歧，死于一致

买在分歧，卖在一致

其十五

炒股最忌是偏执
或然思维须谨记
交易所见非所想
见势不对勒马回
预判推演加验证
尊重盘面重事实
用头脑思考，用眼睛决策
用剑法御敌，用心法御己

其十六

控制情绪，待机而作
集中兵力，速战速决

其十七

立不败之地，攻可赢之敌
机会一点五次，错过最好放弃
买前宜慢，千挑万选
卖时宜快，手起刀落

心法万千
会卖第一
参透股道
莫陷我执

高手买在刚好，超高逻辑先行
高手卖在少赚，次高卖在割毛
莫与己论得失，放过才能高飞
莫与人争短长，稳健即是股神

其十八

交易之道，刚者易折
知弱者强，借势者王
善守者，战无不胜
能舍者，天地不弃

人剑合一，知难行易
操盘分离，天下无敌

其十九

亏钱是命，赚钱是运
求财者死，求道者生
求财当以修道为先，不取反得
修道当以无我为基，助人达己

王求道一时间心潮起伏，他后退两步，恭恭敬敬地拜倒在地，眼泪夺眶而出。王求道反反复复地看了数遍，再回想云师在函谷古道跟他的对话，渐有豁然开朗之感。过了许久，才累极而睡。

半梦半醒间，一位老者推门而入，王求道一看，不就是函关古道的老者吗？连忙翻身下床，长跪不起：云师！

云师："迷时师度终是自悟，你可知否？"

王求道恭敬回复道："弟子杨道，无德无能，幸得云师指点，颇有进益，然弟子愚钝，多有不解处，望师父教我。”

云师：“其实股票之外，有更大的格局。”

王求道叩首道：“云师所言极是！弟子一生不赌，中途误入股海，也常深自感怀。钱本身外之物，楚弓楚得，固不足惜。然股道一日不明，心中一日不甘！今幸遇恩师，望恩师成全。”

云师：“我知道的，也罢，吾门情绪流今授之予你。望你进得去，出得来。”

云师一一讲述，其中精妙幽微，难与人说。特别是云师讲到“趋利避害，赏进罚退”“君子役物，以道御术”等地方，师徒一问一答，就像函关传道一样，王求道听得频频点头。只有最后讲到心法时，什么破执啊，佛啊道的最是难懂。王求道听得云里雾里。云师道：“对着镜子，你看清了。”

王求道看见镜子里另一个自己，突然渐渐虚化，变得透明起来，王求道分明看到，镜子里的自己，体内有两个王求道。A 显得很睿智的样子，在分析市场数据。B 则坐在一旁，严肃冷峻的样子简直就是一架没有七情六欲的机器。

A：“看我这么忙，也不来帮个手？”

B：“设计、完善交易系统，创造性解决新问题，是你们人类的长处。”

A：“那你做什么？”

B：“我就像阿尔法狗，只负责执行。”

A：“轮到你忙的事时候，我不是经常帮你吗？”

B：“千万别。人类的血肉之躯，随时可能产生莫名的臆想冲动，随意性太强。你们人类贪、恐、躁的毛病与生俱来，时而犹疑，又多侥幸。特别侥幸心理，最难根除。金融市场风云变幻，长期生存不可能夹杂任何的侥幸。执行，只能交给机器。”

A：“看来，修行只有进行时，没有完成时。嗯，知弱者强，借力者王。借什么力呢？恩，团队。团队团队，古人造字真是有道理啊。”

……

王求道觉得甚有道理，正思考呢。忽然老者轻轻说声："我辈男儿，当怀兼济之心，无论顺逆，断不可忘内圣外王之道。"言罢，飞身远去。

王求道心有不舍，急呼云师，却不料大惊而醒。但梦中历历，仿佛又在眼前。连忙翻身坐起，欲将云师所授一一记录，却不料情急间忘记大半，且辞不达义。王求道只得附会自己的理解，勉强成文，题名曰《情绪流之龙头战法》。又过了好久才沉沉睡去。

第十回　股市天经

王求道醒来时，只闻窗外人声鼎沸。王求道一看，只见一众人等已收拾停当，白发老道引领众人正要出发。王求道出了门，回头一看，高大的桧松遮天蔽日，树下石径清爽幽静，风穿林间，松涛涌动，更添一段音乐般的韵致，其节律此起彼伏，好像吹弹丝竹，敲击金石。人隐逸其间，与天地共呼吸，实在是人生大乐也。

通往朝阳台的道路实在是艰险，整个山岗如刀削斧劈似的，形成一面山坡，高数十丈，上面仅凿了几个足窝，两边又无树枝藤蔓可以攀援，登峰的人只有趴在岗石上，脚手并用才能到达峰巅。实在是险！又淘汰了一批心理素质不好的弟子。小二几次都上不去，大哭不止。只好返回无名道观。

王求道一众人等好不容易翻上高台。只见峰顶只是一个平台，面积不大，周边有铁索连环围了一圈。居高临险，视野极其开阔。颇有一种君临天下之感。王求道看铁索边有一块石碑。上面写着：

身在最高峰，不畏浮云遮望眼

我来绝险处，要扶初日上危栏

平台中间立一个高大的牌坊，一副对联分列两边：

雁阵破长空，展翅腾云，俯仰方知天地阔
峰头揽胜景，骋怀极目，登临不尽古今情

王求道深深地被震撼了，这是何等的高标逸韵，才能写出这气势恢宏的文字来！这一刻，仰望苍穹，貌似人很渺小，但这宇宙之中，其实只有人类，因为永远向前的探索精神而伟大。

股市天经呢？众人还以为上面有个藏经阁呢。老道引领众人穿过牌坊，不一会儿，来到一面巨大的石壁，石壁前面镶嵌着一方巨大的石头，巨石中间刻了两个硕大的字：天经。众人大惑，你看我，我看你，百思不得其解。

难道巨石里面还有玄机？一众人等围着巨石转来转去，有胆子大的弟子接成人梯爬上去，到处摸摸，以为像有些武侠小说描写的那样：触动什么机关，轰的一声，一扇石门咿咿呀呀地打开了……，可是，折腾了一炷香的工夫，一无所获。其实明眼人一看，就是自然形成的石壁和石头，哪来的机关呢？但是，大家可都是不畏艰难，冒着风险，来到华山绝顶，来参阅股林秘籍的啊。在寄予了太大的希望后，是巨大的失望，人的心情可想而知。

阿瑞远远地站在牌坊前沉思，没有跟过来。一会儿他对王求道招了招手，大家跟着过去，沿着阿瑞的手指望去，只见巨石分明像一个“心”字，仰望着天空。“天经”两个字就镶嵌在心形巨石的中间，显得那样的庄严。什么意思呢？

良久，只见全知道，黎天行一众人等扑通跪倒：“我等沉迷股海多年，一知半解，空负韶华。今历尽艰辛，不远万里而来，切盼老神仙指点迷津。”言罢，泪流满面。老道指了指天上，啊啊两声，原来是个哑巴。

王求道看着心形巨石，联想昨晚的梦境，正思考呢，乍一见众人如此，十分惊讶，心中大为不忍。贝大侠也过来，两人一起招呼大家坐起来。王求道：“不如大家听听贝大侠给我们讲讲这股市天经吧。”好半天，大家终于抑制住失落的情绪，围着贝大侠坐成一圈，贝大侠见众人在希望破灭后，如此失望，也不推辞。言道：

“大家注意到这是一块面向天空的心形巨石，上面分明又有天经两字，表面上看啥也没有。但其实大有深意啊。我理解是，吾生也有涯，而知也无涯。人要有所成就，必须打开心门，不畏艰难，努力向外求知。就像金锁关前的对联说的那样：遵道而行，行到半途须努力；会心不远，欲登绝顶莫辞劳。人往往知道得越多，心中越是光明，才发现自己懂得越少，光明之外是更广阔的黑暗，人反而越谦虚。但初学者往往因为懂得少，反而显得很是自信。在股市面前，只有认识到自己的无知和弱小，才是觉醒的开始。”

“所以股票初学者，一开始就要懂得敬畏，一开始就要正视自己的无知，切莫自负偏执。学海无涯，艺无止境，即便是有相当水准的短线选手，也应该永怀谦卑。资本市场本来就是达尔文机制主导的场所，物竞天择，适者生存，优胜劣汰，强者恒强。用大多数人知道的道理，又怎么能战胜大多数人呢？只有拥有知识优势的少数人才能取得持续的成功。”

“大家历尽艰险而来，却发现世上并没有什么股林秘籍，自然都很失望。也不奇怪，因为受技术派的影响太深了。以我个人的理解，股市风云莫测，那种放之四海而皆准的固定招法，怎么可能存在？只有形而上的普遍的原理，比如《孙子兵法》《道德经》，才是放之四海而皆准的。向外求知虽然也难，但修行到相当程度之后，决定战绩的，不再是剑术，而在于每一个人的内心。从这个意义上讲，如果说有股林秘籍的话，那就是心法，所以，真正的股林秘籍《股市天经》其实就在每一个人的心中。”

“人生世上，就是处理三种关系，人与自然的关系，人与他人的关系，人与自己的关系。在股票这一行，处理好自己跟自己的关系，很重要，但尤为不易。从心理学上讲，每一个我，都是自我和超我的统一。超我代表理性，自我则相反。任何一个中等智力的人，只要永远遵循理性，理论上讲，都可以成为天才。但知易行难，人类的自我驱策力，是天地间最神秘的力量。某种意义上讲，正是自驱力造就了人与人的不同。总之，股票交易这一行，除了向外求知，也还需要向内自省。”

“上次我们在金锁关不是讨论过，股道修行的最后一关是什么吗？具体来说，龙头战法纵是厉害，但也不是无脑上高度板。关键是要针对不同的环境运用不同的策略。此外，提高选美标准非常重要，较好的机会与绝好的机会是大不一样的，龙头战法选手如果能做到善于等待，非绝好的机会绝不出手，那就完美了。但知易行难，所以说，股道修行的最后一关啊，正是心法。过了这一关，就是实战高手。过不了这一关，就成了股评家。”

众人一脸茫然。尽管贝大侠讲的都是精微玄妙之理，但听懂的不多。是啊，人的身体高度虽然相差不远，但由于修行程度不同，人的思想高度却是千差万别。但也很正常，人的认识都有个过程。王求道会心地笑了，对着贝云飞频频点头，贝云飞颇为欣慰，笑了笑：“求道兄弟，你也来讲讲？”

王求道看众人还是闷闷不乐，想了想，接口道：“贝大侠所言极是，在下受益良多。求道不才，稍加补充。我觉得股票作为一种博弈，非常独特，有别于人类任何其他形式的博弈，比如武术，比如象棋，甚至于战争，主要就是实力定胜负。或者说，拼的是剑法。股票则不同。股票的成败跟概率有关，不但涉及剑法，还关系到心法。剑法是什么呢？简单说来就是技术。心法是什么呢？确保正确的使用技术。其实质是控制情绪的能力。说直白一些，要尽量像小李飞刀一样例无虚发才有价值。小李飞刀，例无虚发，不发而已，一发必中。但知道和做到是两回事，就像减肥，知道怎么减，是剑法，能不能做到，就是心法了。再打个比方，比如你去娶亲，心心念念是去娶公主，但公主不在，你等啊等，结果看到了丫环，花枝招展的感觉也不错。天人交战吧，最后终于按捺不住，脑子一冲动，最后你娶了丫环回来。等公主回来，你已经满仓，没机会啦。或许这就是贝大侠所说的，提高选美标准的重要性。”

不知是因为这个比方有点搞笑，还是大家觉得有些道理，男人嘛，只要谈到女人就会轻松很多。众人渐渐有了笑声，贝云飞笑着冲着王求道，频频点头。王求道也笑了笑，继续道：

“说到控制情绪，我们来谈一谈《西游记》。《西游记》大家都知道，这是一本关于唐僧西天取经的小说，但很多人不知道的是，据说这也是一本反映佛门修行的书。曾经有人问了一个有意思的问题，唐僧去西天取经，途经十万八千里，刚好孙悟空一个筋斗云十万八千里，孙悟空背着唐僧不就过去了吗？为啥要自找麻烦？非得经过九九八十一难？其实，大家都知道，唐僧取经是真，但孙悟空，沙和尚，猪八戒都是虚构的人物，实际并不存在。书中猪八戒代表的是唐僧的欲望，一碰到女妖怪，总是经不住诱惑。但唐僧总是原谅猪八戒。谁跟自己的欲望过不去呢？沙和尚代表的是唐僧的理性，所以沙和尚说话从来都是正确的废话，总是显得很无趣。白龙马代表的是唐僧的意志。咱们重点要说的是孙悟空，代表的是唐僧本人的情绪。”

“人哪，只要不睡觉，每时每刻都会产生许多莫名的情绪。一转念就是十万八千里，出国了，再一转念，又是十万八千里，回来了。所谓心猿意马，就是指的人的情绪像孙猴子一样窜来窜去，情绪不好控制，没办法，只好戴个箍儿，只要孙悟空一犯错，唐僧就念咒，其实就是唐僧在训诫自己呢，因为孙悟空并不存在。经过九九八十一难，到了西天，孙悟空也成了佛，头上的金箍自动没了。其实代表唐僧修行圆满了。反应在股票上，修行圆满的人，能控制情绪，经得起诱惑，该出手时才出手，风风火火闯九州。《孙子兵法》云：不动如山，动如雷震。《孟子》云：君子有不战，战必胜之。智慧都是相通的，说的都是一个道理：精准出击！但大家都是人，不是机器。人的修行总有一个过程。”

“孙悟空为什么不背唐僧直接飞到西天，而是经历九九八十一难呢，我的体会啊，就是在如来佛啊，观音啊这些智者看来，普罗众生，都是有惰性的，修行要在苦中修，要在难中修。所以集贤台也是一番美意，让我们从苍龙岭，金锁关一路走来，参悟求知修心之道。不过，修心非要在苦难中修行吗？或许也未必。另外，我隐隐觉得心法有好多层级，在最高层级上，所有的高手，都面临同样的问题。”

王求道顿了顿，道：“但是，对初学者来讲，在交易系统（剑法）形成之前就过多探讨心法，心法往往就成了剑法的替罪羊，从而掩盖了真正的问题。”

众人一阵骚动，大家都在交头接耳。似乎觉得西游记的这个说法有些新奇，或许也有些道理，虽然还是有些迷茫，但大家开始热闹起来，没有了先前的颓丧。王求道注意到黎天行、全知道等人慢慢地脸上也有了笑意，蒋自信、吴言等都在有说有笑的讨论。

忽然，一阵劲风掠过。稍歇，长空雁叫。清厉的雁叫声划破长空，铮铮然如击金石。众人一脸肃穆，纷纷拜倒。黎天行最是虔诚，只见他双手合十，恭恭敬敬地拜伏在地。一会儿，一个浑厚绵长的声音如佛音缓缓降临，在这华山绝顶，于一帮终日忙碌的短线战士，好似醍醐灌顶。

“观天之道，执天之行，尽矣。天有五贼，见之者昌。五贼在心，施行于天。宇宙在乎手，万化生乎身。天性，人也。人心，机也。立天之道，以定人也。天发杀机，移星易宿。地发杀机，龙蛇起陆。人发杀机，天地反复。天人合发，万化定基。”

能再次听到云师传道说法，王求道激动不已。听到“观天之道，执天之行……天人合发，万化定基”这段话，王求道突然联想到云师在函关古道说的那些话，一时间，就像打通任督二脉似的，说不出的畅快。可是，不知何时能再见云师一面？一念及此，心中说不出的怅惘。只听得佛音袅袅，人已远去。稍倾，遥远的天际飘来一句话：

善守者，战－无－不－胜

能舍者，天－地－不－弃

王求道像触电似的，脑子里灵光一闪，会心地笑了。朝闻道，夕死可矣！只见阿瑞从来不笑的脸上也绽放出笑容，仿佛花儿在开放。贝云飞也笑了。此时正是黎明时分，朝阳台上，但见夜幕自东方悄然隐退，晨曦初露，渐渐霞光瑰丽，云雾奔涌。瞬间，一轮火球喷薄而出，继而光芒四射，气象万千，整个世界大放光明。

……

无名道观。小二眼角还有泪痕。醒来时，却发现身边多了一本《情绪流之龙头战法》，抬头一看，是王求道的背影，小二追出房门，王求道已杳然远去，从此不知所踪。只远远地飘来一句话：

一朝拔剑英雄起

又是苍生十年劫

后　记

笔者当年考上大学后，母亲带我去给菩萨还愿，说是高考前，她已给菩萨许过愿了。现在考上了，所以一定得去还愿。笔者自小不信鬼神，但母亲的话不得不听。所以还是跟着去了。还愿上香时，母亲虔诚的样子让我一生都难以忘记。所以《前言》提到的多年前那天深夜的许愿，总是放不下。还好，虽然有些波折，中间多次犹豫，最后终于下了决心，现在总归是完成了，感觉轻松了许多。按惯例总要写个后记。细想起来，还真有要说的。

第一，便是股市的风险问题。虽然本书没有单独成篇谈风险，实际上本书随时就在提醒初学者千万不可重仓胡来，这方面，笔者本人有切肤之痛。提醒读者注意风险，不要做无畏的牺牲，这是本书写作的初衷之一。在后记里，关于风险笔者再谈几句。

1. 不可低估股市博弈的难度，不要做无畏牺牲。股市博弈的复杂性，可以说超过其他任何形式的博弈。如果说“象棋”这类性质的博弈，其难度用“百步穿杨”来比喻。而股市的博弈难度，则类似于“枪打飞鸟”。鸟儿本身在飞，且天气变化莫测，这就要求必须精准出击。每乱开一枪，就相当于，子弹转了个弯，打到自己身上了。想想看，啥后果？笔者建议，在形成交易系统之前，不可投入重金。练习龙头战法的资金不超过 2 万，最多不超过 10 万。从任何时候开始计算，只要能翻倍，方可增加仓位。对于初学者来讲，刚入股市就投入重金希望稳定获利，这是妄念。

2. 只要是从事股票交易就有风险，初习龙头战法更要严控风险。风险来自哪儿呢？一是“剑法”的风险。大致说来，就是没有建立交易系统，不懂得“如何正确操作”而乱操作，与赌博无异，而赌博，十赌九输。二是“心法”的风险，知道“如何正确地操作”但没能控制自己的情绪。要控制这两种风险，都需要磨砺，前者需要向外求知，后者需要向内自省，前者尤其重要。笔者注意到关于龙头战法有一种言论，喜欢片面的谈“道”，这在实践中害人不浅。笔者认为，道在术中。尤其对于初学者来说，笔者更强调“术”的重要作用。

3. 辩证地看风险。某种意义上讲，职业投资者应该有创业者的心态。作为创业者应该明白，没有风险就没有超额收益。没有一定的冒险精神，做不好龙头战法。在资本市场，风险如影随形，不可能完全消除，降低风险的最好办法只能是尽力提高交易水平。另外，在正常情况下，其实龙头股总是最后倒下的那一个，从短线的角度来说，操作龙头股，恰恰是风险最小的选择。

第二，关于本书的内容。笔者以为，龙头战法体系大厦最重要的“四梁八柱”尽在本书。本书可能是关于龙头战法最为系统的书籍。要想在股市长期生存，“有系统”实在是太重要了。但是，龙头战法体系博大精深，本书虽然比较系统，也不能说面面俱到。龙头体系大厦有些部分的“装修”工作还需要读者自己来完成。股票交易这一行比较特殊，有些东西不便大规模流传。不至于引起股林同道的过度反感，是笔者不得不考虑的道德准则。

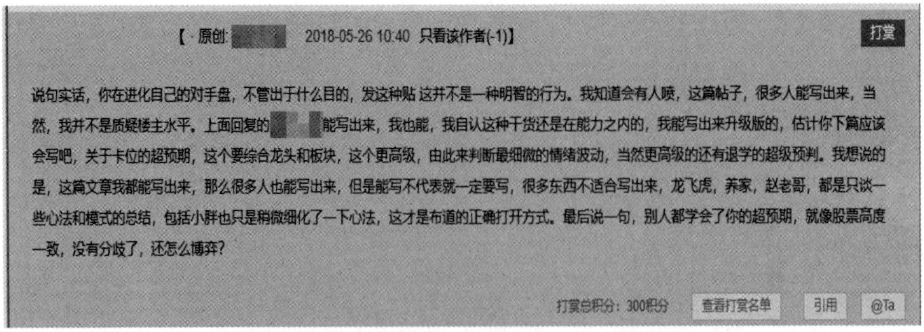
【·原创: [redacted] 2018-05-26 10:40 只看该作者(-1)】 打赏

说句实话，你在进化自己的对手盘，不管出于什么目的，发这种贴 这并不是一种明智的行为。我知道会有人喷，这篇帖子，很多人能写出来，当然，我并不是质疑楼主水平。上面回复的[redacted]能写出来，我也能，我自认这种干货还是在能力之内的，我能写出来升级版的，估计你下篇应该会写吧，关于卡位的超预期，这个要综合龙头和板块，这个更高级，由此来判断最细微的情绪波动，当然更高级的还有退学的超级预判。我想说的是，这篇文章我都能写出来，那么很多人也能写出来，但是能写不代表就一定要写，很多东西不适合写出来，龙飞虎，养家，赵老哥，都是只谈一些心法和模式的总结，包括小胖也只是稍微细化了一下心法，这才是布道的正确打开方式。最后说一句，别人都学会了你的超预期，就像股票高度一致，没有分歧了，还怎么博弈?

打赏总积分：300积分 查看打赏名单 引用 @Ta

第三，关于附录。本书原稿中，节选了《心经》《金刚经》《论语》《朱子家训》《道德经》《赌经》《孙子兵法》《五轮书》作为附录，后来因故取消了，读者可自行找书阅读。这些书分别代表了“佛家、儒家、道家、兵家”的思想和智慧。笔者想说明的是，股票悟道修心的过程，也是人格和智慧不断完善的过程。任何一门技能，也只有人格和智慧不断提升完善的人，才能进入大道之门。

在本书的行文中，笔者在表达观点时，使用了“本门情绪流”这样的字眼，重在说明市场情绪的重要性，另一方面也是好玩。笔者深知股票学习者之心境，所以本书写作时，有意识的想用活泼一些的语调，希望读者朋友在阅读时，能轻松一些。笔者认为，人生虽是竞技场，但主要还是游乐场，怎样都是一生，开开心心才好。希望有缘的读者朋友能把股票交易看作一个智力游戏，看淡得失而乐在其中。或许，反而更容易达到“一朝悟道”的境界。

最后，我要向企业管理出版社财经分社的李坚老师深致谢意，因为有了您的慧眼，本书才得以与读者见面。此外，我要真诚感谢曾经给笔者以启迪的所有股票书籍的作者、股林前辈和股林同行。股票这一行，独学而无友，则孤陋而寡闻，股市里的所有原理规律，虽然都是自然的存在，但是有了前人的发现和阐述，同行的帮助和启迪，我们在融汇思考时要轻松很多，快捷很多，衷心感谢你们。最后，我要特别感谢我的好朋友黄承国先生、黄承林先生对笔者一直以来的理解和支持。

图书延展阅读

期权实战
一年百倍的财务自由之路
企业管理出版社
我当交易员的日子
My Days As A Trader
期权波动率交易核心策略与技巧
企业管理出版社
150万到1亿
操盘手日记第1季
企业管理出版社
150万到1亿
操盘手日记第2季
(开启股威宇宙新时代)
企业管理出版社
乌合之众
大众心理研究
THE CROWD
A STUDY OF THE POPULAR MIND
企业管理出版社